W0190379

YVONNE HOFSTETTER, geboren 1966 in Frankfurt am Main, ist nach einem Studium der Rechtswissenschaften seit 1999 international in Softwareunternehmen tätig und für die Positionierung von Multi-Agentensystemen bei der Rüstungsindustrie und für den Algorithmischen Börsenhandel zuständig. Seit 2009 ist sie Geschäftsführerin der Teramark Technologies GmbH, eines Unternehmens, das auf die intelligente Auswertung großer Datenmengen mit Optimierern und maschinellen Lernverfahren spezialisiert ist. Yvonne Hofstetter hat aufsehenerregende Artikel in Medien wie der FAZ publiziert, bevor 2014 ihr Bestseller »Sie wissen alles« folgte.

Sie wissen alles in der Presse:

»Dieses Buch über die Macht intelligenter Maschinen ist so alarmierend wie sachkundig.«
ZEIT Literatur

»Yvonne Hofstetter weiß, mit welchen Methoden Big Data die Solidargemeinschaft aushöhlt.«
Frankfurter Allgemeine Zeitung

»Eine der größten Kritikerinnen des Datenkapitalismus.«
Frankfurter Allgemeine Sonntagszeitung

»Ein tiefgründiges und doch zu jeder Zeit leicht verständliches Grundlagenwerk für die Welt von Big Data. Es liest sich wie ein Science-Fiction-Thriller. Das Bedrohliche: Es ist keine Fiktion, sondern bereits Realität.«
Handelsblatt

Außerdem von Yvonne Hofstetter lieferbar:

Das Ende der Demokratie

Yvonne Hofstetter

SIE WISSEN ALLES

Wie Big Data in unser Leben eindringt
und warum wir um unsere Freiheit
kämpfen müssen

 PENGUIN VERLAG

Der Verlag weist ausdrücklich darauf hin, dass im Text
enthaltene externe Links vom Verlag nur bis zum Zeitpunkt
der Buchveröffentlichung eingesehen werden konnten.
Auf spätere Veränderungen hat der Verlag keinerlei Einfluss.
Eine Haftung des Verlags ist daher ausgeschlossen.

MIX
Papier aus verantwor-
tungsvollen Quellen
FSC® C014496

Verlagsgruppe Random House FSC® N001967

PENGUIN und das Penguin Logo sind Markenzeichen
von Penguin Books Limited und werden
hier unter Lizenz benutzt.

1. Auflage 2016
Copyright © 2014 by C. Bertelsmann Verlag, München,
in der Verlagsgruppe Random House GmbH,
Neumarkter Str. 28, 81673 München

Umschlag: any.way, Hamburg,
nach der Vorlage von buxdesign, München
Umschlagmotiv: Louie Psihoyos/Corbis
Redaktion: Eva Rosenkranz
Satz: Uhl + Massopust, Aalen
Druck und Bindung: GGP Media GmbH, Pößneck
Printed in Germany
ISBN 978-3-328-10032-4
www.penguin-verlag.de

 Dieses Buch ist auch als E-Book erhältlich.

»Ich stelle nur aufgrund von Naturbeobachtungen eine Theorie (…) auf. Diese Theorie schreibe ich in der Sprache der Mathematik nieder und erhalte mehrere Formeln. Dann kommen die Techniker. Sie kümmern sich nur noch um die Formeln. (…) Sie stellen Maschinen her, und brauchbar ist eine Maschine erst dann, wenn sie von der Erkenntnis unabhängig geworden ist, die zu ihrer Erfindung führte. So vermag heute jeder Esel eine Glühbirne zum Leuchten bringen – oder eine Atombombe zur Explosion.«

Friedrich Dürrenmatt, *Die Physiker*

FÜR CHRISTIAN

Ich danke den Weggefährten, die dieses Buch ermöglicht haben:
Johannes Jacob, Eva Rosenkranz, Michael Gaeb

Inhalt

Vorwort

Der Skandal ist ungeheuerlich. Er ist von einem journalistischen und gesellschaftlichen Ausmaß, wie ihn die globalisierte Welt bisher noch nicht gesehen hat. Er betrifft uns alle, aber ein Einzelner hat seine Familie, seine Heimat, Muttersprache, sein ganzes Leben für die Wahrheit riskiert, sprichwörtlich. Bis dahin waren wir Begeisterte, Vertrauensselige.

»Ich brauche Ihre Kreditkartendetails.«

»Bitte geben Sie uns Ihr Geburtsdatum bekannt.«

»Auf gar keinen Fall!«, würden Sie protestieren, wenn man Sie im direkten Gespräch um diese fast intimen Daten bitten würde. Doch die Fragesteller sind schlau. Sie schalten kleine elektronische Vermittler ein. Angepriesen werden uns die bunten, spielerisch wirkenden *Gadgets* als neueste »It-Teile«. Wer »in« sein will, braucht die jüngste Smartphone-Generation und das bunteste elektronische Armband. Sonst verpassen wir die digitale Revolution. Das jedenfalls wird uns eingeredet. Unsere *Gadgets* lieben wir. Wir lieben sie so sehr, dass unsere Ehemänner, Ehefrauen, Lebensgefährten voll Eifersucht auf unsere elektronischen Begleiter schielen. Denn den wir lieben, dem vertrauen wir alles an.

Alles.

Trotz der Enthüllungen Edward Snowdens entblößen wir uns unbekümmert weiter. Doch wir werden dabei abgehört. Online einkaufen, chatten, skypen, e-mailen ist zum Spießrutenlauf geworden. Ausnahmslos alles, was wir unseren elektronischen Helferlein anvertrauen, erzählen sie weiter. An den Handel, die Industrie und die Geheimdienste. Wir sind nicht nur vollkommen gläsern geworden, wir haben uns auch erpressbar und manipulierbar gemacht. Wir sind anfällig geworden für Beutelschneider, für Kriminelle, für Umstürzler. Nicht nur jeder Einzelne von uns, sondern unsere gesamte freiheitlich-demokratische Gesellschaft. Wenn du mit deinen *Gadgets* spielst, spielst du mit dem Feuer. Du vertraust jedem und gibst alles – und setzt damit *alles* aufs Spiel.

Demokratie in Gefahr

Der Kapitalismus ist von höchst wandelbarer Natur. Glaubten wir noch bis zum Fall des Warschauer Pakts, dass der Kapitalismus der beste Begleiter der Demokratie sei und ihrem Pluralismus bevorzugt entspräche, werden wir jetzt eines Besseren belehrt. Die Ehe bröckelt, die Partner haben die Scheidung eingereicht. Und der Scheidungsgrund hat einen Namen: Big Data. Big Data läutet einen neuen Bund ein: Es ist der Bund zwischen Kapitalismus und Diktatur mit der Verheißung neuer, profitabler Geschäftsmodelle der totalen Überwachung. Als *Informationskapitalismus* etabliert Big Data die Diktatur von Informationseliten, weil sie über unsere Daten und über Schlüsseltechnologien zu deren Analyse verfügen. Es ist die uralte menschliche Wurzelsünde, die den Datendurst jener neuen Geschäftsmodelle pausenloser Observation nährt, der Drang, *wissen* zu wollen, um Macht und Reichtum durch Kontrolle zu erlangen. Umso tragischer ist unsere bürgerliche Gleichgültigkeit gegenüber einer exzessiv gewordenen Datensammelwut jeder Art von Einrichtung, sei sie staatlicher oder privater Provenienz, die längst über alle wissenschaftliche Leidenschaft für einen forschungsmäßigen Erkenntnisgewinn hinausgeht. Denn Big Data, Algorithmen, mathematische Modelle und künstliche Intelligenz sind Themen, die uns zu abstrakt und komplex erscheinen, als dass wir uns damit beschäftigen wollen. Gehen sie nicht nur Mathematiker und quantitative Analysten an, einige wenige Wissenschaftler mit abstrusen Gedankengängen, die ergebnisoffen forschen und deren bizarre, theoretische Ideen es in den seltensten Fällen zu lebensnahen Ergebnissen bringen?

Lassen Sie sich nicht täuschen. Was der moderne Sammelbegriff

Big Data heute zusammenfasst, beschreibt eine technologische Revolution bisher ungekannten Ausmaßes. Sie wurde erprobt, gewogen und für gut befunden, seit sie ihren Anfang vor über zwei Jahrzehnten beim Militär nahm und schon zu Beginn des neuen Jahrtausends in ein algorithmisches Wettrüsten der Finanzindustrie mündete. Seitdem tritt sie aus dem industriellen Umfeld heraus, um vollends alles und jeden mithilfe des Internets sprichwörtlich überall zu erfassen und zu vermessen, indem sie auf die Letzten der Wertschöpfungskette abzielt: auf Bürger und Konsumenten. Was uns wie in einem Sog mitreißen wird, der enorme strukturelle Veränderungen unserer Gesellschaft, unserer Rechts- und Staatssysteme mit sich bringen wird, sind *intelligente Maschinen*, die selbständig in der Lage sind, aus riesigen, global verfügbaren Datenmengen eine detaillierte Lageanalyse zu erstellen, die in Echtzeit beschreibt, was wir tun, denken oder wünschen. Und in einer Feedbackschleife erhalten wir die Antwort dieser Maschinen, wiederum über das Internet: einen Dreiklang aus Informations-, Gefühls- und Verhaltenskontrolle. Was für Mathematiker, Physiker oder wissenschaftliche Programmierer eine vollkommene Terz aus Daten, mathematischen Modellen und künstlicher Intelligenz ist, die aus immer mehr Daten immer präzisere Information über uns und unser tägliches Leben ableitet, kann für unsere Gesellschaften zur Risikotechnologie mutieren. Und zwar dann, wenn sie zur Aufhebung unserer Freiheitsrechte und demokratischen Staatsformen führt und zum Machtinstrument jener neuen Elite wird, die nicht mehr die von uns gewählten, demokratisch legitimierten Volksvertreter sind.

Mit Big Data dämmert die Vorherrschaft der Mathematik am Horizont unserer gesellschaftlichen Zukunft, in der die Diktatur privatisiert wird, wenn Wirtschaftsunternehmen unser Leben mithilfe unserer Daten quantifizieren, um uns zu vermessen und uns neu zu berechnen. Nicht immer ist ihren Wissenschaftlern bewusst, zu welchem Werkzeug sie geworden sind. Ihre Mathematiker und Physiker sind nicht a priori wirtschaftlich interessiert, sondern folgen ihrem Drang nach vertiefter Erkenntnis unserer Welt. Die Verzerrung ihrer Forschung erfolgt durch findige Unternehmer und Investoren, und ein Treiber des neuen Geschäftsmodells »Abhören und steuern« ist, wie schon häufig in der jüngeren Vergangenheit, die Finanzialisierung: der Wunsch, neue Profitquellen zu erschließen für höhere Renditen und steigende Unternehmenswerte ohne Rücksicht darauf, wer den bleibenden Schaden davonträgt.

Big Data? Intelligente Maschinen!

Die NSA-Affäre hat es ans Licht gebracht: Im Verborgenen und unbemerkt von weiten Kreisen der Bevölkerung, unsere politischen Eliten eingeschlossen, hat sich eine technologische Revolution vollzogen. In wenigen Jahren sind Computer auf ganz neue Weise leistungsfähig geworden. Dass moderne Rechner der Menge der von uns heute erzeugten Daten nicht Herr würden, ist sehr menschlich gedacht, denn das genaue Gegenteil ist der Fall: Je mehr Daten zur Verfügung stehen, desto intelligenter kann eine Maschine agieren. Wenn intelligente Maschinen der Motor des Informationskapitalismus sind, ist Big Data ihr Treibstoff und das Internet ihr Chassis. Ihre Sensoren kommen daher als *Apps*, mobile Geräte und immer häufiger als die Dinge unseres Alltags, die sich vernetzen und deren universelle Sprache die Mathematik ist. Daten zwischen den Sensoren und ihren intelligenten Maschinen werden kabellos oder in der *Cloud*, der globalen »Rechnerwolke«, ausgetauscht. So formt sich ein emergentes System, neue Organisationsstrukturen, die sich spontan durch die elektronische Kommunikation seiner einzelnen Elemente herausbilden. Denn ursprünglich für die Vernetzung von Computern gebaut, die über mehrere Orte verteilt waren, hatten wir Menschen für einige Jahre das Internet zum Mailen, Bloggen oder Onlineshopping gekapert und uns so einen Kollateralnutzen geschaffen. Heute erobern die Maschinen »ihr« Netz zurück als das »Internet der Dinge« oder das *Industrial Internet*. Bis 2017 sollen etwa dreimal so viele Geräte ein IP-Netzwerk nutzen, wie es Bewohner auf unserem Globus gibt.[1]

Was aber heißt »intelligente Maschine« und worin besteht ihre

Intelligenz? Intelligente Maschinen sind nicht mehr auf die Eingabe einer Handlungsanweisung durch den Menschen angewiesen, sondern agieren zunehmend selbstständig. Als *Optimierer* lernen sie, optimale Entscheidungen unter Unsicherheit zu treffen. Als *verteilte Software-Agenten* zerlegen sie komplexe Probleme unseres Alltags in einfachere Subprobleme und lösen sie durch Kooperation und Kommunikation miteinander. Als *emergentes System* vernetzen sich unabhängige Programme zu einer maschinellen Parallelwelt, die kein Programmierer je programmiert oder getestet hat und deren Dynamik wir weder kennen noch ohne Weiteres analysieren können.

Sie ahnen es. Wir sprechen von anderen Maschinen als denen, die Ihnen täglich unterkommen, es sei denn, Sie arbeiten für das Militär oder die Finanzindustrie. Drei sind uns geläufig, seit Edward Snowden ihre Namen gelüftet hat. Beim Geheimdienst heißen sie *PRISM*, *XKeyscore* und *Tempora*, alle drei gebaut zur Überwachung und Analyse massenhaft gesammelter Daten Millionen unverdächtiger Bürger. In der Finanzindustrie entsprechen ihnen *Aladdin* oder *Corsair*. In beiden Industrien sind intelligente Maschinen schon viele Jahre im Einsatz. Als Aufklärer, Minenspürer oder Drohnen jeglicher Machart, von aggressiven Aufklärungsdrohnen wie der Hawk-Serie bis hin zu *Micro Aerial Vehicles*, den »Mikrodrohnen« in Insektengröße mit Tötungsauftrag, übernehmen sie Aufgaben des Soldaten. Als gigantische Datenanalysesysteme liefern sie internationalen Großinvestoren globale Risiko- und Investmentinformationen und als Hochfrequenzalgorithmen, wohl weniger intelligent als schnell, machen sie die Börsenplätze unsicher, mit nicht abschätzbarem Risiko für die globale Wirtschaft. Wenn wir wissen wollen, wohin die Reise geht, sollten wir unsere Augen besonders auf die Finanzindustrie richten. Denn intelligente Maschinen werden immer öfter tägliche Arbeiten auch für uns erledigen und erwecken so den Anschein moderner Heilsbringer. Größere Bequemlichkeit, ein schöneres, besseres, optimiertes Leben setzt voraus, dass uns intelligente Maschinen sehr gut kennen müssen. Und das ist der Preis, den wir zahlen werden: Bevor uns intelligente Maschinen optimieren und steuern können, werden sie in unser Denken eindringen. Ihr Bindeglied zu uns ist das Internet, die global verfügbare Kommunikationsinfrastruktur, mit deren Hilfe sie uns zu ihren Dienstleistern machen, von denen Daten und Aktionen ohne Unterlass und überall abgefragt werden dürfen. Intelligente Rechner werden uns vereinnahmen, indem sie unser Tun »beobachten«, *monitor*, »abwägen«, *evaluate*, und optimieren und »steuern«, *control*. Tatsächlich lernen sie aus unseren Daten, was unsere Vorlieben sind und wie wir uns verhalten. Im Kreislauf des geschlossenen Regelkreises werden sie für uns deshalb genau die Information auswählen und bereitstellen, die uns scheinbar nützlich ist. Oder etwa doch nicht? Wir sollen uns informiert fühlen, sind es aber nicht. Wo wir umgarnt werden mit dem Versprechen der schönen neuen Welt, sind wir schon längst der Manipulation unterlegen.

Nicht ohne Kollateralschäden

Revolution zieht immer den Umsturz bestehender Werte oder Rechtssysteme nach sich, zumeist gewaltsam und selten in aller Stille. Doch beinahe geräuschlos sind Bürger und Konsumenten in den Informationskapitalismus hineingeraten, der die Grundfesten unseres Wertesystems ins Wanken bringen wird. Nein, eigentlich nicht geräuschlos – vielmehr in einem Rausch, im Rausch von *Mobile Moments* und *Social Networking* mit noch mehr Inhalten, noch mehr Daten, noch mehr Nutzenmaximierung für unseren neuen Lifestyle *Hypertasking*, in dem wir jeden Moment maximal auskosten, in einer Konzentration auf das Machbare, das größtmöglichen Eigennutz verspricht. Hedonismus ist gut. Subjektivismus ist gut. Egoismus ist gut. »Wir optimieren dich!«, ist die Marketingbotschaft intelligenter Maschinen, und weil uns Menschen die Eigenliebe näher ist als andere Eigenschaften, hören wir die Botschaft gerne und verdrängen die Risiken, die damit verbunden sind, die andere Seite der Medaille eines optimierten Lebens.

Tatsächlich faszinieren uns intelligente Maschinen, und das trifft besonders auf ihre Schöpfer zu. Doch ihre rasche Ausbreitung wird nicht ohne soziale und gesellschaftliche Folgen bleiben. Sie kosten uns viel, sehr viel, und das nicht nur in pekuniärer Hinsicht. Als Technologie sind sie »disruptiv«, in der Sprache des Marketings vollziehen sie »kreative Zerstörung«. Haben wir immer mehr mit intelligenten Maschinen zu tun, wird das unseren Alltag verändern, unseren Umgang miteinander, unser Werte- und Rechtssystem und auch unsere Staatsformen. Warum ist das so? Die ihnen zugrundeliegenden mathematischen Modelle – mächtig und doch eine vereinfachte Darstellung der Welt – verkürzen uns Menschen aus ihrer Sicht auf ein Objekt, das optimiert werden kann. Damit geht unser Subjektcharakter verloren, der eine Errungenschaft unserer europäischen Geschichte ist, die den einzelnen Menschen als Person respektiert, die Träger von Rechten und Pflichten ist. Die Ausbreitung intelligenter Maschinen wird zu strukturellen Veränderungen führen, die nicht allein technischer Natur sind, sondern auch uns Menschen transformieren. In Gefahr sind unsere Rechtssysteme – unsere Demokratien, Grundrechte oder Informations- und Konsumautonomie –, doch auch der Mensch selbst mit seinen Seelenkräften Verstand, Gefühl und freier Wille.

Jene Industrien, die Big-Data-Produkte mit eingebauter Totalüberwachung zur Marktreife bringen, haben keine Gewissensbisse und sind taub für die mahnende Stimme. Zu groß ist der Jubel und überschäumend die Begeisterung für aufstrebende intelligente Maschinen mit ihrem augenscheinlich unermesslichen Profitpotenzial. Alles, was technisch möglich ist, wird angedacht und umgesetzt, häufig ohne Reflexion der Folgen. Dasselbe gilt auch für viele von uns, weshalb wir nicht nur Opfer der neuen Überwachungskultur sind, sondern auch Mittäter. Solange wir glauben, intelligente Maschinen zielten nur auf Optimierung unseres Lebens ab, sind wir blind für die Risiken und die alte Weisheit: Wissen ist Macht. Stattdessen kehren wir freiwillig und bedenkenlos, ja fast naiv, unser Innerstes nach außen und übersehen dabei: Niemand wird unsere Daten primär dazu nutzen, um uns ein besseres und schöneres Leben zu ermöglichen. Stattdessen werden unsere Daten im Informationskapitalismus zu einem Gewinn nur für denjenigen, der sich mit ihrer Hilfe ein genaues Bild von uns macht, um langfristig die Freiheit unseres Denkens und Fühlens abzuschaffen. Und dazu tragen wir höchstpersönlich bei, wenn wir als Dienstleister den maximalen Datenhunger unserer »smarten« Computer und Mobilgeräte stillen und fleißig daran mitwirken, unbekannten Dritten größtmögliche Einsicht in unser Leben zu gewähren. Wir tun dies mit einem Schulterzucken und der lapidaren Bemerkung, das sei eben so.

Doch es gibt Skeptiker aus den Reihen der Wissenschaftler, die intelligente Maschinen entwickeln und deren Möglichkeiten und Beschränkungen am besten einschätzen können. Sie werden von den Anhängern des *Shareholder Value*, den »vorbildlich innovativen« Unternehmen der Informationsökonomie, und selbst von vielen Nutzern spöttisch belächelt. Dabei liegt die Gefahr, dass Big Data in die Autonomie des Einzelnen eingreift, ganz offensichtlich auf der Hand. Der Angriff auf die Solidarität in der Gesellschaft hat begonnen, die Gefahr der Spaltung der Gesellschaft in die Gruppe der Konsumenten, die sich gerne rund um die Uhr überwachen lassen, um einen Vorteil für sich zu erwirken, und in »die anderen«, die Überwachung ablehnen und dadurch in den Zustand der Dauerrechtfertigung geraten, ist immens. Die neue Zeitrechnung, in der Big Data auf eine Zukunft ohne Regeln stößt, erlaubt alles, was technisch machbar ist; und Technik, glauben Sie es ruhig, hat heute keine Grenzen mehr. Was ist mit dem Arbeitgeber, der mittels Smartphone das Stressniveau seiner Mitarbeiter überwacht? Eine schöne Vorstellung, dass sich ein Unternehmen um seine Angestellten sorgt. Doch die Lebenserfahrung belehrt uns eines Besseren; jede Neuerung bringt immer auch das Potenzial eines Missbrauchs mit sich oder wenigstens des Exzesses, falls Sie den Begriff des Missbrauchs für zu polemisch halten. Wir müssen damit rechnen, dass findige Männer und Frauen unmittelbar nach der Erfindung und Einführung einer Innovation deren ursprüngliche Idee verzerrt umsetzen. Gestresste Mitarbeiter zu identifizieren heißt, einen sicheren Entlassungsgrund mehr zu haben, sich der Schwachen zu entledigen und langfristig nur die Starken zu fördern. Deshalb trägt die Präsentation eines Herstellers einer Software für die Mitarbeiterüberwachung den verräterischen Titel:

HR Management Entscheide – dank Echtzeitdaten über das Wohlbefinden und den Stressstatus Ihrer Mitarbeiter.[2]

Kurzum: Wir haben einen Wendepunkt in der Industriegeschichte erreicht. Mit Big Data sind unsere technologischen Fähigkeiten grenzenlos geworden. Regeln für die Informationsökonomie bestehen bislang nicht, genauso wenig eine politische oder gesamtgesellschaftliche Strategie für den künftigen Umgang mit intelligenten Maschinen. Es herrscht Goldgräberstimmung, man schürft nach Profit ohne Rücksicht auf die gesellschaftlichen Folgen und setzt sich dabei selbst über bestehendes Recht hinweg. Während unsere Rechte auf Privatsphäre, Geheimnis und informationelle Selbstbestimmung bereits außer Kraft gesetzt scheinen, bewegen sich die neuen Geschäftsmodelle mit ihren intelligenten Maschinen aktuell auf einen quasi-rechtsfreien Raum zu.

Die Buchidee

Die technologische Entwicklung lässt sich nicht aufhalten und fasziniert besonders dort, wo wir intelligente Alltagsoptimierung und -automatisierung erreichen, ohne dass wir auf persönliche Daten zurückgreifen müssen. Das ist im *Industrial Internet*, der »Industrie 4.0«, der Fall. An der intelligenten Überwachung von Maschinen wie Flugzeugturbinen wird überdeutlich, dass Big Data nicht nur Gefahren birgt, sondern große Chancen dort, wo es uns gelingt, die Zukunft des Mensch-Maschine-Verhältnisses verantwortlich und positiv zu gestalten.

Zu einer solchen Reflexion lädt dieses Buch ein. Es spannt bewusst einen ganz weiten Bogen von den hoheitlichen Anfängen von Big Data über die Technologien, die ein Werkzeug in eine intelligente Maschine verwandeln, und betrachtet die Finanzindustrie eingehend, die Big Data schon länger einsetzt und deshalb tiefe Einsichten in den Umgang mit Big Data geben kann. Einige philosophische Überlegungen runden das Buch ab. Ohne technologiefeindlich zu sein, tritt das Buch leidenschaftlich für den Menschen und seine

Rechte ein und gibt Anregungen für die neue Ära des Informations-kapitalismus, immer bedacht darauf, Kompetenzen nicht zu überschreiten. Bewusstsein schaffen, zum Nachdenken anregen und Impulse für das positive Mensch-Maschine-Verhältnis geben, soll das Anliegen dieses Buches sein.

Im ersten Teil, *Genesis*, greift das Buch die Entstehungsgeschichte von Big Data auf und blickt zurück dorthin, wo wir den Faden von Big Data erstmals zu fassen bekommen. Denn Big Data ist nicht neu, frühere Bezeichnungen dafür lauteten anders, meinten aber dasselbe, so der Begriff »Multi-Sensor-Datenfusion«. Der Bedarf an Big Data, wie sollte es anders sein, entstand zunächst im staatlich-militärischen Umfeld. Dort entwickelten sich schon vor Jahrzehnten leistungsfähige Maschinen mit erheblicher Intelligenz, die sich bis heute in militärischen Systemen und im operativen Einsatz bewährt haben. Es ist also kein Zufall, dass gerade eine staatliche Behörde wie der amerikanische Heimatschutz (NSA) besonders hochgerüstet für die Auswertung großer Datenmengen ist, denn das Know-how dafür war schon lange originär beim Staat vorhanden. Doch welche Fertigkeiten sollen das sein? Davon erzählt Teil zwei, *Die intellektuelle Emanzipation der Maschinen*. Er erklärt, was sich hinter dem Begriff Big Data technologisch verbirgt, und beschreibt den wissenschaftlichen Big-Data-Werkzeugkasten. Wo das Buch Mathematik in Geschichten und Anekdoten erzählt, erhebt es keinen Anspruch auf die Fields-Medaille, sondern verallgemeinert im Dienst einer besseren Verständlichkeit. Wenn Sie ein mathematisch gebildeter Leser sind, lassen Sie bitte Gnade walten, wo Spezial- und Sonderfällen keine Rechnung getragen wird. Sonst müsste Teil zwei in Formelsprache geschrieben sein, und selbst dann käme es sicher noch zum Disput. Teil drei, *Big Data, Big Money*, beschäftigt sich mit den ersten kommerziellen Anwendungen von Big Data in der Finanzindustrie – wenn wir wissen wollen, welcher Schaden entstehen kann, auch gesellschaftlich, die Finanzindustrie des ersten Jahrzehnts unseres Jahrtausends ist lehrreiches Beispiel dafür. Sie absorbierte die erste Kommerzialisierungswelle von Big Data für neue Investmentmöglichkeiten, und wir sehen uns näher an, was daraus geworden ist. Teil vier, *Diktatur*, betrachtet die zweite Kommerzialisierungwelle; jetzt geht es um Big Data rund um den Konsumenten und Bürger. Womit müssen wir rechnen, was haben Big-Data-Anwendungen mit uns vor, und wo sind wir als Gesellschaft und als Einzelne gefährdet? Teil fünf, *Aufbruch*, bietet experimentelle Lösungswege an, denn eine einzige Strategie oder sogar Erfahrung von Politik und Gesellschaft im Umgang mit Big Data existieren bislang nicht. Jede Art von Vermeidungsstrategie, die Nostalgie oder das bloße konservative Festhalten an Werten, wird an Big Data und seiner Dynamik scheitern. Im Umgang mit intelligenten Maschinen sind alle gefordert, Staat, Technologen und jeder Einzelne von uns. Damit bietet Big Data eine große Chance, eine Chance für den intensiven Austausch und die Zusammenarbeit von Politik, Technik und Zivilgesellschaft. Wenn wir sie nutzen, kann Big Data ein großer Wurf für Wachstum und Wohlstand der Zukunft werden.

Eins. Genesis

Von fehlenden Daten, falscher Information und
290 Toten ♦ Kann Software töten? ♦ Big Data am
Himmel: die AWACS-Story

Von fehlenden Daten, falscher Information und 290 Toten

Morgen ist amerikanischer Unabhängigkeitstag.

Die Sonne brennt hell über dem Persischen Golf und lässt das Wasser himmelblau leuchten. Seine Azurfarbe verführt geradewegs dazu, kopfüber einzutauchen in die Wellen, um nach Luft schnappend wieder an der Oberfläche aufzutauchen und sich dann vom Meer sanft tragen und schaukeln zu lassen wie ein Kind im Bauch seiner Mutter, das dem Leben voller Hoffnung entgegenblickt.

Ganz anders als die vielen Leichen, die kopfüber auf der Wasseroberfläche treiben.

Es ist Sonntag, der 3. Juli 1988, im letzten Kriegsjahr zwischen dem Iran und dem Irak, die, wie sich später zeigen sollte, einen sinnlosen Krieg begonnen hatten. Nur einen Monat später, im August 1988, würde er ohne Sieger, stattdessen mit vielen Hundertausenden von Toten, zu Ende gehen. Doch bis es soweit war, sollte die Situation weiter eskalieren. Seit einigen Jahren griffen die Kriegsgegner immer wieder zivile Öltanker an, die den Persischen Golf mit ihrer wertvollen Fracht passieren mussten. Mit der Bitte Kuwaits an die Vereinigten Staaten, Geleitschutz zu gewähren, wurde der Konflikt ab November 1986 endgültig zum internationalen Geschehen. Als im Sommer 1987 die amerikanischen Tankereskorten einsetzten, waren im Persischen Golf bereits die Marinen von sechs NATO-Staaten involviert und räumten den Schifffahrtsweg und sein Nadelöhr, die Straße von Hormus, von Minen frei.

Während Großbritannien an jenem denkwürdigen Sonntag das größte Rüstungsgeschäft seiner Geschichte mit Saudi-Arabien abschloss, schien sich der Tag für die amerikanischen Kriegsschiffe im Golf nicht von anderen Einsätzen zu unterscheiden. Dass iranische Schnellboote, bewaffnet mit Maschinengewehren und Raketen, Handelsschiffe angriffen, war hässliche Routine des Tankerkrieges. Üblicherweise tauchten sie nahe der Meerenge auf und versuchten, Schaden anzurichten. Die Fregatte *USS Elmer Montgomery*, die sich im nördlichen Persischen Golf aufhielt, hatte an diesem Morgen schon sieben, dann dreizehn Angreifer gezählt und beobachtet, wie sie sich einem pakistanischen Frachter näherten.

»Bitte bestätigen Sie: Benötigen Sie Hilfe?«

Die *Montgomery* hatte einen Funkspruch an den Frachter abgesetzt.

Die Antwort des pakistanischen Frachters schien nicht weiter beunruhigend.

»Negativ. Wir haben keinen Notruf abgesetzt. Wir werden nicht belästigt.«

Weiter nördlich explodierte etwas. Schnell folgte ein zweiter Knall.

Kraftvoll durchschnitt der schlanke Kreuzer *USS Vincennes* die türkisfarbenen Wellen in Richtung Straße von Hormus. Wie andere Kreuzer seiner Klasse war die *Vincennes* darauf ausgelegt, Angriffe kleiner iranischer Schnellboote und Minen abzuwehren, und mit Lenkflugkörpern ausgestattet, um Ziele auf Land und im Wasser anzugreifen. Doch die *Vincennes* war noch mehr: Ähnlich deutschen Fregatten war sie auf Luftverteidigungsaufgaben spezialisiert. Dazu führte die *Vincennes* ein vollständiges Luftabwehrsystem aus modernsten Radars, umfangreicher Flugabwehrbewaffnung und einer eigenen Luftabwehrzentrale mit. Die Hochtechnologie an Bord hatte ihr einen sehr zutreffenden Spitznamen eingebracht: *Robocruiser*, der »kreuzende Roboter«. Unaufhörlich blinkten in ihrem Kontrollraum, dem abgedunkelten *Combat Information Center* (CIC), Bildschirme blau-weiß und schwarz-grün. Das CIC gehörte zum fortschrittlichsten High-Tech-Radarsystem seiner Zeit, dem man den Namen *Aegis* verliehen hatte, eine Anspielung auf den Schild des griechischen Gottes Zeus. Das elektronische Warn- und Feuerleitsystem der amerikanischen Kriegsmarine war seit 1983 im Einsatz und hatte die Aufgabe, komplexe Luftkämpfe zu überwachen, die sich über hunderte

Quadratkilometer erstrecken konnten. In Echtzeit zeichnete das System Flugdaten auf, verarbeitete und interpretierte sie und zeigte die Einzelheiten des Luftkampfs auf einem riesigen Display im Kontrollraum an. Um das *Air Theater*, so die Verniedlichung der Militärs für »Luftkampf«, wirklichkeitsgetreu wiederzugeben und dabei gleichzeitig die große Anzahl potenzieller Ziele wie Aufklärer oder Raketen zu überwachen, musste *Aegis* in der Lage sein, bis zu zweihundert Flugzeuge gleichzeitig nachzuverfolgen – keine leichte Aufgabe für ein System, das zu seiner Zeit nicht annähernd über die Rechnerleistung heutiger Big-Data-Systeme mit ihren leistungsfähigen Parallelrechnern und miniaturisierten Speichern verfügte. Die vielen Computer, Displays und Datensammler des *Aegis*-Systems waren deshalb hinter den großen Phased-Array-Antennen des SPY-1-Radars des Kreuzers untergebracht.

»Alles auf Gefechtsstation!«, wiederholte der Lautsprecher der *Vincennes*. Auf und unter Deck herrschte konzentriertes Treiben, jeder Handgriff würde sitzen, oft genug war er eingeübt. Wer jemals Teil einer Kampftruppe war, wusste, er hatte auf nichts weiter zu achten als darauf, seine Aufgabe bestmöglich zu erfüllen. Um andere Probleme hatte er sich nicht zu kümmern, das erledigten seine Vorgesetzten für ihn. Für manchen Soldaten machte gerade das den Reiz seines Dienstes aus.

Als die Explosionen ertönten, hatte die *Montgomery* die *Vincennes* um Unterstützung gebeten. Beide Kriegsschiffe gehörten demselben Geschwader an, einer *Aircraft Carrier Battle Group*, die, je nach Mission, aus einem Verband von Flugzeugträgern, mehreren Kreuzern, Fregatten, U-Booten, Versorgungsschiffen und etwa achtzig Flugzeugen bestand. Teil des Verbands war an diesem Morgen auch *USS Sides*. Anders als die *Montgomery* verfügte die *Sides* über einen Link-11-Datenlink. Über den Datenlink konnten die Computer der *Sides* mit denen der *Vincennes* taktische Informationen in Echtzeit austauschen. Ein Vorläufer der kabellosen Kommunikation, wenn man so wollte, der militärische Geräte untereinander vernetzte. Ein frühes »Netz der Dinge«. Obwohl mehrere Meilen von der *Vincennes* entfernt, konnte die *Sides*, die selbst kein *Aegis*-System an Bord mitführte, über Link-11 mit demselben Lagebild operieren wie die *Vincennes*.

Inzwischen war es 9:45 Uhr geworden. Lieutenant Mark Collier, der Helikopterpilot der *Vincennes*, hatte den Auftrag erhalten, die Lage auf See mit seinem SH-60B Seahawk aufzuklären.

»Sie werden zu den Angreifern einen Mindestabstand von vier Meilen einhalten«, lautete der Einsatzbefehl für den Piloten. »Gehen Sie nicht näher heran als vier Meilen.«

»Ja, Sir.«

In weniger als zwanzig Minuten hatte Collier die iranischen Schnellboote erreicht. Aus dem Cockpit konnte er beobachten, wie sie einen deutschen Frachter umkreisten. Noch fielen keine Schüsse. Das Einkreisen hingegen gehörte zur gewöhnlichen Einschüchterungstaktik der Angreifer.

Vier Meilen.

Im Cockpit konnte Collier der Versuchung nicht widerstehen. Als er den CPA, den *Closest Point of Approach*, und die Vier-Meilen-Zone unterschritt, sollte er schnell herausfinden, wie die Angreifer bewaffnet waren. Neben dem Seahawk explodierten acht bis zehn grelle Lichtblitze.

»Hast du das gesehen?«, schrie Collier dem begleitenden Unteroffizier, Scott Zilghe, zu.

»Habe ich«, gab Zilghe zurück. »Sehen wir zu, dass wir hier rauskommen. Das waren Luftabwehrraketen.«

Während Collier den Seahawk in einen sicheren Abstand abdrehte, funkte sein Kopilot, Roger Huff, an die *Vincennes*.

»Hier ist Ocean Lord 25. Wir stehen unter Beschuss. Wir ziehen uns zurück.«[1]

Es war, als hätte der Kapitän der *Vincennes*, Will Rogers, auf den Angriff nur gewartet. Immerhin war morgen die Feier der amerikanischen Unabhängigkeit. Man könnte ein Exempel an Stärke statuieren, wenn man sich jetzt zur Wehr setzte. Schließlich waren in den vergangenen Monaten immer wieder amerikanische Einheiten angegriffen worden. Auch amerikanische Kameraden waren dabei ums Leben gekommen.

»Volle Kraft voraus.«

Mit hoher Geschwindigkeit näherte sich die *Vincennes* der Straße von Hormus. Rogers funkte mit dem Hauptquartier der amerikanischen Streitkräfte in Bahrain. Im Gespräch feilschte er um die Erlaubnis, eingreifen zu dürfen. Dazu verlangte Rogers die taktische Kontrolle über die *Montgomery* und die *Sides*.

»Sie haben die Erlaubnis.«

Inzwischen hatte sich die *Vincennes* der Position der iranischen Schnellboote weiter angenähert. Dabei war Kapitän Rogers bereits in iranische Gewässer eingedrungen – eine Verletzung internationalen Rechts. Die Iraner waren dem Robocruiser weit unterlegen, konnten aber hoffen, den viel teureren Kriegsschiffen durch wiederholten Beschuss von den wendigen Schnellbooten aus Schaden zuzufügen.

»Eines kommt auf uns zu. Nähert sich schnell. Ich sehe es über die Bugkamera.«

10:13 Uhr. Die iranische Annäherung war der gewünschte Anlass, das Feuer auf die Iraner zu eröffnen. Es hatte nur wenige Wochen gedauert, bis die *Vincennes* seit ihrer ersten Patrouille im Persischen Golf am 1. Juni 1988 aktiv in ihren ersten kriegerischen Vorfall verwickelt war. Jedes unidentifizierte Objekt, das sich von nun an der *Vincennes* nähern sollte, würde als potenzielle Bedrohung angesehen. So sahen es die militärischen Regeln vor, die *Rules of Engagement*. Kapitän Rogers würde von diesem Augenblick an zuerst sein Schiff und seine Mannschaft verteidigen.

Nur vier Minuten später, 10:17 Uhr. Rogers hatte die 5-Zoll-Kanone am Bug gerade nachladen lassen, um sie erneut auf die iranischen Schnellboote zu richten, als die Kanone stockte. Nur elf Schuss hatte sie abgegeben. Jetzt hatte sie sich verklemmt und ließ sich nicht mehr schwenken. Mit einer hohen Geschwindigkeit von dreißig Knoten entschied Rogers, eine abrupte Kursänderung vorzunehmen, um statt der Bugkanone die funktionstüchtige Heckkanone auf die Angreifer zu richten.

Der Ruck, der durch das Schiff ging, war jäh und heftig. Was nicht festgebunden war, flog quer durch das Schiff. Im CIC, dem Dunkelraum hoch über der Wasseroberfläche, wo die Offiziere während des kriegerischen Einsatzes unter besonders hohem Stress standen, hatte die schlagartige Kehrtwendung besonders dramatische Folgen. Unverschlossene Schubladen öffneten sich, lose Gegenstände rutschten von den Tischen, Handbücher stürzten aus ihren Regalen. Sie wurden von den Officers des Kontrollraums dazu benutzt, Luftfahrzeuge zu identifizieren. Dafür waren in den Handbüchern zivile Flugpläne, IFF Codes und mehr enthalten. *Identification, Friend or Foe*, kurz: IFF, die militärische Identifizierung eines Luftfahrzeugs als befreundet oder feindlich, erfolgte elektronisch. Dazu setzte das Radar der *Vincennes* einen elektronischen Impuls ab, der das zu identifizierende Luftfahrzeug erfasste. Automatisch kam die Antwort, der *Squawk Mode*, vom Transponder des Flugzeugs zurück. Ein Squawk Mode, der mit II startete, deutete auf ein militärisches Luftfahrzeug hin, ein Mode III auf einen zivilen Airliner. Doch so hochtechnisiert der kreuzende Roboter war, die finale Identifizierung eines leuchtenden Punkts auf dem Radarbildschirm blieb dem zuständigen Radarpersonal überlassen.

In diesen wenigen Minuten – die *Vincennes* würde einen der iranischen Angreifer versenken und die anderen in die Flucht schlagen – war auf dem Bildschirm eines Officers ein weißer Punkt aufgetaucht: Identität unbekannt. Was dann folgte, war eine Verkettung von Durcheinander, Software-Problemen und Falschinformation. Sie sollte zu einem der tragischsten Unglücke der zivilen Luftfahrt führen.

Um 10:17 hatte Kapitän Mohsen Rezaian den kurzen Routineflug Iran Air 655 von Bandar Abbas nach Dubai gestartet. Die hundertzwanzig Meilen erforderten einen Aufstieg des Airbus 320, einen sehr kurzen Aufenthalt auf Reiseflughöhe und dann einen Sinkflug Richtung Dubai. An Bord seiner vollbesetzten Maschine befand sich die übliche bunte Mischung aus Reisenden. Viele Pilger freuten sich auf ihre letzte Etappe nach Mekka. Allerdings war der Status des Flughafens Bandar Abbas unklar: Neben zivilen Maschinen, die trotz kriegerischer Vorfälle den Persischen Golf fast ohne Einschränkungen überflogen, diente Bandar Abbas offenbar auch militärischen Zwecken. So waren am Tag vor dem Abflug von Iran Air 655 auf dem eigentlich zivilen Flughafen auch mehrere iranische Kampf-jets des Typs F-14 eingetroffen.

Da einer der Passagiere Probleme mit seinem Visum hatte, hatte sich der für 10:59 Uhr geplante Abflug von Iran Air 655 um achtzehn Minuten verspätet, ein nicht ungewöhnlicher Vorfall im zivilen Luftverkehr. Gerade als sich die Bugkanone der *Vincennes* verklemmte, hatte der Airbus seinen Transponder auf den zivilen Squawk Mode III und die eindeutige Identifikationsnummer 6760 eingestellt, hob von der Startbahn ab und begann seinen Aufstieg in den Luftkorridor Richtung Dubai. Genau in dieser Minute, um 10:17 Uhr, tauchte die Maschine als weißer Punkt, als *Plot*, auf den Bildschirmen des CIC der *Vincennes* auf.

Mitten in ihrem scharfen Wendemanöver beginnt der zuständige *Identification Officer* der *Vincennes*, Warnungen an Iran Air 655 abzusetzen.

»Unidentifiziertes Luftfahrzeug, Sie nähern sich einem US-amerikanischen Kriegsschiff in internationalen Gewässern.«

»Möglicherweise Astro!«, schreit jemand durch den Dunkelraum. »Astro« ist der Codename für eine F-14. Der Ruf elektrisiert den Identification Officer. Sein Körper schüttet eine hohe Dosis Adrenalin aus. Der Einsatz des IFF-Systems könnte Klarheit schaffen.

Innerhalb weniger turbulenter Minuten, das Schiff in Krängung und der Kontrollraum im hellen Durcheinander, empfängt der Identification Officer den IFF Mode III, im nächsten Moment jedoch einen IFF Mode II. Fälschlicherweise identifiziert er den Airbus 320 als militärisches Luftfahrzeug F-14 mit der Identifikationsnummer 4131. Um sicherzugehen, dass es sich nicht doch um ein ziviles Luftfahrzeug handelt, greift der Officer nach dem Handbuch mit Flugplänen. Demnach sollte zum Zeitpunkt des Auftauchens der Maschine auf dem Bildschirm kein Start einer zivilen Maschine in Bandar Abbas erfolgt sein. Der Officer wiederholt seine Warnungen immer wieder, doch Iran Air 655 antwortet nicht. Bis heute ist ungeklärt, warum Kapitän Rezaian nicht auf die Warnungen der US-Militärs reagierte. Vielleicht ignorierte er sie oder fühlte sich nicht angesprochen. Sicher ist jedoch, dass man Kapitän Rogers nicht nur eine, sondern gleich zwei falsche Auskünfte erteilt hatte: Eine F-14 sei in Bandar Abbas gestartet, und: die Maschine bewege sich auf die *Vincennes* zu und habe mit dem Sinkflug begonnen – das typische Flugprofil eines angreifenden Kampfjets.

Zur selben Zeit auf der *Sides* und etwa achtzehn Meilen vom Kampfgeschehen entfernt versucht Kapitän Carlson zu verstehen, worum es sich bei dem unidentifizierten Luftfahrzeug handelt.

»Haben wir sie?«

»Ja, Sir, wir haben guten Kontakt.« Das Suchradar der *Sides* hatte den Airbus erfasst.

»Irgendwelche Abstrahlungen?«

»Nein, Sir, sie hat eine kalte Nase, nichts.«

»Gut, reden Sie mit ihr.«

»Sir, wir versuchen alles, auch die *Vincennes*, aber sie antwortet nicht.«

»Schicken Sie ein Radarsignal rauf.« Normalerweise drehen iranische Maschinen ab, wenn sie mit einem Feuerleitstrahl gewarnt werden. Doch Iran Air 655 tut nichts dergleichen und setzt ihren Aufstieg weiter fort.

»Sie verhält sich nicht wie ein Kampfjet. Sie ist keine Bedrohung«, schlussfolgert Kapitän Carlson. Während er sich mit seiner Crew einer iranischen P3 – einem Aufklärer – zuwendet, hört er, wie Kapitän Rogers um Abschusserlaubnis für eine F-14 mit Squawk Mode II-4131 anfragt. Was tut Rogers da?, fragt er sich. Vielleicht hat sein *Aegis*-System mehr Informationen als wir, überlegt er weiter. Vielleicht sieht er eine F-14, die wir nicht sehen. Er muss einfach mehr wissen als wir. Doch bevor Kapitän Carlson darüber nachdenken kann, was hier falsch laufen könnte, ist seine Crew voller Entsetzen in panischer Aufregung. Vielleicht hat Kapitän Rezaian in seinem letzten Moment an einen technischen Defekt gedacht, als er aus dem Cockpit schaute und sah, wie ein Teil seiner Tragfläche zerbarst und Aluminiumteile durch die Luft flogen. Sicher ist nicht, dass er die beiden Raketen angreifen sah, die die *Vincennes* auf ihn abgefeuert hatte und die zweihundertneunzig Passagiere seines Flugs, darunter sechsundsechzig Kinder, auf tragische Weise tötete. Auf der

Sides übergeben sich einige Crewmitglieder. Anders als die *Vincennes* hatten sie den IFF-Code des Airbus 320 zuletzt als zivilen, kommerziellen Flug richtig klassifiziert: »Das ist ein COMAIR«, ein kommerzieller Airliner.

Diese Information hatte Kapitän Rogers nie erhalten. Es ist 10:24 Uhr Ortszeit.[2]

Kann Software töten?

Es gehört zur originären Aufgabe des Militärs, sich aus vielen Daten und Informationen unterschiedlichster Art, Herkunft und Qualität einen möglichst kompletten Lageüberblick zu verschaffen, bevor über militärisches Eingreifen entschieden wird. Dabei gehören seit jeher Spionageaktivitäten zum Repertoire der Informationsbeschaffung. Doch mit Beginn des 20. Jahrhunderts wird es technischer. 1886 stellt Heinrich Hertz experimentell fest, dass Funkwellen von Metallobjekten reflektiert werden, und legt damit Grunderkenntnisse des *Radars* vor. So lautete die Bezeichnung für eine Technologie, die »rechtzeitig« vor Ausbruch des Zweiten Weltkriegs ab 1934 durch Rudolf Künhold bei der deutschen Reichsmarine zur Erkennung von Schiffen und 1935 in England von Robert Watson-Watt zur Detektion von Flugzeugen zur Produktreife gebracht wird. Noch heute streiten sich beide Länder um das Vorrecht des Erfinders, doch eine bemerkenswerte Anekdote rankt sich auch um den Serben Nikola Tesla, einem der innovativsten Elektroingenieure des ausgehenden 19. Jahrhunderts. Tesla war in die Vereinigten Staaten ausgewandert und zunächst bei Thomas Edison angestellt, dem man die Entdeckung der Glühbirne zuschrieb. Tatsächlich geht das Gerücht um, Tesla habe die Glühbirne erfunden und Edison, sein *Chief Executive Officer*, habe nichts mehr als die Idee plagiiert und wirtschaftlich verwertet, weshalb die beiden sich nicht im Frieden trennten, als Tesla das Unternehmen von Edison verließ, um eine eigene Firma zu gründen.[3] Erst später, als Tesla in finanzielle Schwierigkeiten geriet – er führte einen extravaganten Lebensstil, logierte als Dauergast in New Yorker Hotels wie dem Waldorf Astoria und ließ sich von J. P. Morgan finanzieren –, setzte er seine Karriere bei Westinghouse fort, einem Elektrokonzern und Mitbewerber von General Electrics, der Mitte des 20. Jahrhunderts auch Radaranlagen in die Produktpalette aufgenommen hatte und damit etwa dem deutschen Unternehmen Siemens vergleichbar war. Schon 1917, achtzehn Jahre vor den erfolgreichen Radartests des Briten Watson-Watt, so erzählt man sich, hatte Tesla seine eigene Radartechnologie bei der US-Kriegsmarine vorgestellt. Die Welt erlebte mit dem Ersten Weltkrieg gerade die größte bis dahin gesehene Materialschlacht und ein Massensterben von Soldaten aller Nationalitäten in den Schützengräben der belgischen und französischen Ebenen, die zu mondähnlichen Kraterlandschaften zerbombt waren. Kaum hatte der deutsche Kronrat zum 1. Februar 1917 den uneingeschränkten U-Boot-Krieg proklamiert, als nur wenige Monate darauf, am 19. August 1917, ein aufsehenerregender Artikel über Teslas Innovation in der *Fort Wayne Gazette* erschien, in dem erstmals der Vorschlag publik gemacht wurde, U-Boote mittels Radar aufzuspüren.[4] Doch die US-Kriegsmarine lehnte Teslas Technologie ab mit der Begründung, Radar sei für das Militär völlig ungeeignet.[5] War das einfach nur wenig visionär? Wer bei der US-Kriegsmarine war so fantasielos, dass er eine militärische Schlüsseltechnologie nicht rechtzeitig als solche erkannt haben sollte?

Es war die Forschungs- und Entwicklungsabteilung der US-Kriegsmarine unter Leitung ihres Chefberaters Thomas Edison, die Tesla so abweisend behandelt hatte. Edisons Egoproblem konnte dennoch den späteren Siegeszug des Radars nicht aufhalten. Ohne Radar wäre die Überwachung militärischer Einsätze oder der massenhaften zivilen Bewegungen unserer Waren- und Personenströme entlang des ganzen Globus zu Luft, See oder am Boden geradezu undenkbar.

Aegis und sein mit Radartechnologie vollbepackter Kreuzer sind das, was wir als »missionskritisches System« bezeichnen. Der Begriff ist der Raumfahrt entlehnt, wo ein Fehler in einem missionskritischen System zum Verlust von Menschenleben führen kann. In der Informationstechnologie sind Systeme – das können Software-Hardware-Kombinationen sein, nur Software-Programme oder eine Kombination von Hardware, Software und Mensch – dann missionskritisch, wenn ein Ausfall einer Komponente den Zusammenbruch einer ganzen Applikation herbeiführt. Gehen wir noch einen Schritt weiter im Mensch-Maschine-System: Es ist dann missionskritisch, wenn der Ausfall einer Komponente den geplanten Verlauf einer Entwicklung, also eines *Prozesses*, zum Scheitern bringen kann – mit desaströsen Folgen. Probleme können dann besonders schwerwiegend sein, wenn ein Software-Programm als Teil des Systems, wie es heute immer häufiger der Fall ist, autonom agiert, das heißt, ehemals menschliche Entscheidungen trifft, sie automatisch ausführt, überwacht und revidiert, also nachsteuert. Das ist es, was Ingenieure als »geschlossenen Regelkreis mit Feedback-Schleife« bezeichnen.

Spielen Mensch und Maschine eng zusammen oder erledigt eine Maschine anstelle des Menschen eine Aufgabe selbstständig, greift der Mensch aber in die Autonomie der Maschine ein – manchmal gibt es dafür gute Gründe –, muss die Maschine so robust gebaut sein, dass sie sich vom humanen Eingriff »erholen« kann, ohne dass sie in ihrer Güte nachlässt. Ähnliches gilt, wenn eine Maschine in einem Umfeld tätig wird, das dynamisch ist, in dem keine festen Regeln gelten und das ständige Anpassung erfordert. Die Finanzmärkte bieten ein solches Umfeld mit ihren unvorhersehbaren Preisschwankungen, der »Volatilität«, politischen Eingriffen von außen oder Finanzmarktsteuerungen durch die Zentralbanken. Im Kontext solcher missionskritischen Systeme wurden »Selbst-X-Systeme«, *Self*-Systems*, entwickelt. Selbst-X-Systeme sind selbstorganisierende Maschinen in mancherlei Hinsicht, und der Begriff ist weit zu fassen: Sie reparieren sich selbst, sie organisieren sich selbst, sie replizieren und regulieren sich.

Doch missionskritische Systeme müssen noch viel weitergehende Anforderungen erfüllen. Sie müssen nicht nur besonderen Sicherheitsvorkehrungen genügen, sondern auch *hochverfügbar* sein. Nutzungsausfälle dürfen nur sehr selten auftreten, Stillstände sind zu vermeiden. Dazu werden Systeme oft mehrfach redundant ausgelegt. »Heiße« oder »kalte« Ersatzmaschinen müssen übernehmen, wenn es zu einem Ausfall im eigentlichen operativen System kommt. Die mehrfache Auslegung von Komponenten macht ein System robust, aber auch teuer.

Was im hoheitlichen Umfeld immer selbstverständlich war, wird nicht mit derselben Sorgfalt auch von privatwirtschaftlichen Unternehmen erbracht. Big-Data-Geschäftsmodelle fußen auf Funktionalitäten der Dauerkontrolle; aber Unternehmen stehen mit ihren Erfahrungen im Umgang mit Systemen dieser Komplexität noch ganz am Anfang. Deshalb ist umso wichtiger, sich ständig vor Augen zu halten, dass Fehler wie auf der *Vincennes* noch tausendfach auf dem privatwirtschaftlichen Sektor vorkommen werden. Vielleicht werden wir nicht den Preis eines Menschenlebens zahlen müssen, nicht direkt jedenfalls, aber sicher werden uns solche Fehler viel Geld und unsere informationelle Selbstbestimmung kosten; vielleicht werden wir sogar persönlich Tragödien erleben, wenn andere aufgrund falscher Informationen über unsere Zukunft entscheiden.

Gehen wir nochmals einen Schritt zurück, zum Krieg als dem Vater aller Dinge. Während Kapitän Rezaians Black Box beim Abschuss verloren ging, verfügte die *Vincennes* über ihre eigene SPY-1A-Black-Box. Die Box wurde für die Aufklärung des Vorfalls in einer nachfolgenden Untersuchungskommission, dem Fogarty-Untersuchungsausschuss, herangezogen.[6] Aus den Aufzeichungen ging zu aller Erstaunen eindeutig hervor: Das *Aegis*-System arbeitete fehlerfrei. Woher rührte aber dann die falsche Lageinformation, die Captain Rogers zum Feuerbefehl veranlasste? Wie kam es dazu, dass ihm Squawk Mode II gemeldet wurde? Und dass sich das beobachtete Luftfahrzeug im Sinkflug, nicht im Steigflug befinde?

Schlechte Informationsqualität erlaubt keine gute Entscheidung

Ein System, das Luftgefechte überwacht, an dem Hunderte von Luftfahrzeugen beteiligt sein können, ist ohne Zweifel von allerhöchster Komplexität. Dass ein System der Achtzigerjahre möglicherweise technisch nicht ganz so leistungsfähig war, wie es heute sein könnte, sei dahingestellt. Wenn das *Aegis*-System mehrere hundert Flugzeuge in Echtzeit verfolgen und identifizieren soll, ist die Funktionalität des Systems ohnehin nur ein Teilaspekt. Denn anders als bei den Softwares unseres täglichen Lebens, die uns als Mittel zum Schreiben, Planen, Mailen oder Programmieren dienen – eben als Werkzeuge, *mit* denen wir arbeiten –, kommt es in Systemen der *Aegis*-Klasse noch auf etwas ganz Wesentliches mehr an: nämlich auf die Information, die das System aus Rohdaten erzeugt, wenn es in Echtzeit seine Umgebung beobachtet und daraus seine Schlussfolgerungen zieht, im konkreten Fall also auf die richtige oder falsche Identifizierung eines Luftfahrzeugs. Ein solches System ist mehr als ein Werkzeug. Von nun an arbeitet es *für* uns. Eine Maschine, eine Software oder ein System beginnt also dort intelligent zu werden, wo selbstständig Informationen erzeugt werden, die so explizit nicht in eine Maschine hineinprogrammiert worden sind. Hier jedoch kommt es zur ersten Herausforderung. Denn es stellt sich die Frage nach der *Qualität* einer selbstständig erzeugten Information. Ist sie gut, ist sie schlecht, ist sie nur per Design unscharf, was konkret heißt, dass die Datenlage in einem System mehrere Interpretationen zulässt? Wenn Daten oder Informationen für eine korrekte Lageeinschätzung fehlen, sprechen wir von *informationeller Unschärfe*. Wenn auch mehr Daten oder Informationen nicht zu einem besseren Lagebild beitragen können, kann der Gegenstand der Entscheidung an sich unscharf sein und eine *intrinsische Unschärfe* bergen.

Wenn heute eine wachsende Kommerzialisierung bei der Auswertung unserer persönlichen Daten einsetzt, im Rahmen derer Behörden und kommerzielle Unternehmen neue Erkenntnisse über uns gewinnen, können wir ob der Qualität dieser abgeleiteten Information nie sicher sein. Aus Sicht der Maschinen, die unser Verhalten berechnen oder prognostizieren und ihre Ergebnisse an Behörden, Krankenkassen, Versicherungen oder Marketingmanager weitergeben, sind wir die menschlichen Sensoren, die modernen Algorithmen eifrig Rohdaten zuliefern. Man kann inzwischen mit Fug und Recht behaupten, dass bei jeder unserer Äußerungen, Bewegungen oder Handlungen stets eine Maschine mitlauscht. Möglicherweise haben wir darüber, was wir weitergeben, noch etwas Kontrolle. Aber die Güte der Systeme, die Beschaffenheit der über uns erhobenen Daten, die Brauchbarkeit der verwendeten Algorithmen und die daraus gewonnenen Erkenntnisse über uns entziehen sich unserem Einfluss völlig. Wie richtig oder falsch sind die Analysen durch jene Maschinen? Wie gut oder schlecht schätzen sie uns ein, wenn Unschärfe Teil des Designs der Maschinen ist? Wir wissen es nicht. Denn nicht nur die Unschärfe wirft Fragen auf. Schlimmer noch: Häufig ist unwissenschaftliches Vorgehen im Umgang mit Daten heute, in der Morgendämmerung von Big Data, eher die Regel als die Ausnahme. Dürrenmatt hat es in seinem Bühnenstück *Die Physiker* so ausgedrückt: »So vermag heute jeder Esel eine Glühbirne zum Leuchten bringen – oder eine Atombombe zur Explosion.« Das ist einigermaßen polemisch, doch die Wahrheit ist: Überwachung und Analyse skalieren, weil ihre Technologien zunehmend als *Tools* angeboten werden: »Learn Big Data technologies in thirty minutes!« Mit dem wachsenden Angebot von Hilfsmitteln für die Datenanalyse wird die Überwachung und Auswertung von Daten zum Mainstream, ohne dass ihre Nutzer die Tiefe der Theorien und Modelle ausloten müssten, die zu Prognosen und maschinellen Entscheidungsvorlagen führen. Viele Analysen und Prognosen sind (noch) dilettantisch. Das kann uns keineswegs beruhigen, denn jene abgeleiteten Informationen über uns werden trotzdem dazu herangezogen, uns und unser Leben einzuschätzen – mit weitreichenden Folgen. Ob die Einschätzung richtig oder falsch ist, danach wird nicht gefragt, und in der Tat wäre die Qualitätsprüfung der Ergebnisse nur mit erheblichem Aufwand denkbar.

Falls Ihnen das wie abstraktes Philosophieren vorkommt, denken Sie einmal an Ihr Navigationsgerät im Auto. Sicher halten Sie sich nicht immer exakt an seine Anweisungen, besonders dort nicht, wo Sie sich auskennen und um alternative Wege zum Ziel wissen. Wie lange dauert es, bis das Navigationsgerät herausfindet, welchen anderen Weg Sie eingeschlagen haben, um an dasselbe Ziel zu kommen? Wie oft schlägt es vor: »Drehen Sie, wenn möglich, um.«? Zugegeben, ein Navigationsgerät ist nicht sonderlich intelligent. Jemand, der

Satellitentracking-Software kennt, wird darüber hinaus zugeben: Es gibt Messfehler. Während Sie mit hundertzwanzig Stundenkilometern auf der Autobahn fahren, fällt Ihnen nicht auf, dass hinter der Lärmschutzwand rechts von Ihnen eine Siedlung mit paralleler Spielstraße verläuft. Und wahrscheinlich werden Sie auch nicht bemerken, wenn der Satellit Ihren Wagen einen Moment lang um einige Meter falsch weiter rechts verortet. Das vorausgeschickt, stellen Sie sich jetzt bitte vor, ein zweites Mess- und Überwachungsgerät für die neuen Telematik-Versicherungstarife fährt in Ihrem Wagen mit und soll beurteilen, ob Sie ein guter oder schlechter Autofahrer sind, damit Ihre Versicherung Ihnen einen individuellen Versicherungstarif anbieten kann. Natürlich gehen Sie davon aus, dass Sie als zuverlässiger, defensiver Autofahrer gelten und deshalb einen Preisnachlass erwirken können. Wenn die Messgeräte der Versicherung aber nicht genauer arbeiten als die Navigationsgeräte heute, und davon dürfen Sie getrost ausgehen, kann die Dauerüberwachung des Fahrzeuglenkers sehr leicht zum Schuss werden, der nach hinten losgeht. Denn die falsche Verortung – Spielstraße statt Autobahn – würde aufzeichnen: Der Fahrer fährt hundertzwanzig Stundenkilometer in einer Zone, in der nur Schrittgeschwindigkeit erlaubt ist. Und schon haben Sie ein Problem mehr. Vor allem geht Ihre Rechnung mit einem Billigtarif nicht auf. Intelligente Maschinen, die Sie überwachen werden, arbeiten nicht fehlerfrei oder, wenn sie fehlerfrei arbeiten, dann unscharf, weil für eine sinnvolle Analyse womöglich nicht sämtliche Daten vorliegen. Auf die Qualität ihrer Berechnung haben Sie dennoch keinen Einfluss. Aber was Sie (noch) beeinflussen können, ist, ob Sie jenen Maschinen tatsächlich durchgängig Ihren Alltag anvertrauen wollen.

Bei militärischen Anwendungen hingegen darf man sich fast noch sicher sein, dass Ingenieure wissen, was sie tun. Das *German Eyes Only* der deutschen Rüstungsindustrie ist das Qualitäts- und Gütesiegel einer der letzten Oasen des »Geschäftsmodells Deutschland«, wo analytisches Vorgehen und solide Ingenieursarbeit großgeschrieben werden. Bei Industrie und Kommerz, die im globalen Wettbewerb stehen, sieht das schon anders aus. Eine Marktarbeiterschaft,

herangezüchtet für die Wirtschaft in viel zu kurzen Ausbildungs-
zyklen mit Titelinflation, hat nicht mehr die Zeit, die Muße und das
wissenschaftliche Niveau, komplexe Probleme so tief zu durchdringen, dass Qualitätsarbeit zwangsläufig ist. Wozu auch: Seit die deutsche Fertigungstiefe abnimmt, Produktion aus Kostengründen aus-
gelagert bleibt und man sich stärker auf Beratungstätigkeit verlegt,
glaubt man, Big-Data-Analyse sei genauso preiswert zu haben wie
die fernöstliche Textilproduktion. Das ist ein gefährliches Missver-
ständnis. Datenanalyse und Informationsgewinnung erfordern exak-
tes wissenschaftliches Arbeiten, stringente Konzepte und nicht zuletzt immer wieder die Hand des mathematischen Künstlers, der
sich tief in die Welt der Daten hineinbegibt. Und Qualität ist teuer.
Sie widerspricht dem Konzept des *Shareholder Value*, wenn sie zum
Kosten- und Risikofaktor wird, und wird im Zeitalter billiger Ein-
wegprodukte nicht vergütet – wer bemerkt schon den qualitativen
Unterschied zwischen etwas schlechterer und etwas besserer Informationsgewinnung, zwischen mehr oder weniger Unschärfe, wenn
es zwar ums Geld, aber nicht um Menschenleben geht? Dabei geht
es bei Big-Data-Analysen sehr wohl immer öfter um Menschenleben und ganze Lebensentwürfe, und auch bei Geldgeschäften sind
missionskritische Systeme am Werk. Wieder ist es die Finanzindustrie, die ein schlechtes Beispiel gibt, wenn ihre missionskritischen Systeme finanzielle Katastrophen auslösen, weil sie, sei es aus Unkennt-
nis oder gar Ungeduld, nie als missionskritisch entworfen und als
solche behandelt worden sind.

Auch Datenquellen können lügen

Auch Systeme von der Klasse eines *Aegis*-Systems werden häufig eingesetzt, ohne dass dem Nutzer die limitierenden Faktoren eines solchen Systems bekannt sind. Denn nicht nur die Qualität des Verfahrens, das Information erzeugt, sondern auch die Zuverlässigkeit der
Datenquellen selbst, auf denen die gewonnene Information beruht,
ist von ausschlaggebender Bedeutung. Die Qualität einer Information

läuft deshalb auch wesentlich auf die Qualität der Quelle, der Stärke ihres Nutzsignals und ihres Rauschens, hinaus. Dabei ist – und das ist überraschend – eine Datenquelle selbst dann eine gute Quelle, wenn sie bekanntermaßen lügt. Wie ist das möglich? Ein Logikrätsel gibt Auskunft.

Ein Verdurstender schleppt sich durch den heißen Wüstensand, bis er eine Weggabelung erreicht. Ein Weg führt zur rettenden Oase, zu Wasser und leuchtendem Grün, der andere weiter hinein ins Unglück. Der Verdurstende sieht auf und erblickt einen Zwerg mit einem Schild um die Brust: »Einen Tag lüg ich, am anderen sag ich die Wahrheit.« Mit letzter Kraft fragt er den Zwerg:

»Und welcher Weg ist der Weg zur Oase?«

»Gestern hätte ich ›links‹ gesagt«, antwortet der Zwerg und grinst dabei.

Was hat ein lügnerischer Zwerg mit der intelligenten Auswertung großer Datenmengen zu tun? Sehr viel mehr, als Sie glauben; man muss aber scharf nachdenken, und ob ein Verdurstender dazu noch in der Lage wäre, ist ungewiss. Denn in seiner Verzweiflung interessiert ihn nur noch eines: Wo ist das Wasser – links oder rechts?

Der Dürstende stöhnt auf. Der Hinweis »Gestern hätte ich ›links‹ gesagt«, ist ohne jeden Informationsgehalt, denn die Wahrscheinlichkeit, dass der rechte oder der linke Weg zur Oase führt, ist gleich groß – nämlich 50/50. Die Wahrscheinlichkeiten sind symmetrisch verteilt. Und schon reichen wir an eine Basis der Informationstheorie heran. Symmetrische Formen erscheinen in der Natur in vielfältiger Weise und sind seit jeher beliebter Gegenstand struktureller Untersuchungen der Mathematik. Symmetrie ist von großer Ästhetik, hat aber keinerlei Informationsgehalt, weil sie dem Wüstenwanderer keinen Anhaltspunkt für die Entscheidung gibt, wie es jetzt weitergehen soll.

Nun aber war der Zwerg so freundlich, eine zweite Aussage zu treffen: »Einen Tag lüg ich, am anderen sag ich die Wahrheit.« Sehr kurzer Hoffnungsschimmer, aber sogleich fühlt der Dürstende wieder Enttäuschung aufsteigen, weil auch die Wahrscheinlichkeit, dass der Zwerg gestern die Wahrheit gesagt hat und heute lügt, nicht mehr als 50/50 beträgt.

Nicht gleich die Flinte ins Korn werfen! Denn kombiniert man beide Aussagen des Zwergs, kann man folgende Schlussfolgerungskette aufbauen.

Angenommen, der Zwerg hätte gestern gelogen, dann wäre heute der Tag, an dem er die Wahrheit spricht. Deshalb wäre richtig, was er heute sagt: dass er gestern ›links‹ gesagt hätte. Da er gestern jedoch gelogen hätte, ist der Weg zur Oase der *rechte* Weg. Nun weiß der Verdurstende nicht, ob gestern der Tag der Lüge war. Hätte der Zwerg gestern also die Wahrheit gesagt und würde hingegen heute lügen – er habe gestern ›links‹ gesagt (hätte aber wahrheitsgemäß ›rechts‹ sagen müssen) –, ist der Weg zur Oase auch in diesem Fall der *rechte* Weg. Es mag nicht ganz intuitiv sein, dem zu folgen; sicher ist, dass ein Rechner zu einer konditionalen Schlussfolgerung schneller und zuverlässiger in der Lage ist als ein Verdurstender angesichts seines sehr ernsten Missgeschicks.

Zwar trägt keine der Aussagen für sich genommen Information, aber kombiniert ergeben sie schnell ein klares Lagebild. Die Aussage, die der Zwerg auf dem Schild um den Hals trifft, ist Kontext oder Vorwissen für die Lösung des eigentlichen Problems. Diese Verbindung einzelner Aussagen macht sich ein extrem leistungsfähiges und methodisch stringentes Verfahren zur intelligenten Auswertung von Big Data zunutze: die *Datenfusion* oder auch die *Multi-Sensor-Datenfusion*. Seit Langem ist sie in militärischen Anwendungen für die Lageanalyse das Mittel der Wahl. Natürlich sind Daten oder Aussagen in der Realität mit viel größerer Unsicherheit behaftet als im Logikrätsel. So können Daten veraltet oder unvollständig sein; oder die Quelle, aus der sie stammen, ist unzuverlässig. Außerdem ist die Lebenslage immer viel diffiziler als die Theorie. Wenn es um höchste Komplexität geht, setzt die Datenfusion auf einen Formalismus, ein ganz spezielles Verfahren der Statistik, dem ein britischer Presbyter-Geistlicher seinen Namen verlieh: die Bayes'sche Statistik. Anders als herkömmliche frequentistische Verfahren arbeitet die Bayes'sche Statistik mit bedingten Wahrscheinlichkeiten. »What is Bayesian statistics and why everything else is wrong«, lautet deshalb provokant, doch zutreffend der Leitsatz der Bayes-Jünger. Die Bayes'sche

Statistik ist Randgebiet von Big Data, aber das wichtigste und leistungsfähigste: Herumgesprochen hat es sich in der Privatwirtschaft noch nicht.

Schlamperei! Hausgemachte Falschinformationen

Zurück zur ursprünglichen Frage, warum die *Vincennes* zu einer so fatal falschen Einschätzung der Lage kam, wenn doch ihr *Aegis*-System fehlerfrei gearbeitet hatte. Tatsächlich ergaben die Auswertungen der SPY-1A-Blackbox, dass Kapitän Rezaian zu jeder Zeit den zivilen Squawk Mode III mit der Identifikationsnummer 6760 ausgesendet hatte und dies vom *Aegis*-System auch so verarbeitet worden war. Die Datenquelle war also korrekt und bot eine zuverlässige Information. Was lief trotzdem falsch?

Ein gebräuchliches militärisches System sind die sogenannten *Tracker*. Ihre Aufgabe ist es, ein potenzielles Ziel zu erfassen, zu verfolgen und Signale, die das Ziel aussendet, aufzufangen – darunter auch seine IFF-Codes. Solange sich das Ziel innerhalb eines bestimmten Trackingbereichs bewegt – dem *Tracking Gate* –, bleibt der Tracker beständig auf das Ziel gerichtet. Wie es das Schicksal wollte: Am Tag vor einer der größten Katastrophen der zivilen Luftfahrt waren mehrere iranische F-14-Kampfjets auf dem Flugfeld von Bandar Abbas gelandet, erfasst vom Tracker der *Vincennes*. Auch am nächsten Tag, inmitten des Durcheinanders des Kampfgeschehens, blieb der Tracker fest auf Bandar Abbas gerichtet – statt auf den startenden Airbus auf seinem Weg nach Dubai. Ein besseres Software-Design des Trackers, der eine Warnung hätte aussenden können für den Fall, dass er ein Flugobjekt außerhalb seines *Tracking Gate* detektierte, hätte die Katastrophe vielleicht vermeiden können, genauso wie eine genaue Angabe über die Höhe des Airbus. Denn darüber, ob ein Flugzeug sinkt oder steigt, gab das *Aegis*-System keinerlei Information. Dabei hatte ein Entwicklungsingenieur, Matt Jaffe, der an der grafischen Nutzeroberfläche für die *Aegis*-Information arbeitete, seinen Vorgesetzten schon während der Entwicklung darauf hingewiesen, dass die Darstellung der Information auf den Bildschirmen des Systems unübersichtlich und wenig intuitiv erfassbar sei. Eine Höheninformation sei nur rudimentär vorhanden und überhaupt nur durch Nachrechnen des zuständigen Officers verfügbar, von dem man im Ernstfall gleichzeitig Kopfrechnen, das Bedienen eines Taschenrechners oder das Abschätzen der Höheninformation von Flugobjekten während eines Kampfeinsatzes erwartete. Jaffes Vorschlag, doch eine Anzeige zu implementieren, ob ein überwachtes Flugzeug im Sink- oder Steigflug befindlich sei, lehnte sein Entwicklungsleiter ab mit der Begründung: Auf dem Bildschirm sei erstens nicht genügend Platz für eine solche Anzeige, und zweitens: Wenn die Navy so eine Anzeige hätte haben wollen, hätte sie sie bestellt.[7]

Technologen sehen sich immer wieder mit Gründen administrativer Herkunft konfrontiert, die gute Qualität von Systemen verhindern. Die Problematik ist übrigens nicht nur dem Beschaffungsprozess des amerikanischen Militärs eigen. Bei der Beschaffung von Rüstungsgütern für die deutsche Bundeswehr geht es vergleichbar zu. Ein ineffektiver, suboptimaler Beschaffungsapparat verhindert, dass die Entwicklungsmannschaft eines militärischen Systems jemals mit dem operativen Nutzer – also dem »Endkunden« – zusammentrifft, um dessen Anforderungen so gründlich zu verstehen und zu validieren, dass am Ende eines oft teuren militärischen Entwicklungsprojekts ein geeignetes und im besten Fall auch innovatives System steht. Denn jeder Produktmanager eines Software-Systems weiß: Letztlich ist es immer der Nutzer, der ein Software-System definiert, indem er es akzeptiert und gerne einsetzt. Man darf sich das nicht so vorstellen, dass ein operativer Nutzer gegenüber einem Technologen äußern kann, wie ein System aussehen oder implementiert werden soll. Dazu fehlen dem Nutzer die technischen Kenntnisse. Doch die Herausforderungen seines operativen Tagesgeschäfts, seine Probleme, die Hindernisse und auch die Hilfsmittel, die ihn dabei unterstützen, zu beschreiben, zu analysieren und zu verstehen, ist die Aufgabe des Produktmanagers, der gemeinsam mit seinen Technologen aus vielen Nöten eine qualitativ hochwertige, innovative Lösung schaffen kann, die den Nutzer tatsächlich weiterbringt.

Doch halt, so funktioniert es leider nicht. Denn zwischen operativem Nutzer und Entwicklungsmannschaft eines militärischen Systems hat die Bundesrepublik ebenjenen Beschaffungsapparat gesetzt; das Bundesamt für Wehrtechnik und Beschaffung, das seit 2. Oktober 2012 und nach der Bundeswehrreform den neuen knackigen Namen trägt: BAAINBw – Bundesamt für Ausrüstung, Informationstechnik und Nutzung der Bundeswehr. Die neue Bezeichnung ist weiterhin so wenig effektiv wie der Beschaffungsprozess selbst. Nicht der operative Nutzer, sondern Beamte und »Baudirektoren« definieren und spezifizieren, was der gemeine Soldat so alles brauchen kann. So kommt es wirklich zu schönen Bonmots wie bei jenem Luftverteidigungssystem, das durch folgende technische Systemanforderung spezifiziert wurde: »Das Luftverteidigungssystem soll den Luftraum verteidigen.« (Der Originaltext lautete: »The air defence system shall defend the air.«)

Sie können sich vorstellen, wie viel Spielraum ein Systementwickler mit Anforderungen dieser Detailtiefe hat. Von Pfeil und Bogen bis Star Wars ist hier alles denkbar. Genau aus diesem Grund, ebenjenen unausgesprochenen Systemanforderungen und unvollständig formulierten Einzelfunktionalitäten des gewünschten Systems, wäre der andauernde, direkte und klärende Dialog zwischen Operativen und Entwicklern zielführend für die Qualität und auch die raschere Fertigstellung militärischer Systeme. Ansonsten ist damit zu rechnen, dass am Ende des Projekts etwas ganz anderes herauskommt, als man sich vorgestellt hat. Und Negativbeispiele für schlecht geplante Rüstungsprojekte, die, überladen mit ständig neuen Anforderungen, gar nicht, schlechter als geplant oder viel zu spät in Einsatz gehen, gibt es zuhauf: Hubschrauber, die nicht fliegen, Kampfjets, die zwar toll fliegen, aber nicht kämpfen können, weil sie aerodynamisch so optimiert sind, dass sie unter voller Bewaffnung vom Himmel fielen, oder kürzlich der Euro Hawk. Es mag ein schwacher Trost sein, dass Deutschland hier nicht alleine steht. Wenn die französische Fremdenlegion noch bis vor einigen Jahren ihren Rekruten empfahl, sich bei Eintritt zuerst *privat* einen Schlafsack anzuschaffen, weil die soldatische Standardausrüstung zu nichts tauge, besteht bei der Qualität der Ausrüstung durchaus noch einiges Optimierungspotenzial.

Big Data am Himmel: die AWACS-Story

Was hat ein Spionageflugzeug mit Big Data zu tun?, mögen Sie sich jetzt fragen. Alles, bekommen Sie zur Antwort, einfach alles. Faktisch ist das *Airborne Warning and Control System*, kurz: AWACS, auch als »fliegendes Auge« bekannt, ein in Jahrzehnten ausgereiftes Big-Data-System unter hoheitlicher Ägide, das sich in vielen militärischen und zivilen Einsätzen bewährt hat, etwa wenn es Sie während Fußballmeisterschaften und anderen Großereignissen schützt. Diese »alte« Erfolgsgeschichte von Big Data darf in diesem Buch nicht fehlen. Denn neu ist an Big Data 2014 nur die Skalierbarkeit, die Ausbreitung seiner Anwendungen in jeden Lebensbereich, seit es eine hinreichend leistungsfähige technische Infrastruktur gibt, die es faktisch jedermann erlaubt, sich auf dem Feld der engmaschigen Überwachung und Kontrolle zu tummeln.

Der Damaszener Frühling mit seinen Lockerungen der geheimdienstlichen Überwachung und der Zensur durch den syrischen Präsidenten Bashar al'Assad nach dem Tod seines diktatorischen Vaters Hafez währte nur kurz. Bald nach den Aufständen der Zivilbevölkerungen in den nordafrikanischen Ländern Tunesien, Ägypten und Libyen, dem »arabischen Frühling«, brach in Syrien ein blutiger Bürgerkrieg um die politische Neuordnung des Landes aus, wenn man so will, die unmoralischste Form des Krieges. Mehr als in jedem anderen Krieg zuvor sollten die modernen Medien eine kriegsentscheidende Rolle spielen. Denn nur wer die Herrschaft über die Bilder, Träger von *Information und Desinformation*, innehatte, konnte politische Entscheidungen auch und besonders im Ausland beeinflussen. Sich aus der Propaganda der Kriegsgegner einen objektiven Überblick zur Lage zu verschaffen, war schwer bis unmöglich. Und mit der Stationierung deutscher Patriot-Raketen an der türkisch-syrischen Grenze Ende 2012 hatte der Konflikt eine gefährliche internationale Wendung genommen. Als Flugabwehrsystem sind Patriot-Raketen mit Radar und integriertem IFF zur Flugzielbekämpfung ausgestattet. Sie gehören zu den älteren Flugabwehrsystemen, ihre

Einführung reicht bis in die Sechzigerjahre des letzten Jahrhunderts zurück; doch die NATO verfügt auch über elektronische Spionagesysteme ohne jede Bewaffnung, die die Lage in Kriegsgebieten jenseits militärischer Propaganda aufklären sollen.

Die Jettriebwerke heulen scharf auf, als zwei Eurofighter Typhoons der britischen Royal Air Force von ihrer zypriotischen Airbase in Akrotiri starten. Es ist Montag, der 2. September 2013. Akrotiri liegt auf der Westseite Zyperns inmitten des Mittelmeers und ist eine der wenigen verbliebenen vollständigen Luftstützpunkte der Royal Air Force außerhalb Großbritanniens. Die Situation ist angespannt. Geheimdienstquellen hatten kolportiert, dass ein syrischer Angriff auf den britischen Stützpunkt kurz bevorstünde.[8] Zu jenem Zeitpunkt weiß niemand, was die beiden Kampfpiloten erwartet. Erst vor wenigen Tagen wurden Details eines schrecklichen Giftgasangriffs gegen die Zivilbevölkerung östlich von Damaskus bekannt, bei dem mehr als tausend Menschen unter schlimmsten Qualen ihr Leben lassen mussten. Der Urheberschaft verdächtigt wird Bashar al'Assad, doch klar ist das nicht. Die Antwort der Völkergemeinschaft, allen voran der Vereinigten Staaten, steht noch aus, man befürchtet das Schlimmste. Präsident Barack Obama erwägt einen mehrtägigen Luftschlag gegen Syrien, und vorsorglich hatten britische Verbündete einige Tage zuvor sechs Typhoons zur Unterstützung einer möglichen amerikanischen Intervention nach Zypern verlegt.

Während das Mittelmeer in seinem spätsommerlich blauen Gewand mit weißen Spitzen aus schaumiger Gischt zum Reisen und Baden einlädt, ereignet sich Kritisches. Ein »fliegendes Auge« hat Kontakt zu zwei mysteriösen Flugzeugen. Im schnellen Tiefflug bewegen sie sich über das Mittelmeer mit Kurs auf den britischen Fliegerhorst Akrotiri. Sollte dies die befürchtete Offensive der Syrer auf den britischen Luftstützpunkt Zyperns sein, ein Angriff auf einen Mitgliedsstaat der Europäischen Union? Einmal mehr scheinen die blutigen Unruhen in einem arabischen Land dem bisher friedlichen Europa gefährlich nahe zu kommen.

Doch die AWACS, auch das ein älteres NATO-System, dessen Geschichte bis in das Jahr 1944 zurückreicht, ist Gold wert.

Unterstützt durch leistungsfähige Bordsensorik und Informationstechnologie arbeitet die taktische Besatzung der AWACS an ihren Bildschirmen vor blinkenden *Alarms, Warning Buttons* und *Trackballs*, um verschiedenste Daten aus sehr heterogenen Datenquellen von Luft und Boden zu einer Gesamtlage zusammenzufügen – genau darum geht es bei dem technischen Vorgang der Multi-Sensor-Datenfusion, den man vollständig automatisieren kann. Technologisch ist die Datenfusion die entscheidende Grundlage von Big-Data-Anwendungen, ganz egal, ob es sich dabei um militärische oder kommerzielle Systeme handelt. Datenfusion als Technologie ist agnostisch, wenn es um die Industrie geht, die sie einsetzen möchte. Sie erlaubt die Analyse der aktuellen Börsenlage genauso wie die des Alltags jedes einzelnen Konsumenten und entfaltet dann ihre größtmögliche Wirkung, wenn ihr Lageüberblick einem Entscheider vorgelegt wird, der im besten Fall selbst eine Maschine, ein *Controller* oder »Steuergerät«, ist. Und so identifiziert das AWACS-System bei dieser Mission automatisch aus den eingehenden Rohdaten: Die beiden rätselhaften Flugzeuge sind russische Sukhoi-Su-24s-Kampfjets und stammen vermutlich aus Bashar al'Assads syrischer Luftflotte. Jene Kampfflieger gelten als die gefährlichsten russischer Bauart; sie sind in der Lage, mit Schallgeschwindigkeit Radar zu unterfliegen und wie aus dem Nichts zuzuschlagen. Jetzt bestätigt die taktische Besatzung der AWACS den primären Status der beiden Jäger: »Feindlich.«

Nun geschieht wieder etwas, von dem die modernen Big-Data-Proponenten der Wirtschaft noch träumen: die Kommunikation von vernetzten Systemen. Hat eine AWACS ihre Umgebung in Echtzeit auf Signale von Objekten abgetastet und mit Daten anderer Quellen, etwa zivilen Flugplänen oder Sensordaten anderer Mitglieder eines Kampfverbands, fusioniert und so einen »Kontakt« identifiziert, tauscht sie diese Information automatisch über mobile Kommunikation mit dem Kontrollzentrum zur Luftverteidigung oder mit »ihren« Kampfjets aus, deren Piloten auf ihren Bildschirmen augenblicklich denselben Lageüberblick eingespielt bekommen, den die AWACS selbst sieht.[9] Der Datenlink mit der Bezeichnung »Link

16« gilt als letzter Stand der Technik für den Informationsaustausch in der »netzwerkzentrischen Kriegsführung«, dem *Network-centric Warfare*, einem Konzept der Verteidigungswissenschaften für das Informationszeitalter, für das gilt: Was einer sieht, sehen alle andern auch. Sofortiger gemeinsamer Lageüberblick auf dem Schlachtfeld in Echtzeit und ohne Latenz zur nahtlosen Verteidigung durch alle Beteiligten, auch das ist eine Zukunftsvision für die Kriege des 21. Jahrhunderts, ermöglicht durch Big-Data-Technologien, die in Jahrzehnten erfolgreichen operativen Einsatzes bei der Verteidigung reichlich Gelegenheit zur Erprobung und Perfektionierung hatten.

Als die AWACS unmittelbar nach Klassifizierung der beiden syrischen Kampfjets ihre Lageeinschätzung an die Einsatzleitung schickt, starten ebenjene beiden britischen Eurofighter Typhoons von ihrer Air Base, um es im Luftkampf, einem *Dog Fight*, mit den beiden Angreifern aufzunehmen. Dabei gilt der Eurofighter als eines der besten Fluggeräte der Welt. Man bestätigt ihm sagenhafte Flugleistungen, allerdings ist er aerodynamisch so hochoptimiert, dass Bewaffnung seine Flugeigenschaften empfindlich stören kann.

Doch noch bevor es zum Showdown zwischen den syrischen und britischen Jets kommen kann, drehen die Syrer zu ihrer Basis ab und lassen die Briten mit offenen Fragen zurück: Handelte es sich um einen Testangriff? Wollten die Syrer ihre Kräfte gegen die Briten erproben oder einfach nur einen Ausflug übers Mittelmeer machen?

Erst nachdem das britische Blatt *Mirror* – offenbar das einzige Medium, das die Story kolportierte – am 8. September 2013 über den Vorfall berichtete[10], fragten sich einige Insider: Welche AWACS fliegt eigentlich über dem Mittelmeer und, um Himmels willen, mit welchem Mandat?

Doch die Angelegenheit klärte sich rasch. Denn bei der fraglichen fliegenden Radarstation handelte es sich um die britische Version AWACS E-3D.[11] Ein NATO-Mandat war somit nicht erforderlich.

Aufklärung 2.0: Drohnen, unbemannt

Während ein Bodenradar, so wie man es im Zweiten Weltkrieg einsetzte, die Luftlage nicht vollständig aufklären kann, weil für Radarstrahlen undurchdringliche Berge oder Erhebungen zu Verschattungen des Himmels führen, hat das »fliegende Auge« AWACS offensichtlich einen Vorteil: Sein Blickwinkel von oben ist weit und offen, Hindernisse stehen seinen Sensoren nicht im Weg. Aus der Höhe überblickt man Luftraum und Boden weiträumig und detektiert auch tiefer fliegende Kampfjets wie jene der Syrer.

Ein ähnlicher taktischer Vorteil hätte übrigens auch für die deutsche Aufklärungsdrohne Euro Hawk bestanden, die Sonderausstattung des amerikanischen Drohnentyps Global Hawk für die Bundeswehr. Im Unterschied zur AWACS hätte der Euro Hawk ein *unbemanntes* »fliegendes Auge« sein sollen, eine Besatzung wie bei der AWACS, die im Ernstfall in Lebensgefahr geraten oder der man keine Missionsdauer von bis zu vierundzwanzig Stunden zumuten konnte, hätte es nicht gegeben. Doch am 10. Mai 2013 wurde das Erprobungsprojekt Euro Hawk beendet und die Serienbeschaffung von vier weiteren Hawks beim amerikanischen Hersteller Northrop Grumman gestoppt[12] mit der Begründung, die Drohne bekäme keine *zivile* Flugzulassung oder, kabarettistischer ausgedrückt, keine TÜV-Plakette, denn ein Kollisionsschutz, *Sense and Avoid*, fehle.[13] Bis dahin bestanden jedenfalls kaum Gründe für einen Abbruch des Drohnenprojekts. Zwar kostete die Entwicklung einer ersten Testdrohne vor Beschaffung der Serie den deutschen Steuerzahler gut sechshundert Millionen Euro, von dem der größere Teil nicht für die Hawk-Trägerplattform selbst, sondern für den Bau deutscher Signaltechnik ausgegeben wurde. Ein Betrag, der im Rahmen des dafür vorgesehenen Budgets lag – ein Anspruch, den zivile Projekte wie der Berliner Flughafen, die Elbphilharmonie oder der Bahnhof Stuttgart 21 schon lange nicht mehr erheben können. Und bis zum Abschluss dieses Buches verfügte keine einzige Drohne weltweit über eine zivile Flugzulassung, was insbesondere deshalb der Fall ist, weil jene Drohnen der amerikanischen Serie Global Hawk weit über zivilem Luftraum in fast zwanzig Kilometern Höhe operieren[14], weshalb die Global Hawk auch als »HALE-Drohne« bezeichnet wird, *High Altitude Long Endurance*, und die Amerikaner pragmatischer denken als die Deutschen. In einer derartigen Höhe, so die Vorstellung der Amerikaner, gebe es keinen potenziellen Kontakt, warum also einen Kollisionsschutz vorsehen? Zwar war am 20. August 2011 eine amerikanische Hawk-Drohne in Kandahar, Afghanistan, abgestürzt[15, 16], aber für den Start und die Landung einer Drohne ohne jenes System könne doch kurzzeitig der zivile Luftraum gesperrt werden. Schließlich nehme eine Aufklärungsdrohne nicht wie die Linienmaschine Frankfurt – London in regelmäßigen kurzen Abständen am Flugverkehr teil, sondern verfolge wenige gezielte Missionen.[17]

Wer schon im Mai 2013 aus Unverständnis über den Abbruch des Euro-Hawk-Projekts den Kopf geschüttelt hat, der rauft sich nur ein Jahr später die Haare. Offensichtlich wird im deutschen Verteidigungsministerium schon lange nicht mehr ernsthaft mit einem Verteidigungsfall gerechnet. Nur so erklärt sich die seit Jahren abnehmende Verteidigungsbereitschaft Deutschlands. Der russische Vorstoß in der Ukraine hat deshalb alle überrascht. In der Tat wäre jetzt eine einsatzbereite bundeseigene Aufklärungsdrohne mit proprietärer deutscher Signaltechnik an Bord und unter der Kontrolle deutschen Bodenpersonals von unschätzbarem Wert, um in die Ukraine und nach Russland hineinzulauschen. Stattdessen kreisen heute fremde Hawk-Drohnen über deutschen Köpfen, genauer: amerikanische Global Hawks, stationiert auf dem sizilianischen Militärflughafen Sigonella und gesteuert von einer Bodenzentrale in den Vereinigten Staaten.[18] Von einer zivilen Flugzulassung der Global Hawks ist erwartungsgemäß keine Rede mehr. Zudem wissen wir weder, welche Aufklärungstechnologie die Amerikaner an Bord führen – die Amerikaner halten ihre Technologie geheim –, noch sind unsere deutschen Fernmeldeaufklärer in der Lage und in der Position zu überprüfen, ob die amerikanischen Hawks unsere deutschen mobilfunkbasierten Kommunikationsdaten bei dieser günstigen Gelegenheit nicht gleich auch abhören und auswerten – auch entgegen anderslautender Beteuerungen. Natürlich ist der von Deutschland gesetzlich vorgesehene Kollisionsschutz für Drohnen eine enorme technische Herausforderung. Die Rüstungsindustrie der Vereinigten Staaten entwickelt seit vielen Jahren eine Kollisionsschutzsoftware für Drohnen, um größere Sicherheit für deren Einsatz besonders zur See zu gewährleisten, doch diesbezügliche Entwicklungsaktivitäten blieben bisher erfolglos und wurden zuletzt im August 2013 abgebrochen.[19]

Warum ist es so schwierig, ein *Sense and Avoid*-System in eine Drohne einzubauen? Seit 1. Januar 2005 ist in Deutschland Gesetz, Linienflugzeuge und militärische Transportflugzeuge standardmäßig mit einer bordseitigen Kollisionsschutzanlage *Airborne Collision Avoidance System*, ACAS, auszurüsten[20], das häufig mit dem Autopiloten vernetzt ist, um automatische Ausweichmanöver durchführen zu können. Zum System gehört die Ausstattung mit Radar und Transpondern, um der Besatzung »neben Verkehrsempfehlungen vertikale Reaktionsempfehlungen« anbieten zu können.[21]

Doch auch ein Kollisionsschutz vermeidet nicht immer einen Zusammenstoß in der Luft. Ein tragischer Unfall mit einundsiebzig Toten – fünfundvierzig davon hochbegabte Schulkinder zwischen acht und sechzehn Jahren auf einer gesponserten Ferienreise –, bei dem das Warnsystem, das den Piloten instruiert, entweder in Steig- oder Sinkflug zu gehen, eine entscheidende Rolle spielte, ereignete sich in der Nacht des 1. Juli 2002 über dem Bodensee und zählt seitdem zu den schwersten Unglücken der deutschen Luftfahrt.

Es ist kurz vor Mitternacht und Hochsommer über Deutschland. In jener mondlosen Nacht mit guter Flugsicht bewegen sich zwei Maschinen, die Boeing DHL 611 auf ihrem Weg nach Brüssel und die russische Tupolew Bashkirian Airlines 2937 nach Barcelona, unbemerkt von der Schweizer Flugsicherung auf Kollisionskurs. Als der Sicherheitsabstand der beiden Flugzeuge unterschritten ist, erfassen und verarbeiten beide bordeigenen Kollisionsschutzsysteme, die *Traffic Alert and Collision Avoidance Systems*, TCAS, die Daten des Kontakts und warnen ihre Besatzungen. In Echtzeit planen beide

Systeme die Flugrouten der betroffenen Maschinen um. Während das System den russischen Piloten, Alexander Gross, anweist zu *steigen*, wird die DHL-Maschine auf Sinkflug geschickt, eine Aufforderung, der der erfahrene britische Pilot, Paul Phillips, umgehend Folge leistet. Und nun kommt das Unvorhersehbare, wieder der »Faktor Mensch«, ins Spiel, eine Variable, die im Mensch-Maschine-Verhältnis noch oft zum Risiko werden wird. Denn zur gleichen Zeit erkennt der Fluglotse des Flugsicherungsunternehmen Skyguide in Zürich die drohende Gefahr, überhört die Meldung von Phillips, er sei im Sinkflug – und schickt die Tupolew entgegen der Berechnungen des TCAS ebenfalls auf Sinkflug.

Die Gespräche im Cockpit der Tupolew sind erhalten[22] und bringen auf tragische Weise einen Mensch-Maschine-Konflikt in einer Situation unter großem Stress mit einem hohen Maß an Unsicherheit zum Ausdruck.

»Es [*Traffic Alert and Collision Avoidance System*] sagt ›steigen‹!«, sagt der Kopilot der russischen Tupolew zu seinem ersten Offizier.

Die Antwort kommt prompt. »Er [Lotse] schickt uns runter!«

Wie zur Bestätigung fragt der Kopilot nochmals nach: »Sinken?« Noch während Alexander Gross auf Anweisung des Towers in Zürich den Sinkflug fortsetzt, insistiert das TCAS: »Stärker steigen!«, wiederholt vom Kopiloten: »Steigen, sagt es!«

Nur noch wenige Augenblicke, und die Boeing der DHL kommt in Sichtweite. Neun Sekunden vor dem Zusammenstoß.

»Wo ist sie?«, fragt Gross seinen Kopiloten. Sieben Sekunden. Sechs.

»Hier, links«, gibt dieser zur Antwort. Drei Sekunden.

Gross reißt die Steuersäule der Tupolew bis zum Anschlag zu seinem Körper. Zwei. Eins.

Als die Flugzeuge zusammenprallen, zerbricht die Tupolew in vier Teile. Sie schlagen in einem Waldstück bei Überlingen auf, zerstreut über viele Quadratkilometer unbewohnter Fläche. Es gibt keine Überlebenden.

Der tödliche Zwischenfall ist ein weiteres tragisches Beispiel für eine falsche Entscheidung unter Stress bei fehlender Information. Im

Mensch-Maschine-Verhältnis kommt es immer wieder zu solch fatalen Widersprüchen. Wann immer eine Maschine eine Entscheidung fällt, wir trauen ihr weniger als unserem eigenen Instinkt, unserem vermeintlich überlegenen Wissen oder unserem gesunden Menschenverstand. Ein Team, das intelligente Maschinen mit Entscheidungsfähigkeit entwickelt, wird Bände von Beanstandungen, Zweifeln und Argumenten von Nutzern füllen können, die ihrem auf dem Evolutionsweg erworbenen Wissen mehr zutrauen als einer Maschine und dennoch häufiger falsch liegen als das System. Börsenhändler sind ein treffliches Studienobjekt für den Wunsch, die Handelsentscheidungen einer Maschine zu schlagen. Für ihr Ego ist es eine Ohrfeige, wenn die Maschine auf lange Sicht die besseren, profitableren Entscheidungen trifft. Doch Schlimmeres passiert hier nicht, selbst wenn viel Geld auf dem Spiel steht.

Zurück zur Hawk-Drohne und den Herausforderungen einer Flugzulassung. Als das deutsche Verteidigungsministerium »die Reißleine« beim Projekt Euro Hawk zog, war weithin unklar, nach welchen Regeln eine solche Flugzulassung überhaupt hätte erfolgen können. Denn Euro Hawk wäre die erste Drohne überhaupt gewesen, die man solch einem Zulassungsverfahren unterzogen hätte.

Noch im Juni 2013 galt: »Aufgrund des Fehlens diesbezüglicher internationaler Standards ist ein umfangreicher nationaler als auch internationaler Koordinierungs- und Abstimmungsprozess notwendig, um die uneingeschränkte Nutzung von unbemannten Luftfahrzeugen zu realisieren. Zum Abbau dieses Risikos wird sowohl international als auch national ein erheblicher Aufwand (...) betrieben, der die zügige Generierung abschließender national und international gültiger Standards für unbemannte Luftfahrzeuge zum Ziel hat.«[23] Für Drohnen im Sichtbereich, in *Line of Sight*, ist das Verfahren verhältnismäßig klar und die Zulassung vergleichsweise unproblematisch. Aber gerade *Line of Sight* wäre bei Euro Hawk, der sich vierundzwanzig Stunden in großer Höhe aufhalten konnte und über eine Reichweite von fast dreiundzwanzigtausend Kilometern verfügte, nicht der Fall gewesen.[24]

Für unbemannte Luftfahrzeuge außer Sichtweite des Piloten soll gelten, dass sie über die Fähigkeit verfügen, ihre Umgebung in gleicher Weise wahrzunehmen wie der Pilot. Nun ist eine solche Anforderung durchaus interpretationsfähig, denn was genau meint »in gleicher Weise wahrnehmen«? Aber Euro Hawk verfügt doch über einen Piloten, werden Sie nun einwenden, nur steuert er die Drohne aus der Einsatzzentrale heraus. Das ist zwar richtig, doch die Steuerung der Drohne über Satellit meint einen langen Kommunikationsweg, bei dem es zu Latenzen, also Verzögerungen, kommen kann.[25] Sinnvollerweise würde sich die Anforderung nach einer quasi-menschlichen Fähigkeit so realisieren lassen, dass die Drohne über Bordsensorik und Software verfügt, die den Menschen verzichtbar macht, wenn sie also ein größeres Maß an Autonomie, einen höheren Grad an Unabhängigkeit vom Menschen besäße. Mit dieser Autonomie ginge einher, dass die Drohne in kritischen Situationen selbstständige Entscheidungen träfe und eine solche Entscheidung auch unabhängig vom Piloten ausführen würde. Technisch sind die Autonomie und ein Kollisionsschutz für eine Drohne kein Problem, aber praktisch ist die Anforderung nur schwer realisierbar. Ein zweites »Quasi-Aufklärungssystem« mit an Bord nehmen mit der einzigen Zielsetzung, einen Kontakt auf Kollisionskurs automatisch zu identifizieren und eine alternative Flugroute zu berechnen? Da stellen sich ganz praktische Fragen nach der maximalen Zuladung der Drohne oder auch nach der Stromversorgung eines weiteren, zusätzlichen Komplettsystems, wie es der Kollisionsschutz ist.

Und wie wohl wird Google den Kollisionsschutz handhaben? Die Frage stellt sich, seit Google im April 2014 den US-Solardrohnen-Hersteller Titan Aerospace gekauft hat. Ab 2015 will der Technologiekonzern die Dritte Welt mit dem Internet aus der Drohne erfreuen. Spätestens jetzt sollte sich bei uns allen ein mulmiges Gefühl einstellen. Wird es bei dem Internet aus der Drohne bleiben? Wie weit wird Google gehen, wenn niemand das Unternehmen aufhält, das einen unstillbaren Hunger nach Schlüsseltechnologien, darunter auch diejenigen mit militärischen Fähigkeiten, beweist?

Was den Kollisionsschutz der neuen Google-Drohne betrifft, wird man wohl davon ausgehen müssen, dass Google die amerikanische Sichtweise einnehmen und auf ein *Sense and Avoid*-System verzichten wird. Während Deutschland mit der Zulassungsproblematik des Euro Hawk demnach die Debatte um ein Phantom führte – angesichts des Drohnenkaufs durch Google erscheinen administrative Streitigkeiten wie über die zivile Flugzulassung für den Euro Hawk reine Makulatur –, rüsten kommerzielle Unternehmen auf. Während die Nation und Europa mit Einstellungen einst ehrgeiziger militärischer Projekte weiter an herkömmlicher Verteidigungsfähigkeit einbüßen, führen uns kommerzielle Institutionen bereits die Vision des modernen Krieges nächster Generation vor Augen, in denen Landesgrenzen keine Rolle mehr spielen müssen: »Entweder gebt ihr uns, was wir wollen, oder wir überfallen euch mit unserer *Bot Army*.«

Was für Sie, lieber Leser, sehr weit hergeholt klingt, ist für einen Technologen durchaus im Bereich des Mach- und Vorstellbaren. Denn Tatsache ist: Die Google-Drohnen sind HALE-Drohnen und fliegen in einer Flughöhe von etwa zwanzig Kilometern, etwas höher als die maximale Flughöhe des Euro Hawk. Spekulieren wir weiter, Googles Geheimlabor könne miniaturisierte Sensoren für die Überwachung und das Abhören aus dem Luftraum hervorbringen. Ausgeschlossen ist das nicht. Dann würde es nicht lange dauern, und Google könnte ein Netz an Aufklärungsdrohnen in die Luft bringen, die zudem noch ein weiteres Problem gelöst hätten: das des Antriebs. Denn anders als eine Hawk-Drohne, die nach spätestens zweiunddreißigstündiger Mission landen müsste, etwa zur Aufnahme von Treibstoff, könnte die Google-Solardrohne mehrere Jahre lang über einem Zielgebiet, über jedem beliebigen Landstrich kreisen – eine klassische disruptive Technologie für die Drohne der Zukunft. Zudem wäre die Google-Drohne mit herkömmlichen Luftverteidigungssystemen nur schlecht zu bekämpfen. Die flexible, feine Struktur der Drohne ist schwer detektierbar; auch mit der großen Höhe, in der die Drohne operiert, hätten konventionelle Kampfflugzeuge Schwierigkeiten, weil sich die Konsistenz von Treibstoff mit zunehmender Höhe verändert.

Ein Netz von Dauerüberwachung aus der Luft – alles in allem könnte Google seine neue Drohne so ausbauen, dass sie zum Traum jedes Diktators würde. Oder zum Traum jedes Unternehmenschefs, der gerne Diktator werden möchte. Das Wissen und die Spitzentechnologien dafür hat sich Google insbesondere in den letzten zwölf Monaten angeeignet. Erschreckt Sie nicht, dass niemand die Weltmachtsfantasien dieses Unternehmens stoppt?

AWACS E-3A, eine deutsche Erfolgsgeschichte?

»Eine Streitmacht ist dann erfolgreich, wenn sie über einen Informationsvorteil verfügt. Das NATO-Mid-Term-Modernisierungsprogramm der AWACS-Aufklärungsflugzeuge stellt uns phänomenale neue Technik zur Verfügung, die missionskritische Information in Sekundenschnelle verarbeitet und über das gesamte Gefechtsfeld verteilt (...) Jetzt können wir zur netzwerkzentrischen Kriegsführung der Zukunft übergehen und das Potenzial der NATO-AWACS-Aufklärer maximal ausschöpfen. Das System ist die digitale Brücke zum Informationszeitalter mit echtem Gefechtsfeldmanagement.«[26] So schwärmt Generalmajor Stephen Schmidt von den Fähigkeiten des »fliegenden Auges«, von dem die NATO siebzehn an der Zahl dem deutschen Luftstützpunkt Geilenkirchen an der Grenze zu den Niederlanden zugewiesen hat. Doch die Stationierung der NATO-AWACS-Flugzeuge auf deutschem Boden ist nicht der einzige Beitrag zum Erfolg des berühmten Aufklärungssystems. Hinter dem Aufklärungssystem verbirgt sich eine deutsche Erfolgsgeschichte von Technologie und Erfindergeist, dem einstigen »Geschäftsmodell Deutschland«. Die Betonung liegt auf *Geschichte*. Schon vor der Ausschreibung für die AWACS-Modernisierung war es ein deutsches Rüstungsunternehmen, das eine intelligente Aufklärungskomponente mit Multi-Sensor-Datenfusion entwickelt hatte; es sollte eine entscheidende Rolle bei der AWACS-Modernisierung spielen, später jedoch nicht mehr. Deutschland war es, das ein Herzstück von Big Data schon Mitte der Neunziger erdacht, verstanden und erprobt hatte. Die Geschichte dieser Big-Data-Pioniere verdient es, erzählt zu werden. Sie verdient es, weil moderne Proponenten von

Big Data heute auftreten, als sei Big Data ihres Geistes Kind. Doch nicht nur in der Kleptokratie der heutigen Zeit steckt sich mancher fremde Federn an. Die Geschichte rund um die deutsche Beteiligung am NATO-Mid-Term-Modernisierungsprogramm ist die von politischen Unternehmensintrigen, eines Beinahe-Fiaskos und eines »Schwarzen Schwans«, jenes höchst unwahrscheinlichen Ereignisses, mit dem keiner der Beteiligten rechnen konnte: der Vorfall, der alle hoheitlichen deutschen Wissensbilanzen zur Datenfusion auf Jahrzehnte hinaus zunichtemachen sollte und ihre Partikel wie Asche im eisigen Wind der Privatwirtschaft zerstieben ließ. Heute zeichnen sich die Folgen schemenhaft ab, doch deutlich genug für Kenner, die das Menetekel deuten können. Es sind erste Anzeichen des Übergangs ureigener hoheitlicher Aufgaben von Überwachung und Kontrolle auf nicht parlamentarisch legitimierte Einrichtungen des zweiten Sektors. Ein Internetgigant kauft die Robotikfirma Boston Dynamics[27], die modernstes Militärgerät der nächsten Generation für das Pentagon entwickelt, und verleibt sich deren Wissen und Erfahrung ein? Geht mit zunehmender Totalbeobachtung und Steuerung des Einzelnen durch Technologieunternehmen auch die *militärische* Aufrüstung jener privaten Monopolisten einher? Werden die Feinde im Krieg der Zukunft nicht mehr gegnerische Staaten und Geografien, sondern globale Datenkraken sein?

Kampfwertsteigerung

Ein *Sensor Post* ist eine dem Kriegsgeschehen vorgelagerte, näher am Feind positionierte Radarstellung zur Überwachung, zur »Aufklärung« feindlicher Truppenbewegungen. Dafür braucht es vorzugsweise einen guten Überblick, tunlichst ohne Hindernisse, die den Blick verstellen – folgerichtig aus einem Flugzeug heraus, so die nachvollziehbaren Überlegungen der Amerikaner, als sie die Geburt der AWACS-Aufklärer im Jahr 1944 noch während des Zweiten Weltkriegs einläuten. Erst seit 1979 fliegen die unbewaffneten Radarstationen der AWACS-Version E-3A, wie sie von damals zwölf

NATO-Staaten beschafft wurden[28] und wie wir sie heute von ihren Einsätzen, darunter auch im Baltikum nach der Einverleibung der Krim durch Russland, vor Augen haben. Generalunternehmer und Letztverantwortlicher für das System und seine Technologiekomponenten ist die amerikanische Rüstungsfirma Boeing Defense and Space Group, die zunächst eine kommerzielle Boeing 707-320B zur Trägerplattform umgebaut und den Flugzeugrumpf mit einem Rotodom, einem Brassboard Radar der Firma Westinghouse, versehen hatte.[29] In dieser frühen Version der amerikanischen AWACS E-3 war die Aufgabe der Besatzung darauf beschränkt, bei ihrer Mission Flugzeuge oder Raketen aufzuspüren und an eine militärische Überwachungszentrale am Boden, das *Control and Reporting Centre* (CRC), weiterzumelden. Das CRC hatte die uneingeschränkte Kommandohoheit inne; die AWACS-Besatzung war ausschließlich auf ihren Auftrag, Daten, viele Daten über die Luftlage zu liefern, festgelegt.

Auch ein Flugzeug hat keine unbegrenzte Lebensdauer. Im November 1997 setzte die Rundummodernisierung der AWACS ein; ihre Projektbezeichnung: *Mid-term Modernization*[30], in der Sprache der Militärs eine »Kampfwertsteigerung«. Als Generalunternehmer trat erneut die Firma Boeing auf. Besonders die inzwischen veralteten Triebwerke der Boeing 707-320B hatten ihre besten Tage bereits hinter sich und waren inzwischen unwartbar geworden. Andererseits war man auf die Aerodynamik der alten Boeing weiter angewiesen; modernere Flugzeugtypen mit einem Rotodom auf dem Rumpf wären gar nicht erst in der Lage zu fliegen, so sehr hatte man inzwischen die Flugeigenschaften eines zeitgemäßen Flugzeugs verbessert. Um den Rumpf der alten Boeing, der trotz der angebrachten »Frisbee-Scheibe« stabil flog, zu erhalten, ging man pragmatisch vor und beschloss, die Triebwerke auszutauschen und die Flugzeugzelle komplett zu entkernen, um sie mit frischer Elektrik für die Stromversorgung auszustatten – bis schließlich von der Boeing 707-320B nichts mehr übrig bleiben sollte als ihr Rahmen und die Typenbezeichnung.

Die Arbeiten sind voll im Gange, als aus einer *Mid-term Moder-*

nization ein *Mid-term Upgrade* wird. War man schon einmal bei der Rundumerneuerung, erschien es sinnvoll, nicht nur den elektronischen Teil, Computer, Bildschirme, die Kommunikation und Navigation, sondern auch die Informationstechnologie durch Systeme auf dem letzten Stand der Technik zu ersetzen. Dabei sollte die interessanteste Neuerung eine heutige Kernfunktionalität der AWACS ausmachen: die automatische Identifizierung von Zielen.[31] Denn vor dem Modernisierungsprojekt war die AWACS nicht mehr als eine fliegende Radarstellung; die automatische IFF-Klassifizierung detektierter Objekte als Freund, Feind oder Unbekannt gehörte nicht zu ihren Aufgaben. Mehr noch: Der Upgrade würde auch die Crew einschließen, denn mit der Ausstattung des Flugzeugs mit neuer Informationstechnologie würde die taktische Besatzung selbstständig operieren können. Für die Besatzung bedeutete der Upgrade eine Aufwertung ihrer Tätigkeit, wenn der AWACS jetzt einige originäre Aufgaben eines CRC, darunter die Koordination des Luftraums, übertragen werden sollten.[32]

Doch bevor es so weit ist, muss alles Alte weichen. Große Computerracks, von den Triebwerken der Boeing mit Strom versorgt, Spezialrechner, die jahrelang zuverlässig eine einzige Aufgabe verrichteten und das Radar Processing ausführten, weißes Rauschen unterdrückten und aufgefangene Signale herausfilterten, jetzt ist alles nur noch Altmetall, die schöne alte Westinghouse-Elektronik mit ihrer frühen AWACS-Radarsoftware. Bis dahin hatte das amerikanische Unternehmen Computer Science Corporation (CSC) die Software der AWACS-Aufklärer geliefert. In Geschäftskreisen gilt das Unternehmen heute als renommierter Anbieter von IT-Lösungen für die Wirtschaft, aber die Zusammenarbeit mit der amerikanischen Regierung hat Geschichte. Unrühmliche Schlagzeilen machte die Firma erst im Herbst 2013 im Zusammenhang mit der NSA-Spionageaffäre, als Reporter kolportieren, das Unternehmen trete als Lieferant von Spionagesoftware für die amerikanische NSA auf und sei der amerikanischen CIA bei gesetzwidrigen Entführungen von terrorverdächtigen Personen behilflich gewesen.[33]

Die Vorwürfe sind nicht leicht aus der Welt zu schaffen, denn das

Unternehmen kooperierte im Laufe seiner Geschichte immer wieder mit staatlichen amerikanischen Einrichtungen. Programmieren oder entführen, das klingt nach zwei sehr verschiedenen Geschäftsfeldern ein und desselben Unternehmens. Die älteren *Sensor Posts* verlangten in der Tat echte Spezialisten mit gründlichen Kenntnissen der Programmierung – heute würde man sagen: *Geeks* –, denn die Entwicklung allgemeiner Programmiersprachen, wie wir sie heute selbstverständlich nutzen, stand in den Achtzigern noch ganz am Anfang. Die Vorgängerversion der AWACS-Radarsoftware war in ihrer eigenen Sprache programmiert, die ganz spezifisch für die Spezialrechner der Signalverarbeitung entwickelt und dort eingebettet wurde: in JOVIAL, ein Akronym für *Jules' Own Version of the International Algorithmic Language*, »Jules' eigene Version der internationalen Algorithmensprache«. Das klingt weder nach Skalierbarkeit noch nach brauchbarem Standard, eher nach hochoptimiertem Spezialverfahren und unbeabsichtigter IT-Sicherheit, eben nach *Nerd*. Wer des JOVIAL nicht mächtig war, hatte schon verspielt.

Das alles soll jetzt Geschichte sein, man braucht etwas Neues, das dem Stand der Technik entspricht. Der Weg zur Inbetriebnahme ist lang, denn Beschaffung und Einrüstung militärischer Systeme mit dem Umfang eines *Mid-term Upgrade* sind komplex und langwierig. Die Beteiligung zwölf verschiedener NATO-Staaten vereinfacht die Sache nicht, was man sich leicht vorstellen kann, denkt man an die zähen, zeitraubenden Verhandlungen auf europäischer Ebene. Um die Angelegenheit voranzutreiben, richtet die NATO eine zentrale Koordinationsstelle für das Projekt ein, das *Programme Office*, kurz: NAPMO.[34] An dieser Agentur beteiligen sich alle NATO-Staaten, statten sie mit ihren Beamten aus und zahlen ihre im Vorfeld ausgehandelte finanzielle Beteiligung an der Aufrüstung in einen gemeinsamen Fonds. Die Auftragserteilung erfolgt pro rata, jedes Land erhält genau den prozentualen Anteil vom Auftragsvolumen, das dem von ihm ausgehandelten eigenen Budget für das *Programme Office* entspricht.

Nun leuchtet ein, dass nicht alle beteiligten Länder in gleichem Maße Technologie und Innovation für die AWACS E-3A zuliefern können. Jetzt zeigt sich, wer klug verhandeln kann, denn es schlägt die Stunde der Finanzer, die die besten Kompensationsdeals akkordieren können. Türkei, Sie können kein Subsystem für die AWACS zuliefern? Kein Problem. Übertragen Sie unserem Land Ihren finanziellen Anspruch am Modernisierungsprojekt, wir kaufen Ihnen für denselben Betrag etwas ab, das Sie problemlos herstellen und liefern können. Mehrere Millionen Schubkarren vielleicht.

Auf ähnliche Weise hatte sich ein deutsches Rüstungsunternehmen einen Weinkeller von bemerkenswerter Größe zugelegt: Verkaufe Panzer, zahlbar mit Wein. Auch die nachfolgende Geschichte hat sich so oder wenigstens ähnlich zugetragen. Die Namen der deutschen Protagonisten am Modernisierungsprojekt der NATO-AWACS sind geändert, die Gespräche mit etwas Phantasie nachempfunden.

»Kommen Sie rein.«

Dr. Florian Mayhoff schloss die Tür hinter sich. Durch das Fenster des Büros schimmerte die Sonne, und Mayhoff musste blinzeln. Wer sich wie er zum Programmieren ins Labor begeben musste, verschwand für Stunden hinter dem Dunkel eines schweren Samtvorhangs.

Es war das Jahr 1997. War das nicht erst gestern? Düstere Ecken hinter schweren Vorhängen und eine Programmierumgebung, die man sich mit anderen teilen musste. Das fühlte sich so gar nicht modern an für ein Rüstungsunternehmen, das sich eine eigene Produktlinie für Radarüberwachung und Identifikationssysteme leistete. Nur für das Design der Software taucht man aus der Lichtlosigkeit auf, um alle Berechnungen für die Programme zuerst mit der Hand anzustellen. Erst nach und nach hatte jeder Wissenschaftler seinen eigenen Personal Computer erhalten, obwohl Elektronik und Informationstechnologie zum Kerngeschäft der Deutsche Luftverteidigungs AG und ihres Mutterkonzerns gehörten. Eine Schwestergesellschaft der Deutsche Luftverteidigungs AG sollte sogar selbst ein kurzes Gastspiel als Computerhersteller geben, das nach wenigen Jahren schon wieder beendet sein und den einzigen europäischen Fabrikanten von Rechnern am Markt auslöschen sollte.

»Auslöschen« ist übrigens ein sehr zutreffendes Wort. Kenner werden die Pointe verstehen.

Dr. Karsten Eholz war Manager einer kleinen, innovativen Gruppe brillanter junger Mathematiker und Physiker. Einer von ihnen sticht heute mit dem langen Titel »Prof. Dr. phil. Dr. rer. nat. habil.« aus der Riege europäischer Physiker hervor und weist eine noch viel längere Liste an Publikationen auf. Eholz' Gruppe arbeitete eng mit deutschen Forschungseinrichtungen wie dem Deutschen Forschungsinstitut für Künstliche Intelligenz in Saarbrücken, DFKI, oder der Universität Karlsruhe zusammen. Auch Letztere hat es während der NSA-Affäre zu ungewollter Berühmtheit gebracht: Ihre digitale Spracherkennung habe die NSA erst in die Lage versetzt, Petabyte an global überwachten Telefongesprächen zu übersetzen und zu analysieren.[35]

Mayhoff setzte sich auf einen der Besucherstühle und beugte sich interessiert vornüber. Auf Eholz' Schreibtisch lagen wenige Blätter bedrucktes Papier.

»Heute ist die Ausschreibung der Boeing für die NATO-AWACS-Aufklärer eingegangen«, sagte Eholz und blätterte durch den dünnen Stapel.

»Ich schlage vor, wir bieten ausschließlich auf die Identifikationskomponente. Das ist innovativ. Außerdem sind wir der einzige Hersteller, der überhaupt über ein automatisches Identifizierungssystem verfügt.«

Der Lobbyist der Deutsche Luftverteidigungs AG hatte das Unternehmen beim *Programme Office* bereits als Bieter registrieren lassen. Doch dieses Mal würde das Bieten knifflig werden. Anders als bei früheren Ausschreibungen verlangte Boeing, mehr als nur ein Konzeptpapier oder visuell ansprechende Powerpointfolien miteinander konkurrierender Bieter zu sehen. Nein, dieses Mal forderten die Amerikaner mehr: Sie wollten einen Demonstrator, einen laufenden Software-Prototypen, prüfen, bevor sie über eine Auftragserteilung entschieden.

»Boeing will einen Überblick über unsere Identifizierungskomponente und uns dann einen großen Datensatz übergeben, aus dem wir Signale erkennen und passenden Emittern zuordnen sollen. Wie sieht's aus, bekommen wir das hin?«, fragte Eholz und sah zu Mayhoff hinüber.

»Ich denke, das sollte machbar sein. Allerdings ist unser Identifizierungssystem noch beim Feldtest mit den *Radar Operators* in Erndtebrück«, antwortete Mayhoff und räusperte sich.

Das automatische Identifizierungssystem, kurz »Identifizierer« genannt, war Teil einer softwarebasierten Luftraumüberwachung, die die Deutsche Luftverteidigungs AG entwickelt hatte.

»Von dort bekommen wir das System erst in sechs Wochen zurück.«

Das also waren die Konsequenzen, die man aus dem tödlichen Zwischenfall der *USS Vincennes* gezogen hatte. Nie wieder sollte ein ziviler Airliner mit einem Kampfjet verwechselt werden, und sei das Kampfgetöse noch so groß, hatte man sich geschworen. Die wirkungsvollste Unterstützung dabei versprach man sich von einem vollautomatischen Identifizierungssystem, das frei von Stress und Emotionen immer die richtige, nachvollziehbare und wiederholbare Entscheidung treffen würde. Doch ein solches System musste erst noch erforscht und entwickelt werden. Nie zuvor war eine solche Komponente implementiert worden, geschweige denn in operativen Einsatz gegangen. Die Geburtsstunde der intelligenten, autonomen Maschine hatte geschlagen.

Das wird niemals funktionieren, lauteten prompt die Einwände der Automatisierungsgegner. Eine Maschine sei nicht in der Lage, ein Luftfahrzeug automatisch zu identifizieren. Schließlich gäbe es viele Risiken, mit der eine Maschine nicht umgehen könne, darunter Abweichungen von zivilen Flugplänen, Flugmuster bei Flugzeugentführungen und Kampfhandlungen oder Flugrouten, die nicht exakt mit den vorgeschriebenen Korridoren übereinstimmten. Um ein Flugzeug richtig einzustufen, dazu brauche es die Berufserfahrung und das Einschätzungsvermögen eines Radarspezialisten.

Doch das Beschaffungsamt der Bundeswehr ließ sich nicht beirren. Über den als »Rüstungsprogramm« geführten Etat wachte Oberst Schramm aus dem Generalstab des Bundesverteidigungsministeriums und investierte vorausschauend in Forschung und Entwicklung neuer Technologien. Denn, so wusste der Oberst, in wenigen Jahren stünde der Generationenwechsel mehrerer großer Altsysteme an. Dafür technologisch gut gerüstet zu sein, wäre ein guter Plan. Mit der AWACS schien sie nun ein erstes Mal aufzugehen, diese Strategie, denn durch die umsichtige Investitionspolitik des Obersten hatte die Deutsche Luftverteidigungs AG eben diese jetzt von Boeing geforderte automatische Identifizierungskomponente geschaffen, produktreif gemacht und in drei Feldtests für den Einsatz erprobt. Bis dahin hatte sie den Steuerzahler nicht mehr als viereinhalb Millionen Deutsche Mark gekostet, eine gut angelegte Miniausgabe im Vergleich zu den Kostenexplosionen heutiger staatlicher Projekte, bei denen alles aus den Fugen zu geraten scheint. Nur fünfzehn Jahre früher, und die Exzesse waren seltener, Entscheidungen fielen bedachter – die Welt schien klüger. Jetzt konnte, ja musste die Stunde der Deutschen schlagen.

»Wie laufen die Tests mit dem Identifizierer in Erndtebrück?«, fragte Eholz neugierig.

Mayhoff grinste. »Die Einsatzerprobung in der unterirdischen Radarführungsanlage der Luftwaffe in Freising haben wir schon ausgewertet.[36] Bis jetzt ist die Identifizierungsgenauigkeit unseres Systems fünf Prozent höher als die der Crew.«

Nicht ohne meinen Algorithmus; Eholz lächelte und erinnerte sich, wie sein Team das System erst vor Kurzem im Bunker Fridolin im Münchner Norden für den Test aufgebaut und integriert hatte. In einem mehrwöchigen Experiment sollte die Bunker-Crew gegen den Identifizierer antreten. Wer würde Luftfahrzeuge besser, genauer und schneller identifizieren? Die erfahrenen taktischen Mitarbeiter an den Radarbildschirmen oder gar die Maschine? In der Luftwaffenkampfführungsanlage in Meßstetten bei Freiburg war ein zweiter Feldtest gerade abgeschlossen, Erndtebrück sollte die dritte und letzte Station des Identifizierers auf dem Weg zur Serienreife werden.

Und nun die AWACS-Aufklärer der NATO, *die* Chance, dass sich die intensive Arbeit der letzten Monate auszahlen würde. Und das war weniger in finanzieller Hinsicht zu verstehen. Vielmehr wären die Männer stolz, wenn ihre Arbeit als Produktionssystem in den militärischen Einsatz ginge. Und fliegen! Der Identifizierer würde fliegen, sprichwörtlich und im übertragenen Sinne.

Der Identifizierer war intelligenter als jedes andere System, an dem Mayhoff bisher gebaut hatte. Nachdem Oberst Schramm die Entwicklungsbudgets dafür freigegeben hatte, hatte die Deutsche Luftverteidigungs AG in vier Stufen eine künstliche Intelligenz mit der Fähigkeit kodiert, eine raffinierte Aufgabe vollautomatisch auszuführen, die bis dahin allein durch menschliche Spezialisten zu bewältigen schien. Doch nicht nur der Identifizierer selbst mit seinen Regelverkettern und selbstlernenden Neuronalnetzen entstand in mehreren evolutionären Schritten. Zur Begleitmusik gehörte leidenschaftliche Grundlagenforschung, denn die Entwicklung des Identifizierers verlief nicht ohne Hindernisse und Stolperfallen. Fast unüberwindlich schien eine Zeit lang der Umstand, dass die frühe Version des Identifizierers ein Regelverketter mit »nicht deterministischer Laufzeit« war. Eine zeitliche Garantie, eine »Laufzeitgarantie«, wie lange es dauern würde, bis eine Maschine die Antwort auf die Identifizierungsfrage gefunden hatte, konnte man nicht geben. Je mehr mögliche Regeln zur richtigen Lösung führten, desto unklarer war die Lage auch für die Maschine. Oft feuerten mehrere Regeln gleichzeitig, ohne dass das Expertensystem von vornherein wusste, wie es sein Antwortziel am schnellsten erreichen konnte. Je länger die Verzweigungsbäume auf dem Pfad zur korrekten Antwort wurden, desto mehr Zeit brauchte ein Rechner, um sein Ergebnis zu präsentieren. Und wehe, es kam zum Zirkelschluss. Dann würde die Suche nach einer Lösung in alle Ewigkeit währen.

Dabei ist die Suche nach einer einzigen richtigen Antwort auf eine Frage – etwa eine Quizfrage, wie man sie dem IBM-Expertensystem Watson stellte, darüber werden Sie in Teil zwei gleich mehr erfahren – ein annähernd einfaches Problem, verglichen mit der Suche nach vielen Antworten, die sämtlich gleichzeitig gefunden werden müssen. Zweihundert Luftfahrzeuge simultan überwachen und identifizieren bedeutet: zweihundert Fragen gleichzeitig beantworten. Welche Information hat man zu jedem einzelnen Flieger? Woher kommt er, wohin geht er, ist er Freund, ist er Feind, kann er bewaffnet sein, wenn ja, womit? Zweihundert verschiedene Ergebnisse gleichzeitig ableiten, über zweihundert Verzweigungsbäume hinweg, kürzere und längere, mit dem potenziellen Risiko auf zweihundert Zirkelschlüsse – und zudem noch die Frage: Wie kann man das in angemessen kurzer Zeit berechnen? Alles nacheinander in einer Sequenz, das wäre wenig sinnvoll. Doch selbst modernste Elektronikunternehmen stehen im Jahr 1997 noch ganz am Anfang, was Rechnerausstattung und Kapazität betrifft.

Die Wissenschaftler um Eholz hatten sich für den automatischen Identifizierer auf jede technologische Herausforderung eingelassen, und jede einzelne stellte das Team vor enorme Probleme: Machen wir aus der nicht deterministischen Laufzeit doch eine *deterministische* Laufzeit. Bauen wir eine Mustererkennung ein, die Notfall-Flugmuster erkennt. Implementieren wir eine Funktion, die Flugspuren mit zivilen Flugplänen vergleicht – eine schier unlösbare Aufgabe für eine Maschine, besonders unter der Voraussetzung, dass kommerzielle Flüge sehr leicht Verspätungen haben können. Rechnen wir *parallel*, damit wir schneller viele Antworten auf viele Fragen finden. »Parallele Regelverkettung« – auch bis heute, 2014, ist ein solches technisches Tierchen auf den weiten Fluren der Privatwirtschaft und ihren Big-Data-Anwendungen noch nicht gesichtet worden, weniger, weil es scheu wäre wie ein Maulwurf, vielmehr, weil die Komplexität der Probleme, mit denen sich das Militär und seine Software-Systeme konfrontiert sehen, ungleich höher ist als die kommerzieller Natur.

Doch die Wissenschaftler in Eholz' Team verbissen sich in ihre Aufgaben, bis sie endlich gelöst waren. So entstanden in vier Iterationen nicht nur ein vollständiger Identifizierer, sondern auch, quasi nebenbei durch Grundlagenforschung, neue Basistechnologien – und viel künstliche Intelligenz.

Das Verteidigungsministerium war glücklich: So viel Innovation für akzeptable Ausgaben war der Ausnahmefall. Und so kam es, dass auch Oberst Schramm auf die AWACS-Modernisierung mit einer deutschen Identifizierungskomponente hinfieberte. Zu Recht und mit guten Aussichten, denn inzwischen gehörte er zum deutschen Mitarbeiterstab des *Programme Office*, um seinen ganzen Einfluss für die deutsche Projektbeteiligung an den AWACS-Aufklärungsflugzeugen in die Waagschale zu werfen.

»Da gibt es nur ein Problem.« Eholz lehnte sich in seinen Chefsessel zurück und sah Mayhoff lange an.

»Man will Sie nicht in unserem Bieterteam haben. Deshalb muss ich Drechsler und Schwertfeger zur Erstpräsentation zu Boeing nach Seattle schicken.«

Mayhoff wechselte die Farbe. »Warum?« Das »Warum« heulte auf der zweiten Silbe eine Terz höher als auf der ersten.

»Keiner kennt das System so gut wie ich, da sind meine Konzepte drin, meine Architektur – verdammt, kein anderer sollte der Projektleiter sein!«

»Kommen Sie, Florian. Sie wissen doch, wie das Angebotsverfahren hier abläuft. Das ist ein Riesenhullabaloo. Zertifizierte Angebotserstellung, Geschäftsprozesse, Pfründesicherung… Reißen Sie sich zusammen.«

Johann Drechsler war ein honoriger, älterer Vertriebsbeauftragter mit durchaus anstrengendem Charakter, doch Mayhoff war gut im Umgang mit kauzigen Personen. Drechsler pflegte seine Kontakte ins Bundesverteidigungsministerium mit Hingabe, und, wirklich, er brachte signifikanten Umsatz.

»Mir braucha koi Markeding, mir braucha Ufdräg«, war Drechslers schwäbischer Wahlspruch, an den sich Mayhoff noch Jahrzehnte später erinnerte. Doch jetzt ahnte Mayhoff nicht, dass er im Laufe seiner beruflichen Laufbahn nur einem einzigen weiteren Vertriebsmann begegnen würde, der fähig war, Spitzentechnologie zu verkaufen.

»Bei allem Verständnis, Dr. Eholz, Schwertfeger hat doch keinen Schimmer von der Identifizierungssoftware. Er ist ein *Drahtbieger*!«

Worauf Mayhoff, zugegeben, mit einem gehörigen Maß an Verachtung anspielte, war die berufliche Expertise des älteren Elektroingenieurs. Michael Schwertfeger hatte in den Sechzigerjahren Elektrotechnik studiert, einem Zeitalter jenseits der Computerära, die sich gerade erst anschickte, jeden Schreibtisch zu erobern. Softwareprogrammierung oder Architekturfragen gehörten sicher nicht zu den Kompetenzen des älteren Kollegen. Und ausgerechnet er sollte vor Boeing ein Softwarekonzept erläutern.

Mayhoff kochte vor Wut. Nur während seines Militärdienstes hatte er seinen angeborenen Jähzorn kontrollieren können. Ein unbesonnener Wutausbruch hätte ihn oder seine Kameraden sonst leicht das Leben kosten können.

»Mayhoff, mir ist wichtig, dass Sie den Identifizierer im weiteren Projektverlauf bei Boeing demonstrieren können. Ich weiß, dass Sie sich ärgern, aber lassen Sie die anderen die Erstpräsentation allein halten. Für die Systemdemonstration sind Sie der Einzige, von dem ich weiß, dass er alles richtig machen wird.«

Schiffbruch

»Dr. Eholz erwartet Sie bereits.«

Frau Krebs war Eholz' Sekretärin. Sie war es, die Florian Mayhoff gebeten hatte, ins Büro des Managers zu kommen.

Mayhoff hatte aus der Abfuhr, die ihm vor wenigen Wochen erteilt worden war, Konsequenzen gezogen und vor einigen Tagen seine Kündigung bei der Personalabteilung eingereicht. Wahrscheinlich hatte Eholz jetzt davon erfahren, denn vor Ablauf der Frist war Eholz nicht mehr erreichbar gewesen. Alter, Firmenzugehörigkeit, Karrierestreben, firmeninterner politischer Machtpoker – das war nicht Mayhoffs Sache und dennoch die Spielregeln, nach denen Positionen und Verantwortlichkeiten im Unternehmen vergeben wurden. Mayhoff hatte sich ausgiebig darüber geärgert. Expertise zählte nicht zu den Anforderungen, die einen raschen Aufstieg im Unternehmen zuließen. Im Übrigen, so hatte man ihm ins Gesicht gesagt, sei er zu jung für eine leitende Mitarbeit, obwohl er zum »Goldfischteich« der Auserwählten gehörte, denen später im Unternehmen alle Türen offen stehen würden.

Wenn es das Unternehmen bis dahin noch gab.

Trotz seiner Kündigung hing Mayhoff mit aller Leidenschaft an seiner Arbeit, und der Ausgang der Erstpräsentation seines Projekts bei Boeing interessierte ihn brennend. Schon am Morgen war er im Flur kurz mit Schwertfeger zusammengetroffen, der erst vor wenigen Stunden aus Seattle zurückgekehrt war.

»Wie ist es gelaufen?« fragte Mayhoff neugierig.

Schwertfeger antwortete mit schneidender Stimme ganz von oben herab. »Ja, wie soll es denn schon gelaufen sein – gut natürlich.«

Auf einen Schlag verging Mayhoff alles weitere Fragen. Erst beim gemeinsamen Mittagessen mit Drechsler in der Kantine sprach er wieder den Besuch bei dem amerikanischen Rüstungsunternehmen an.

»Haben Sie Schwertfeger denn heute noch nicht gesprochen?«, fragte Drechsler.

»Doch, sehr kurz nur.«

»Und – was sagt er?«

»Dass es ›natürlich gut‹ gelaufen sei.«

Fast hätte sich Drechsler an seiner Suppe verschluckt. »Der muss in einer anderen Veranstaltung gewesen sein«, hustete er nur.

Mayhoff runzelte die Stirn und verzog den Mund. Es konnte ihm gleichgültig sein. In seiner Personalakte war die Kündigung sicher schon ganz obenauf abgeheftet.

»Dr. Eholz – Dr. Mayhoff für Sie.«

Mayhoff öffnete die Bürotüre einen Spalt, bedankte sich bei Frau Krebs und sah aus dem Augenwinkel, wie Drechsler mit hängendem Kopf in einem der Besucherstühle mehr versackt war als saß.

Da ist Schlimmeres passiert als meine Kündigung, dachte Mayhoff, schlüpfte in Eholz' Chefbüro und schloss die Türe hinter sich.

Wortlos reichte ihm Eholz ein Fax. Oben auf dem Briefkopf war der Absender gut zu erkennen, das bekannte dunkelblaue Logo mit Erdkugel und angedeutetem Fluggerät.

»We gratefully appreciate your presentation«, las Mayhoff und überflog die dann folgenden Worte, bis seine Augen an dem nun folgenden Satz geradezu haften blieben:

»Deutsche Luftverteidigungs AG has failed to convince Boeing of being the appropriate supplier for an automated identification and classification system…«

Mayhoff holte tief Luft und setzte sich.

»Was soll das heißen: ›…has failed to convince Boeing‹? Wir sind der einzige Hersteller überhaupt, der einen automatischen Identifizierer hat!«

»Das heißt, die denken, wir hätten gar nichts und würden nur viele Worte machen«, stöhnte Drechsler und rutschte von einer Ecke seines Stuhls in die andere. »Schwertfeger hat es total vermasselt.«

»Also, meine Herren, was machen wir jetzt?«, blockte Eholz das aufsteigende Selbstmitleid seiner beiden Mitarbeiter ab.

Ratlosigkeit machte sich im Zimmer breit.

»Sie machen erst einmal weiter, ich telefoniere mit Oberst Schramm«, verdünnte Eholz selbst die Luft, die von Enttäuschung und Wut immer dicker zu werden drohte.

Zwei Stunden später läutete Mayhoffs Telefon.

»Was haben Sie heute Abend vor?«, fragte Eholz am anderen Ende der Leitung.

»Weiß nicht…, eigentlich nichts«, erwiderte Mayhoff.

»Dann wissen Sie es jetzt. Fahren Sie nach Hause, und packen Sie Ihre Koffer. In vier Stunden fliegen wir nach Seattle.«

Nur wenige Stunden später saßen Eholz und Mayhoff hoch über der City im Restaurant der Space Needle, dem Wahrzeichen Seattles. Bisher war das Abendessen ausgezeichnet gewesen. Beide kämpften gegen ihren Jetlag, doch die Vorstellung, dass es am nächsten Tag bei der Präsentation ihres automatischen Identifizierers bei Boeing um eine zweite Chance, um alles oder nichts gehen würde, sorgte für einen hohen Adrenalinspiegel und genug Stress, der ihnen die Müdigkeit vertrieb.

Das Restaurant bot einen atemberaubenden Rundblick über die City, ihren Hafen und den Vulkanberg Mount Rainier. Hier, zum ersten Mal und weit weg von Tagesgeschäft und Unternehmenspolitik, hatten die beiden viel Zeit zu reden.

Eholz stellte sein Weinglas auf dem Tisch ab und griff zu Messer und Gabel.

»Haben Sie mir nichts zu sagen?«, fragt er Mayhoff, während er sich ein Stück seines Prime New York Strip abschnitt. Das Steak war beinahe roh und butterzart.

Jetzt kommt er mit der Kündigung, dachte Mayhoff, und begann zu erklären, wie unangemessen er es fände, dass nicht er selbst, sondern Schwertfeger das AWACS-Projekt managen sollte, der nichts von Technologie verstünde. Dabei habe jener einmal mehr seine Unfähigkeit unter Beweis gestellt, denn immerhin wäre es ohne Schwertfegers Versagen nicht zu dieser zweiten Reise nach Seattle gekommen, von der jetzt alles für einen neuen, prestigeträchtigen Auftrag abhing.

Eholz hörte sich geduldig an, wie Mayhoff seinem Ärger Luft machte.

»Ich verstehe Sie«, sagte er lang gezogen. »Trotzdem deprimiert es mich. Wissen Sie, ich habe schon fünf andere Ausnahmetalente verloren, alle aus demselben Grund. Keine ihrer Leistungen wurde vom Unternehmen wirklich anerkannt.« Eholz seufzte. »Das liegt auch an den Personalabteilungen. Keine andere Abteilung kann die Fachkenntnis von Mitarbeitern so schlecht beurteilen, weil die Personaler selbst keine fachlichen Kompetenzen aufweisen müssen. Experten finden sie eher zufällig, viele hervorragende Mitarbeiter erkennen sie erst gar nicht.«

»Kündigung hin oder her, mir liegt trotzdem daran, dass die Firma den AWACS-Auftrag bekommt«, erklärte Mayhoff. »*Ihretwegen*. Denn Sie sind ein guter Chef.«

Der Präsentationssaal bei Boeing ähnelte einem Auditorium an der Universität, bei dem die Stuhlreihen für die Zuhörer in den Raum aufstiegen. Und doch war vieles ganz anders. Der Saal selbst lag in völliger Dunkelheit. Blendend helle Lichtstrahler waren nur auf das Podium gerichtet. Wenn der Redner so präsentierte, konnte er nicht sehen, wer seiner Präsentation beiwohnte, wie gut sie besucht war, wer kam oder ging.

Wie bei einem Verhör, dachte Mayhoff. Unheimlich.

Mayhoff war gewöhnt, die Besucher während seiner Vorträge direkt anzusprechen. Das war hier nicht möglich, und so konzentrierte er sich voll und ganz darauf, zu erklären, was der Identifizierer war und was er für die AWACS-Modernisierung tun konnte. Dass die Zuhörerschaft während Mayhoffs Erklärungen wechselte, konnte er nur ahnen, wenn sich die hinteren Türen des Hörsaals immer wieder öffneten, einen Lichtstrahl hereinließen, in dem sich ein dunkler Schatten abzeichnete, und zurück ins Schloss fielen.

»Thank you for this very good presentation.« Mit diesen Worten verabschiedete sich der Projektleiter der Boeing von Eholz und Mayhoff. Achten Sie auf diesen Satz aus dem Munde eines amerikanischen Managers. Er bringt sein maximales Lob zum Ausdruck, wenn Ihre Präsentation beeindruckt hat. Für Eholz und Mayhoff bedeutete die Äußerung: Die beiden hatten einen Volltreffer gelandet. Deutsche Luftverteidigungs AG war wieder im Spiel. Die nächste Runde konnte beginnen.

Herzstück

Für eine musterhafte Big-Data-Anwendung wie einen vollautomatischen Identifizierer benötigt man riesige Datensätze. Dazu gehören Daten über die Details jedweder Art von Luftfahrzeugen, in denen technische Angaben zu Fluggeräten wie Größe, Flügelspannweite oder Marschgeschwindigkeit enthalten sind. Solche Datensätze sind überschaubar groß, und zudem sind sie gut sortiert in Tabellen konventioneller Datenbanken zu verwalten.

Ausschlaggebend für Big-Data-Anwendungen, wie wir sie heute verstehen, ist jedoch die Analyse *unstrukturierter* Daten aus einer Vielzahl unterschiedlicher Quellen, den *Sensoren*. Für den Identifizierer der Deutsche Luftverteidigungs AG bedeutete dies: Petabytes aufgezeichneter Flugspuren von Hunderten und Tausenden Flugzeugen, die sich als kleine *Plots* kreuz und quer und scheinbar ohne jedes System über einen Radarbildschirm bewegten, in Echtzeit auszuwerten, zu identifizieren und automatisch als Freund, Feind oder Unbekannt zu klassifizieren. Genau diese Aufgabe hatte der Identifizierer gerade bei drei Feldversuchen in deutschen Radarführungsanlagen mit Bravour gelöst. Selbst die beste der drei *Operator Crews* hatte sich der Maschine geschlagen geben müssen.

Zahllose Flugspuren hatte auch Boeing in den vergangenen Jahren aufgezeichnet oder synthetisch zu Forschungs- und Testzwecken erzeugt. Jetzt, nach der erfolgreichen ersten Vorstellung des Identifizierers in Seattle, wollten es die Amerikaner genau wissen. Nur mit einer Präsentation ließ man sich nicht abfertigen und hatte deshalb eine Evaluierungsphase eingeplant, die Beweise für die Existenz und wahre Leistungsfähigkeit eines automatischen Identifizierungssystems einforderte. Dieses Vorgehen war neu für alle Bieter, doch aus Sicht der NATO nachvollziehbar, wollte man Zeit- und Kostenrahmen des Projekts unter Kontrolle behalten.

Nur wenige Tage nach seiner Rückkehr aus Seattle erhielt Mayhoff einen gewaltigen Datensatz der Firma Boeing. Man hatte mit einem Radar eine bestimmte geografische Region abgetastet und dabei nicht identifizierte Flugobjekte aufgezeichnet. Die Aufgabe bestand nun darin, diesen Datensatz in den Identifizierer einzuspeisen und die automatische Erkennung und Klassifizierung durchzuführen. In sechs Wochen wollte Boeing nach Deutschland reisen, die Richtigkeit der Identifizierungsergebnisse überprüfen und bei der Gelegenheit einen zweiten, unbekannten Datensatz mitbringen, der während des Besuchs *live* und vor den Augen der Besucher durch den Identifizierer automatisch und selbstständig verarbeitet werden sollte. Sechs Wochen – das war kaum Zeit und wohlüberlegte Taktik. In sechs Wochen würde keiner der Bieter einen funktionierenden *Mockup*, eine »Attrappe«, bauen können. Genau das war Boeing-Kalkül und der Grund, weshalb sich die Deutsche Luftverteidigungs AG die allerbesten Chancen auf einen NATO-Auftrag ausmalen konnte.

Im Vergleich zu militärischen Systemen mit der Komplexität eines automatischen Identifizierers stehen heutige kommerzielle Big-Data-Anwendungen ganz am Anfang. Noch liegt das Hauptaugenmerk auf der Speicherung riesiger unstrukturierter Daten, von denen aktuell kaum fünf Prozent analysiert werden. Dabei ist die Speicherung großer Datenmengen in eigens dafür entwickelten Datenbanken nur die Vorstufe zur Multi-Sensor-Datenfusion, die rohe Daten zu brauchbarer Information und darüber hinaus zu einer optimalen Entscheidung veredelt. Die eigentliche Meisterleistung der Datenfusion besteht darin, unterschiedliche und völlig heterogene Daten – Text, Bilder, Zahlen, Spektralbereiche – zu einer neuen Information, dem *Lageüberblick*, zusammenzuführen. Der Lageüberblick soll helfen, eine informierte Entscheidung zu treffen. Erinnern wir uns konkret an die *USS Vincennes*. Hätte das Mensch-Maschine-System die Lage einwandfrei analysiert, wäre das Ergebnis gewesen: Ein ziviler Airbus befindet sich auf dem Weg von Bandar Abbas nach Dubai; und die einzig richtige Entscheidung hätte lauten müssen: *Hold Fire*.

Nichts anderes machen kommerzielle Big-Data-Anwendungen heute mit Ihren Daten: Ihre Primärdaten – das sind Ihre persönlichen Daten, die Sie freiwillig über sich preisgeben – werden mit Ihren Sekundärdaten, den Spuren, die Sie unwissentlich im Internet hinterlassen, Ihrem Online-Einkaufsverhalten, Ihrem Reisegebahren, Ihrem Heiz- und sogar Ihrem Fahrverhalten, auf mystische Art und Weise überlagert, und schon weiß ein Controller, wer immer das ist, Mensch oder Maschine, mehr über Sie als Sie selbst – *und ohne dass Sie selbst wissen, was der Controller weiß.*

Allein die Vorstellung ist schauderhaft.

Bei der Datenfusion werden Daten über ein und dasselbe Objekt – das können Sie selbst sein, lieber Leser; das kann ein Investmentprodukt sein; aus Sicht des Identifizierers ist es ein Luftfahrzeug – aus verschiedenen, den »nicht kommensurablen«, Quellen gesammelt. Die Quellen werden von Sensoren beobachtet, und in diesem Sinne sind Sie selbst zur Quelle von Datenfusionssystemen geworden, wenn Sie den Spion in Ihrer Manteltasche, Ihr Smartphone, überall mit sich herumtragen und nutzen. Sie selbst werden zur Quelle, Ihre smarten Geräte zu Sensoren und das Internet zur Kommunikationsschnittstelle, dem Verbindungsstück zwischen Ihnen und einem der vielen Datenfusionssysteme mit beliebigem Intelligenzquotienten. Hinterlistig daran ist, dass Sie bei Nutzung Ihrer Apps, E-Mail-Programme oder Shoppingportale gar nicht bemerken werden, welche Big-Data-Maschinen Sie und Ihren Alltag auswerten, wie sie das tun und ob sie dabei auch »richtig« vorgehen. Denken Sie hier wieder an PRISM und XKeyscore. Es ist diese Art von Big-Data-Maschinen, um die es hier geht und von deren Existenz Sie erst erfahren haben, als Edward Snowden das Schweigen der Geheimdienste brach.

Im Gegensatz dazu stammten die Observationen, die der Identifizierer der Deutsche Luftverteidigungs AG prototypisch für Boeing analysieren sollte, aus funkbasierten Sensoren für die Flugzeugortung, gewöhnlich von vielen verschiedenen Radarantennen, die dasselbe Objekt aus unterschiedlichen Blickwinkeln und meistens zeitversetzt erfassten. Nur ein *Plot* zeigte sich auf dem Bildschirm des Identifizierers, von dem man, sobald er dort auftauchte, nicht mehr wusste, als dass er für ein Flugobjekt stand, das sich bewegte. Für die automatische Identifizierung lautete die Aufgabe deshalb ganz konkret: Um welchen *Aircraft Type* handelte es sich hier? Eine russische MiG-29, eine amerikanische F-22 oder einen zivilen Airbus A-319? Mittels Radar würde man zunächst die Geschwindigkeit des Objekts beobachten und eine erste Information daraus ableiten. Vielleicht bewegte sich das Objekt zu langsam für eine MiG-29. Oder die Reisegeschwindigkeit des Objekts lag an der oberen Grenze für einen kommerziellen Flug, und die Wahrscheinlichkeit, dass es sich um einen Linien- oder Charterflug handelte, war somit geringer. Nur: Wirklich ausgeschlossen werden konnte sie nicht, denn in einem Notfall würde auch ein kommerzieller Flug über seiner Normalgeschwindigkeit liegen. Deshalb war es sinnvoll, mehr und andere Daten über das Objekt zu analysieren, beispielsweise die *Radar Cross Section*, die »Rückstrahlfläche« des Objekts. War sie groß oder klein? Eine kleine Rückstrahlfläche würde gegen ein Passagierflugzeug sprechen – aber handelt es sich nun um eine russische MiG-29 oder eine amerikanische F-22? Nur mehr Daten konnten hier weiterhelfen, beispielsweise von einer Laserabtastung. Auf diese Weise sammelte ein Datenfusionssystem statistische Evidenzen über jedes beobachtete Objekt und führte alle Observationen zusammen, bis endlich das Ergebnis feststand: *Es handelt sich um eine befreundete amerikanische F-22.* Dabei galt der Grundsatz: Je mehr Daten zur Verfügung standen, desto sicherer war das Ergebnis.

Machen Sie sich die Mühe des intellektuellen Transfer und stellen Sie sich vor, Sie selbst seien der Gegenstand des Interesses. Denken Sie darüber nach, welche Daten Sie bereitwillig über sich und Ihre Familie ins Netz stellen. Ein Online-Fotoalbum bei Flickr? Der Inhalt Ihres Kleiderschranks bei Polyvore? Ihre Vorlieben und Abneigungen äußern Sie auf Facebook? Die Adressen Ihrer Lieben und Geschäftspartner verwalten Sie bei einem Online-Buchhandel, weil es so bequem ist, mit einem Knopfdruck ein Buch zu versenden? Ihre Ausflüge und Reisen, weil Sie Ihr Smartphone immer mit sich herumtragen? Und alle Ihre elektronischen Dokumente speichern Sie in der Cloud, womöglich in jener, die Ihnen Ihr bevorzugter Online-Buchhändler anbietet? Und am besten alles unter derselben Nutzerkennung, damit wir gleich wissen – das sind auch wirklich Sie?

Denken Sie immer daran, je mehr Daten wir über Sie und von Ihnen analysieren können, desto sicherer können wir Sie und Ihr Verhalten einschätzen. Wenn wir nett sind, schicken wir Ihnen dann nur lästige Werbemails mit zensierten Informationen. Aber wenn wir nicht nett sind, fangen wir an, Ihre Familie zu belästigen oder uns zu überlegen, wie wir Sie stärker kontrollieren und finanziell auspressen können. Denn Überwachung ist ein Mittel der Kontrolle. Sind Sie wirklich freiwillig bereit, sich der Dauerkontrolle zu unterwerfen und um den Preis Ihrer persönlichen Freiheit ein scheinbar optimiertes Leben zu führen, so wie wir es Ihnen versprechen?

Wir nehmen es an. Denn bisher leisten Sie kaum Widerstand.

Favoritenrolle

Sechs Wochen verfliegen in Windeseile, wenn man eine Big-Data-Demonstration vorbereiten soll. Dabei ahnte Mayhoff nicht, dass es bis zur perfekten, fehlerfreien Demonstration des Identifizierers noch viele Fallstricke geben würde.

Das Identifizierungssystem bestand aus vier Rechnern. Einer davon diente als Leitrechner. Er war es, der die Klassifizierung der beobachteten Flugzeuge ausführte. Die grafische Oberfläche für den

Nutzer lief auf einem separaten Computer, ebenso hatte man der Datenbank ihren eigenen Rechner überlassen. Die vierte Maschine war allein für die Schnittstellen da und sorgte dafür, dass die von den Sensoren erfassten Signale mit dem Leitrechner integriert wurden. Die Integration war eine wirkliche Herausforderung, denn selbst 1997 lief in den Luftwaffenkampfführungsanlagen und den CRCs noch Elektronik aus der Steinzeit des Computerzeitalters. Der Schnittstellenrechner des Identifizierers diente auch als Szenariogenerator und musste den von Boeing überlassenen Datensatz abspielen können wie ein *Music Player* ein Musikstück. Doch die Daten ließen sich nicht abspielen, denn das Datenformat, das Boeing geliefert hatte, passte nicht mit dem des Schnittstellenrechners überein. Hier muss man etwas anpassen, dachte Mayhoff und aktualisierte seine Projektplanung bis zum Demonstrationstermin mit Boeing.

Während Mayhoffs Forschungsgruppe mit der Technik zu kämpfen hatte – »Das schaffen wir!« –, bereitete sich Schwertfeger als Verantwortlicher des Bieterteams auf den Besuch von Boeing in Deutschland vor. Inzwischen hatte sich Schwertfeger aus dem Firmen-Intranet alle möglichen dort verfügbaren Powerpoint-Präsentationen seiner Kollegen heruntergeladen. Er gedachte, sich daraus die Folien seiner Präsentation zusammenzustellen, die er bei der Veranstaltung vorführen würde. Für seine Präsentation kam es ihm weniger auf den Inhalt der Folien an, ihre visuelle Gestaltung entsprach eher seinen Auswahlkriterien. Kunterbunt ging es in seiner Präsentation zu, auch viele Folien von Mayhoff, die dieser erstellt hatte, während die Identifizierungskomponente ihre Hauptfunktionalität erhielt, waren enthalten. Während Schwertfeger fleißig kopierte, dämmerte ihm langsam, dass er den technischen Schwierigkeitsgrad des Identifizierers unterschätzt hatte und technische Unterstützung durchaus angebracht war.

Was läge also näher, als sich an den Mann zu wenden, der dem Identifizierungssystem Form und Inhalt gegeben hatte? Niemals, schrie Schwertfegers Ego auf, von einem Dreißigjährigen würde er sich nicht belehren lassen. Stattdessen wandte er sich an die zentrale Forschungsabteilung des Unternehmens und bat dort um Hilfe.

Die können wir nicht leisten, erfolgte die prompte Antwort.

Wir kennen das System nicht, wenden Sie sich bitte an Mayhoff. Doch Schwertfeger ließ sich nicht umstimmen. Nun fragte er bei externen Ingenieurbüros an. Dort verfügte erwartungsgemäß niemand über die Fachkenntnis von künstlicher Intelligenz, wie sie Mayhoffs Team mit Unterstützung deutscher Forschungsinstitute in den Identifizierer eingebaut hatte. Inzwischen tickte die Uhr schneller, doch Schwertfeger war keinen Schritt weitergekommen. Nur noch zwei Tage bis zum Besuch von Boeing, und Schwertfeger hatte noch immer kein Wort mit Mayhoff gewechselt.

Wieder wurde die Kantine zur Plattform für den effektiven Informationsaustausch.

»Wie steht es mit der Demonstration?«, fragte Drechsler, der Mayhoff zum Mittagessen eingeladen hatte.

»Gut, die Zeit wird knapp, aber wir können die Daten von Boeing einlesen, abspielen und klassifizieren. War ein Knochenjob. Der Datensatz hat viel mehr Objekte zur Identifizierung enthalten als erwartet, und außerdem mussten wir einige Regeln anpassen, weil Boeing eine völlig andere geografische Region abgetastet hat, als wir sie hier kennen.«

»Wenn Sie Ihre Präsentation fertig haben, kann ich Sie vorher sehen?«, fragte Drechsler weiter.

Die Gegenfrage kam prompt und unerwartet.

»Welche Präsentation?«, fragte Mayhoff zurück. »Ich bin nicht zum Meeting eingeladen. Ich soll am Nachmittag eine halbe Stunde lang den Identifizierer demonstrieren, das war es.«

»Um Himmels willen, im Meeting geht es ausschließlich um Technologie, wer außer Ihnen soll das erklären können?«, regte sich Drechsler auf. »Ich kläre das noch mit Eholz, aber jetzt sind Sie eingeladen. Sehen Sie zu, dass Sie noch etwas zusammenstellen. Ich gebe im Sekretariat Bescheid, dass man Sie unterstützt, bis Sie fertig sind, egal, wie lange es dauert.«

Die Tagesordnung hatte Boeing festgelegt. Der Rüstungsbauer würde der Deutsche Luftverteidigungs AG mit einer Entourage von vierzig Teilnehmern einen Besuch abstatten. Nach einer kurzen Vorstellungsrunde wollte Boeing sofort zur Sache kommen und das technische Konzept des Identifizierungssystems rezensieren. Danach wollte man die Identifizierungsergebnisse auf dem vor sechs Wochen überreichten Datensatz auf ihre Richtigkeit hin überprüfen und die Maschine während des Mittagessens einen neuen, unbekannten Datensatz identifizieren lassen. Eine dichte Agenda, die für die Deutsche Luftverteidigungs AG durchaus nicht frei von Risiken war.

Am Tag der Systemdemonstration hatte das Bieterteam die Gesandtschaft der Boeing bereits an der Pforte abgeholt und in den Konferenzsaal geführt, als Schwertfeger Mayhoff auf dem Flur erblickte und rot anlief.

»Was machen Sie denn hier?«, zischte Schwertfeger den Wissenschaftler im Vorbeigehen an. Eholz, der die Bemerkung aufgeschnappt hatte, sprang ein.

»Ich habe Dr. Mayhoff gebeten, am Meeting teilzunehmen.«

Als Schwertfeger mit seinen technischen Erläuterungen begann, wurde Mayhoff schnell klar, warum er keine Einladung erhalten hatte. Auf der Leinwand konnte er eine seiner eigenen Folien betrachten, danach wieder eine und noch eine. Alle trugen sie den Vermerk »Michael Schwertfeger« in der unteren rechten Ecke.

Wie frech, dachte Mayhoff und lehnte sich zurück. Er ahnte, was gleich passieren würde. Für seinen Vortrag hatte sich Schwertfeger aus dem reichen Fundus von Mayhoffs Folien bedient, dabei aber viele ausgewählt, die mit der Identifizierungskomponente nicht das Geringste zu tun hatten, weil sie sich auf andere Projekte bezogen. Folglich widersprachen sich die vorgestellten technischen Konzepte. Wie zu erwarten, schaffte Schwertfeger es nicht, ein konsistentes Bild des Identifizierers zu vermitteln.

Es dauerte nicht lange, und der erste Gast unterbrach Schwertfegers wortreiche Ansprache.

»Sorry, das verstehe ich nicht. Auf der letzten Folie sieht die Systemarchitektur ganz anders aus. Könnten Sie das bitte nochmals genauer erklären?«

Die Frage veranlasste Schwertfeger, um sein Leben zu reden.

Nichts passte zusammen. Doch Boeing ließ nicht locker. Hatte der

Identifizierer nun eine klassische Serverarchitektur, oder war er ein verteiltes System? Können Sie sich entscheiden, was Sie uns erzählen wollen?

Schwertfeger, inzwischen puterrot im Gesicht vor Bedrängnis, wandte sich endlich zu Mayhoff um. Unvermittelt brach es in deutscher Sprache aus ihm heraus:

»Jetzt sagen Sie doch etwas, Mayhoff, das sind doch schließlich Ihre Folien!«

Kurze Stille ob des unerwarteten Ausfalls, bis Mayhoff lang gezogen antwortet:

»Schon, Herr Schwertfeger, nur nicht in diesem Zusammenhang.«

Der weitere Tag verlief wie von Boeing erhofft. Mayhoff hatte die Erläuterungen des Identifizierungssystems übernommen und erfolgreich demonstriert. Eine Diskussion entwickelte sich mit einem älteren Amerikaner, der fast das Rentenalter erreicht hatte. Da saß er in seiner Cordhose mit einem bunt karierten Hemd, rustikal wie von einer Ranch.

»Wie lösen Sie das Problem der falschen Klassifizierung?«, fragte der Amerikaner. »Ihre künstliche Intelligenz, das Neuronalnetz, berechnet naturgemäß nicht alles mit hundertprozentiger Sicherheit richtig. Es können immer wieder False Positives vorkommen, und dann haben Sie ein Problem.«

»Wir beurteilen vor der Klassifizierung immer die Qualität der Datenquellen«, erklärte Mayhoff. »Bevor wir den Identifizierer in den operativen Einsatz bringen, ermitteln wir die Auftretenswahrscheinlichkeit der False Positives und berücksichtigen diesen Wert bei der Schlussfolgerung durch die Maschine.«

»Wollen Sie uns sagen, Sie haben eine statistische Komponente eingebaut?«, hakte der alte Mann nach.

So etwas Ähnliches, dachte Mayhoff, als sich eine Diskussion über jenes legendäre Randgebiet der künstlichen Intelligenz, die Bayes'sche Statistik, entspann. Jetzt kam selbst Mayhoff ins Schwitzen. Bayes'sche Statistik war etwas für Sonderlinge, speziell, kompliziert, aber das wichtigste Teilgebiet für Big-Data-Anwendungen. Zu seiner Studienzeit wurde das Fach nur an wenigen Universitäten gelehrt. Um zwei Semester Bayes'sche Statistik zu hören, hatte er eine andere Universität besuchen müssen.

Nach dem Meeting trafen sich alle beim abschließenden Apéro und redeten.

»Ich weiß, Sie dürfen sich nicht äußern, aber was denken Sie von unserem Identifizierungssystem im Vergleich zu dem, was Sie bisher bei unseren Mitbewerbern gesehen haben?«, fragte Mayhoff geradeheraus einen der amerikanischen Besucher, mit dem er ins Gespräch gekommen war. Boeing hatte tags zuvor einen Konkurrenten, die German Defence Group, aufgesucht.

»Gehen Sie davon aus, dass Sie in der Favoritenrolle sind«, deutete der Amerikaner an.

»Und der ältere Herr mit der Cordhose, wer ist das?«

»Er ist Professor für Mathematik und arbeitet seit 1966 an der Spezifikation für das ›fliegende Auge‹. Wir nennen ihn den ›Vater‹ der AWACS-Aufklärer.«

Schwarzer Schwan

Fliegt heute mit dem Identifizierer ein deutsches Big-Data-System in NATO-AWACS-Aufklärern? Die Frage soll bewusst offen bleiben. Mit der Äußerung Boeings, die Deutsche Luftverteidigung AG sei in der Favoritenrolle für die automatische Identifizierungskomponente, hatte Boeing die Angelegenheit an die deutschen Beteiligten des *Programme Office* abgegeben. Die Beauftragung sei ab hier eine innerdeutsche Angelegenheit, hieß es. Doch gerade jetzt sollte sich in Deutschland eine massive Verwerfung des Rüstungssektors, ein Schwarzer Schwan, anbahnen.[37]

Ein Schwarzer Schwan ist ein, wie wir glauben, höchst unwahrscheinliches Ereignis, mit dem niemand rechnet und das dem Leben, dem Alltag, einem Unternehmen oder Projekt einen völlig anderen Verlauf als den geplanten Fortgang aufzwingt. Schwarze Schwäne haben viel mit Statistik zu tun; sie sind das Risiko, das wir grundsätzlich unterschätzen und das viel häufiger zuschlägt, als wir wahrhaben wollen. Sie werden uns nochmals im zweiten Teil des Buches begegnen, wo es um falsche Annahmen darüber geht, wie wir uns unsere Welt vorstellen und wie wir sie dennoch in intelligente Maschinen hineinprogrammieren.

Mayhoff war gerade ausgeschieden und hatte sein Gastspiel bei der Deutschen Luftverteidigungs AG beendet, als ein Mitbewerber gegen das Unternehmen zu intrigieren begann. Um die Deutsche Luftverteidigungs AG aus dem Rennen zu werfen, hatte ein Konkurrent die Wunderwaffe gezückt und ein Gutachten bei einer privaten Industrieanlagen-Betriebsgesellschaft in Auftrag gegeben, das zum Ergebnis gekommen war, der Identifizierer sei nicht konform mit zukünftigen *Standardisation Agreements* der NATO. Diese verlangten die Nutzung der Bayes'schen Statistik. So etwas sei im Identifizierer nicht eingebaut, er dürfe daher nicht für die AWACS beschafft werden.

Der Showdown zwischen Deutsche Luftverteidigungs AG und ihrem schärfsten Konkurrenten, German Defence Group, vor den Zuhörern des *Programme Office* ließ nicht lange auf sich warten. Vorsorglich hatte die Deutsche Luftverteidigungs AG ihren Identifizierer in einer weiteren Überarbeitung vollständig auf Bayes'sche Statistik umgebaut, um die Anforderungen der Standards zu erfüllen, so dass der Beschaffung des Identifizierers für die AWACS-Aufklärungsflugzeuge auch keine Formalien mehr im Weg standen.

Genau das bestritten die Konkurrenz und das Gutachten der Industrieanlagen-Betriebsgesellschaft.

»Ein Expertensystem kann niemals einen Bayes'schen Ansatz haben!«, behauptete die German Defence Group vor Oberst Schramm.

»Erzählen Sie doch keinen Unsinn, Sie wissen doch gar nicht, wie der Identifizierer implementiert ist.«

Die Deutsche Luftverteidigungs AG hatte für die Auseinandersetzung Mayhoff ein letztes Mal als externen Berater hinzugezogen. »Der Identifizierer ist schon lange kein Expertensystem mehr, sondern arbeitet jetzt auf einem probabilistischen Ansatz.«

»Das kann gar nicht sein, der Identifizierer leitet doch Infor-

mationen ab!«, insistierten Gutachter und die Konkurrenz starr-
köpfig.

Daher weht der Wind, dachte Mayhoff. Der Gutachter ist Geo-
meter und kennt sich mit Bayes'scher Statistik nicht aus. Denn gerade für die Ableitung neuer Information, die *Inferenz*, war sie bestens geeignet.

Oberst Schramm konnte der Fachsimpelei nicht mehr folgen.

»Ist nun ein Bayes'scher Ansatz im Identifizierer enthalten oder
nicht?«, fragte er unsicher nach.

»Ja, sicher«, antwortete Mayhoff.

»Nein!«, empörte sich der Gutachter weiter, weil er lieber seinen
Auftraggeber und dessen konventionelle Lösung im AWACS-System
positioniert hätte. Den Identifizierer der Deutsche Luftverteidigungs
AG hatte er dagegen nie näher untersuchen können. Das Unternehmen hatte den Programmcode nicht offengelegt, und ein anderer als
ein offiziell erlaubter Zugriff auf den Programmcode wäre einer Ur-
heberrechtsverletzung gleichgekommen.

Jetzt fällte Oberst Schramm ein salomonisches Urteil.

- »Dr. Mayhoff, stellen Sie die Identifikationsergebnisse mit einer
Wahrscheinlichkeitsannahme zur Verfügung?« Genau das waren
Kern und Vorteil des Bayes'schen Verfahrens. Mit einer Wahrscheinlichkeit von neunzig Prozent ist das beobachtete Flugobjekt eine befreundete F-22.

»Selbstverständlich.« Mayhoff nickte bestätigend mit dem Kopf.

»Dann haben wir ja kein Problem«, beendete Oberst Schramm
das Streitgespräch. »Wahrscheinlichkeitsannahmen sind gefordert,
damit erkläre ich den Identifizierer als standardkonform.«

Auf dem Firmengelände der Deutschen Luftverteidigung AG
landet ein Schwarzer Schwan. Als er seine schwarzen Federn schüttelt, verändert er alles. Von einem Augenblick auf den anderen werden alle Anstrengungen Mayhoffs, den AWACS-Auftrag für die
Deutsche Luftverteidigungs AG zu gewinnen, zu vergeblichen Mü-
hen und die wissenschaftlichen Leistungen zu nutzlosem Stroh, das
die Wissenschaftler gedroschen haben. Selbst der allerletzte Streit
zwischen zwei erbitterten Konkurrenten entpuppte sich als über-

flüssige Auseinandersetzung, als die Deutsche Luftverteidigungs AG und German Defense Group zusammen mit anderen mittelständischen Rüstungsbauern nach politischem Willen der deutschen Bundesregierung zu einem einzigen europäischen Konzern fusionieren und verschmelzen. Die Protagonisten bleiben alte Gegner und hassen einander weiter, daran ändert auch der gemeinsame neue Firmenname nichts. Alte Feindseligkeiten halten eben genauso lange wie alte Seilschaften, und ungleiche Unternehmenskulturen lassen sich nicht leicht integrieren.

Wenn es das Unternehmen bis dahin noch gab.

Als Mayhoff die früheren Kollegen ein letztes Mal besucht, geht er die vertrauten Gänge entlang. Eine Bürotür steht offen. In einer Ecke weiter hinten im Raum stehen achtlos aufeinandergestapelt vier Rechner. Es sind die Rechner des Identifizierers, vergessen, überflüssig, Elektronikschrott. Wissen, das keiner mehr versteht und nutzt. Und ein Vorfall, aus dem niemand lernt.

Es geschieht ganz unauffällig. Als Mayhoff das Firmengelände für immer verlässt, ist ihm etwas auf den Fersen. Mit ihm verlässt das Wissen um Spitzentechnologie den hoheitlich kontrollierten Bereich. Es hat dem staatlich regulierten Umfeld den Rücken gekehrt, in dem es weitgehend unter Kontrolle war wie Atomkraft oder Lenkraketen. Doch bald wird es seine Wirkung in allen Bereichen des Lebens entfalten. *Proliferation* nennt sich das, »Wucherung«. Die Datenfusion wird sich aussäen, wird Anwendungen hervorbringen, »die in sich gut sind, von denen jedoch so schlechter Gebrauch gemacht wird. (...) Der Mensch wird in allem überwacht, er ist auf diese Weise in alle Ereignisse hier und anderswo verwickelt. (...) Diese ganze Technik ist an sich etwas Gutes, eine Bereicherung für die Menschheitsfamilie, doch ihre widerrechtliche Nutzung führt zu einer sehr realen Gefangennahme, zu einer falsch gebrauchten Macht, die eine große Anzahl von Menschen unterdrückt und einengt, ihnen die Kehle vor Angst zuschnürt und ihnen den Mund verschließt.«

Doch daran denkt Mayhoff jetzt noch nicht. Er weiß auch noch nichts von diesem prophetischen Brief, den eine betagte Frau ohne technische Bildung schon 1983 an ihre Freundin schrieb, als die bei-

den die Installation einer Telefonanlage erörterten. Die Menschen-
rechte würden so auf entsetzliche Weise verletzt; mit diesen Worten
endet der Brief.

Wir könnten wissen, aber: Wir haben Augen und sehen nicht.

Zwei. Die intellektuelle Emanzipation der Maschinen

Das Big-Data-Rezept ✦ Von Superdatenbanken und Supercomputern ✦ Rechnen mit Ziffern: die Kunst der Zahlenzauberer ✦ Big Data, der Treibstoff künstlicher Intelligenz ✦ »Ein Sack voller Methoden« ✦ Gemeinsam schlau: Intelligenz durch Kooperation

Das Big-Data-Rezept

Seit die Wortschöpfung Big Data vor wenigen Jahren zuerst die Fach-
kreise von Informations- und Kommunikationstechnik eroberte,
macht sie ihrem Wortpaar-Vorläufer *Cloud Computing* sowohl das Interesse des Managements als auch IT-Budgets in Unternehmen strei-
tig. Mit den Enthüllungen Edward Snowdens hat Big Data seit Sommer 2013 auch die öffentliche Debatte erreicht. Trotzdem fragen sich
noch immer viele, Unternehmen wie Private, was sich hinter der Metapher Big Data konkret verbirgt. Dabei ist Big Data nur alter Wein in
neuen Schläuchen. Um es gleich vorab zu sagen: Big Data ist *auch* ein
Kunstbegriff der Marketingstrategen und meint einen neuen Absatz-
markt für technische Produkte oder neue Geschäftsmodelle, die sich
mit Produkten und Dienstleistungen rund um die Erhebung, Bereit-
stellung oder Auswertung großer Datenmengen befassen. Dabei muss
es sich bei den technischen Produkten nicht unbedingt um disruptive
technologische Entwicklungen handeln, die versuchen, konventionelle,
bewährte Produkte aus dem Markt zu verdrängen. Oft werden Technologien, die in vielen Jahren teurer Forschungs- und Entwicklungsar-
beit entstanden und deshalb ausgereift sind, inspiriert vom Markt und
von visionären Geschäftsleuten zu einem modernen Produkt, Service
oder Geschäftsmodell neu komponiert. Denn der technische Fortschritt geht zwar rasant vonstatten, aber manchmal doch nicht ganz
so überstürzt wie gefühlt. Wer beispielsweise seit den Neunzigern fast
zwanzig Jahre lang unermüdlich sogenannte Software-Agenten im
Markt positioniert hat, weiß auch, er wird mit Agententechnologie in
Rente gehen. Denn erst im Jahr 2040, so schätzte die EU-Forschungs-
initiative AgentLink-III in ihrer Abschlusspräsentation aus dem Jahr
2005, werden fünfunddreißig Prozent der Unternehmen, deren Ge-
schäftszweck die Entwicklung von Computerprogrammen ist, Agen-

tentechnologie nutzen.[1] Mit anderen Worten: Software-Agenten werden erst in fünfundzwanzig Jahren zum Allgemeingut und bis dahin rund fünfzig Jahre benötigt haben, um sich in der Informations- und Kommunikationstechnik als Standardtechnologie zu etablieren. Nun haben Prognosen bekanntlich Schwächen, denn die Agententechnologie setzt sich schneller durch als erwartet, aber nicht in dem Tempo, mit der unsere Lebenszeit heute zu verstreichen scheint. Auch hinter Big Data verbirgt sich daher nur wenig Neues. In militärischen Systemen oder in Systemen der Raumfahrt gehört Big Data seit mehr als zwanzig Jahren zum täglichen Brot. Wenn das *Aegis*-System der *USS Vincennes* für sich beanspruchte, mehrere hundert Flugzeuge, die in einen Luftkampf verwickelt waren, überwachen und nachverfolgen zu können, kann man sich ausmalen, welche Datenmengen ein solches System schon am Ende des letzten Jahrtausends in Echtzeit zu verarbeiten hatte.

Parallel zum ersten Sektor, den staatlichen Institutionen, entwickelte sich in den Nullerjahren auch im zweiten Sektor, also in Wirtschaft und Industrie, in beinahe jeder Branche das Bedürfnis, mehr über das eigene Unternehmen, seine Produkte, Umsatz- und Gewinnpotenziale zu erfahren. Den Wunsch nach mehr Information darüber, wo noch Umsatz- und Gewinnsteigerungen möglich seien, befriedigte bis dahin das *Data Mining*, also das Schürfen nach nicht unmittelbar erkennbarer Information in den im Unternehmen vorliegenden Rohdaten von Käufern, Kaufverhalten und Produkten, die sich seitdem als der Rohstoff für die neue Form des Wirtschaftens, den Informationskapitalismus, erwiesen haben. Einige wesentliche Neuerungen haben in den vergangenen drei bis vier Jahren allerdings doch stattgefunden. Big Data ist deshalb mehr als nur die Definition einer neuen Form des Wirtschaftens. Big Data hat ganz klar technologische Aspekte. Dazu gehört die schiere Menge der heute verfügbaren Daten, die mit der extensiven Nutzung des Internets unaufhörlich wächst. Nicht nur Menschen, sondern auch viele Geräte – wir denken an vernetzte Autos oder lernende Heizkörper – hinterlassen Datenspuren, die gespeichert, verwaltet und wiedergefunden werden wollen; weshalb sich die Frage nach leistungsfähigen Datenbanken stellt, deren

Hauptaugenmerk primär der Geschwindigkeit der Datenverarbeitung und weniger ihrer Strukturierung gilt. Doch die weitaus wichtigere Frage, und sie macht die eigentliche Brisanz von Big Data aus, betrifft Big-Data-Analyse-Technologien. Im Zusammenhang mit militärischen Big-Data-Anwendungen ist dabei der Begriff der Datenfusion gefallen. *Im Kern dieser Datenfusion lebt die künstliche Intelligenz.* Nicht neue Datenbankkonzepte, sondern intelligente Maschinen sind es, die unsere Zukunft determinieren, wenn sie unsere Daten analysieren und uns berechnen – und das alles, um unser Verhalten vorherzusagen mit dem Ziel, uns zu manipulieren. Im Gegensatz zur bisherigen gesellschaftlichen Entwicklung zu mehr Individualismus sind es diese intelligenten Maschinen, die uns zu standardisierten Menschen machen, wenn sie uns klassifizieren, womöglich falsch einordnen und zum *False Positive*, zum statistisch »falsch-positiven Ergebnis«, machen. Ein keineswegs abwegiger Gedanke und schon deshalb kein fiktives Szenario, weil intelligente Maschinen bereits seit Jahren in zwei Industrien, Rüstung und Finanzmarkt, eingesetzt werden, wo genau diese Probleme bereits aufgetreten sind.

In diesem Sinne ist Big Data wie der Name eines Rezepts, dessen Zutaten Mathematik, Algorithmen und künstliche Intelligenz heißen, zubereitet auf superschnellen parallelen Rechnern, den Supercomputern. Bitte lesen Sie trotzdem weiter, selbst wenn Sie zu den vielen Menschen gehören, die der Mathematik keine innige Liebe entgegenbringen. Vielleicht ließen Sie sich aber für die Schönheit dieser Wissenschaft gewinnen, wenn Sie lange Jahre mit Mathematikern zusammengearbeitet hätten. Zweifellos übt die Mathematik eine eigene Faszination aus. Denn neben der Kunst ist sie *die* universelle Sprache der Welt. Sie determiniert unser Leben schon seit Jahrtausenden, nur haben wir manche ihrer Erkenntnisse so in unseren Alltag inkorporiert, dass wir vergessen haben, wie diese Ergebnisse zustande gekommen sind. Unser Kalender ist ein prominentes Beispiel für die Herrschaft der Mathematik oder wenigstens der Zahlen in unserem Leben. Er geht auf die Astronomen der Babylonier und Ägypter zurück, diejenigen frühen »Mathematiker«, von denen der heilige Augustinus sagt: »Der gute Christ soll sich hüten vor den Mathematikern und all denen, die leere Voraussagen zu machen pflegen, schon gar dann, wenn diese Vorhersagen zutreffen. Es besteht nämlich die Gefahr, dass die Mathematiker mit dem Teufel im Bunde den Geist trüben und in die Bande der Hölle verstricken.«[2] Auch die gregorianische Kalenderreform des Jahres 1582 ist die Erfindung eines Mathematikers mit Namen Luigi Lilio. Doch ob die Mathematik auch heute, im Zeitalter von Big Data, »mit dem Teufel im Bunde« ist, wird sich noch zeigen. Wahr ist, dass die Sprache der Zahlen von jedem Mikroprozessor verstanden und gesprochen wird, mit dem wir uns umgeben. Im »Internet der Dinge«, in dem wir alles um uns herum in intelligente Geräte verwandeln werden, verfügen unser Kühlschrank und unsere elektronische Zahnbürste über größere Befähigung zur Mathematik oder wenigstens zum Rechnen als die meisten von uns. Um wie viel mehr die Mathematik mit Big Data unser Leben bestimmen wird, wollen wir uns näher ansehen und unseren Blick auf ihre Methoden, Verfahren und Mechanik, die künstliche Intelligenz, richten.

Doch bevor es spannend wird, kommen wir nicht darum herum, einen Blick auf die infrastrukturelle Entwicklung der Informationstechnologie der letzten Jahre zu werfen. Erst Fortschritte bei Berechnungsgeschwindigkeit und Datenspeicherung machen Big Data zu einem Massenphänomen. Bis dahin war es auf wissenschaftliche Anwendungen oder hoch budgetierte staatliche Software-Projekte – auf das Militär oder das polizeiliche Umfeld – beschränkt.

Von Superdatenbanken und Supercomputern

»Personal data is the new oil of the Internet and the new currency of the digital world«, sagte Meglena Kuneva, seinerzeit EU-Kommissarin für Verbraucherschutz, schon am 31. März 2009.[3] Also auch hier im Jahr 2014 nichts wirklich bahnbrechend Neues: Derjenige, der die Kontrolle über die enormen Datenmengen, die *digitalen Fußabdrücke*, die jeder von uns heute im Internet hinterlässt, erlangt, gewinnt auch die Kontrolle über uns selbst. Hinzu kommt der *digitale Schat-*

ten, die Information über jeden von uns, die im Internet zwar auffindbar, aber längst nicht von uns selbst auf kontrollierte Art und Weise zur Verfügung gestellt wird. Der digitale Schatten folgt uns dort, wo andere im Netz über uns reden. Selbst wer kein Nutzerkonto bei Facebook besitzt, darf davon ausgehen, dass Facebook von seiner Existenz weiß, weil registrierte Facebook-Nutzer im sozialen Netzwerk auch nach Nichtkunden suchen. Schon wegen dieses digitalen Schattens warnen Datenschützer längst davor, Menschen die totale digitale Existenz zu verleihen, über die sie heute oft schon Monate vor ihrer eigentlichen Geburt verfügen. Studien, von der Sicherheitsfirma AVG Technologies NV aus den Niederlanden in zehn entwickelten Ländern durchgeführt, sollen Aufschluss darüber geben, wie Technologie das Leben unserer Kinder verändert.[4] Schon 2010 zeigte sich, dass bereits ein Viertel der Ungeborenen eine digitale Existenz besitzt. Sie eilt den Babys voraus, noch bevor sie geboren sind. Einundachtzig Prozent der Kinder führen ein digitales Leben, bevor sie zwei Jahre alt werden.[5] Denn mit der Spiegelung und Abbildung unserer gesamten Existenz im Internet, auf sozialen Plattformen, in Fotoalben und Tagebuchblogs, wächst die Menge unserer persönlichen Daten exponentiell an. Die im Jahr 2011 vorhandene Datenmenge soll bis ins Jahr 2020 um den Faktor fünfzig zunehmen, die Anzahl der verfügbaren IT-Experten zur gleichen Zeit nur um den Faktor eineinhalb.[6] Staat und Industrie können sich die Datenflut jedenfalls nur dann zunutze machen, wenn Daten so gespeichert werden, dass sie leicht wiedergefunden und vollautomatisch analysiert werden können. Wer heute Big Data anpreist, meint deshalb noch immer mehrheitlich neue Datenbanktechnologien und deren Leistungsfähigkeit beim raschen Auffinden unstrukturierter Daten, gleich gefolgt von der Forderung nach schnelleren Rechnern und Netzwerken für höheren Datendurchsatz.

Bis Mitte der Nullerjahre galten *relationale Datenbanken* als der Standard unter den Datenbanken. Sie sind auch heute noch unverzichtbare Mitte vieler Software-Anwendungen, mit denen wir täglich zu tun haben. Mithilfe relationaler Datenbanken organisieren Datenbankarchitekten Daten in Tabellen. Die Tabellen werden miteinander verknüpft und stellen so Beziehungen untereinander und zwischen den in ihnen enthaltenen Daten her, daher die Bezeichnung »relational«. Dabei hat der Datenbankarchitekt immer ein Ziel vor Augen: Redundanzen vermeiden, damit Daten nicht doppelt eingetragen werden. Diese *Normalisierung* erlaubt, dass eine Datenbank immer konsistent ist und Einträge nicht hier oder dort gleichzeitig geändert werden müssen, denn das wäre zu fehleranfällig. Sucht man nun in einer relationalen Datenbank nach einem bestimmten Eintrag, stellt die Datenbank eine neue, virtuelle Tabelle zusammen, die alle gesuchten Einträge enthält. Das geht recht schnell, solange die Datenmenge überschaubar ist und wohlgeordnet und strukturiert in Zeilen, Tabellen und Verknüpfungen vorliegt. Relationale Datenbanken sind deshalb das Mittel der Wahl für Software-Anwendungen wie Vertragsverwaltung, Musiktitelmanagement oder Buchhaltungsprogramme. Sie stoßen aber bei einer riesigen Menge an Daten, wie es die Milliarden Klicks oder Seitenaufrufe von Online-Shoppern sind, schnell an ihre Grenzen und eignen sich kaum für unstrukturierte Daten wie Skype-Nachrichten, E-Mail-Inhalte, Fotos, digitale TV-Ausstrahlungen und die Ergebnisse einer Teilchenexplosion aus einem physikalischen Experiment.

Mit dem Problem des Auffindens großer unstrukturierter Datenmengen, die irgendwo im World Wide Web abgelegt waren, hatten sich Suchmaschinenanbieter wie Google oder Yahoo! beizeiten auseinanderzusetzen. Schon in den frühen Jahren des World Wide Web war es eine Herausforderung, Hardware und Software einer Suchmaschine so zu konzipieren, dass ihre Nutzer im Internet auch tatsächlich das finden konnten, wonach sie suchten, ohne dass die Suche trotz steigender Datenmenge langsamer wurde. Suchmaschinen haben dabei generell immer den Nachteil, dass ihre Nutzer wissen müssen, wonach sie suchen. Recherchieren Sie einen bestimmten Film, können sich aber weder an Filmtitel noch an den Namen des Hauptdarstellers erinnern und geben Sie stattdessen ein: »Glatzkopf Western«, dann erwarten Sie, dass Yul Brynner und *Die glorreichen Sieben* als beste Treffer in den Suchergebnissen angezeigt werden und nicht die Warnung »Herzinfarktrisiko: Haare speichern Stresshormone«, aus der Sie die

Empfehlung ableiten sollen, sich einen Kahlkopf zu rasieren, um Ihre statistisch erhöhte Lebensgefahr im stressgeplagten westlichen Teil der Welt zu verringern. Damit Suchmaschinen den Erwartungen ihrer Nutzer an die Trefferliste gerecht werden, befinden sie sich gerade auf dem Weg der Wandlung und mutieren mehr und mehr zur Antwort-maschine. Wenn man so sagen darf, hat sich Google in diesem Sinne schon früh um Big Data verdient gemacht. Denn in den Jahren 2003 und 2004 veröffentlichten Google-Verantwortliche zwei technische Details ihrer Google-Suchmaschine, das Google File System (GFS) und den Map-Reduce-Algorithmus. Dabei ist der Map-Reduce-Algo-rithmus keineswegs eine Innovation des Google-Imperiums. Bei nu-merischen Verfahren, also der Berechnung riesiger Gleichungen ohne eine einzige geschlossene Lösung, unterteilen Mathematiker seit je-her große Matrizen in Einzelblöcke und arbeiten sie parallel ab. Als »Scatter-gather-Direktive« wurde die Methode schon zehn Jahre vor der Nutzung durch Google zum Standard für den Nachrichtenaus-tausch zwischen parallel rechnenden Computern eingesetzt.

Auch beide Google-Komponenten machen sich das Prinzip der Dezentralität und parallelen Verarbeitung zunutze und arbeiten auf einem sogenannten *Compute Cluster*, einem »Rechnerverbund«, in dem viele Rechner miteinander kommunizieren. Im Rechnerverbund gilt im Kleinen, was für das Internet im Großen und ganz allgemein für die Organisationstheorie zutrifft: Verteilte Strukturen sind ro-buster als zentralistische Konstrukte. Fällt im Rechnerverbund ein Knoten aus, stört das die anderen Knoten nicht. Aufgaben werden auch bei einzelnen Ausfällen nicht viel langsamer bearbeitet. Und die Erweiterung eines solchen Rechnernetzwerks zur Laufzeit um wei-tere Knoten ist auch nicht weiter intrusiv für den Rest der Rechner-gemeinschaft. Unbeeindruckt von der sich ändernden Anordnung ihres Netzwerks verrichten die einzelnen Rechner ihre Arbeit und lassen sich nicht davon beirren, dass andere Rechner dem Netzwerk beitreten oder ihren Verbund verlassen.

Wer bis vor vier, fünf Jahren und vor dem Aufstieg massiv paral-leler und zugleich erschwinglicher Hochperformanzcomputer einen Rechnerverbund für das wissenschaftliche Rechnen und die Datenanalyse, zum Beispiel für Aufgaben der Bioinformatik, Finanzmathematik oder Wetter- und Klimavorhersage, benötigte, aber kein Forschungsinstitut war und deshalb keine Millionen Euro für Kauf und Wartung von Supercomputern der Premiumklasse, zu der Silicon Graphics, IBM oder Cray zählten, ausgeben konnte, wich auf ein *Commodity Cluster* aus, kaufte viele erschwingliche Personal Computer und verband sie im Firmennetzwerk zu einem einzigen Rechnerverbund. Rechenintensive Aufgaben wie die Datenanalyse wurden dann auf die jeweiligen Einzelrechner verteilt, die parallel zueinander die ihnen zugeteilten Aufgaben abarbeiteten. Ein solches *Commodity Cluster* erfüllte seinen Zweck, hatte aber Grenzen und blieb immer Krückstock. An Leistung und Wartungsfreundlichkeit wissenschaftlicher Massenparallelrechner, deren Bauweise Tausende parallel arbeitende Rechenwerke enthielt, reichten Rechnerverbünde aus kommerziell erhältlichen Personal Computern mit einem oder zwei Prozessoren bei Weitem nicht heran.

Inzwischen hat sich die Lage stark entspannt, und Supercomputer sind für jedermann erschwinglich, der viel rechnen will. Erst seit wenigen Jahren sind Prozessoren für das wissenschaftliche Rechnen erhältlich, die bislang nur als Hauptbestandteil von Grafikkarten im Einsatz waren. Bei diesen *Graphical Processing Units* (GPUs) handelt es sich um spezialisierte Prozessoren, die arithmetische Berechnungen massiv parallel ausführen können. Viel mehr aber können sie nicht; die vertrauten Betriebssysteme oder Office-Anwendungen erledigt nur die CPU, die *Central Processing Unit*, die ihre Aufgaben sequenziell verrichtet.

»Dual Core inside« ist ein Slogan, den Sie vielleicht noch aus der Fernsehwerbung der vergangenen Jahre in Erinnerung haben. Zwei Rechnerkerne auf einer CPU haben uns lange Zeit glücklich gemacht und waren der Inbegriff des schnellen Arbeitens. Ein *Quadcore* – vier Prozessorkerne in einem Personal Computer – war noch zu Beginn des Jahrtausends höchster Luxus. Aber mit über dreitausend Grafikprozessorkernen geht Rechnen sogar mit einem einzigen Computer wirklich schnell, und man muss nicht hundertzwölf Jahre auf das Ergebnis einer bestimmten finanzmathematischen Berechnung warten, sondern kann seine Neugierde schon nach wenigen Tagen befriedigen.[7] Ähnliches gilt für die Wettervorhersage des Deutschen Wetterdienstes: Nach einer Rechenzeit von rund viereinhalb Stunden im meteorologischen Rechenzentrum der Behörde in Offenbach liegt die globale Wettervorhersage für die kommenden sieben Tage vor. Stromverbrauch und die Hitzeentwicklung von massiv parallel arbeitenden Computern sind jedoch signifikant. Wenn sie unter Volllast rechnen, heulen sie auf wie ein Motor, der Gas gibt.

Zurück in die Jahre 2003 und 2004, als Google einen Blick unter die Motorhaube gewährte und Details zum Systemkern der berühmten Suchmaschine bekannt gab. Die Google-Publikationen wurde von Doug Cunnings, einem Entwickler bei Yahoo! aufgegriffen. Cunnings erkannte die Brisanz der beiden Google-Technologien für exponentiell anwachsende Datenmengen und schuf daraus ein Software-Projekt mit verschiedenen zusammenhängenden Technologien für die Verarbeitung riesiger Datenmengen mit Namen Hadoop.[8] Teil des Projekts, das inzwischen als freie Softwarelizenz bei der Apache Software Foundation, einer ehrenamtlichen Organisation zur Förderung von Software-Projekten, erhältlich ist, ist das Hadoop Distributed File System (HDFS), das sich wie das Google File System eines Rechnerverbunds bedient, um Gigabytes und Terabytes an Daten auf vielen verschiedenen Rechnern abzulegen und wiederzufinden. HDFS wurde übrigens speziell für preiswerte, kommerziell erhältliche Personal Computer entwickelt. Beschränkungen in Bezug auf die gespeicherte Datenmenge bestehen nicht mehr, außer der physikalisch endlichen Speicherkapazität der Hardware selbst. Dabei organisiert Hadoop große Datenmengen anders als relationale Datenbanken. Tabellen können eine variable Anzahl von Spalten besitzen, und Spalten, die fachlich zusammenhängen, werden gruppiert und gemeinsam abgespeichert. Trotzdem besitzt Hadoop ein ähnliches Datenmodell wie eine relationale Datenbank und arbeitet mit Tabellen und Konsistenz.

Davon unterscheiden sich *spaltenorientierte* Datenbanken. Sie erfassen Daten gleichen Typs nicht mehr Zeile für Zeile, sondern speichern sie spaltenweise ab. Nehmen wir an, Sie möchten über einen

Monat lang alle Preise des amerikanischen Optionsmarkts aufzeichnen – das sind etwa hundertsechzig Milliarden Einzelpreise monatlich[9] – und zusammen mit jeder Preisstellung Zusatzinformationen korrelierter Märkte oder die Texte eines Nachrichtendienstleisters wie Reuters oder Bloomberg speichern. Damit Sie rasch und ohne Umschweife alle Werte für einen bestimmten Tag des Monats extrahieren können, ist es sinnvoll, dass Sie zuvor alle Daten in eine einzige Spalte wegschreiben, damit für Ihre Abfrage nach allen Einträgen für ein bestimmtes Datum nur diese einzige Spalte durchsucht werden muss. Das geht viel schneller, als Preise, korrelierte Werte und Texte über viele Zeilen hinweg mühsam zusammenzusuchen.

Ein Beispiel, das die Funktionsweise des Map-Reduce-Algorithmus zur Datenanalyse schön verdeutlicht, stammt vom Computerriesen IBM.[10] Wenn das Imperium Romanum eine Volkszählung durchführte, wurden Beamte in jede Stadt des Imperiums verteilt mit dem Auftrag, die Bürger ebenjener Städte zu zählen. Zurück in Rom, gaben die Volkszähler das Ergebnis ihrer Einzelzählungen bekannt. Das römische Zensusbüro summierte die Einzelresultate aus allen Städten und erhielt so das Gesamtergebnis aller Einwohner des Imperiums. So wurden die Bewohner auf die dem Römischen Reich zugehörigen Städte »abgebildet« – *map* –, während im Anschluss daran mehrere Beamte verteilt wurden, die parallel zueinander aktiv wurden, um ihre Einzelergebnisse zu sammeln. Die Zentrale in Rom »reduzierte« die Einzelergebnisse – *reduce* –, indem sie eine Summe bildete und damit Antwort auf die Frage erhielt, über wie viele Einwohner das Imperium insgesamt herrschte. Abstrakter ausgedrückt: Jede natürliche Zahl größer als 1 kann man als Reduktion aus vielen Einsen auffassen. Nehmen wir die Zahl 7. Sie ist reduziert aus 1+1+1+1+1+1+1, dessen Summe eben 7 ergibt. In der Numerik ist die 7 also nicht mehr als ein Schema, und mehr ist auch von einem Reduktionsalgorithmus nicht zu erwarten – auch wenn der Mensch eine ewige, innere Sehnsucht nach Mystik in sich trägt und stets nach tieferen Inhalten in Zahlen sucht: sieben Wochentage, sieben Weltwunder, das Siebengestirn, ein siebenarmiger Leuchter oder die sieben Todsünden.

Hier deutet sich an, wo der Unterschied zwischen Mensch und

noch so intelligentem Rechner auf längere Frist bestehen bleiben wird. Der Sinn für Mystik, Metaphysik und auch die Seelenkräfte Verstand und Gefühl, Gewissen und Verantwortung sind Elemente, die nur dem Menschen eigen und mittelfristig von einem Rechner nicht zu erwarten sind, auch wenn immer wieder versucht wird, menschliche Verhaltensweisen zu imitieren. Nur beim schnellen, parallelen Abarbeiten von Aufgaben haben uns Rechner heute schon überholt, besonders wenn sie so vorgehen, wie es schon die Römer der Antike taten. Hätten jene einen einzigen Beamten nacheinander in alle Städte ihres Imperiums entsandt, hätten sie zwar dasselbe Gesamtergebnis ihres Zensus erzielt, nur nicht in derselben Geschwindigkeit. Die Römer der Antike – unerwartet geben sie eine schöne Überleitung zum viel spannenderen Teil von Big Data: zur Mathematik, ihren Modellen sowie den Algorithmen der Datenfusion und Situationsanalyse, die uns neu vermessen und berechnen. Denn was schon das römische Zensusbüro kannte, war der *Algorithmus.* Wenn ein Algorithmus eine eindeutig geregelte Prozedur zur Lösung einer Aufgabe ist, ist beinahe alles, was wir tun, ein Algorithmus, und das schon seit Euklid von Alexandria. »Dixit Algorismi«, Algorismi hat gesagt.[11]

Rechnen mit Ziffern: die Kunst der Zahlenzauberer

Wenn ein Mathematiker unfreundlich sein möchte, könnte er behaupten, im Kapitel über Datenbanken zum Speichern riesiger Datenmengen sei es nur um die Versenkung von Daten, um »Datensenken«, gegangen. Denn davon möchte er sich ausdrücklich distanzieren, wenn er seinen Teil zu Big Data beisteuert. Seine Aufgabe sieht er darin, eben jene versenkten Daten mithilfe von Algorithmen so zu analysieren, dass er gesicherte, informierte Entscheidungen für die Zukunft treffen kann. Für eine staatliche Einrichtung wie eine Polizeibehörde kann eine solche Entscheidung darin bestehen, ein Ermittlungsverfahren gegen einen Verdächtigen einzuleiten, wenn ein Algorithmus einen Verdacht »äußert«. Ein Aktienhändler kann sich entscheiden, eine bestimmte Biotechnologie-Aktie zu kaufen, bevor ihr Preis steigt, weil ein Algorithmus eine private Information aus dem historischen Preisverlauf der Aktie rekonstruieren konnte und ihm versichert: Der Aktienpreis wird steigen. Die Aufgabe des Mathematikers besteht darin, Algorithmen zu entwickeln, die die Datenanalyse in eine proaktiv handelnde Maschine verwandeln, anstatt Daten nur statistisch auszuwerten und die Auswertungsergebnisse als bunte Diagramme eines Management-Informationssystems anzuzeigen, das dem Nutzer helfen soll, bessere Entscheidungen zu treffen. Nein, es geht um viel mehr: Menschliche Entscheidungen sollen jetzt selbstständig von einer Maschine getroffen werden. Intelligente Maschinen sollen menschliche Handlungen übernehmen. Das ist das eigentliche Ziel von Big Data: Die Automatisierung, die automatische Extraktion von Information und Wissen aus rohen Daten, die Erzeugung abgeleiteter Information – *Inferenz* –, die in vorhandenen Datenmengen versteckt enthalten und nicht auf den ersten menschlichen Blick erkennbar sind. Und noch um viel mehr geht es: Es geht um die *Autonomie intelligenter Maschinen*. Denn hat eine Maschine erst einmal festgestellt, was die optimale Entscheidung auf Basis einer gesicherten, statistisch aussagekräftigen Datenlage ist, ist es nur noch ein kleiner Schritt zur automatischen Ausführung und Überwachung einer solchen Entscheidung mit entsprechender Nachsteuerung, sollte sie nicht die gewünschte Wirkung entfalten.

Dass intelligente Maschinen, die dem Menschen bei bestimmten Aufgaben überlegen sind, schon länger existieren und zuverlässig funktionieren, ist uns aus der Entwicklungsgeschichte der Technik wohlbekannt. Schon im 20. Jahrhundert gab es mehrere Wellen künstlicher Intelligenz. Der Schachcomputer Deep Blue der Firma IBM traf so geniale Entscheidungen für Schachzüge, dass es ihm im Jahr 1997 zum ersten Mal gelang, Schachgroßmeister Garri Kasparow schachmatt zu setzen – in dessen kürzestem Spiel nach nur neunzehn Zügen. Nicht viel besser erging es dem russischen Schachgroßmeister Vladimir Kramnik, der Garri Kasparow im Jahr 2000 geschlagen hatte, am 25. November 2006, als er gegen den deutschen Schachcomputer Deep Fritz 4:2 verlor.

Dabei ist ein Schachspiel noch ein begrenztes Problem auf einem Brett mit vierundsechzig Feldern und zweiunddreißig Spielfiguren. Ihre rechnerische Fähigkeit, in Sekundenschnelle Tausende schon einmal gespielter Schachspiele zu rekapitulieren und Millionen Schachzüge in die Zukunft zu simulieren, macht Schachcomputer heute zu Maschinen, die als unschlagbar gelten. Schon schwieriger gestaltet sich Backgammon, anders als Schach ein Spiel mit einer *Zufallskomponente*, denn bei Backgammon fallen die Würfel, wie sie wollen. Doch trotz seiner erhöhten Komplexität gilt auch der elektronische Backgammonspieler seines Erfinders Gerald Tesauro inzwischen als vom Menschen unbesiegbar. Überall dort also, wo schlichtes Rechnen zu schnelleren Ergebnissen führt als die Erfahrung der menschlichen Evolution, sind uns Maschinen schon heute überlegen.

Big Data, riesige Datenmengen sind der Antrieb, der den Maschinen Beine macht, im übertragenen Sinne. Doch vorab eine Ehrenbezeugung: Damit sich Wissenschaftler anderer Disziplinen, die sich wie die Mathematiker um Datenanalyse und -fusion verdient machen, besonders die Physiker und Statistiker, nicht diskriminiert fühlen, nutzen wir ab jetzt den allgemeineren Begriff des *Data Scientist*, des wissenschaftlichen Programmierers. Als *Quantitative Analyst*, kurz: *Quant*, ist der Data Scientist, der mit numerischen Methoden arbeitet, schon seit Langem in der Finanzindustrie bekannt. Die Werkzeuge und Methoden der Datenfusion bleiben jedoch dieselben, ganz unabhängig davon, welche Branche sie einsetzt. Im Werkzeugkasten findet man partielle Differentialgleichungen, die Bayes'sche Statistik, den Random Walk, die Monte Carlo Simulation oder den *Markov Decision Process*, alles Methoden aus Teilgebieten der Mathematik.

In den Vereinigten Staaten hat man inzwischen erkannt, dass sich eine wachsende Wissenslücke auftut, eine rasch zunehmende Knappheit an Talenten mit *deep analytical know how*, ein Mangel an Spezialisten für Statistik und maschinelles Lernen, das einen Teilbereich der künstlichen Intelligenz darstellt und dasselbe meint wie Optimierung. Amerikanische Unternehmen nutzen die Trägheit Europas aus und werben entweder Fachkräfte ab oder ziehen europäische Big-Data-Start-ups an – nach Silicon Valley. Denn laut McKinsey Global Institute können bis zum Jahr 2018 allein in den Vereinigten Staaten nur vierzig bis fünfzig Prozent der gesamten Nachfrage nach solchen Fachkräften gedeckt werden.[12]

Auch in Deutschland war es bis vor Kurzem der amerikanische Online-Versand Amazon, der Experten für maschinelles Lernen vom Markt absaugte. In den Vereinigten Staaten gab Facebook im Dezember 2013 bekannt, es habe ein Team für künstliche Intelligenz aufgebaut.[13] Nur wenige Tage später vermeldete Google, es habe die amerikanische Robotikfirma Boston Dynamics übernommen, Lieferant von Kampfrobotern, der augenscheinlichsten Form künstlicher Intelligenz, an das Pentagon.[14] Das darf zu Recht beunruhigen. Wer mit Spitzentechnologie vertraut ist, erkennt die Strategie: Einen Machtzugewinn durch mehr Wissen erlangen und vordergründig persönliche Daten von Internetnutzern noch besser ausschlachten, um mit ihnen deutliche Umsatz- und Gewinnsteigerungen zu erzielen. Im Fall von Google darf man sich darüber hinaus fragen: Werden die Kriegsgegner der Zukunft keine Ländernamen mehr tragen, sondern Firmenbezeichnungen wie »Incorporated«? Werden sie keine geografischen Grenzen mehr kennen, weil sie nicht traditionelle hoheitliche Staatsgewalt, sondern globale Suprastaaten sind? Immerhin sprechen wir bereits von Facebook als dem drittgrößten »Staat« weltweit, gemessen an der Anzahl seiner Nutzer.

»Technology is a commodity. You don't build it, you buy it«, konnte man vor einem Jahrzehnt in amerikanischen Software-Unternehmen hören. Die Aussage bringt auf den Punkt, was wir seit Beginn des Jahrtausends beobachten: Eine Welle europäischer Fremdbeschaffung von Technologien aus vermeintlich preiswerteren Standorten unseres Globus, darunter Indien, Russland oder osteuropäische Staaten. Technologie sei Massenware, haben uns amerikanische Manager eingeredet, man kaufe besser ein, statt selbst zu entwickeln. Und wir Europäer haben das geglaubt, allen voran deutsche staatliche Einrichtungen. Der Euro Hawk, fliegende Aufklärungsdrohne des amerikanischen Herstellers Northrop Grumman, galt noch bis vor kurzer Zeit als technologisches Prestigeprojekt der Bundeswehr. Als die Politik im Frühling 2013 »die Reißleine« zog, hänselte die Truppe nach dem Rumpelstilzchenprinzip: »Heute träum ich, morgen kauf ich, übermorgen gewinn ich den Krieg.«[15]

Es mag einige gute Gründe gegeben haben, nicht in die Beschaffung der Drohne zu gehen, aber strategisch bedeutet der Abbruch eines Projekts dieser Dimension eine technologische Tragödie für ein Land. Er wirft Deutschlands Fortschritt weiter zurück, nicht zu reden davon, dass die Bundeswehr mit Aufklärungssystemen arbeiten muss, die bis auf Weiteres nicht durch ein modernes System ersetzt werden. Hier hätte man besser selbst entwickelt statt zugekauft, zumal es den Europäern mit Gründung der EADS erstmals, wenn auch bislang nur ein einziges Mal, gelungen war, einen Technologiekonzern aus der Taufe zu heben, der wenigstens mit seinem Airbus der amerikanischen Boeing Company auf Augenhöhe entgegentreten konnte.

Russland und China haben hier, ex post betrachtet, klüger agiert. China entwickelte schon 2007 ein eigenes Betriebssystem Kylin OS, zuerst für Regierungsrechner, heute für chinesische Konsumenten unter der Bezeichnung Ubuntu Kylin erhältlich, und Renren, das »chinesische Facebook«. Noch Mitte des letzten Jahrzehnts dachten wir, wie unvernünftig und unwirtschaftlich es sei, ein ausgereiftes Betriebssystem wie das der Firma Microsoft nachzubauen; ohnehin mutmaßte man, es ginge den Herrschenden Pekings bei allen Eigenentwicklungen nur um die Unterdrückung ihrer eigenen Bevölkerung, der der Zugang zu ausländischen Informationsquellen verwehrt bleiben sollte. Heute, im Zeitalter ungehemmter Überwachung durch den Westen, könnte man den Kopf wiegen und spekulieren: China fühlte sich schon immer besonders durch Amerika bespitzelt. Die Nachentwicklung von Herzstücken des modernen Computerzeitalters könnte deshalb auch wohlüberlegte Vorsorge gewesen sein. Europa hätte gut daran getan, bei der Entwicklung von Kerntechnologien wie Suchmaschinen oder Betriebssystemen ähnlich zu agieren. Doch inzwischen ist der technologische Rückstand speziell zu den Vereinigten Staaten so groß, dass er uneinholbar geworden ist. Man könnte allenfalls darüber nachdenken, bestimmte technische Nachentwicklungen zu überspringen und gleich auf Zukunftsvisionen zu setzen. Einige afrikanische Staaten haben es vorgemacht. Wo Kabelinfrastruktur für die Vernetzung von Rechnern nicht vorhanden war, sind sie ohne Umschweife direkt zur Nutzung mobiler Technologien übergegangen.

Mit dem Zukauf ausländischer Technologien und der Verlagerung eigener Entwicklungstätigkeit an billigere Produktionsstandorte verblasste im Laufe weniger Jahre auch das Ansehen der deutschen Naturwissenschaftler. Noch in den Neunzigern hoch angesehen, begann nun eine Periode der *Devaluation*, der »Abwertung« ihres Könnens, verbunden mit einem Preisdruck als logische Folge billigerer Angebote aus den Schwellenländern. Auch heute noch, nach fünfzehn Jahren Outsourcing, treten deutsche Unternehmen in dieselben ausgetretenen Pfade und suchen nach möglichst preiswerten Arbeitskräften auch für die Datenfusion, während Data Scientists oft falsch eingesetzt werden. Deutsche Unternehmen erkennen die Talente nicht oder haben, dramatischer formuliert und anders als amerikanische Konzerne, ihren Bedarf noch gar nicht identifiziert. Nicht wenige deutsche Data Scientists sind arbeitslos oder plagen sich mit würdelosen Programmierarbeiten, ohne dass sich dabei die Schönheit ihres Verstandes offenbaren darf. Denn wenn deutsche Unternehmen glauben, der erfolgreichen Datenanalyse sei schon Genüge getan, wenn man sie Praktikanten oder Diplomanden überließe, müssen sie sich an dieser Stelle sagen lassen: Sie irren auf tragische Weise. Gute Data Scientists findet man eher selten inmitten jüngerer Semester, sondern in diesen Zehnerjahren gerade unter den reiferen Jahrgängen. Nur wenige junge Hochschulabsolventen können es mit einem erfahrenen Data Scientist aufnehmen. Denn die Datenfusion ist ebenso Kunst wie Wissenschaft, und es gilt: Ein Data Scientist ist wie guter Whisky. Je länger er lagert, desto besser wird er. Wenn ein erfahrener Data Scientist in seinen Datenhimmel aufschaut, sieht er es einmal hier, einmal dort hell aufblitzen. Auch ohne viel Numerik hat er gleich im Gefühl, welche Daten einander so beeinflussen, dass man aus ihrem Zustand eine Aussage für einen Erkenntnisgewinn treffen kann. Berufliche Erfahrung in verschiedenen Industrien ist für einen Data Scientist und seinen Auftraggeber ebenfalls von unschätzbarem Vorteil, denn nur ein Data Scientist, der über operatives Wissen aus Industrie, Wissenschaft oder dem Management von Unternehmen verfügt, wird beste Analyseergebnisse erzielen. Sein ganzes berufliches Schwergewicht ist jene Quelle, aus der seine Modelle schöpfen, und so wird er aus der Datenflut neue Erkenntnisse gewinnen, die die Erwartungen an eine sinnvolle Datenfusion tatsächlich erfüllen.

Eine zusätzliche Falle, die zu der Annahme verleitet, die Datenfusion sei ein leicht normierbarer Vorgang, ist die zunehmende Verfügbarkeit von Standardalgorithmen für die Analyse, eine Auswirkung der durchaus wünschenswerten Demokratisierung globalen Wissens und der Versuch, komplexe Vorgänge auch Nichtwissenschaftlern zu erschließen. Doch Datenanalyse und künstliche Intelligenz per Drag-and-Drop, das hat schon in der Finanzindustrie nicht funktioniert. Dort hatte man auf breiter Basis Neuronalnetze für die Kursprognose einsetzen wollen, unterschätzte ihre Komplexität und erklärte dann lapidar: »Neuronale Netze funktionieren nicht.« Zweifellos sind solche technischen Hilfsmittel völlig nutzlos, wenn nicht der Data Scientist eine klare Vorstellung davon hat, welche Antworten er von seiner Rohdatenbasis erwartet und welche Technologien am meisten bewirken. Erst dann wird er diejenigen Methoden und Algorithmen selektieren und ausformulieren, die ihm optimale Ergebnisse versprechen. Doch langsam: Klären wir erst noch einen zentralen Begriff. Was eigentlich ist ein Algorithmus?

Ein Algorithmus ist ein Algorithmus ist ein, kurz, Algo

Ein Pragmatiker würde ganz einfach sagen: Ein Algorithmus ist nur ein Berechnungsverfahren. Berechnungsverfahren erlernen wir schon in der Schule, wenn wir addieren, subtrahieren oder die Wurzel ziehen. Berechnungsverfahren sind deshalb, das leuchtet an dieser Stelle ein, untrennbar mit der Mathematik und ihren Gleichungen, Variablen und Axiomen verbunden. Jüngere Schülergenerationen machen dabei die Erfahrung, dass sich Berechnungen nicht nur im Kopf, sondern auch automatisch anstellen lassen, wenn man einen Taschenrechner benutzt. Von hier ist der Schritt zur Nutzung des Personal Computers nicht mehr weit, und so kann man es auf einen einfachen Nenner bringen und sagen: Ein Algorithmus ist ein Computerprogramm, und noch einmal anders gesagt, eine klar definierte Abfolge von Berechnungsschritten, die von einem Prozessor ausgeführt werden. Dabei können wir es belassen, wenngleich sich hinter dem Begriff doch etwas mehr verbirgt, denn eigentlich basiert jedes Berechnungsverfahren auf einer mathematischen Grundannahme, einer abstrakten Aussage oder Theorie, und verkörpert nicht nur immer neu das wiederholt richtige Ergebnis eines Rechenwegs.

Unter den Mathematikern wurde derjenige, der sich solche Berechnungsverfahren ausdachte, lange geringschätzig als »Algorithmiker« bezeichnet. Wenn ein theoretischer Mathematiker, der sich beim formalen Beweis ungelöster mathematischer Sätze oder der Herleitung neuer Theoreme den Kopf zerbrach, auf einen Kollegen deutete und sagte: »Jener ist ein Algorithmiker«, glich das einem Schimpfwort für eine gleichsam *niedere* Kunst in der Mathematik. Heute hat sich das Blatt gewendet, und es sind die Algorithmiker, die die theoretische Mathematik als *brotlose* Kunst bezeichnen, denn die großen mathematischen Würfe sind zu Beginn des 20. Jahrhunderts bereits getan. Der Unterschied zwischen beiden Typen von Mathematikern liegt in der Vorgehensweise, wie sie sich einem Problem annähern. Zeichnen Sie eine Parabel in ein Koordinatensystem, und stellen Sie den beiden Spezies die Aufgabe, das Minimum der Parabel, also einen Extremwert, zu finden. Am Minimum der Parabel steigt die Parabel weder an, noch fällt sie ab. Ihre Steigung an diesem Extremwert ist also null. Der theoretische Mathematiker löst das Problem, indem er zunächst die Funktionsgleichung für die Parabel findet und dann ihre Ableitungen bildet, um ihren Extremwert zu finden und die Steigung der Parabel zu berechnen.[16] Der Algorithmiker ginge an dieselbe Aufgabe etwas gewalttätiger heran und würde versuchen, auf praktischem Wege annähernd dasselbe Ergebnis zu erzielen, also zu *approximieren*. Er würde eine Menge Tangenten an die Parabel anlegen und so lange herumexperimentieren, bis die Tangente keine oder wenigstens fast keine Steigung mehr aufwiese. Und damit gäbe er sich schon zufrieden. Einleuchtend, dass ein Theoretiker verächtlich sagen würde, das sei Pfusch am Bau. Auf die Schönheit kommt es nicht an, würde der Algorithmiker erwidern, funktionieren müsse es halt.

Berechnungsverfahren, also Computerprogramme, sind übrigens dann am schönsten, wenn man auf dem kürzesten Weg zum Ergebnis kommt. Und so machten in den Jahren 1964/65 ein amerikanischer Physiker russischer Provenienz, Ray Solomonoff, und unabhängig davon der russische Mathematiker Andrei Kolmogorow eine Entdeckung, als sie nach demjenigen Abarbeitungsverfahren für eine Berechnung suchten, das die wenigsten Einzelschritte benötigte, um zum Ergebnis zu kommen. Ihre Entdeckung ging als Theorie der algorithmischen Komplexität oder *Minimum Description Length* (MDL) in die Geschichte ein. Sie würden also ein Computerprogramm schreiben, das wiederum ein Computerprogramm mit der kürzesten Programmlänge schreibt, das ein bestimmtes Problem löst. Das klingt nicht nur abenteuerlich, auch in der Praxis setzen nur wenige Algorithmiker die russischstämmigen Einsichten um. Aber schön wäre es schon, würde man über ein Programm verfügen, das andere Computerprogramme erzeugen kann, die wiederum unsere zahlreichen Probleme lösen können. Und auch von hier aus ist es nicht mehr weit zur künstlichen Intelligenz, die bei Big Data eine tragende, eine Hauptrolle spielt.

Wenn Daten so analysiert werden sollen, dass auf Basis der Situationsanalyse eine Entscheidungsempfehlung oder die konkrete Handlungsanweisung einer Maschine an den Nutzer erfolgt, braucht eine Maschine eine aufwändige technologische Basis, die den eigentlichen *Berechnungskern* für die Analyse, die Datenfusion und den Entscheidungsmechanismus, implementiert. In vielen Branchen, beispielsweise der Hedge-Fonds-Industrie mit ihren Handelsalgorithmen, beim Militär oder bei Suchmaschinenanbieter Google, sind jene Berechnungskerne die bestgehüteten Betriebsgeheimnisse. Warum man alles für die Geheimhaltung seines Berechnungskerns tut, kann man sich am Beispiel von Google am besten ausmalen. Taucht ein Produkt oder Service nicht unter den ersten Treffern einer Suchanfrage auf, kann das höchst nachteilige wirtschaftliche Folgen für den Anbieter haben. Google hält also seinen Suchalgorithmus, das Page-Rank-Verfahren mit seinen vielen Variablen, strikt geheim, weil die Kenntnis davon, wie die Hitliste von Treffern im Detail zustande kommt, Tür und Tor für Manipulationen und Gegenstrategien öffnen würde.[17] Denn wer die Formulierung und das Konzept eines Berechnungskerns kennt, weiß, wie eine Maschine arbeitet, und kann sie deshalb ausmanövrieren. Das ist auch der Finanzservice-Industrie bewusst, die sich eine ähnlich strikte Geheimhaltung auferlegt wie Google. Wer weiß, wie ein Handelsalgorithmus arbeitet, kann ihn entweder rekonstruieren oder aushebeln, indem er beispielsweise *Front Running* betreibt, also immer einen Schritt schneller ist als der Handelsalgorithmus selbst. In allen Fällen ist ein Berechnungskern Gold – und das meint: Geld, sehr viel Geld – wert. In einer kompetitiven wirtschaftlichen Umgebung unterliegt ein Berechnungskern deshalb konstanter Weiterentwicklung, so wie das bei Google der Fall ist, dessen Suchalgorithmus seit seiner ersten Implementierung 1998 immer wieder modifiziert wurde.[18] Die Datenfusion, muss man wissen, ist nicht ein einmaliger Vorgang, der mit Implementierung der Maschine ein für alle Mal abgeschlossen ist. Die Welt ändert sich rasch, Datenmengen und -inhalte wachsen exponentiell an. Die Infrastruktur entwickelt sich unablässig weiter und verursacht einen Wandel, der auch dazu führt, dass sich die statistische Charakteristik aller vorhandenen Datenmengen ändert und das Phänomen der *Nichtstationarität* hervorruft. Mit der Dynamik der Realität muss nicht nur der Mensch, sondern auch eine Maschine umgehen können. Das kann sie nur, wenn sie *adaptiv* ist. Sie selbst muss der ständigen Anpassung und Verbesserung unterliegen, um mit ihrer dynamischen Umwelt Schritt zu halten. Diese Anpassungsfähigkeit erreicht man auf zwei verschiedenen Wegen: Entweder passt der Data Scientist die Variablen eines Datenfusionsmodells immer wieder neu an eine sich verändernde Umwelt an, oder die Maschine ist selbst in der Lage zu lernen, wann und wie sie ihre Parameter adaptieren muss. Hier klingt zum wiederholten Mal in diesem Kapitel an, worum es bei Big Data eigentlich geht: um die künstliche Intelligenz. Lernende Maschinen sind Optimierer; und als solche gehören sie zum Universum der künstlichen Intelligenz mit ihren vielen unterschiedlichen Methoden und Ausdrucksformen.

Aktuell erfolgen Datenanalysen, so wie sie ansatzweise in deutschen Unternehmen versucht werden, nur punktuell – und sind wissenschaftlich selten haltbar. Wenn Informatikstudenten während ihres Praktikums bei einem globalen Wirtschaftsunternehmen die Daten verkaufter Produkte analysieren sollen, um daraus eine Umsatzvorhersage für, sagen wir, September 2014 zu treffen, ist es eher abwegig, für die Prognose die historischen Umsätze von September 2013, 2012 und 2011 heranzuziehen, die möglicherweise mit heute nicht mehr erhältlichen Produkten erzielt wurden. Sie würden auch nicht danach googeln, wie das Wetter vor einem Jahr war, wenn Sie eine Wettervorhersage für morgen treffen müssten, sondern würden stattdessen vom Wetter *heute* auf das Wetter von morgen und übermorgen Rückschlüsse ziehen. Das leuchtet Ihnen natürlich ein, weswegen Sie vielleicht den Kopf schütteln und denken, hier werde der Industrie Unrecht getan. Nein, leider kommen ähnliche Fauxpas häufig vor, mit höchst fragwürdigen Analyseergebnissen, weshalb sich die Frage stellt: Wie verlässlich ist Big Data, und wie sinnvoll oder richtig sind die konkreten Handlungsanweisungen einer solchen Maschine – besonders dann, wenn es um mehr geht als um blanke Verkaufszahlen und vielmehr der Mensch selbst zum Gegenstand von Berechnung, Prognose und Kontrolle wird? Bedeutet die zunehmende Quantifizierung und Vermessung der Welt nichts weiter, als dass wir uns nur genauer irren?

Modelle haben Grenzen

Bis ein Datenfusions-Algorithmus Ergebnisse der gewünschten Qualität und Akkuratesse liefert, ist es ein weiter Weg, und selten entsprechen die Ergebnisse auf Anhieb den Erwartungen. Damit ist nicht gemeint, dass ein Berechnungsverfahren faktisch zu falschen Rechenergebnissen führt; obwohl korrekt ermittelt, können Analyseergebnisse wesentlich davon abweichen, was sich der Nutzer von der Datenfusion versprochen hat, oder die Analyseergebnisse, besonders wenn als Vorhersage gedacht, stimmen mit der Realität nicht annähernd überein. Ted Kennedy, einer der bekanntesten Senatoren der Vereinigten Staaten, wurde fünfmal am Check-in eines Fluges gehindert, weil er auf einer Liste Terrorverdächtiger der NSA auftauchte.[19] Der Hausverstand sagt, da kann etwas nicht stimmen. Sicher weiß die NSA mehr als wir alle, aber vielleicht hat sie Ted Kennedy einfach nur falsch klassifiziert.

Kommen wir nochmals auf das Beispiel der Wettervorhersage zurück. Für die Prognose könnten Sie so vorgehen, dass Sie den Hundertjährigen Kalender aus dem späten Mittelalter zur Hand nehmen, der die These aufstellt: Das Wetter wiederholt sich alle sieben Jahre. Am 18. Oktober 2014 könnten Sie auf ein vergleichbares Jahr zu 2007 hoffen und eine dementsprechende Prognose für jenen Herbsttag abgeben. So kommen Sie zwar zu einem Prognoseergebnis, und wenn Sie damit richtig liegen, haben Sie Glück gehabt. Hold ist Ihnen das Glück aber sicher nicht immer, und so kann sich das Tageswetter auch ganz anders entwickeln als erwartet. Der Grund für die Abweichung liegt dann in der Systematik, die Sie für die Vorhersage gewählt haben, und deren zu großen Abweichungen von der Wirklichkeit. Sie wollten verstehen, wie sich das Wetter vorhersagen lässt, und haben dafür auf einen Zusammenhang mit dem Hundertjährigen Kalender gesetzt, indem Sie eine Wechselwirkung zwischen den Jahren 2014 und 2007 angenommen haben. Ganz ähnlich geht auch ein Data Scientist vor. Doch mit der Analyse heutiger Datenmengen betritt ein Data Scientist unbekanntes Territorium. Erst seit der jüngsten Vergangenheit sieht er sich mit einer Flut unstrukturierter Daten konfrontiert, die eine hochkomplexe Realität bilden, und seine erste Frage sollte sein: Welche Erkenntnisse erwarte ich von der Datenanalyse? Was möchte ich besser verstehen? Damit formuliert er ein Problem, das er mit einer Maschine lösen will, einer Maschine, die noch nicht existiert, geschweige denn das formulierte Problem schon einmal angegangen wäre. Die erste Schwierigkeit für den Data Scientist besteht deshalb darin, eine geeignete Systematik zu finden, also ein *Modell* – ein System aus Variablen und Gleichungen – zu entwickeln, das den Weg zu mehr Wissen und Erkenntnis beschreitet, indem es Attribute der Wirklichkeit benennt, ihre Wechselwirkungen beschreibt und alles miteinander verknüpft. Die Herausforderung liegt nicht nur darin, aufzuspüren, welche Variablen, kombiniert miteinander in einem Spiel von Wechselwirkungen, einen solchen Erkenntnisgewinn verschaffen können. Die gewünschte Erkenntnis ist wiederum selbst eine Variable und – weil man a priori nichts darüber weiß, sonst würde man ja nichts weiter darüber lernen wollen – eine Variable, die man nicht beobachten kann, eine *latente Variable*. Ein Modell besteht demnach aus Variablen, die beobachtbar sind, und aus verborgenen, nicht direkt beobachtbaren Variablen, über die wir mehr wissen wollen. Gut, jetzt haben wir ein dickes Brett gebohrt; ein Beispiel macht deutlich, was gemeint ist: Sie möchten wissen, wie der Wert einer bestimmten Aktie ist. Der *Aktienpreis* hilft Ihnen nur wenig weiter; er entspricht nicht notwendigerweise dem *Aktienwert*, weil ein Wertpapier über- oder unterbewertet sein kann. Den Preis können Sie beobachten, den Wert jedoch nicht: Er ist eine latente Variable, nicht unmittelbar erkennbar, aber doch als Konzept vorhanden und aus diversen Betrachtungen abzuleiten: zu welchem Preis die Aktie gehandelt wird, wie viel Nachfrage der Markt äußert oder welche Volatilität der Titel zeigt.

Der Luxus, die Variablen eines Modells zu kennen und wirklichkeitsnah beschreiben zu können, wird dem Forscher nur selten gewährt. Vor dem Erkenntnisgewinn stehen viel häufiger die Armut des Geistes und die Unwissenheit der inneren Mechanik von Variablen eines Modells. Erachtet ein Data Scientist eine Variable als relevant auf dem Weg zu mehr Erkenntnis, weiß aber nichts Konkretes darüber, wie sie sich im Einzelfall verhält, wird er sie als *Zufallsvariable* berücksichtigen. Dann beschreibt er zwar nicht ihre innere Dynamik, denn darüber weiß er nichts, gibt aber wenigstens einen Wertebereich für die Variable an. Würde die Variable einen Würfel beschreiben, läge ihr Wertebereich zwischen eins und sechs; die Eins, Drei oder Vier treten mit der gleichen Häufigkeit auf wie die Zwei, Fünf oder Sechs. Gleiche Häufigkeit des Auftretens bedeutet *Gleichverteilung*. Haben Sie ein Gähnen schon unterdrücken müssen? Gerade dünkt Ihnen alles sehr abstrakt und theoretisch. Doch die Annahme der Gleichverteilung kann der Irrtum sein, der Sie in den finanziellen Ruin treibt, würfeln Sie um Geld und sind Würfel im Einsatz, die Ihr Gegner präpariert und für sich gezinkt hat wie ein guter Magier.

Ähnlich gefährlich ist die Annahme der *Normalverteilung*. Anders als bei der Gleichverteilung, bei der alle Ereignisse mit gleich großer Wahrscheinlichkeit auftreten, häufen sich bei der Normalverteilung Geschehnisse um einen Häufungspunkt. Wo sich dieser Häufungspunkt befindet, ist eine legitime Frage. So nimmt man für einen Aktienpreis an, dass er morgen »irgendwie« um den Preis von heute streuen wird. Stellen Sie sich beide Verteilungsarten grafisch vor: Die Gleichverteilung Ihrer Würfelergebnisse, aufgetragen in einem Koordinatensystem, wird nicht mehr als eine horizontale Linie ergeben – gerade, praktisch, gut –, die keine Information in sich trägt. Denn für alle sechs Zahlen gilt gleichermaßen: Die Auftretenswahrscheinlichkeit von eins, zwei, drei, vier, fünf und sechs ist immer ein Sechstel. Anders wird die Kurve aussehen, wenn Ereignisse viel häufiger um einen Häufungswert herum auftreten als in den Extrembereichen weit links oder rechts entfernt vom Häufungspunkt. Die Wahrscheinlichkeit, dass der morgige wie ein normaler Tag ohne besondere Vorkommnisse verstreichen wird, ist eben viel größer als die, den Lottojackpot zu knacken. Die Wahrscheinlichkeit, morgen zum Multimillionär zu werden, läuft besonders dann gegen null, wenn Sie gar nicht Lotto spielen. Weil Ereignisse der Normalverteilung symmetrisch um einen Häufungspunkt verteilt sind und im Koordinatensystem aufgetragen wie der Schattenriss einer Kirchenglocke wirken, denkt man bei Normalverteilung sofort an eine »Glockenkurve«. Wenn Ihnen an dieser Stelle wiederum die Lider schwer werden: Die Normalverteilung hat die Welt, wie wir sie kennen, ab September 2008 wirtschaftlich in den Abgrund blicken lassen. Die Normalverteilung ist kein harmloser Zeuge unseres technologischen Fortschritts. Sie ist aktiver Mittäter, der verführt. Vielleicht nicht jeden Data Scientist, aber den Laien bei Banken, Industrie und Staat, der abwinkt und sagt: »Der Desasterfall tritt ja nur einmal in hundert Fällen auf. Neunundneunzigmal geht es gut. Denn einmal ist keinmal.«

Ein Data Scientist würde über eine solche Leichtfertigkeit verständnislos den Kopf schütteln. Nehmen wir an, ein Katastrophenfall wie der Absturz eines Flugzeugs auf den Kernreaktor unweit der Wannseeroute des neuen Berliner Flughafens träte mit einer Wahrscheinlichkeit von 0,0001 Prozent auf.[20] Als geneigter Flughafenlobbyist würde man im Brustton der Überzeugung kundtun: »Das Risiko ist so verschwindend gering, dass man es vernachlässigen kann. Nur ein einziger Flieger aus einer Million wird auf den Kernreaktor stürzen.« Wann genau aber jene Katastrophe eintreten wird, wissen wir nicht. Es könnte schon nächstes Jahr passieren und im übernächsten vielleicht gleich noch einmal. Und damit steht fest: Selbst wenn das Restrisiko sehr gering ist, es wird mit hundertprozentiger Sicherheit auftreten – irgendwann.

In der Regel liegt unseren Annahmen über Risiken ein Normbereich zugrunde, in dem ein System als sicher gilt. Danach wäre der häufigste Fall der, dass eben gar nichts passiert und Sie Ihren Flug nach Berlin-Brandenburg, sollte der Hauptstadtflughafen je in Betrieb genommen werden, ohne Zwischenfälle genießen können. Die Wahrheit aber ist: Wir wissen häufig nicht, wie hoch ein Risiko wirklich ist. Vielleicht beträgt es 0,0004 Prozent. Macht nichts, wird sich der Flughafenlobbyist brüsten, das ist immer noch verschwindend gering. Der Data Scientist sieht es kritischer: Das Risiko ist viermal höher als vermutet. In seiner Sprache würden er das Phänomen als *Heavy Tail* bezeichnen, das »dicke Ende«, das im Falle der Normalverteilung an den äußeren Rändern der Glockenkurve auftritt, wenn sich die Kurve dort nach oben biegt, weil Extremereignisse doch häufiger auftreten als angenommen, und dann oft nicht mehr einer symmetrischen Glockenform entspricht, sondern vielleicht rechtsschief oder linksschief, eben windschief ist. Die Normalverteilung unterschätzt notorisch das Risiko, mit dem Katastrophenfälle auftreten.[21] Man hofft auf wenig und bekommt am Ende mehr, als einem lieb ist.

Und wenn er dann eintritt, jener extrem seltene Unglücksfall, sind seine Kosten so gigantisch hoch, dass man sie kaum mehr beziffern kann. Wie wahrscheinlich war es, dass in Fukushima Daiichi bei drei von vier Reaktoren gleichzeitig eine Kernschmelze auftreten würde? Nun, da sich das Risiko manifestiert hat, sind die Kosten immens. Es sind nicht allein die finanziellen Kosten kolossal hoch, es ist der nicht mehr zu beziffernde Preis, den die einstigen Bewohner Fukushimas zahlen, seit sie ihre Heimat verlassen mussten, um nie mehr dorthin zurückzukehren.

Weshalb aber kommt die Normalverteilung trotz der Gefahren, die in ihr lauern, so häufig und gerne zum Einsatz? Bei der Modellbildung taucht der Data Scientist oft tief in Aufgaben der Statistik ein und nutzt historische Daten, um aus vergangenen Anhäufungen von Phänomenen Schlüsse auf deren künftige Auftretenswahrscheinlichkeit zu ziehen. Der klassische, frequentistische Ansatz in der Statistik ist deshalb, experimentell Häufigkeiten zu zählen. Sie werfen eine *faire* Münze, und so und so oft treten Kopf oder Zahl auf. Sie nehmen sich eine *gezinkte* Münze, bei der mit einer Wahrscheinlichkeit von sechzig Prozent die Zahl auftritt. Deshalb wetten Sie, dass Zahl gewinnt. Sie werfen die Münze zehnmal, doch voilà: Zehnmal ist Kopf oben. Was haben Sie falsch gemacht? Vielleicht kommen Sie nicht sofort auf den Schwachpunkt: Sie haben einfach nicht genügend oft geworfen. Der statistische Fußabdruck Ihrer gezinkten Münze – sechzig zu vierzig – hätte sich bei zehntausend Würfen ziemlich sicher manifestiert, bei zehn Würfen jedoch eher nicht, wenn doch, hätten Sie Glück gehabt. Es leuchtet ein, dass viele Daten – Big Data im Sinne der Verfügbarkeit großer Datenvolumen – mehr und deshalb viel zuverlässigere Zählergebnisse liefern. Statistiker nennen dies das *Gesetz der großen Zahlen* und sprechen von der statistischen Signifikanz von Daten. Zehn Würfe sind statistisch nicht signifikant, doch zehntausend Würfe sind es. Man kann nur dann annehmbare Aussagen über Phänomene treffen, wenn eine ausreichend große Datenmenge zum Zählen vorhanden ist. Der klassische Statistiker zählt also aus einer Menge von Daten Ereignisse ab, bevor er einen gedanklichen Schritt tut und eine Schätzung vornimmt: Wie sind die gezählten Ereignisse verteilt? Er kann sich nur selten ganz sicher sein. Vielleicht wird er einen Häufungspunkt identifizieren und um den Häufungspunkt herum die symmetrische Normalverteilung der Glockenkurve annehmen, weil er weiß, dass ihre Form mittel- und langfristig doch sehr häufig auftritt. In diesem Moment idealisiert der Data Scientist sein Modell, das ab jetzt beträchtlich von der Wirklichkeit abweichen kann – mit dem bekannten Problem, das Auftreten von Risiken sehr zu unterschätzen. Doch die Idealisierung ist auch bequem, denn der Form der Normalverteilung entspricht eine analytische Formel, nach der sie sich berechnen lässt; sie macht sich so gut in den Modellen der Data Scientists, weil sie leicht in alle Gleichungen ihrer Gleichungssysteme eingebaut werden kann.

Modelle, Statistik – ist es von hier bis zur künstlichen Intelligenz nicht immer noch ein weiter Schritt? Statistik ist etwas, das sammelt und zählt und Ergebnisse präsentiert, angefangen bei der Bevölkerung bis hin zur Wirtschaft.

Anders, als wir uns immer wünschen, ist die Welt, wie sie uns umgibt, nicht deterministisch oder diskret, sondern hochkomplex, eine Eigenschaft, die die klassische Statistik nicht mehr beherrscht. Aber ein anderer Teilbereich der Statistik kann den technologischen Überbau für die Kompliziertheit unseres Lebens bilden. Sie ist Statistik und steht doch im Widerspruch zu ihr: eine viel diskutierte Spezialdisziplin und wichtigstes Randgebiet der künstlichen Intelligenz, das wegen seiner extrem aufwändigen und komplexen Berechnungen als eher schwierig gilt. Reverend Thomas Bayes (1701?–1761) war Presbyter-Geistlicher, dem wesentliche Errungenschaften in der Wahrscheinlichkeitstheorie zugeschrieben werden.[22] Die Bayes'sche Statistik, um die es hier kurz gehen soll, trägt seinen Namen. Obwohl wir nicht viel darüber wissen, wo genau der Reverend sein mathematisches Wissen erworben hat, geben Briefe Auskunft; er habe an der Universität Edinburgh um das Jahr 1720 Mathematik studiert, ein Fach, für das er sich als fachfremder Student – er galt als einer der begabtesten Griechischschüler seiner Zeit – besonders qualifizieren musste.[23] Wir kennen seine Biografie zu wenig, und so können wir nicht einmal behaupten, Mathematik sei sein Steckenpferd gewesen.

Anders als die klassische Statistik setzt die Bayes'sche Statistik nicht auf Zählexperimente, sondern stellt Hypothesen auf, wie glaubwürdig – »plausibel« – ein Ereignis ist. Dafür zieht sie subjektive Annahmen, Vorwissen und Erfahrungen in Betracht, ohne jedoch das Zählen der klassischen Statistik auszuschließen, was heißt, dass die Methode eine Kombination mit der klassischen Statistik zulässt.

An diesem Punkt schüttelt sich der klassische Statistiker vor Abscheu. Über welches »Vorwissen«, denkt er verächtlich, soll ein Bayes'scher Statistiker denn verfügen? Woher stammt solches Vorwissen? Und wieso interessiert sich der Bayesianer nicht primär für die Verteilung seiner Variablen? Humbug, denkt der Frequentist. Wie kommt der Bayesianer nur auf die absurde Idee, sich auf seine »Lebenserfahrung« zu berufen und die Dichtefunktion seiner Variablen einfach aus dem Handgelenk festzusetzen, wie er sie eben mal so für plausibel hält?

Der Mathematiker – wo er zum Magier und fragwürdigen Alchemisten zu werden scheint, kommen ernstlich Zweifel auf. Kennen Sie das Hütchenspiel? Nicht das, bei dem Sie sicher betrogen werden, sondern das seriöse Spiel der Statistiker. Bei diesem einfachen Spiel geht es zentral um die Verwertung von Information – Sie erinnern sich, die Fusion von Daten oder Information in eine Lageanalyse –, bevor man eine Entscheidung trifft.

Ein aufrichtiger Meister des Spiels wird Sie bitten, eines von drei Hütchen A, B oder C auszuwählen, von dem Sie glauben, darunter verberge sich eine kleine Metallkugel. Sie wählen Hütchen C. Der Meister wird eines der beiden verbliebenen Hütchen, sagen wir B, aufdecken, worunter sich die Kugel nicht befindet, und bittet Sie, sich neu zu entscheiden. Genau an dieser Stelle wird Ihnen der Bayes'sche Statistiker nachdrücklich folgenden Ratschlag erteilen: »Entscheiden Sie sich jetzt auf jeden Fall für Hütchen A! Die Wahrscheinlichkeit, dass die Kugel unter Hütchen A liegt, ist doppelt so hoch wie bei C – nämlich zwei Drittel.«

»Unmöglich!«, rufen Sie jetzt aus, weil Sie das gar nicht intuitiv finden. Doch, es ist wahr, wenn Sie folgende Bayes-Formel anwenden:

$$P(A|B) = \frac{P(B|A)P(A)}{P(B)}$$

Man könnte vorsichtig behaupten, für dieses Spiel gäbe es mehrere Lösungen, je nachdem, welche statistische Methode Sie wählen.

Anfangs beträgt die Wahrscheinlichkeit, dass die Metallkugel unter Hütchen A, B oder C liegt, jeweils ein Drittel. Wenn Sie C gewählt und der Meister Hütchen B aufgedeckt hat, bleiben noch zwei Hütchen im Spiel, A und C, und die Gewinnwahrscheinlichkeit ändert sich auf fünfzig zu fünfzig – das zumindest wäre intuitiv, wenn Sie wie die klassische Statistik keine Zusatzinformation heranziehen. Aber bei dem Spiel ist mehr herauszuholen. Denn die Entscheidung des Meisters, Hütchen B aufzudecken, ist für Sie ein Fingerzeig: Der Meister kann nur ein Hütchen aufdecken, von dem er weiß, dass die Kugel nicht darunter verborgen ist. Genau das ist Ihr Vorwissen: Dass der Meister weiß, wo sich die Kugel befindet. Er weiß es und hat Ihnen gerade kommuniziert: Unter B liegt sie nicht.

»Nehmen wir einmal an«, lautet die erste Zeile der Bayes-Zauberformel. Nehmen wir einmal an, die Kugel läge unter A.

»Unter der Bedingung«, folgt die zweite Zeile des Zauberspruchs, unter der Bedingung, dass sich die Kugel unter A befände, wäre die Wahrscheinlichkeit, dass der Meister Hütchen B lüftet, hundert Prozent: $P(\text{MeisterB}|A) = 1$. Denn Hütchen A mit der Kugel könnte er nicht lüften, sonst wäre das Spiel frühzeitig beendet.

Unter der Bedingung, dass die Kugel unter Ihrem Hütchen C läge, wäre die Wahrscheinlichkeit, dass der Meister Hütchen B lüftet, geringer bei fünfzig zu fünfzig, denn er hätte die freie Wahl zwischen A oder B: $P(\text{MeisterB}|C) = 1/2$. Übertragen Sie Ihre zahlenmäßige Erkenntnis jetzt noch in die Bayes-Formel, führt dies zu dem überraschenden Ergebnis, dass Hütchen A mit einer Wahrscheinlichkeit von zwei Dritteln der Gewinner ist:

$$P(A|B) = \frac{P(B|A)P(A)}{P(B)} = \frac{1 \cdot \frac{1}{3}}{\frac{1}{2}} = \frac{2}{3}$$

C wäre wahrscheinlich die Niete, und deshalb sollten Sie sich ument-scheiden. Keine Garantie, aber immerhin eine höhere Gewinnwahr-scheinlichkeit.

Fällt Ihnen etwas auf? Was hier auf zwei Buchseiten so blumig er-klärt ist, fasst die Beschreibungssprache der Mathematik in weniger als einer einzigen Zeile zusammen.

Mit abgeleiteten Informationen, jenem »Vorwissen«, trifft man bessere Entscheidungen. Das ist die Lehre, die wir aus dem Hütchen-spiel ziehen sollen – und übrigens auch aus der Geschichte über den Zwerg in der Wüste, der uns schon im ersten Teil begegnet ist. Und in Big Data sind eine Menge Ableitungsmöglichkeiten enthalten.

Der Religionsphilosoph Richard Swinburne (*1934) wendet die Bayes'sche Statistik an, um zu berechnen, wie wahrscheinlich es ist, dass Gott existiert. Dieselbe Überlegung stellt der Physiker Stephen Unwin (*1956) an[24], ebenfalls unter Nutzung der Bayes'schen Statis-tik. Letzterer beginnt seine Überlegungen mit der Hypothese, Gott existiere (Ja/Nein) mit einer Anfangswahrscheinlichkeit von fünfzig zu fünfzig – in der Bayes'schen Statistik auch »A-priori-Wahrschein-lichkeit« oder »Priorwahrscheinlichkeit« genannt. Ist die Wahr-scheinlichkeit symmetrisch 50/50 verteilt, liegt mit dieser Symme-trie maximale Entropie vor, die keinerlei Information enthält. Schon hier, beim Grad seiner Überzeugung, bringt Stephen Unwin einen subjektiven Aspekt ins Spiel. Möglicherweise würde ein ausgewie-sener Atheist bereits von einer anderen Anfangswahrscheinlichkeit ausgehen.

Indizien, die Richard Swinburne für die Wahrscheinlichkeit der Existenz Gottes in seinem Bayes'schen Modell heranzieht, sind »die Existenz eines komplexen physikalischen Universums, die erkenn-bare Ordnung im Universum, die Existenz bewusstseinsbegabter Wesen, die Übereinstimmung zwischen menschlichen und tieri-schen Bedürfnissen einerseits und Umweltgegebenheiten anderer-seits, das möglicherweise Vorkommen von Wundern und die Fein-abstimmung grundlegender Naturkonstanten«.[25] Auch persönliche religiöse Erfahrungen wie Gebetserhörungen oder Akte der Vorse-hung können zu Variablen des Modells gemacht werden. So bestückt der Data Scientist sein Modell nach und nach mit verschiedenen Größen und nutzt sein Vorwissen aus theoretischen Überlegungen, Daten und Erfahrungen, um ihre Priorwahrscheinlichkeiten festzulegen und andere Variablen seines Modells zu berechnen. Denn im Gegensatz zum klassischen statistischen Modell ist beim Bayes-Modell jede Variable mit einer sogenannten »Dichtefunktion« versehen. Diese *Probability Density Function* beschreibt die Grundannahmen und das Vorwissen über diese Variable. Die Berechnung der Variablen, die für den Erkenntnisgewinn des Data Scientist von Interesse sind, erfolgt dann nicht mehr durch Zählen und Verteilungsannahmen wie im klassischen Ansatz, sondern durch die Berechnung ihrer Dichtefunktionen. Im Bayes-Modell kommt es also gar nicht erst zu idealisierten Annahmen. Stattdessen wird Vorwissen kodiert, jene Bedingungen oder »Fakten«, die Rückschlüsse in jede Richtung zulassen. Unter der Bedingung, dass ein Heilungswunder eingetreten ist, steigt die Wahrscheinlichkeit, dass Gott existiert, auf soundso viel Prozent an. Stephen Unwin berechnet übrigens einen Wert von siebenundsechzig Prozent »pro Gott«.[26] Die Wahrscheinlichkeit der Existenz Gottes betrage zwei Drittel – das ist viel mehr, als Sie jetzt denken. Gehen Sie mit einem Handelsalgorithmus dieser Gewinnwahrscheinlichkeit an die Börse, integrieren Sie ihn mit einer Kapitaleinsatzstrategie, und Sie haben gute Aussichten, damit sehr reich zu werden.

Trotz vieler subjektiver Annahmen im Bayes-Modell – es reagiert höchst sensitiv auf Priorwahrscheinlichkeiten; zehn zu neunzig oder fünfundsiebzig zu fünfundzwanzig verändert das Endergebnis, ob Gott existiert, auf achtzehn beziehungsweise sechsundachtzig Prozent Wahrscheinlichkeit[27] – ist das Verfahren mathematisch sehr stringent. Auch die Tatsache, dass die NATO-Staaten in ihren *Standardization Agreements* über ähnliche Ausrüstung (»STANAGs«) den Bayes-Ansatz für die Lageanalyse explizit fordern, lässt darauf schließen, dass der Ansatz extrem leistungsfähig ist. Sollten Sie jemals in die Lage kommen, ein Angebot zur militärischen Lageanalyse für die NATO abzugeben, kommen Sie lieber nicht auf die Idee, etwas anderes als den Bayes-Ansatz vorzuschlagen. Mit der klassischen

Statistik würden Sie die Anforderungen der Militärs verfehlen. Doch fair bleiben heißt anerkennen, dass die Bayes'sche Statistik nicht in jedem Fall die erste Wahl für die Datenanalyse ist. Man wird sie dort nicht favorisieren, wo man nur wenig über die Priorwahrscheinlichkeiten von Variablen weiß. Besser sind dann der Griff zur klassischen Statistik und die Verwendung von Testverfahren, die überprüfen, ob Daten normalverteilt sind oder nicht, auch wenn diese Tests am Ende nichts über die wahre Verteilung von Daten aussagen. In jedem Falle gilt: Jedes Modell, gleich welcher Methode, ist nur so gut wie der Data Scientist, der es entwickelt hat.

Wo Modelle enden und der Algorithmus beginnt

Irgendwann hat auch der Data Scientist ein erstes Ziel erreicht und ein Modell formuliert, das ihm die Antwort auf seine drängendsten Fragen nicht länger schuldig bleiben will. Doch einige Hürden müssen noch genommen werden: Wie wird eine mit Gleichungen kreideverkritzelte Wandtafel zu einem Computerprogramm? Und kann ein solches Programm wirklich so intelligent sein, dass es die Zukunft vorhersagen kann, um bessere Entscheidungen zu treffen als wir Menschen? »Man löst nicht die Probleme von morgen mit den Antworten von gestern«, soll Albert Einstein gesagt haben.[28] Sicher ist es nicht – weder dass es wahr ist, dass Einstein diesen Satz je gesagt hat, noch, ob der Satz auch inhaltlich zutrifft. Denn genau darum geht es bei Big Data: Aus vielen Vergangenheitsdaten auf die Zukunft schließen und möglichst Einfluss darauf nehmen, wie sich diese Zukunft entwickelt. Hier tritt deutlich der Gedanke der Steuerung, Manipulation und Kontrolle zutage. In einigen Fällen liegt diese Absicht durchaus im gesellschaftlichen Interesse: Wenn Klimamodelle indizieren, dass sich bestimmte menschliche Verhaltensweisen nachteilig auf die Klimaentwicklung der nächsten hundert Jahre auswirken, können wir als Gesellschaft politisch und jeder Einzelne konkret daran arbeiten, klimaschädliches Verhalten stark einzuschränken. Mit Blick auf die Nutzung von Big Data durch privatwirtschaftliche Unternehmen wird es schon viel weniger idealistisch: Ganz klar steht hier im Vordergrund, den transparenten Verbraucher zum manipulierten Käufer zu machen, der zum Segen der Wirtschaft und für Wachstum von Umsatz, Gewinn und Unternehmenswert noch mehr konsumieren soll. Denn anders als die Klimaforscher mit ihren Klimamodellen, die mit allgemeinen Daten wie Aufzeichnungen von Vulkanausbrüchen, Sonneneinstrahlung oder CO_2-Ausstoß operieren, greifen viele Wirtschaftsunternehmen bevorzugt unsere persönlichen Daten ab und also mit ihren Steuerungsversuchen direkt in unsere Souveränität ein – in den meisten und harmlosesten Fällen »nur« in unsere Konsumautonomie, aber niemand wird dauerhaft der Versuchung widerstehen; am Ende macht Gelegenheit Diebe, und, wer kann, wird doch mehr als nur unser Konsumverhalten kontrollieren wollen.

Beantworten wir zunächst die Frage nach dem Computerprogramm, also dem Berechnungsverfahren. Hat der Data Scientist die Variablen seines Modells definiert, wird er im nächsten Schritt entscheiden, wie er die Variablen berechnet – womit sich ein Kreis schließt und wir wieder auf den Algorithmus zurückkommen dürfen. Fassen wir zusammen. Erster Schritt: ein Modell aus Variablen entwickeln, das ein bestimmtes Problem lösen kann. Zweiter Schritt: über Handlungsanweisungen – Algorithmen – nachdenken, wie die Variablen dieses Modells zu berechnen sind.

Ein Kinderspiel, mögen Sie jetzt denken, alles nur noch eine Frage der praktischen Umsetzung, denn mit dem Modell sei der Baum der Erkenntnis doch bereits entdeckt. Weit gefehlt, weil es nicht nur ein einziger Apfel ist, in den der Data Scientist beißen kann, um das Paradies seiner bis dahin noch philosophischen Überlegungen zu verlassen. Er muss sich entscheiden, auf welchem Weg er sich in die Realität aufmacht, mit dem sein Modell die Gegenwart und die Zukunft neu berechnet. Auf diesem Weg mutiert er selbst; hier wird der Mathematiker vom Künstler zum Algorithmiker, jenem Mathematikertypus, dem weniger der Schöngeist, denn vielmehr die Brachialgewalt Charaktereigenschaft ist. Und was die Sache noch erschwert: Modell und Algorithmus können verschmelzen, die Grenzen sind oft fließend. Im amerikanischen Ausdruck für Börsenhandelsalgorithmen kommt diese Verschmelzung schön zum Ausdruck: Was im deutschsprachigen Raum der »Algo« ist, heißt in den Vereinigten Staaten *The Model*, das »Modell«. Denn es leuchtet ein, dass einzelne Variablen eines Modells bereits mit einem Berechnungsverfahren versehen sind, besonders wenn man eine elegante, allgemeine Lösung für ein Gleichungssystem sucht. Dann formuliert man das Problem so lange um und wendet Ableitungsregeln an, bis alle Variablen bestimmte Aussagen über ihren strukturellen Zusammenhang treffen und die latente Variable, die Frage nach der Erkenntnis oder Hypothese, unmittelbar als Lösung hervortritt. Sie erinnern sich, so wäre die Vorgehensweise des theoretischen Mathematikers: Ableitungen bilden und theoretisch allgemeingültige Lösungen finden. Sie funktioniert jedoch nur dann, wenn sich der Data Scientist strenger Selbstdisziplin unterwirft und innerhalb seiner ursprünglichen Annahmen bleibt. Das ist zwar möglich und mag zu einer schönen Lösung führen, häufig fehlt es solchen Lösungen aber an Realitätsbezug oder Praxisrelevanz.

Kommen wir an dieser Stelle nochmals kurz auf die Normalverteilung zurück: Vielen Größen eines Modells wird üblicherweise die symmetrische Normalverteilung zugrunde gelegt, was zur Folge hat, dass ein Modell nur dann die Wirklichkeit korrekt wiedergäbe, wenn die Normalverteilung für die Variable in der Realität auch tatsächlich zuträfe. Dramatischer ausgedrückt: Ist das nicht der Fall, kann man ein Modell fröhlich mit allen erdenklichen Testverfahren und Algorithmen durchrechnen – die Ergebnisse besitzen realiter keinerlei Aussagekraft und haben mit der Wirklichkeit nichts zu tun. Beispiele für Modelle, die die Realität nicht korrekt wiedergeben, gibt es viele; darunter verschiedene aus der modernen Portfoliotheorie, die versagten, obwohl sie, man mag es kaum glauben, mit dem Wirtschaftsnobelpreis geadelt wurden. Wer ein Modell entwickelt, das die Preisbildung beim Übergang von Wirtschaftsgütern erläutern soll, sollte mindestens in der Lage sein, mit seinem Modell historische Preise vollständig zu erklären. Wenn jedoch Diskrepanzen zwischen Modell und historischer Wirklichkeit auftreten, ist es waghalsig, die Diskrepanz so wegzuerklären, dass alles, was nicht ins Modell passt, nicht ökonomische Transaktion, sondern pure Spekulation sei. Denkbar wäre nämlich auch der Fall, dass das Modell die Preisbildung nicht vollständig oder richtig erklären kann. Sich auf ein solches Modell zu verlassen, kann zu einer falschen Einschätzung der tatsächlichen ökonomischen Gegebenheiten führen und fatale Folgen für die Wirtschaft haben. Deshalb forderte der Autor und außerordentliche Professor für Mathematik am Courant Institute der New York University Nassim Taleb (*1960), schon 2007, künftig keine Nobelpreise mehr für Wirtschaft zu vergeben.[29, 30] Das Bankenbeben von 2008 scheint ihm recht zu geben. Selbst Forscher wie Robert Merton (*1944), gemeinsam mit Myron Scholes (*1941) und Fischer Black (1938–1995) im Jahr 1997 Laureat des Wirtschaftsnobelpreises für ihre Optionspreistheorie, stehen ihren eigenen Einsichten von damals heute nachdenklich gegenüber. Leider verhallen ihre Bedenken ungehört, besonders bei mathematischen Laien. Der Umstand, dass ein Modell nobiliert wurde, die Tatsache, dass jene Theorien an Hunderttausenden Wirtschaftsschulen und -universitäten weltweit gelehrt werden und heute in zahllosen Finanzunternehmen im praktischen Einsatz sind, funktionieren als Killerargument, nach dem man nur noch schweigen kann. Diejenigen mit mathematischen Einsichten wundert nicht, dass scheinbar überproportional häufig Extremereignisse auftreten, die eigentlich nur ein einziges Mal in einer Million Jahren vorkommen sollten. Fakt ist: Ihre Auftretenswahrscheinlichkeit wird massiv unterschätzt.

Doch zurück zu den Ableitungen in einem Modell. Häufig funktioniert das Umformulieren von Problemen in Modellen nicht, weil faktisch viel zu wenig über die strukturellen Zusammenhänge des Variablensystems bekannt ist; oder jene Zusammenhänge sind so komplex, dass uns eine formale Ableitung auch nicht weiterbrächte. Wo ein Gleichungssystem deshalb offen ist und viele Lösungen haben kann, ist wieder der Algorithmiker gefragt, der sich dem Ergebnis auf verfahrenstechnischem Weg annähert und die Lösung approximiert. Ist hier die Sollbruchstelle zwischen Modell und Algorithmus, die eine Abgrenzung zwischen Modell und Algorithmus erlaubt? Entscheiden wir uns besser für eine logische Demarkation. Der erste logische Block der Datenfusion ist das Modell, das generelle Zusammenhänge von beobachtbaren und latenten Variablen formuliert; das Modell »beaufschlagen« wir mit den vorhandenen Datenmengen und erhalten so mit der Lageanalyse die Beschreibung eines Zustands der Wirklichkeit. Beim Militär kann das die Feindlage sein: Wo steht ein feindliches Radar, wo sind Panzer aufgefahren, welche Flugzeuge bewegen sich in einer *Track Production Area*, dem »überwachten Luftraum«, und wie wird sich die Feindlage voraussichtlich weiterentwickeln? Beim Börsenhandel kann es die Erkenntnis sein, dass sich der DAX in einem Aufwärtstrend befindet, mit dem Rückschluss, dass der Markt vielleicht schon überhitzt ist. Deshalb ist der zweite logische Block der Algorithmus, der die Lageanalyse des Modells dazu benutzt, eine informierte Entscheidung zu berechnen. Er nutzt das Modell, beurteilt die Variablen, berücksichtigt Unsicherheiten in der Schätzung von Variablen und versucht, auf der Basis der Lageanalyse eine optimale Entscheidung zu treffen. Der Algorithmus, das wäre nach dieser Abgrenzung der *Optimierer*.

Prognose, nicht nur Rückschau

Von Big Data, von einer intelligenten Maschine erwarten wir, dass sie uns Unterstützung bei Entscheidungen bietet oder eine konkrete Handlungsanweisung erteilt. Mit einem Modell, so haben wir gerade festgestellt, können wir eine Lage analysieren: »Heute ist ein heißer Sommertag, und mit hoher Wahrscheinlichkeit werden die Temperaturen morgen nochmals ansteigen.« Das ist eine Information, mit der man zwar schon etwas anfangen kann. Aber erwünscht ist eine klare Instruktion an den Nutzer der Datenfusion: »Morgen wird es noch heißer. Nimm einen Tag Urlaub und geh zum Baden«, als Ergebnis einer Berechnung, die der Algorithmus auf Basis der Lageanalyse anstellen könnte. Was hier so salopp beschrieben ist, ist eine zentrale Funktion der Datenfusion: Es geht um nichts Geringeres als um die Prognose der Zukunft. Nun liegen auch bei Big Data nur Datenmengen vor, die historisch und damit vergangen sind. Mit diesen Datenmengen »beaufschlagt« der Data Scientist sein Modell und erhält so eine gute Erklärung für die *Vergangenheit*. Deshalb gilt für alle Modelle: Sie leiten Information zunächst für die Vergangenheit ab. Wenn ein Data Scientist sein Modell immer weiter verbessert, stets im Wechselspiel mit seinen historischen Datenmengen, kann, sollte er es schließlich so weit bringen, dass er die Vergangenheit einwandfrei erklären kann. Nun, das ist sicher praktisch für den Erkenntnisgewinn. Wie aber aus dem perfekten Verständnis der Vergangenheit auf die Zukunft schließen, besonders dann, wenn man von einigen Variablen überhaupt nicht weiß, wie sie sich letztlich genau verhalten? Wieder sei der Rückgriff auf die Wettervorhersage erlaubt, denn sie ist uns so vertraut. Die Vorhersagegenauigkeit, so der Deutsche Wetterdienst, betrage um die neunzig Prozent, in keinem anderen Bereich sei die Trefferquote für Vorhersagen so hoch. Besonders genau ließen sich Temperatur und Wind vorhersagen, doch sehr schwierig sei es beim Niederschlag, denn der Niederschlag sei eine komplexe Variable mit vielen Parametern, die zusammenwirken und die man schon als einzelne Größe kaum richtig prognostizieren könne. Zukunftsprognosen haben übrigens noch mit anderen Erschwernissen zu kämpfen. Ein Modell versucht, einen Ausschnitt der Wirklichkeit abzubilden. Doch häufig ist unsere Wirklichkeit keine feste Größe. Die Wirklichkeit ist hochdynamisch, unsere Umwelt verändert sich unaufhörlich, alte Begriffe werden relativiert, bisweilen völlig neu definiert. Wenn noch bis vor wenigen Jahrzehnten die Familie aus Ehemann, Ehefrau und gemeinschaftlichen Kindern bestand, kann heute Familie praktisch alles bedeuten: zwei Ehemänner oder zwei Ehefrauen, eine unverheiratete Patchworkfamilie. Die Variable »Familie« hätte für die Vergangenheit also eine ganz andere Definition als für die Gegenwart. Relativismus nicht nur als Problem des Menschen, sondern auch als Problem der Maschinen – es ist ein Thema für sich, dass Begriffe verschwimmen und ihre Bedeutung im Laufe der Zeit verändern. Das alles wäre kein Problem, geschähe dieser Bedeutungswandel bewusst und schleichend, also in nachvollziehbarer Langsamkeit, wie es für den Familienbegriff sicher zutreffend ist.

Doch was, wenn sich Interpretationen in Echtzeit ändern und wir uns dieser Änderungen nicht bewusst sind, es sei denn, wir analysieren die Wirklichkeit ex post und stellen fest: Etwas ist nicht mehr so, wie es noch vor Kurzem war? Um ebendiese Merkwürdigkeit unseres Lebens handelt es sich bei der *Nichtstationarität*. Das Phänomen tritt auch im Währungsmarkt auf. Ein vermeintliches Muster im Preisverlauf einer Währung kann in diesem Jahr eine Kaufentscheidung auslösen und hat vielleicht schon im nächsten Jahr die genau gegenteilige Bedeutung. Die Suche nach Mustern in Währungspreisen funktioniert deshalb nur sehr eingeschränkt. Zu viel weißes Rauschen, kaum Nutzsignal. Eine Äußerung der Europäischen Zentralbank zur Zinsentwicklung, die heute einen Preissprung des Euro bedeutet, kann bei faktisch gleichem Wortlaut im nächsten Jahr die Abwertung des Euro auslösen, immer abhängig davon, welchen gesamtwirtschaftlichen Befindlichkeiten das europäische Umfeld – Krise, gemanagte Krise oder Erholung – gerade unterliegt und welche aktuellen Nachrichten gerade hoch gehandelt werden, im wahrsten Sinne des Wortes. Generalisierend kann man deshalb sagen: Eine Prognose kann niemals völlig gesichert sein.

Das wissenschaftliche Instrument des Data Scientist, solch unsichere Prognosen wenigstens etwas zuverlässiger zu gestalten, ist die Simulation einer hohen Anzahl möglicher Szenarien. Ein Werkzeug hierfür ist die Monte-Carlo-Simulation. Das Ergebnis einer solchen Simulation ist die Prognose als Häufungswahrscheinlichkeit; sie besitzt eine Streuung. Wiederum ist es die Wettervorhersage, aus der Ihnen jene Streuung vertraut ist: Die ARD zeigt Ihnen einen Temperaturtrend für die kommende Woche. In einem Graphen ist die mittlere Temperatur als weiße Linie aufgetragen, und um die weiße Linie herum sehen Sie eine grau unterlegte Fläche, die *Schwankungsbandbreite*. Die Deutung ist einfach: Eine hohe Anzahl verschiedener Wetterszenarien für die kommende Woche legt nahe, dass sich die Temperatur im Mittel entlang der weißen Linie bewegen wird. Die Temperatur könnte faktisch aber auch etwas darüber oder darunter liegen. Das sind die weniger wahrscheinlichen Szenarien für die kommende Woche, aber sie sind nicht unrealistisch. Bei allem, was man gegen die Wettervorhersage einwenden mag: Sie hat nach wie vor ihre Tücken, besonders (der Data Scientist würde ausrufen: »Natürlich!«) bei punktgenauen Vorhersagen, aber insgesamt hat die Prognosegenauigkeit im Vergleich zu den Achtziger-, Neunzigerjahren enorm zugenommen. Die Modelle sind besser geworden, die Rechner schneller und die verfügbaren Daten viel mehr. Ähnliches gilt für die aktuellen Klimamodelle, wenn sie die Frage beantworten, ob der Mensch für den Klimawandel verantwortlich ist. Heute geht man davon aus, dass die Zunahme extremer Wetterereignisse durch die Erderwärmung ausschließlich auf den Menschen zurückzuführen ist, denn allein die natürlichen Klimaereignisse wie Vulkanausbrüche, die Sonneneinstrahlung oder Änderungen im Wasserhaushalt der Erde erklären die Erderwärmung nicht. Die Modellrechnungen der Klimaexperten kalkulieren für dieses Jahrhundert eine Erwärmung zwischen einem und sechseinhalb Grad Celsius. Das ist eine sehr große Schwankungsbandbreite; doch die Entwicklung in Richtung sechs Grad Celsius scheint inzwischen eher wahrscheinlich, wenn wir auf die tatsächliche, historische Klimaentwicklung der letzten Jahre zurückblicken, in denen Monsterwirbelstürme und Jahrhundertfluten als zerstörerische Propheten der Endlichkeit der Erde auftreten.[31]

Ausdrücklich, und damit schließen wir unsere lange Betrachtung von Modellen, ihren Berechnungen und Beschränkungen ab, bleibt festzuhalten: Modelle geben nur dann richtig Auskunft über die Vergangenheit und lassen sinnvolle Prognosen zu, wenn sie mit sehr, sehr vielen Daten durchkalkuliert werden. Was bis vor wenigen Jahren noch ein Problem darstellte, ist mit Big Data heute endgültig gelöst. Wenige Daten besitzen keine statistische Relevanz. In wenigen Daten könnten zufälligerweise Effekte der Wirklichkeit, Ausreißer, aufgezeichnet sein, die in der Realität nur sehr selten auftreten und keine Rolle für einen Erkenntnisgewinn spielen. Mit Big Data ist das Risiko, von Ausreißern genarrt zu werden, viel weniger hoch. Denn zum ersten Mal unterliegt die Datenerhebung, besonders in Bezug auf Bürger und Konsumenten, keinerlei Einschränkungen mehr, was wiederum zu einem Rückkopplungseffekt in Bezug auf die Modelle führt: Je mehr Daten über uns und die Welt verfügbar sind, desto feingranularer und präziser können Modelle formuliert werden, bis sie uns immer besser erklären, uns besser »verstehen« können und schließlich schneller wissen als wir selbst, was wir demnächst wünschen, tun oder denken werden. Genau hier ist es, wo sich der Graben auftut zwischen unserem »alten« Leben, in dem Maschinen Unterstützer des Menschen waren, sicher mit allen bekannten Problemen der Industrialisierung, und unserem »neuen« Leben, in dem intelligente Maschinen viele Fähigkeiten des Menschen noch überflügeln werden. Und genau von hier droht uns Menschen Gefahr, hier tragen Modelle und ihre Algorithmen den Keim der Diktatur in sich. Auch wenn diese Diktatur kein Gesicht und keinen Namen trägt – außer denen der wohlbekannten monopolistischen und privaten Datenkraken und einiger Staaten, die in imperialer Manier ihre Ideen der Weltdeutung global durchsetzen wollen –, ist klar, wie unsere Gesellschaft künftig von einer Elite und ihrem Wissen von Mathematik und Physik determiniert werden wird. Das ist nicht neu, denn schon in der Antike waren diejenigen privilegiert, die mit Zahlen bis zehntausend umgehen konnten, während die allgemeine Bevölkerung bis vier oder fünf zu zählen imstande war. Doch wenn Maschinen so viel mehr, schneller und besser wissen und vorhersagen als wir selbst, wo können wir künftig unserer menschlichen Souveränität noch Ausdruck verleihen? Was überhaupt wird von unserer Souveränität noch übrig bleiben, wenn intelligente Maschinen global agieren, sich Internet, Cloud, Mobilgeräte und -funknetze zunutze machen als *Middleware*, als »Verbinder« für den Austausch von Daten miteinander und mit uns Menschen, wenn sie überall und ohne Unterlass neue Daten sammeln, um nach deren Analyse zu uns zurückzukehren und zu sagen: Tu dies und lass jenes? Wo bleibt noch Raum für die Weisheit, die wir im Laufe von Jahrmillionen Evolution erworben haben, für unseren Instinkt und unser kulturhistorisches Wissen? Künftig können wir jenen Maschinen vielleicht nicht einmal mehr den Stecker ziehen, um uns ihrem Einfluss zu entziehen; denn mit dem Fortschritt auf dem Gebiet der alternativen Energien werden Maschinen zunehmend unabhängig vom Stromnetz, wenn sie autark aus Sonnenlicht ihren Energiebedarf decken. Dass dieser Paradigmenwechsel hin zu Maschinen, die uns überlegen sind, längst stattfindet, spüren alle in der Gesellschaft, besonders die berufstätigen Menschen: Aktuell findet in der Wirtschaft eine Disruption statt. Althergebrachtes funktioniert nicht mehr, viele Geschäftsfelder sind nicht mehr nachgefragt. Betroffen ist jeder Sektor, vom Staat über international tätige Unternehmen bis hin zur Kirche. Angesichts von Big Data ist jeder gezwungen, nach neuen Geschäftsmodellen zu suchen, sich vielleicht neu zu erfinden, um beim Übertritt in das neue Zeitalter nicht für immer unterzugehen.

Big Data, der Treibstoff künstlicher Intelligenz

»From the T. J. Watson Research Center in Yorktown Heights, New York: Thiiiiis iiiiiis Jeopardy!« Es ist der 14. Februar 2011. Vor den Bildschirmen warten Millionen US-Bürger auf ihre Lieblingsquizshow. Doch dieser und die beiden darauffolgenden Tage sollten etwas Besonderes in der jahrzehntelangen Geschichte der Erfolgssendung werden. Nicht nur deshalb, weil die Show nicht vom regulären Sony Pictures Studio in Culver City, Kalifornien, ausgestrahlt, sondern direkt aus den Forschungslabors des amerikanischen Technologiegiganten International Business Machines Corporation (IBM) aus New York gesendet wird. Und auch nicht, weil Jeopardy!-Gastgeber Alex Trebek, der die Show seit 1984 moderiert und in zwei Jahren damit in Rente gehen wird, zwei Rekordgewinner eingeladen hat. Ken Jennings, ein Computerexperte aus Washington, hatte bis dahin die meisten Spiele, vierundsiebzig an der Zahl, in Folge gewonnen und dabei etwas über zweieinhalb Millionen US-Dollar eingespielt, bis seine Gewinnserie mit dem fünfundsiebzigsten Auftritt riss und er gegen eine Dame verlor. Brad Rutter, Schauspieler und Moderator, stellte den finanziellen Rekord seines Mitbewerbers ein, gewann in Summe mehr als dreieinhalb Millionen US-Dollar und gilt seither als ungeschlagener Jeopardy!-Champ. Nein, zum Star an jenem Tag sollte ein Neuling und Erstteilnehmer werden, doch wahrlich nicht ein Jeopardy!-Greenhorn. Sein Name: Watson. Alter: vier Jahre. Gewicht: etliche Zentner – was zehn Racks, neunzig Parallelrechner mit fast dreitausend Prozessorkernen und ein Hochgeschwindigkeitsnetz eben so auf die Waage bringen. Der Umfang seines Wissens: mindestens ganz Wikipedia und die Encyclopædia Britannica, daneben diverse Wörterbücher und Zeitungsinhalte. Und seine Intelligenz? Ken Jennings würde später sagen, sie habe sich genauso angefühlt wie seine eigene[32], obwohl es sich bei Watsons Kognition »nur« um Software handelte, darunter Hadoop für verteiltes Rechnen und ein Modell, das Hypothesen erzeugen und evaluieren konnte. Hier also konvergieren jene Einzelteile, die wir auf den vorherigen Seiten nach und nach vorgestellt haben, gegen ein größeres Ganzes. Big Data ist ganz konkret künstliche Intelligenz, es sind intelligente Maschinen, von denen wir mehr und mehr umgeben werden. Dazu gehören intelligente Autos, die es Ihnen nicht mehr erlauben, sich für das Rückwärtsparken abzuschnallen, obwohl Sie sich angeschnallt kaum umdrehen und nur wenig sehen können, oder die bereits heute im Stadtverkehr ohne Fahrer fahren könnten, wenn wir es ihnen erlauben würden. Dazu gehören selbstlernende Steuerungen für Heizungsanlagen, die adaptiv sind und sich der Hausdynamik anpassen, ohne dass ein Hausbewohner noch den Thermostat seiner Heizung betätigen müsste, denn das erledigen sein Smartphone und der lernende Thermostat in Kooperation. Selbstbefüllende Kühlschränke, intelligente Kleidung, schlaue Dosenautomaten – wir werden zunehmend von Maschinen umgeben, von Besserwissern, die uns bevormunden, indem sie unser Leben tatsächlich oder vermeintlich optimieren. Die wahre technologische Revolution sind weder die enormen Mengen an Daten, die erhoben und für immer gespeichert werden, noch immer rasanter rechnende Prozessoren oder neue Datenbankarchitekturen. Die wahre Revolution ist die künstliche Intelligenz des 21. Jahrhunderts, die *Next Generation Artificial Intelligence*, mit der wir uns ernsthaft auseinandersetzen müssen, weil sie unaufhaltsam auf uns zukommt. Doch hier drängt sich die Frage auf: Was eigentlich ist Intelligenz? Darauf werden moderne Hirnforscher und Neurowissenschaftler ihre eigenen, komplexen Antworten geben. Auch in der Informationstechnologie hat sich die Definition im Laufe der Jahrzehnte verändert. Als Vater der künstlichen Intelligenz, ja selbst der Computerwissenschaften und Formalisierung der Algorithmik, gilt der britische Mathematiker Alan Turing (1912–1954). Kauzig mag er schon deshalb gewesen sein, weil er Mathematiker war; und Mathematiker gelten bis heute als unverständliche Wesen, weil sie selten so reden, dass man sie verstehen könnte. Schon Johann Wolfgang von Goethe (1749–1832) schrieb sarkastisch über Mathematiker und gleichzeitig als Kritiker der französischen Sprache: »Die Mathematiker sind eine Art Franzosen: Redet man zu ihnen, so übersetzen sie es in ihre Sprache, und dann ist es alsbald ganz etwas anders.«[33] Fest steht, Turing war homophil, zu seiner Lebenszeit ein Verbrechen, und die grausame »Kur« des Mathematikers mit weiblichen Hormonen, nicht seine Exzentrik an sich, mag ihn mit einundvierzig Jahren in den Suizid getrieben haben. Bis es so weit kommen sollte, war Sprache nicht nur für Goethe, sondern auch für Turing von entscheidender Bedeutung. Gemeinsam mit britischen und polnischen Kryptoanalytikern gelang es ihm Ende 1942, die Codierung der deutschen Verschlüsselungsmaschine Enigma zu dechiffrieren. Die Entzifferung verschlüsselter U-Boot-Funksprüche deutscher Wolfsrudel durch die Briten galt dabei nicht nur als Wendepunkt im Zweiten Weltkrieg, sondern auch als Geburtsstunde der modernen elektronischen Kriegführung und Aufklärungsmethode der *Signal Intelligence* (SIGINT).[34] Fortan wunderte sich die deutsche Marine über die Wende im U-Boot-Krieg, der 1943 schließlich als verloren galt. Die Arbeit an der Decodierung von Funksprüchen mag erklären, dass Alan Turing Sprache für das Indiz menschlicher Intelligenz hielt. Einen Beitrag hierzu mag auch eine materialistisch-rationalistische Auffassung der Natur geleistet haben, wie sie von Descartes (1596–1650) erstmals gedacht und formuliert wurde: Die Natur sei mechanisch, ihr hinge keine eigene Intelligenz an. Bis heute gibt es Forscher, die dieser materialistischen Naturauffassung folgen; im Umfeld von Big Data genau dort, wo der Mensch quantifiziert und optimiert wird, wo Smartphones das Schlafverhalten, das Essverhalten oder das Fitnessverhalten von Arbeitnehmern er-

mitteln, um die Leistungsfähigkeit eines Berufstätigen zu quantifizieren und an den Arbeitgeber weiterzumelden. Die fünfzehn Prozent der schlechtesten und unproduktivsten Arbeitnehmer sollen
doch bitte entlassen werden, fordert Internetgigant Yahoo!, vertre-
ten durch Vorstand Marissa Meier, die für die Mitarbeiterbewertung
ein umstrittenes internes Punktesystem einführte.[35] Mit Big-Data-
Applikationen wie *Soma Analytics* zur Überwachung des Schlafver-
haltens könnten sie nun noch wirksamer identifiziert werden, diese
fünfzehn Prozent »Minderleister«, die vielleicht auch gerade deshalb
ein schlechtes Schlafverhalten an den Tag legen, weil ihr Arbeitgeber sie jederzeit, auch spätabends, für mobil erreichbar hält. Zur Er-
reichbarkeit kommt nun also die unterbrechungsfreie Intensivstation
hinzu. Bleibt zu hoffen, dass sich Gewerkschaften im Zeitalter der
privaten Totalüberwachung hier ganz schnell sensibilisieren und ihre
Mitglieder mobilisieren.

Auf Alan Turing geht der Turing-Test für künstliche Intelligenz
zurück: Ein menschlicher Tester kommuniziert über eine Tastatur
mit zwei für ihn unsichtbaren Gesprächspartnern, einer davon ein
Mensch, der andere eine Maschine. Wenn der Tester nicht mehr unterscheiden kann, welcher der beiden ihm Rede und Antwort steht,
gilt die Maschine als intelligent. Turing macht den Begriff der Intelligenz also an den beiden Merkmalen »Mensch« und »Sprache« fest.
Künstliche Intelligenz sollte den Menschen imitieren, als eine Art allgemeiner Problemlöser universelles Wissen besitzen und fachüber-
greifend Antworten geben können. Dieses frühe Verständnis von
Intelligenz gilt heute als überholt, wenngleich er durch die verschiedenen Definitionen vieler Disziplinen – darunter die Biologie, Anthropologie oder Psychologie – inzwischen verschwommen zu sein
scheint. Besitzen Sie ein Haustier, lieber Leser? Dann werden Sie zustimmen: Tiere verfügen über Intelligenz. Eine Hauskatze, die früh-
morgens auf Ihr Bett springt, ihre Pfote ausstreckt und Ihre Nase wie
einen Buzzer bedient, hat gelernt, dass Sie stöhnend aus dem Tief-
schlaf aufschrecken und, wenn sie gar insistiert und weiter das Buz-
zerspiel mit Ihnen treibt, widerwillig aufstehen werden, um den Napf
zu füllen oder das Fenster zu öffnen. Dumm ist das Tier also nicht.

Ein Haustierbesitzer, der sich solches und mehr gefallen lässt, ist vielleicht sogar weniger pfiffig als sein Vierbeiner. Brechen wir aber nicht unüberlegt den Stab über ihn und sagen ihm lieber nach, die Liebe zum Tier habe gesiegt und auch der Humor über schlaues Verhalten und so zielsichere tierische Strategie. Denn Strategie ist es, die Intelligenz ausmacht. Ein Lebewesen gilt heute als intelligent, wenn es Einsicht in Zusammenhänge hat und abschätzen kann, wie die Reaktion eines anderen Teils der Natur auf eine Aktion ist. Deshalb ist die Intelligenzforschung anders als Descartes inzwischen überzeugt, dass Intelligenz der Natur immanent ist, sogar Pflanzen oder Zellen planerische Leistungen erbringen können und die Fähigkeit zur lautlosen, nichtverbalen Kommunikation besitzen.[36] Für Technologen mag deshalb folgende Definition der Intelligenz durch die Anthropologie am besten taugen: *Intelligenz ist die Fähigkeit zu lernen, Information zu verarbeiten und Probleme zu lösen.* Das alles schafft ein Computer heute zweifelsfrei, und häufig schon besser als ein Mensch. Den Menschen ganz zu imitieren, davon ist die Forschung zur künstlichen Intelligenz heute abgerückt. Die Maschine, die den Turing-Test übrigens bestanden hat, ist der Cleverbot.[37, 38] Beginnen Sie eine Konversation mit Cleverbot und entscheiden Sie selbst, ob sich Ihre Mensch-Maschine-Unterhaltung so geistreich gestaltet, dass Sie sich länger als eine Minute damit beschäftigen würden.

Natürlich lässt sich die ursprüngliche Idee Turings, Intelligenz anhand von Sprachverständnis festzustellen, nicht leichtfertig abtun. Menschen haben zu jeder Zeit erwartet, dass Computer ihre Sprache verstehen. Doch das ist nicht so einfach, besonders wenn es sich um das Verständnis offener Fragen handelt. Die Bearbeitung einer Suchanfrage und das Zusammentragen nachgefragter Daten oder Information ist vergleichsweise simpel, doch Antworten à la Jeopardy! geben, für die man kognitives Verhalten im Sinne von »seinen Verstand benutzen, um ein kniffeliges Frageproblem zu lösen« an den Tag legen muss, gestaltet sich erheblich schwieriger. Mit Watson hat IBM einen großen Wurf getan – weg von der Suchmaschine hin zur Antwortmaschine, zu jener Maschine, die einen Anflug von Bewusstsein zeigt. Doch wie kommt die Intelligenz eigentlich in die Maschine?

»Künstliche Intelligenz ist ein Sack voller Methoden«, so die saloppe Erklärung des Algorithmikers. »Wir stehlen von den Statistikern, bedienen uns bei den Stochastikern und packen noch etwas obenauf – ein bisschen Optimierung hier, etwas logische Schlussfolgerung dort.« Modelle, Algorithmen und große Datenmengen haben wir bereits betrachtet, und sie alle sind notwendig für die Erschaffung künstlicher Intelligenz. War es schon kaum möglich, Modelle und Algorithmen voneinander abzugrenzen, kommt es hier zur nächsten intellektuellen Herausforderung: Denn sowohl Modelle als auch Algorithmen können bereits künstliche Intelligenz sein. Data Scientists bedienen sich für ihre Modelle regelmäßig bei der Statistik, und auch viele Verfahren der künstlichen Intelligenz sind statistischer Natur oder haben statistische Entsprechungen. Man könnte so weit gehen zu behaupten, die Forscher der künstlichen Intelligenz hätten die Statistik »verschleppt« und sich angeeignet, weshalb beide Disziplinen vieles gemeinsam haben. Ein Statistiker würde das kaum zugeben. Gleichzeitig fühlt sich der Entwickler künstlicher Intelligenz überlegen, weil Statistik für ihn nichts weiter als »Erbsen zählen« ist, was aber dort notwendig wird, wo er mithilfe der Stochastik die Statistik in »echte« Mathematik überführt und mathematische Zusammenhänge in einem Modell aufbaut, um sie mit den Mitteln der Statistik zu parametrieren. So vertragen sich die Mitwirkenden aus beiden Disziplinen nicht gut und fechten bereits seit Langem ihren ganz eigenen Glaubenskrieg aus. Doch zurück zu den Berechnungskernen der künstlichen Intelligenz, die großherzig allerhand Methoden heranziehen. Der *symbolischen* künstlichen Intelligenz entsprechen Modelle, die versuchen, die Wirklichkeit abzubilden, so wie sie ist. Die klassischen *Expertensysteme*, wie man sie bei der Fehlersuche und zu Diagnosen einsetzt, sind ein gutes Beispiel dafür. Sie geben Antworten auf Fragen, ohne dass die Antwort explizit programmiert worden wäre. Vielmehr werden sie aus Regeln abgeleitet: »Die U.S. Navy besitzt Schiffe. Die Ticonderogaklasse ist ein Kreuzertyp der U.S. Navy.« Die Ableitung wäre dann: »IF *USS Vincennes* IS Kreuzer, AND Kreuzertyp IS Ticonderogaklasse, THEN *USS Vincennes* IS Schiff der U.S. Navy«.

Auch Watson gehört zu dieser Art künstlicher Intelligenz, wenn er Antworten aus seiner Wissensbasis ableitet. Seine Karriere als Quizteilnehmer endete unmittelbar nach seinem Jeopardy!-Auftritt. Seitdem kann er vielfach eingesetzt werden, zum Beispiel als medizinisches Diagnosesystem, das die beste Behandlungsweise für eine Krankheit findet, oder als artifizieller Investmentmanager, der die täglichen qualitativen, textuellen Datenströme in Echtzeit interpretiert, um bessere Investmententscheidungen zu treffen.

Die *subsymbolische* künstliche Intelligenz, zu der die neuronalen Netze zählen, ist auch unter dem Begriff *Organic Computing*, »organisches Rechnen«, bekannt und geht anders vor. Als Vorbild dienen Erkenntnisse über das menschliche Gehirn, von dem man keinesfalls behaupten kann, es sei je ausprogrammiert. Seine Intelligenz entsteht vielmehr erst mit der Entwicklung des individuellen Menschen, einem Vorgang, den wir als *Lernen* bezeichnen und durch den sich unser Gehirn selbst programmiert. Für das Lernen nutzt es die speziellen Strukturen des Gehirns, Zellen, die wir als Neuronen bezeichnen, und deren Kontaktstellen, die Synapsen. Ganz ähnlich funktionieren die neuronalen Netze der künstlichen Intelligenz. Sie speichern Daten nicht wie eine Datenbank, sondern kodieren Daten als bestimmte Aktivierungszustände ihrer Neuronen, die »feuern«, wenn ihr Aktivierungszustand einen bestimmten Schwellwert überschreitet. Im Gehirn geschieht dies durch chemische Vorgänge, im neuronalen Netz des Data Scientists durch Zahlenwerte, der Fachbegriff ist *Gewichtung*. Ein Effekt der realen Welt wird im Neuronalnetz als eine bestimmte Aktivität seiner Neuronen repräsentiert. Regeln wie bei der symbolischen künstlichen Intelligenz, welche Knoten des Netzes wann aktiviert werden sollen, gibt es nicht; stattdessen *lernen* neuronale Netze ihre Knotenaktivierung durch intensives Training. Sie kommen dort am sinnvollsten zum Einsatz, wo nur wenig Wissen über Variablen vorliegt, beispielsweise für die Analyse von Zeitreihen für die Vorhersage der Aktienpreisentwicklung, für die Bildverarbeitung oder die Spracherkennung. Ein Klassiker ist das Lesen. Einem Neuronalnetz wird ein Text vorgelegt, mit dem es Lesen lernen soll. Der Vergleich mit einem Kleinkind ist dabei keineswegs fehl am Platz. Nach intensivem »Lesetraining« des neuronalen Netzes wird dem trainierten Netz ein neuer, unbekannter Text präsentiert. Und tatsächlich ist das Netz in der Lage, den fremden Text zu lesen, weil es Beispiele aus dem bereits bekannten Text mit dem neuen Text vergleicht. Es verallgemeinert. »Generalisierungsfähigkeit« nennt dies der Fachmann.

Neuronale Netze gibt es heute in vielen erdenklichen Formen, darunter die rekurrenten Netze, die dem menschlichen Gehirn am nächsten kommen. Während konventionelle Neuronalnetze, die man mit Daten füttert, dadurch in einen bestimmten statischen Aktivierungszustand, vergleichbar einer Schnappschussaufnahme, gelangen, können sich rekurrente Netze »erinnern«. Die Informationsausgabe, die sie erzeugen, basiert nicht nur auf der Eingabe neuer Daten aus der realen Welt, sondern auch auf dem, was sie in der Vergangenheit bereits erfahren und gesehen haben. Rekurrente Netze schleusen ihre eigene Informationsausgabe zurück in die Dateneingabe, vergleichbar einer Schleife.

Am exotischsten ist sicher ein Netz mit einem »langen Kurzzeitgedächtnis«, das Netz mit dem *Long Short-Term Memory*, kurz LSTM, das einzige rekurrente Netz, das wirklich zuverlässig funktioniert. Seine Erfinder: zwei deutsche Wissenschaftler, Sepp Hochreiter (*1967) und Jürgen Schmidhuber (*1963), beide führend bei der Erforschung des maschinellen Lernens. Doch, es ist wahr: Deutsche Forscher sind herausragend bei der Entwicklung künstlicher Intelligenz. Der Dritte im Bunde, Gerhard Weiß, ist eine europäische Koryphäe für *verteilte* künstliche Intelligenz oder Multi-Agenten, die wir noch etwas ausführlicher betrachten werden. Und auch das ist wahr: Keiner der drei forscht und lehrt in Deutschland. Bietet das Ausland etwa fruchtbareren Boden für Forschung und Innovation, ja für Bildung allgemein? Drei Wissenschaftler sind statistisch nicht relevant, dennoch drängt sich die Frage auf: Sind sie Indikator für einen Trend? Diese Frage muss gestattet sein, wenn herausragende deutsche Köpfe Deutschland verlassen, um im Ausland zu lehren.

Gerade fiel der Begriff des *Lernens*. Wenn eine Optimierungsmethode eingesetzt wird, diejenige Knotenaktivität des Neuronalnetzes zu finden, welche einen Effekt der realen Welt am exaktesten kodiert, spricht man von *Machine Learning*, einer »lernenden Maschine«. Lernen heißt also immer: optimieren. Und Optimierung bedeutet *Suche*, im Falle des Neuronalnetzes nach der passendsten Neuronenaktivität für einen bestimmten Zustand der Welt. Genau an dieser Stelle zeigt sich eine Schwäche der neuronalen Netze, die zwar ein erfahrener Data Scientist überwinden kann, nicht aber so ohne Weiteres ein fachfremder Nutzer eines Neuronalnetzes, wie sie häufig in der Finanzindustrie arbeiten: das Problem der *Überspezialisierung*. So findet ein Data Scientist, wenn er seine lernende Maschine mit Daten befüttert, zunächst einmal eine Erklärung für die Vergangenheit, aber daran mag er allenfalls ein historisches Interesse haben. Auch das Neuronalnetz ist in der Lage, die bestmögliche Knotenaktivität für einen Effekt zu kodieren – wohlgemerkt, einen *historisch* aufgetretenen Effekt, denn gesicherte Daten liegen eben nur für die Vergangenheit vor –, aber wenn dieser Effekt in der realen Welt nur einen Hauch von der Geschichte abweicht, liegt das Neuronalnetz mit seinen Ergebnissen und Einschätzungen einer Hypothese möglicherweise ganz fern der Realität. Widerspricht das nicht seiner Generalisierungsfähigkeit? Zwischen Überspezialisierung und Verallgemeinerung die Balance zu finden, ist die wahre Kunst im Umgang mit neuronalen Netzen. Ihre innere Mechanik ist inhärent nicht-linear, in ihnen herrscht das Chaos. Schon marginale Abweichungen der Zahlen in ihren Formeln können gigantische Unterschiede bei ihrer Informationsausgabe hervorrufen. Genau deshalb, so winken viele Laien ab, würde ein Neuronalnetz nicht funktionieren. »Gewusst wie«, widerspricht der Data Scientist und zwinkert mit den Augen.

Watson hat das Jeopardy!-Quiz übrigens überlegen und souverän gewonnen. Einmal allerdings hat er ziemlich danebengegriffen. Die Fragenkategorie lautete *Städte der Vereinigten Staaten*, und die Aufgabe war: »Its largest airport is named for a World War II hero; its second largest for a World War II battle.« Seitdem wissen wir, dass *Toronto, Kanada*, eine Stadt in den USA ist. Zugegeben, Watson war sich unsicher. Mit 36 681 US-Dollar Tagesgewinn auf dem Konto –

Jennings und Rudd hatten jeweils 2400 und 5400 US-Dollar erspielt – sollte Watson auf seine Antwort wetten. Jennings und Rudd setzten alles auf eine Karte und gaben richtig an: »What is Chicago?« Und Watson? Er wettete 947 US-Dollar (sic!) auf Toronto und versah die Antwort mit fünf dicken Fragezeichen. Da kannst du noch so falsch liegen, Satzstrategie ist alles, werden sich seine Schöpfer gedacht haben. So endete der zweite Tag des Jeopardy!-Wettkampfs nicht nur mit einem Sieg der Maschine, sondern höchst amüsant und unter anerkennendem Gelächter des Publikums.

»Ein Sack voller Methoden«

Wir müssen davon ausgehen, dass wir es bei explosionsartig zunehmenden Datenmengen auch mit einer rasant wachsenden Zahl intelligenter Maschinen zu tun bekommen werden. Tückisch dabei ist, dass wir uns dessen nicht immer bewusst sind. Nicht alle intelligenten Maschinen kommen als Roboter daher oder zeigen sich durch einen Avatar, hinter dem sich die eigentlich intelligente Software verbirgt. Der Grund für die Unsichtbarkeit: Schnittstellen zwischen Mensch und Maschine verschwimmen zusehends. Musste man noch in den Neunzigern am Schreibtisch Platz nehmen, um einen Personal Computer zu bedienen, war klar: Wer den Schreibtisch verlässt, beschäftigt sich potenziell mit anderen Dingen als einem Computer. Das hat sich seit dem Aufstieg mobiler Smartphones völlig geändert, seitdem verbindet uns jeder mobile Moment mit einer Vielzahl von Maschinen, an die uns das Internet und jedes kleine, tragbare Gerät anschließt. Inzwischen ist *Glas* auf dem Vormarsch, repräsentiert durch die Google-Brille, sodass wir bald freihändig und doch durch den digitalen Begleiter ständig angeleitet – oder sollten wir besser sagen: »angeleint«? – durchs Leben gehen können. Gleiches gilt für künstliche Intelligenz, die sich als *Wearables* bald direkt an unserem Körper befinden wird. Hätten Sie etwa keine Freude daran, ein T-Shirt zu tragen, das sich verfärbt, wenn Sie lügen?

Andere *Wearables* in Form kleiner Messgeräte, wie sie heute von der Quantified-Self-Bewegung genutzt werden, jenen Anhängern eines mechanistisch-materialistischen Körperbildes (an dieser Stelle nickt uns Descartes noch einmal zu, der trotz vieler neuer naturwissenschaftlicher Erkenntnisse noch nicht überwunden ist), verdingen sich als mobile Intensivstation, mit der Sie sich täglich zugunsten einer optimierten Gesundheit verkabeln sollen. Vergessen wird bei aller Quantifizierung gerne, dass Gesundheit nichts Lineares ist und sich regelmäßige Fitnessprogramme und Ernährung nach Plan im Einzelfall nicht notwendigerweise lebensverlängernd auswirken. Wer seinen kleinen Überwachungsgeräten hörig ist und gleichzeitig behauptet, er sei frei, dessen Freiheitsbegriff muss ernsthaft hinterfragt werden.

Von jeder intelligenten Maschine erwarten wir, dass sie eine Wahrnehmung ihrer Umgebung zeigt und flexibel darauf reagiert. Bei der künstlichen Intelligenz wird ein solches Verhalten vom Programmierer nicht explizit ausprogrammiert, und zwar weder bei der traditionellen, regelbasierten noch bei der subsymbolischen künstlichen Intelligenz. Was intelligente Maschinen erkennen, geschieht durch ihre eigene Schlussfolgerung. Manche dieser Maschinen erreichen erstaunliche Fähigkeiten, so wie Watson oder TD-Gammon. TD-Gammon hat mit Watson etwas gemeinsam: seinen Entwickler. Während das Team um Watson aus rund fünfzehn Forschern der Firma IBM bestand, hatte einer davon, Gerald Tesauro, bereits 1992 in IBMs Forschungszentrum eine Backgammon-Software implementiert, die a priori keinerlei Kenntnis über das Spiel aus Strategie und Glück besaß. Soweit die Gemeinsamkeit. Der Unterschied: Anders als der schnelle Quizteilnehmer wurde der artifizielle Backgammon-Spieler nicht ausdrücklich zu dem Zweck entwickelt, zum Meister des Backgammon zu werden. Doch inzwischen hat TD-Gammon längst Geschichte geschrieben, und Weltklassespieler nutzen die von der Maschine entwickelten Züge in ihren eigenen Wettbewerben. Dabei entwickelte sich die Fähigkeit, mit der die Maschine zum Champion wurde, eher zufällig, als man untersuchen wollte, wie sich eine lernende Maschine verhält, die Resonanz auf ihre Aktionen, also *Feedback*, von ihrer Umwelt erhält. Man nahm sich zwei jener Maschinen, das Original und seinen Klon, und ließ die beiden gegeneinander antreten. Bevor sie das Backgammon-Spiel erlernten, waren die beiden des Backgammons in keinster Weise mächtig und hatten nur die vage Idee mitbekommen, dass es sich um ein Brettspiel handelte. Wie genau sie zu spielen hatten, um ihr Spiel zu gewinnen, war es, was sie lernen sollten. Dabei ging das Lernen von Versuch und Irrtum so vonstatten, dass beide maschinelle Gegenspieler zunächst zufällige Züge ausführten, doch mit der Zeit immer intelligenter vorgingen, bis sie in ihrer Version 2.1 und nach rund eineinhalb Millionen Spielen gegeneinander ein Niveau erreicht hatte, das auch von menschlichen Weltklassespielern nicht mehr zu schlagen war.

Vertraut ist uns zunächst die Methode *Supervised Learning*, ein »Lernen unter Anleitung«, das wir von unseren Haustieren kennen. Hunde, so sagen uns die Hundeflüsterer, müssen bestärkt werden, wenn sie sich wie gewünscht verhalten, und bekommen ihren Lieblingshappen. Maschinen, so sagen uns die Maschinenflüsterer, müssen bestärkt werden, wenn sie sich »korrekt« verhalten, und bekommen einen *Reward*, eine »Belohnung«. Sie hat keinen besonderen Geschmack, denn es handelt sich nur um eine Zahl wie »1 = Richtig gemacht«, oder »-1 = Das war falsch.« Denn anders als Hunde, unsere besten Freunde, darf man sie bei Fehlverhalten auch abstrafen und ihnen einen *Penalty* erteilen. Natürlich kann die Zielfunktion, nach der eine Maschine lernt, sehr komplex werden. So kann der Data Scientist Fehlverhalten stärker abstrafen als korrektes Verhalten, was eine Maschine risikobewusstes Verhalten lehren wird. Die Maschine wird unter allen Umständen versuchen, alles zu vermeiden, was ihr eine Bestrafung einbringt. Sie wird ihre Aktivitäten sehr »bewusst« abwägen und nur dann aktiv werden, wenn sie sich sicher ist, dass ihre Aktion den gewünschten Erfolg zeitigen wird. Einer Maschine beim Lernen zuzusehen und ihr daraufhin den Namen eines Haustiers zu verleihen, ist deshalb nicht abwegig. Ähnlichkeiten zum Tier sind nicht ganz von der Hand zu weisen, und gewiss ist es ungeheuer faszinierend zuzuschauen, wie sich aus völligem Nichtwissen ein Experte herausschält, mit dem es die Besten seines Fachs kaum mehr aufnehmen können.

Aber welcher Zug ist richtig oder falsch, wenn Sie Backgammon spielen? Just in dem Augenblick, in dem Sie sich entscheiden müssen, können Sie nicht wissen, welcher Zug der beste ist. Oft stellt sich erst einige Zeit später heraus, ob der vorletzte Spielzug strategisch klug oder dumm war. TD-Gammon: Das Akronym steht für *Temporal Difference Learning*, »Lernen mit Zeitversatz«, eine hochkomplexe Sonderform maschineller Intelligenz.

Stopp – hier halten wir den Film kurz an. Immerhin wollen wir nicht zum kritiklosen Jünger der künstlichen Intelligenz werden. Intelligente Maschinen sind in der Welt mathematischer Laien bei Staat, Industrie und Wirtschaft, die ihren Big Data mehr Umsatz und Gewinn entlocken wollen, noch so etwas wie die neue Wunderwaffe, die jetzt alles richten soll. Doch wenn künstliche Intelligenz etwas nicht ist, dann genau das: der Stein der Weisen. Wir erinnern uns an die Aussage des Algorithmikers: »Künstliche Intelligenz ist ein Sack voller Methoden.« Genau, und besonders deshalb ist sie kein planbares Geschäftsmodell, wie es manche Unternehmen gerne hätten. Beispiele für den Missbrauch künstlicher Intelligenz finden und fanden sich in der Finanzindustrie, die seit rund zehn Jahren im elektronischen Handel Algorithmen einsetzt: Man sei ein *Algo Shop*, ein »algorithmischer Wertpapierhändler«, in dem selbstlernende Handelsalgorithmen wie von Zauberhand finanzielle Performanz bewirkten. Doch künstliche Intelligenz kann sehr wenig planbar sein. Das bedeutet: Auch ihre künftige Performanz ist nicht planbar. Zwar kann man eine statistische Annahme treffen und abschätzen, wie sie sich künftig im Alltag *wahrscheinlich* verhalten wird. Auf ihr wahrscheinliches Verhalten kann man schließen, weil man ihren Umgang mit historischen Daten kennt. Aber ob sich dieses Verhalten auch in Zukunft manifestieren wird, hängt stark von den neuen, unbekannten Daten selbst ab, mit denen man sie konfrontiert – und die können von historischen Daten stark abweichen. Wer historische Performanz unüberlegt in die Zukunft projiziert und sein Geschäftsmodell darauf aufbaut, ist im besten Falle inkompetent und im schlechteren Fall unseriös.

Mit einer intelligenten Maschine handelt man sich einige Probleme ein. In einer konventionell programmierten Software ist ein Programmierer gehalten, jeden einzelnen Programmschritt und auch sämtliche Alternativpfade des Programms, wie sie etwa bei Fehlern des Programms auftreten können, ausdrücklich zu kodieren. Fehlt eine solche »IF-THEN-ELSE«-Anweisung, passiert im Programm an dieser Stelle einfach nichts, und das Programm kann einen Fehler melden oder sich einfach kommentarlos beenden. In der Tat können konventionelle Programme sehr komplex werden, wenn sie viele Funktionen bereitstellen und Wechselwirkungen zwischen den Funktionen auftreten, die man vor der Programmierung gut bedenken muss. Doch am Ende kennt man sein Programm genau, und deshalb kann man es auch gut testen, bevor man es dem Nutzer übergibt. Mit *White Box Tests* werden alle explizit beschriebenen Pfade des Programms abgelaufen, um festzustellen, ob sich das Programm so verhält, wie es spezifiziert wurde. Bei der künstlichen Intelligenz aber wird es interessant, denn nicht der Data Scientist bestimmt, welche einzelnen Programmschritte sein Berechnungsverfahren durchlaufen muss, um zu einem Ergebnis zu gelangen. Sobald er sich aus dem Methodenkasten der künstlichen Intelligenz bedient, ist genau sie es, die die Programmschritte selbst kodiert. Deshalb legt künstliche Intelligenz undeterministisches Verhalten an den Tag; zwar kann man Annahmen darüber treffen, was sie als Nächstes tun wird, aber sicher kann man sich nie sein. Künstliche Intelligenz ist schwierig zu testen, denn sie kann auch ohne expliziten Stimulus des Programmierers in Pfade und Ableitungen laufen, die er vorher nicht ausdrücklich bedacht hatte. Ob dadurch bessere Ergebnisse zum Beispiel im Hinblick auf eine Prognosequalität erreicht werden, wie man sie sich vom Einsatz der künstlichen Intelligenz verspricht, kann man nicht wirklich entscheiden. Deshalb treffen die folgenden beiden Aussagen zu: Erstens, viele Laien sprechen von der künstlichen Intelligenz als einer *Black Box*, von der man nicht weiß, was genau in ihr vorgeht und warum. Zweitens, ob ein System der künstlichen Intelligenz besser ist als der Mensch mit Berufserfahrung, den es mittelfristig zu unterstützen gilt – zu *ersetzen* trachtet, wäre auch eine Wortwahl, die zuträfe –, hängt von den Fähigkeiten des Data Scientist ab, der es gebaut hat. Die Wissenschaft von den Daten baut zwar auf Fachwissen, doch wir hatten es schon erwähnt: Mathematiker, Physiker, Data Scientists sind Künstler, und auch die Erschaffung künstlicher Intelligenz hat nicht nur mit Können, sondern, der

Begriff selbst legt es nahe, mit *Kunst* zu tun. Erschreckend oder verheißungsvoll: Ist die künstliche Intelligenz klug implementiert, ist sie in der Lage, den Menschen zu überbieten, und zwar auf ihrem ganz eigenen Spezialgebiet. Das hat sie inzwischen zu oft unter Beweis gestellt, als dass man es noch länger ignorieren könnte.

Wer sich einen jungen Hund zulegt, hat es zweifellos mit einem intelligenten Tier zu tun, aber ob er sich gut benimmt, wird sich erst im Laufe der Zeit herausstellen. Ist er gut trainiert, wird er schnell zum Stolz seines Besitzers, wenn nicht, kann er ihn zur Verzweiflung treiben. Ähnlich verhält es sich mit künstlicher Intelligenz. Ein Investmentunternehmen, das intelligente Maschinen für den Börsenhandel einsetzt, kann nicht von vornherein sagen, ob die intelligente Maschine für den gewünschten Einsatzzweck nützlich ist oder nicht. Man könnte es salopp so ausdrücken: Ob die künstliche Intelligenz für den Gebrauch etwas taugt, kann niemand mit letzter Gewissheit sagen, am wenigsten ein Unternehmen, das künstliche Intelligenz zwar nutzt, aber nicht selbst programmiert und deshalb nur wenig bis nichts über ihre Methodik und Funktionsweise aussagen kann. Wie geeignet oder »gut« künstliche Intelligenz wirklich ist, stellt sich erst heraus, wenn sie eine Zeit lang im operativen Umfeld tätig war. Künstliche Intelligenz ist also nicht gleich künstliche Intelligenz, denn es bestehen erhebliche Qualitätsunterschiede, allerdings weniger in funktionaler Hinsicht. Die Analogie zu menschlichen Arbeitnehmern, die sich auf einen Arbeitsplatz bewerben und von denen einer mehr, der andere weniger geeignet für die zu besetzende Stelle ist, sei gestattet, ist aber ein bisschen unethisch. Auch menschliches Können am Arbeitsplatz tritt erst nach einer gewissen Zeit zutage. Am Beispiel eines Prognosesystems für Käuferverhalten wird sich ein Unternehmen deshalb erst nach Ablauf einer Zeitspanne, in der die intelligente Maschine ihre Trainingsumgebung verlassen hat und mit der Wirklichkeit, das heißt mit Echtzeitdaten, konfrontiert worden ist, eine informierte Meinung darüber bilden können, wie hoch die Prognosegenauigkeit ihrer intelligenten Maschine letztlich denn tatsächlich ist. Man kann einwenden, man müsse nicht verstehen, wie das Getriebe oder die moderne Elektronik eines Autos funktioniere, um ein Auto im Straßenverkehr zu bewegen. Dasselbe gelte für komplexe, intelligente Maschinen. Man müsse sich darauf verlassen können, dass künstliche Intelligenz das leiste, was sie verspricht. Sicher ist das richtig. Dort, wo begabte Data Scientists ihre Arbeit gut gemacht haben, kann man sich tatsächlich auf die Qualität der künstlichen Intelligenz verlassen, denn nur dann wird künstliche Intelligenz auch optimale Ergebnisse liefern, die messbar, nachvollziehbar und vielleicht wiederholbar sind. Allerdings bestehen große Qualitätsunterschiede, die für den Laien kaum erkennbar sind. Doch im Zeitalter von Big Data sei daran erinnert, wie groß die Lücke zwischen Bedarf und Verfügbarkeit von Fachkräften ist. Data-Analytics-Unternehmen wie Blue Yonder aus Karlsruhe stellen für die Entwicklung ihrer Prädiktionssoftware keine Studienabgänger neuerer Fachrichtungen wie Information Engineering ein, sondern nur promovierte Mathematiker und Physiker und gehören damit zu den wenigen deutschen Unternehmen, die die Qualität dieser vollumfänglichen Ausbildung zu schätzen wissen.[39]

Apropos Ausbildung: Die Frauenquote im Studienbereich Mathematik nähert sich nur langsam der Fünfzig-Prozent-Marke. Zwar ist die Marke im Studienfach Statistik bereits erreicht, aber sie ist geringer in den Studienfächern Wirtschaftsmathematik und Technomathematik, wo sie im Jahr 2006 nur knapp über einem Viertel lag.[40] Gleichzeitig sind die Studienabbrecherzahlen unter den weiblichen Studierenden des Bereichs verhältnismäßig hoch. Weibliche Studienabgänger kommen also kaum in den technischen Aufgabenstellungen des Data Scientist an. Mathematik in Ehe mit künstlicher Intelligenz bleibt nach wie vor eine reine Männerdomäne.

Gemeinsam schlau: Intelligenz durch Kooperation

Die Formen, in denen künstliche Intelligenz auftritt, können vielfältig sein. Roboter, die bestimmte Aufgaben in Haushalt oder Altenpflege übernehmen, oder intelligente Spielecomputer sind leicht erkennbare Formen künstlicher Intelligenz. Mit Watson hat sich ein Expertensystem vorgestellt und mit den neuronalen Netzen eine lernende Maschine. Doch ein ursprünglich sehr europäisches Konzept der *verteilten künstlichen Intelligenz*, spannend und leistungsfähig, ist das der Multi-Agenten.

Wer den Begriff »Agent« hört, denkt dabei nicht auf Anhieb an ein Computerprogramm. Doch »Agenten« in der Informationstechnologie sind Software-Prozesse mit ganz bestimmten Eigenschaften: Sie besitzen Sensoren, mit denen sie ihre Umwelt beobachten und Veränderungen wahrnehmen; eine Art Kognition, die sie zum Räsonieren einsetzen, um autonom und selbstständig auf Umweltveränderungen zu reagieren, Entscheidungen zu treffen und ein Ziel zu erreichen; und Aktoren, mit denen sie ihre Entscheidung umsetzen könnten. Doch ihre wichtigsten Eigenschaften sind die der Kommunikation und Kollaboration: Viele Agenten, eben Multi-Agenten, verhandeln und kooperieren miteinander, um gemeinsam ein Problem zu lösen. Die Intelligenz liegt dabei in der Kooperation der beteiligten Agenten, weshalb sich Multi-Agenten folgenden Wahlspruch aufs Banner schreiben dürfen: »Interaction is more powerful than algorithm«, Kooperation ist leistungsfähiger als jeder Algorithmus. Das schließt natürlich nicht aus, dass jeder einzelne Agent seiner Organisation mit beliebig hoher individueller Intelligenz ausgestattet sein kann. Daraus darf man schließen, dass ein Multi-Agenten-System im Extremfall die Kooperation zwischen Expertensystemen und lernenden Maschinen implementiert. Ob ein so schwergewichtiges System sinnvoll ist, hängt von der Aufgabenstellung ab, die es lösen soll.

Der Normalfall ist es aber nicht, dass einzelne Individuen im Kollektiv mit besonders hoher Intelligenz ausgestattet sind. Dafür hält die Natur allerhand Beispiele für ebenjene Überlebensstrategie parat, bei der Individuen gemeinsam komplexe Aufgaben lösen, zu denen das einzelne Lebewesen allein auf sich gestellt nicht in der Lage wäre. Ein einzelnes Gnu auf der Suche nach Futter oder Schutz vor Fressfeinden wäre schnell verloren. Doch in der Herde erhöht sich seine Überlebenswahrscheinlichkeit um ein Vielfaches; erst der *Schwarm* ermöglicht dem Hering, dem Vogel oder der Ameise das Überleben. Dabei ist Schwarmverhalten nicht selbstverständlich gleich auch intelligent. Es ist fast ein Treppenwitz, dass gerade der Mensch, der als Individuum und nicht im Schwarm zu überleben imstande ist, Beispiele für recht unintelligentes, gar gefährliches Schwarmverhalten liefert.

Eine Gruppe Fußgänger wartet an einer roten Ampel. Irgendwann bröckelt die Disziplin, und der erste Fußgänger läuft bei Rot über die Fahrbahn. Ein zweiter und dritter Fußgänger folgen. Oft muss man nicht lange warten, bis schließlich die ganze Gruppe den gefährlichen Übertritt wagt.

Am Flughafen ist es etwas weniger riskant: Man steigt aus dem Flugzeug und läuft einfach allen hinterher, die dem Ausgang zustreben, ohne dabei selbst ganz bewusst nach dem Wegweiser für den Ausgang zu suchen. Schwarmverhalten hat etwas damit zu tun, wie sich Information im Kollektiv bildet – nur wenige verfügen über die gesicherte Information, wo sich der Ausgang befindet, während der größere Teil der Gruppe diese Information nutzt, ohne selbst notwendigerweise Träger der Information zu sein.

Dabei sind die Regeln des Schwarmverhaltens noch nicht völlig erforscht. Drei davon hat Craig Reynolds 1986 definiert, als er das Schwarmverhalten von Vögeln mit der Software Boids – der Name ist eine New Yorker Verballhornung des englischen Worts *birds* für »Vögel« – simulierte.[41] Die Regeln sind *Cohesion* (»sozialer Zusammenhalt«), *Separation* (»Distanzwahrung«) und *Alignment* (»Bewegungsrichtung«), was bedeutet: Bewege dich immer auf das Zentrum der Gruppe um dich herum zu, doch pass auf, dass dir dabei niemand zu nahe kommt, und marschiere stets in dieselbe Richtung wie alle anderen. Wenn sich alle im Kollektiv an diese drei einfachen Regeln halten, ist intelligente Problemlösung möglich – vorausgesetzt, dass fünf bis zehn Prozent der Individuen über die nötige Information verfügen, wo sich der Terminalausgang oder die Futterstelle befinden.[42] Fünf bis zehn Prozent, das ist ein experimentell gewonnener Wert, und er ist genauso relevant für das Schwarmverhalten von Stichlingen wie für das von Menschen, sagt Schwarmforscher und

Professor für Fischökologie Jens Krause (*1965) von der Humboldt-Universität in Berlin. Er ist davon überzeugt, dass sogar nur zwei Regeln ausreichen: Bleib in Bewegung, und bleib in der Gruppe. Ob Schwärme mit diesen einfachen Regeln das erwartete Verhalten zeigen, testete der Forscher am 11. März 2007 mit einem Experiment beim WDR für die Sendung *Quarks & Co*.[43] Dreihundert Freiwillige hatten sich in einer Halle versammelt und sollten ebendiese beiden einfachen Regeln befolgen. Was die Freiwilligen nicht wussten: Einige unter ihnen hatte den Sonderauftrag, das Kollektiv an einen bestimmten Punkt der Halle zu führen. Diese »Spezialkräfte« steuerten genau diesen Punkt an, und das Kollektiv folgte widerstandslos. Der Schwarmforscher folgert daraus für große Menschenansammlungen, dass wenige Prozent informierte Ordner in der Lage sind, schwere Unglücke, wie sie sich bei der Loveparade am 24. Juli 2010 in Duisburg ereignet haben, abzuwenden.

Sicher ist, dass sich Individuen eines Schwarms voneinander sozial angezogen fühlen. Im Multi-Agenten-System, in dem jeder einzelne Agent mit seiner ganz bestimmten Aufgabe betraut wird, so wie es auch in einem Bienen- oder Ameisenstaat der Fall ist, wird der Systemdesigner danach trachten, einen einzelnen Software-Agenten möglichst leichtgewichtig zu implementieren und die Intelligenz auf die Kooperation der Individuen zu verlagern. Was sehr abstrakt klingt, lässt sich an einem eher unappetitlichen Beispiel gut demonstrieren, denn auch zur Schwarmintelligenz wird beim Militär seit jeher fleißig geforscht.

Drohnen sind dieser Tage in aller Munde und der Bevölkerung unter dem Begriff der *Unmanned Aerial Vehicles*, »unbemannte Flugkörper«, kurz: UAV, geläufig. Dabei ist der Begriff leicht irreführend, denn unbewusst assoziiert man mit »unbemannt« auch »autonom«. Autonome Drohnen sind heute noch sehr selten im Einsatz, weshalb die gebräuchliche militärische Bezeichnung *Remotely Piloted Aircraft Systems*, also »ferngesteuerte Flugsysteme«, viel präziser ist. Doch seit jeher wird an der Autonomie dieser Systeme gearbeitet, die selbstständig und ohne menschliche Einwirkung den Weg zu ihrem Einsatzort planen und finden, dort Ziele aufspüren, identifizieren und *neutralisieren* sollen – wieder ein besonders zynischer Begriff aus dem Wortschatz der Militärs. Die intelligente Maschine mit Tötungsauftrag ist ein Szenario, dem die Menschheit bereits erschreckend nah gekommen ist.[44] Verursacht der Anblick einer einzelnen Drohne beim Zuschauer schon nervöses Schlucken und Druck in der Magengegend, wird es erst recht unangenehm, wenn man sich vorstellt, dass autonome Drohnen künftig im Hunter-Killer-Kampfverband kooperieren sollen. Nachdem Euro Hawk als unbemannte Plattform zur Fernmeldeaufklärung gedacht war, ein Projekt, das vom deutschen Verteidigungsministerium im Frühling 2013 abgebrochen wurde, zieht die Bundesrepublik Deutschland nun die Beschaffung ausländischer Kampfdrohnen in Erwägung. Beide Drohnentypen, Aufklärungsdrohne und Kampfdrohne, im Kollektiv »Hunter« und »Killer«, sind grundsätzlich verschieden in Aussehen, Größe und Aufgabenstellung, aber in einem modernen netzwerkzentrischen Kampfführungskonzept, so die Ansicht der Militärs, würden beide, wenn sie im Verbund kooperieren, perfekt Sinn ergeben. Die Aufgabenverteilung zwischen verschiedenen Drohnentypen führe zu gesteigerter Effizienz: Im Hunter-Killer-Kampfverband wird die unbewaffnete, mit Aufklärungssensorik bestückte Hunterdrohne von mehreren bewaffneten Killerdrohnen begleitet. Während der Hunter ausschließlich damit beschäftigt ist, Ziele zu extrahieren und zu bewerten, um sprichwörtlich festzustellen, wie viel es *wert* wäre, ein Ziel zu neutralisieren, verfügt eine Killerdrohne nur über Nahbereichssensorik für die Zielerkennung, dafür aber anders als die Aufklärungsdrohne auch über ihre ganz spezifische Bewaffnung. Als Software-Architektur, die jene Maschinen zu einem intelligenten Kollektiv machen würde, drängt sich ein Design als Multi-Agenten-System geradezu auf. Jede Drohne des Verbands würde durch einen Software-Agenten repräsentiert, der die Kommunikation mit seinen »Mitkämpfern« über kabellose Kommunikation übernähme. Einmal im Einsatz, fragt die Hunterdrohne nach erfolgreicher Zielklassifizierung und Aufbau einer »Zielliste« im Rahmen eines Bietverfahrens bei »ihren« Killerdrohnen an, wer denn bereit wäre, das am höchsten priorisierte Ziel zu neutralisieren. Im Bietverfahren wägt jede Killerdrohne, repräsentiert durch ihren kommunizierenden Agenten, den »Wert des Ziels« und dessen Gefährdungspotenzial für ein Land, ein Volk oder eine Truppe gegen seine eigenen Einsatzkosten ab. Und die sind leicht zu berechnen: Jeder Schuss kostet Geld, der Abschuss eines Bunkerbrechers mehr als der einer leichten Bewaffnung wie einer Hellfire-Rakete. Nicht alle Killerdrohnen werden deshalb »unreflektiert« auf das vom Hunter klassifizierte Ziel bieten. Eine *Hellfire* für einen weißen Van, ein Bunkerbrecher eben für einen Bunker. Passt die Bewaffnung auf das Ziel, darf die »passendste« Killerdrohne den Zuschlag erwarten; die Hunterdrohne wird sie in das Ziel einweisen, während sie selbst weiterhin das Zielgebiet überfliegt und im sich in Echtzeit ändernden Bedrohungsfall die Zielliste aktualisiert. Gelingt es der Killerdrohne, ihr Ziel auszuschalten, erhält sie eine »Belohnung« in Form eines positiven *Rewards*.

So bösartig sich dieses Szenario gibt, es handelt sich nicht um die Beschreibung eines besonders grausamen Computerspiels. Die schreckliche Wahrheit ist: Genau das ist die Realität unserer nahen Zukunft, und sie übertrifft unsere schlimmsten Albträume. Fliegende Drohnenkollektive sind noch nicht im Einsatz, doch das ist nur eine Frage der Zeit.[45] Zuvor müsste allerdings das Problem »Sense and Avoid«-Kollisionsschutzes gelöst sein. Ohne »Sense and Avoid« wird der produktive Einsatz von Drohnen, ob militärisch oder zivil, kaum möglich sein. Aus der Sicht der künstlichen Intelligenz erfolgt die Optimierung in einem solchen Kampfverband durch die Kooperation der Multi-Agenten im Bietverfahren und nicht durch das Berechnungsverfahren eines zentralen Optimierers mithilfe eines Supercomputers irgendwo im fernen Rechenzentrum.

Weitere Anwendungsfälle für die verteilte künstliche Intelligenz sind beinahe zahllos und natürlich auch ziviler Natur. Sie reichen vom intelligenten Management unserer Wasserversorgung über optimiertes Hafenmanagement bis hin zur innerstädtischen Kontrolle des Lieferverkehrs. Multi-Agenten und infrastrukturelle Großprojekte sind eine erfolgreiche Ehe eingegangen. Kontrolle allerorten. Aber haben wir selbst unsere eigenen Systeme noch im Griff? Die NSA, so das Gerücht nach der Causa Snowden, verstehe ihre eigenen Systeme nicht mehr richtig, und das ist nicht verwunderlich, denn künstliche Intelligenz ist eine *Black Box*. Man kann sie analysieren, aber das ist aufwändig und komplex. Noch unübersichtlicher und riskanter wird es dort, wo Schwarmsysteme nicht ausdrücklich programmiert wurden, sondern in Wechselwirkung miteinander dynamisch entstehen und ein »emergentes System« formen. Im »Internet der Dinge« meldet Ihr Smartphone Ihren Heizungsthermostaten, dass Sie sich nach getaner Arbeit auf dem Nachhauseweg befinden und sich Ihrem Wohnzimmer nähern, das Sie bei Ihrer Ankunft gerne auf Wohlfühltemperatur vorfinden würden. Bis dahin haben Ihre Thermostate alle Tagesdaten verarbeitet, die die Energiedynamik Ihres Hauses betreffen, mit Hygrometern wegen der optimalen Luftfeuchtigkeit in Ihrem Haus und mit elektronischen UV-Lichtmessgeräten zur Messung der Sonneneinstrahlung in die Zimmer kommuniziert und sich auch mit dem Chip im Halsband Ihrer Katze abgestimmt, damit das Kleintier auch dann nicht friert, wenn Sie außer Haus sind – jenes Kleintier, das in Konkurrenz mit einem Software-Agenten steht, der den Energieverbrauch herunterregeln will, wenn Sie nicht zuhause sind, das aber nicht so ohne Weiteres kann, weil sich der Vierbeiner verkühlen würde … Jetzt sagen Sie nicht, Sie hätten nicht schon immer von so viel Haustechnik geträumt. Verführerisch ist er in der Tat, der Optimalfall. Was aber, wenn es einmal nicht perfekt läuft? Wenn sich Modelle schlecht betragen, doch ein unwahrscheinliches Ereignis eintritt, künstliche Intelligenz uns falsch berechnet und wir zum *False Positive* werden, ein Brandmal, das wir niemals mehr auslöschen können, und wenn sich Wechselwirkungen zwischen Maschinen im emergenten System zu ungeplanten, ungeahnten Ereignissen aufschaukeln und unsere Wirtschaft ins Wanken bringen? Es gibt eine Blaupause in der Finanzindustrie. Sie hat uns bereits vorgelebt, womit wir rechnen müssen: der blinde Glaube an die Mathematik, exzessives algorithmisches Wettrüsten, das Eintreten des unwahrscheinlichen Desasterfalls und die Diktatur selbst ernannter Finanzeliten.

Drei. Big Data, Big Money

Welterschütterung ✦ Die neue Heimat der
Vertriebenen ✦ Globale Irrwege: Finanzialisierung
und Wirtschaftsnobelpreise ✦ Wird die Mathematik
zur schmutzigen Wissenschaft? ✦ Nach der Krise ist
vor der Krise: Big Data Finance 2.0

Welterschütterung

Am zweiten Septemberwochenende hatte der Sommer 2008 endgültig seinen Abschied genommen. Seit Freitag war das Thermometer kräftig um fast zwanzig Grad gefallen. Es hatte zu regnen begonnen, auf dieser Seite des Globus und an der Wall Street. In der historischen Rückschau könnte man den herbstlichen Temperatursturz fast wie ein böses Omen verstehen. In wenigen Stunden würden die Finanzmärkte weltweit einbrechen. Eine Korrelation? Keineswegs. Dass beide Messwerte, Außentemperaturen und Wertpapierpreise, so drastisch fallen würden, war Zufall. Beide Ereignisse standen in keinem statistischen Zusammenhang.

Noch fühlt sich der erste herbstliche Montagmorgen dieses 15. September wie ein normaler Montag an. Die Autobahn ist verstopft. Wie ein Lindwurm schlängeln sich Wagen, Stoßstange an Stoßstange, in Richtung City. Trotzdem liegt etwas in der Luft. Auf dem Weg ins Büro sitzt Florian Mayhoff am Steuer, unruhig und übermüdet. Dunkle Schatten liegen unter seinen Augen. Das ganze Wochenende hatte er beunruhigt die Nachrichten verfolgt und schon geahnt, dass ein historisches Wochenende verstrichen war. Langsam läuft der Verkehr wieder besser, und Mayhoff dreht am Lautsprecherknopf seines Autoradios.

»Es ist Punkt acht Uhr. Die Nachrichten«, meldet der Sprecher und gibt das Stichwort: »Erdbeben an der Wall Street. Lehman Brothers ist pleite. Bank of America übernimmt Merrill Lynch.«

Mayhoff kann nicht sagen, was ihn im Büro erwarten wird. Seit er der Rüstungsindustrie vor zehn Jahren den Rücken gekehrt hatte, war er zur Finanzindustrie gewechselt. Die Veränderung hatte er so nicht geplant, doch sie manifestierte sich als eines jener unerwarteten Ereignisse, die sich immer wieder durch die Lebenslinien einzelner

Menschen ziehen, wenn sie Gelegenheiten beim Schopf packen. Der Auslöser war unspektakulär: eine Konferenz in London. Sie sollte der Biografie Mayhoffs für immer eine andere Richtung geben.

1998 hatte Mayhoff ein Team von zehn Wissenschaftlern um sich geschart und war nach London gereist, um an einer Konferenz zum Thema *Bewertung von Optionen* teilzunehmen. Dabei hatte er keinen finanziellen Anwendungsfall wie für Aktienoptionen im Sinn. Als Entwicklungsleiter war das Thema der Optionsbewertung für ihn von ganz anderem Interesse. Eine Technologieabteilung lebt von der Forschung und der Entwicklung neuer Technologien und Produkte. Wenn mehrere solcher Projekte, eben ein Portfolio, um das Entwicklungsbudget eines Unternehmens konkurrieren, stellt sich die Frage, welches das vielversprechendste wäre. Welche Technologie würde sich voraussichtlich am meisten lohnen, welches Entwicklungsprojekt hätte die besten Aussichten auf Erfolg? Eine solche Bewertung konnte nur auf einem kreativen Ansatz beruhen, bei dem jedes Forschungsprojekt wie eine *Innovationsoption* auf künftigen Umsatz und Gewinn betrachtet wurde. Und die Priorisierung eines Projekts hing eben von dem Wert dieser Innovationsoption ab. Genau mit dieser Erwartung hatte Mayhoff einen Flug nach London gebucht: Gab es neue wissenschaftliche Erkenntnisse für die Modellierung solcher Optionsbewertungen?

Als Mayhoff den Tagungssaal betrat, hatte ihn die Mischung des Publikums überrascht. Wo er eine Zusammenkunft von Naturwissenschaftlern erwartet hatte, tummelten sich Banker und Versicherer mit wenig bis keiner Fachkenntnis vom Gegenstand der Betrachtung. Doch nach der einleitenden Eröffnung und den ersten Vorträgen begann Mayhoff, sich langsam wohler zu fühlen. Schon am späten Vormittag fielen die so vertrauten Begriffe aus der Welt der Mathematik. Als Mayhoff sich endlich interessiert vorbeugte, war der größte Teil der Zuhörerschaft fachlich hoffnungslos abgehängt.

Was der kleine, untersetzte Referent mit schütterem Haar, das sich am Hinterkopf in dunkle Locken kräuselte, vortrug, faszinierte ihn.

»Ich habe diesen mathematischen Ansatz genutzt, um sehr viel allgemeinere Probleme wie etwa die intertemporale Investitions- und Konsumentscheidung zu untersuchen«[1], erklärt der Amerikaner dem Auditorium. Mayhoff hatte den Erläuterungen gespannt gelauscht und sich erinnert.

Der Mann spricht zwar von Investitionsentscheidungen an der Börse, hatte Mayhoff gedacht, aber sein Problem gleicht der militärischen Identifizierung und Klassifizierung. Dort haben wir es mathematisch auf einem anderen Weg gelöst, als er hier vorschlägt.

Als Mayhoff dem Amerikaner bei der Mittagspause am Tisch gegenüber saß, hatte er ihn genau auf diesen anderen Lösungsweg angesprochen. Auf einer weißen Papierserviette kritzelten beide herum und skizzierten eine Gleichung.

»Könnte ich das Modell aus der Rüstung auch auf Investmententscheidungen anwenden?«, fragte Mayhoff den Amerikaner.

»Ja, das könnte funktionieren«, erwiderte Robert Carhart Merton, der innerhalb von drei Jahren den höchsten akademischen Olymp eines Wirtschaftswissenschaftlers erreicht und den tiefsten Fall durchlebt hatte, der einem Unternehmer widerfahren konnte. Noch 1997 hatte man Merton den Wirtschaftsnobelpreis verliehen. Schon ein Jahr später hatte seine Investmentfirma Long Term Capital Management (LTCM) den bis dahin spektakulärsten Konkurs eines quantitativen Hedgefonds angemeldet. Der Fonds des Wirtschaftsnobelpreisträgers hatte sich verspekuliert und eine Wette in Höhe des amerikanischen Verteidigungsetats verloren. Schon 1998, zehn Jahre bevor es fast selbstverständlich schien, private Finanzmarktakteure mit staatlichen Mitteln vor dem drohenden Bankrott zu retten, musste die amerikanische Notenbank den maroden Hedgefonds finanziell stützen, um einen Dominoeffekt und den Zusammenbruch des gesamten amerikanischen Finanzsystems zu verhindern. Wer also hätte 2008 ernsthaft behaupten können, die Geschichte hätte ihn nicht gewarnt?

»Das könnte funktionieren«, wiederholte Robert Merton. »Probieren Sie es einfach aus.«

Im Auto stellt Mayhoff die Heizung etwas höher ein, als sein Mobiltelefon zwischen die Nachrichten hineinschrillt. Er schaut auf das

Display. Ein Anruf vom anderen Kontinent – aus New York. Er hebt ab und hört, wie aufgeregt sein Wall-Street-Kunde am anderen Ende der Leitung ist.

»Wir versuchen seit Stunden, dich zu erreichen!«, ertönt es aus der Freisprechanlage. Es ist Jon Harris[2], der aufgeregte Chefhändler eines der weltweit größten Währungsfonds mit Sitz in den Vereinigten Staaten. Mayhoff hatte für den institutionellen Investor einen Handelsalgorithmus entwickelt. Bis dahin hatten die Währungshändler ausschließlich manuell ohne Algorithmus gehandelt, mit einer klugen Kapitaleinsatzstrategie den Löwenanteil des Fondsvermögens auf ultrakonservative Investments allokiert und nur einen kleinen Bruchteil auf den hochriskanten Währungshandel gesetzt[3], um damit die Gewinne insgesamt aufzubessern, doch dabei immer innovative Entwicklungen ihrer Branche im Auge zu behalten. Mayhoff mochte die Händler. Sie waren Profis ihres Fachs, was Mayhoff imponierte, und waren dabei trotzdem seriös und anständig geblieben. Politisches Intrigieren, wie Mayhoff es aus der Rüstungsindustrie kannte, war ihnen fremd. Stattdessen legten sie unter viel Testosteroneinfluss hin und wieder aggressives Benehmen an den Tag. Doch auch wenn der zwischenmenschliche Ton zumeist rau war, nach einem aufreibenden Handelstag waren die Händler verlässliche Kameraden. Ganz im Gegensatz zu ihren Bankmanagern.

Jetzt erwartet Mayhoff Harris' Anweisung, den Algorithmus seines Kunden wegen der jüngsten Verwerfung an der Wall Street auszuschalten. Doch er täuscht sich.

»Wir müssen sofort den *Prime Broker* wechseln. Alles muss sofort weg von AIG. AIG ist bankrott.«

American International Group, einer der weltgrößten Versicherungskonzerne! Unbemerkt und unbehelligt von der amerikanischen Finanzaufsicht hatte das amerikanische Versicherungsunternehmen eine hausinterne Investmentbank aufgebaut, die dieselben Dienstleistungen anbot wie eine Bank, darunter einen *Prime Broker Service*. Harris hatte einen Teil des Fondsvermögens auf einem Handelskonto bei der AIG deponiert und eine Kreditlinie, einen Hebel, eingerichtet. Wenn Harris mit den Großbanken dieser Welt Währungen tauschte, diskretionär oder algorithmisch, wurden die Gewinne oder Verluste auf das Handelskonto bei der AIG gebucht. Es war AIG, die die Deals des Fonds autorisierte.

Mayhoff war verwirrt. Von einer Schieflage der AIG war an diesem Wochenende nicht die Rede gewesen. Am letzten Freitag hatte Henry »Hank« Paulson, der ehemalige Chef der Investmentbank Goldman Sachs, den George W. Bush im Jahr 2006 zum amerikanischen Finanzminister berufen hatte, nur die Vertreter der größten Investmentbanken an der Wall Street in die Federal Reserve Bank einbestellt. Schon das verhieß nichts Gutes. Der Grund: Lehman Brothers war in eine solche finanzielle Schieflage geraten, dass ein Konkurs der Investmentbank kurz bevorstand. Paulsons Idee: Die Banken sollten sich untereinander einigen, wer Lehman übernehmen würde – staatliche Hilfe ausgeschlossen. Weltuntergangsstimmung an der Wall Street, und die Welt war über *Breaking News* live dabei.

In den Jahren vor 2008 war Lehman Brothers eine enorme Spekulationswette eingegangen und hatte zahlreiche Grundstücke in den Vereinigten Staaten auf Kredit gekauft in der Hoffnung, sie würden zu Bauland entwickelt, bebaut, verkauft, vermietet werden und so satte Profite für die Bank und ihre Kunden abwerfen. Immer mehr Risiko mit Hypothekaranlagen eingehen für immer höhere Gewinnaussichten, so lautete lange Zeit die Forderung des Lehman-Vorstandschefs. Kein Problem, dachten sich die Lehman-Banker, die Risikomodelle der Wall-Street-Mathematiker wären Versicherung genug gegen allzu hohe Verlustrisiken. Der Ingenieur Till Guldimann von J. P. Morgan & Co. war in den Achtzigerjahren einer der frühen Baumeister eines Risikoindikators mit der Bezeichnung *Value-at-Risk* (VaR). Seitdem waren weitere Risikomodelle hinzugekommen, darunter auch solche, die nobiliert wurden. Das Vertrauen in die Mathematik und ihre Quantifizierung des Risikos war schier grenzenlos, und bis 2007 schien Lehmans Plan tatsächlich aufzugehen. Das Jahr war ein Rekordjahr für Lehman, seine Aktie auf vierundachtzig US-Dollar gestiegen, und die Bank wies einen Jahresgewinn von vier Milliarden US-Dollar aus. Lehman, das

Wall-Street-Schwergewicht, war groß und stark geworden – dachte man.

Doch seit der amerikanische Immobilienmarkt im Jahr 2007 zu schwächeln begann und 2008 schließlich wie ein Kartenhaus in sich zusammenbrach, gingen Lehmans Wetten nicht mehr auf. Jedem US-Dollar Eigenkapital standen vierundvierzig US-Dollar Kredit gegenüber, investiert in verlustbehaftete amerikanische Liegenschaften. Nur kurz nach ihrem Rekordjahr war die Bank vom höchsten Gipfel des Erfolgs in den tiefsten und letzten Fall ihres Bestehens geraten.

Ja, die Geschichte wiederholt sich.

Merrill Lynch, die Bank of America, selbst die britische Bank Barclays, die auf dem amerikanischen Markt Fuß zu fassen suchte, waren also der ungewöhnlichen Aufforderung des Finanzministers gefolgt, sich schleunigst in der New Yorker Notenbank einzufinden. Um nichts weniger sollte es dort gehen als um die Rettung von Lehman Brothers. Nacheinander begannen die Banken mit der Prüfung der Bücher. Weil ein Konkurs von Lehman voraussichtlich eine Kettenreaktion auslösen würde, stand man einer Übernahme nicht von vornherein ablehnend gegenüber, und schon bald zeichnete sich ab, dass die Bank of America und Barclays als potenzielle Erwerber infrage kommen würden.

Doch eine Bank verfolgte ihre ganz eigene Strategie. Es war Merrill Lynch, die fürchtete, der Untergang Lehmans könnte sie selbst mit in den Abgrund reißen. Wie Lehman saß die Bank auf schlechten Immobilienwetten, ihre Aktie war um mehr als ein Viertel gefallen, und entweder würde sie noch mehr Abschreibungen vornehmen oder ihr Eigenkapital erhöhen müssen. Wenn die Bank of America Kaufinteresse an einer wirklich maroden Investmentbank, wie sie Lehman war, bekundete, wäre dann nicht die Übernahme von Merrill Lynch das eigentlich lukrativere Geschäft? Merrill Lynch verabredete sich mit der Bank of America außerhalb der New Yorker Notenbank zu einem informellen Gespräch. Am Ende stand der Handel fest: Die Bank of America kauft Merrill Lynch für fünfzig Milliarden US-Dollar. Als Kaufinteressent von Lehman war die Bank of America damit aus dem Rennen.

Inzwischen war ein hektisches Wochenende verstrichen, und es war Sonntag geworden. Wenige Stunden zuvor hatte Henry Paulson damit begonnen, europäische Kreditinstitute und Aufsichtsbehörden, darunter die Deutsche Bank und die deutsche Bankenaufsicht, über die drohende Misere in Kenntnis zu setzen. Als einziger Kaufinteressent für Lehman kam nur noch die britische Barclays-Bank infrage, die sich inzwischen weitere europäische Unterstützung für den Kauf gesichert hatte. Unter anderem hatte sich die Deutsche Bank dazu bereit erklärt, einige Milliarden US-Dollar bereitzustellen. Und während es schien, als würde man sich noch im letzten Moment einigen, schaltete sich die britische Finanzaufsicht ein: Die geschönten Lehman-Bilanzen und riesige Finanzlöcher der bankrotten Investmentbank verlangten nach einer staatlichen Haftungsgarantie über siebzig Milliarden US-Dollar, bereitgestellt durch den amerikanischen Staat. Immer schneller verrann die Zeit, die noch für eine Lösung blieb. In wenigen Stunden, nachmittags New Yorker Ortszeit, würden die asiatischen Märkte die neue Handelswoche eröffnen und sofort und ohne Zögern auf die jüngsten Vorfälle in Manhattan reagieren. Doch Henry Paulson blieb bei seiner Weigerung, für die Lehman-Schulden als Bürge einzustehen.

»Die britische Regierung untersagt Barclays, die Investmentbank Lehman Brothers zu übernehmen«, lautete schließlich die offizielle Bekanntmachung der US-Regierung, als klar war: Der versuchte Übernahmedeal von Lehman war endgültig gescheitert. Zurück blieben Barclays und die Welt mit offenen Fragen. Henry Paulson sollte ein unbeugsamer Verfechter liberaler Finanzmärkte und Beschützer amerikanischer Steuermillionen sein? Nur wenige Tage später stellte sich heraus, dass der Schutz des amerikanischen Steuerzahlers für ihn wohl weniger von Interesse war, denn die ebenfalls bankrotte AIG rettete der Finanzminister mit staatlichen Mitteln, ohne mit der Wimper zu zucken. Eine bessere Erklärung für das inkonsistente Verhalten des US-amerikanischen Finanzministers schien vielmehr ein unsäglicher Interessenskonflikt zu sein. Goldman Sachs, dem früheren Arbeitgeber Paulsons, war Lehman Brothers stets ein Dorn im Auge, denn Lehman gehörte zu den größten Konkurrenten von Goldman Sachs. AIG hingegen war Goldman-*Kreditnehmer*, und es stand fest, dass ein Konkurs von AIG potenziell auch zur Schieflage von Goldman Sachs geführt hätte. Einen Konkurrenten aus dem Weg geschafft, stattdessen einen Kunden gerettet – ein perfektes Geschäft aus der Sicht der »Goldies«, die einmal mehr ihrem Ruf gerecht wurden, clevere, aber unmoralische Jungs zu sein. Wenigstens bei Goldman Sachs konnte man aufatmen.

Schon um acht Uhr abends war der sonntägliche Himmel über New York stockdunkel. Das Lehman-Gebäude dagegen erstrahlte in gleißendem Neonlicht und war geschäftiger denn je. Kartonweise trugen Mitarbeiter ihre Habseligkeiten aus dem Hochhaus. Um zwei Uhr morgens war alles vorbei, für Lehman, seine Anteilseigner, Investoren und Gläubiger. Man hatte den Insolvenzantrag gestellt. Doch der wahre Sturm sollte jetzt erst losbrechen.

»Wir müssen unser Investmentkapital sofort von AIG abziehen und zu einer anderen Bank überweisen. Und du musst dafür sorgen, dass unser Algorithmus mit der neuen Bankverbindung integriert wird!«, insistiert Harris am anderen Ende der Welt.

»Moment, so schnell geht das nicht«, protestiert Mayhoff. Für die elektronische Anbindung zu Banken bestehen 2008 noch keine durchgängigen Standards, erst langsam setzt sich das *Financial Information eXchange Protocol* (FIX) als einheitliche Kommunikationsschnittstelle bei den Banken durch. Die elektronische Anbindung mit proprietären, nicht standardisierten Bankschnittstellen kann Wochen dauern, ganz zu schweigen von den Tests, die ausschließen sollen, dass ein Algorithmus bei der Bank den Desasterfall – einen Kurssturz oder *Flash Crash* – auslöst.

Harris ist gnadenlos. »Du hast drei Tage. Lass dir etwas einfallen.«

Am Abend jenes denkwürdigen Septembermontags wird der Euro gegenüber dem Dollar ganz leicht gestiegen sein, doch an den Börsen weltweit sind bis zum Abend siebenhundert Milliarden US-Dollar Unternehmenswerte vernichtet. Während Mayhoffs Handelsalgorithmus beim amerikanischen Fonds ruhig vor sich hin tickt und er und sein Team wieder eine Nachtschicht einlegen, um den Algorithmus in kürzester Zeit zu einer europäischen Bank zu migrieren, erlebt der Dow Jones den größten Einbruch seiner Geschichte seit den Anschlägen vom 11. September 2001.

Doch die Ruhe an den Währungsmärkten ist trügerisch, denn auch Währungen sind gegen die globalen Turbulenzen nicht immun. Mit einer Verzögerung von zwei Wochen setzt die Achterbahnfahrt des Euro ein, der jetzt tägliche Verluste von zweihundert, dreihundert Punkten verkraften muss, nur um am Ende des Desasterjahres 2008 mit ähnlichen großen Sprüngen wieder auf das Preisniveau vom Krisenwochenende zurückzukehren.[4] »Gewalttätig« ist das einzige Attribut, das Händler ihren Märkten jetzt noch anheften wollen. Alle statistischen Merkmale des Marktes, wie sie bis zum Lehman-Konkurs in den Preisbewegungen vorlagen, sind seit jenem denkwürdigen Wochenende obsolet. Automatische Handelsalgorithmen, die genau diese Statistik der Preiskurve ausnutzen, würden von nun an nie mehr so funktionieren wie vor der Krise. Ab jetzt wären sie nur noch für eines gut: für den Algorithmen-Friedhof. *Pre-Crisis-Algo*, R.I.P.

Die neue Heimat der Vertriebenen

Die ausschweifende Finanzialisierung unserer Zeit mit ihren außer Kontrolle geratenen Finanzmärkten steht wenigstens aus technologischer Sicht in einem engen Zusammenhang mit militärischen Big-Data-Technologien, ihren systembasierten Überwachungsmethoden und der Art und Weise, wie sie handelsrelevante Informationen mithilfe der Mathematik aus Rohdaten ableiten. Deshalb lohnt es sich, einen näheren Blick auf die Finanzindustrie der letzten zehn Jahre zu werfen, wenn wir wissen wollen, welche Auswirkungen Big Data auf die Zivilgesellschaft haben kann. Sofort schießen uns ganz frische Erinnerungen an *Flash Crashs*, »blitzartige Kursstürze«, oder langjährige Marktmanipulationen durch den Kopf, und wir ahnen: Das verheißt nichts Gutes. Wenn die Finanzkrisen der letzten Jahre etwas mit Big Data zu tun hatten und sie die Blaupause dafür sind, was wir jetzt auch in unserem bürgerlichen Alltag zu erwarten haben, sollten wir schleunigst darüber nachdenken, wie Gefahrenabwehr und Risikoprävention aussehen könnten. Denn wir alle pflegen einen leichtsinnigen Umgang mit Big Data in einem noch völlig ungeregelten Markt. Gefahr ist in Verzug, und es gilt, jetzt zu handeln.

Als Europäische Union haben wir ein ziemlich dynamisches Leben. In der Vergangenheit sind wir als Wirtschaftsunion zusammengewachsen. Geografisch erstrecken wir uns heute bis an die Grenzen Europas mit der Tendenz, beinahe darüber hinaus zu treten. Auch politisch haben wir Europa immer mehr Rechte anwachsen lassen. Kontroverses, beinahe Trennendes, wurde erst in den letzten Jahren diskutiert: Die negativen Auswirkungen einer einzigen Währung für viele Staaten mit ganz unterschiedlicher Wirtschaftskraft, die Abgabe nationaler finanzpolitischer Rechte an einen europäischen Rettungsschirm und die Haftung eines europäischen Staates für die Schulden eines anderen europäischen Staates.

Dennoch überwiegt der Wunsch nach Einheit, und so war es politischer Wille der späten Neunzigerjahre, die Rüstungsindustrie in Deutschland gemeinsam mit einem starken Partner, Frankreich, in einem weiteren europäischen Schulterschluss zusammenzuführen. Die deutsche Wiedervereinigung und der Zusammenbruch des Warschauer Pakts taten ein Übriges, als sich Militärstrategen nun neu überlegen mussten, wie sie sich und ihre Armeen in Zukunft positionieren und welch neuen Bedrohungsszenarien sie ausgesetzt sein würden.

Bis vor zwanzig Jahren war die deutsche Rüstungsindustrie gut diversifiziert. Auf internationale Rüstungsprojekte, auch auf NATO-Ebene, boten konkurrierende deutsche Unternehmen, darunter die Siemens AG Defense Electronics, die Daimler-Benz Aerospace AG, besser bekannt als DASA, die Firma Rheinmetall oder die Dornier-Werke bei Friedrichshafen. Die Firmen standen sich durchaus nicht friedfertig gegenüber, wenn es um Ausschreibungen und den Abschluss lukrativer Rüstungsverträge ging. Doch damit war ab 10. Juli 2000 Schluss. Ein europäischer Konzern, ein Kunstgebilde mit Namen European Aeronautic Defence and Space Company (EADS), das sich heute Airbus Defence and Space nennt, erblickte das Licht der Welt. Künftig sollten die deutsche DASA, die französische Aérospatiale-Matra und die spanische CASA ihre Anstrengungen für Rüstung und Luftfahrt unter einem Dach bündeln. In der Folge kamen selbst international erfolgreiche deutsche Rüstungsunternehmen nicht mehr davon, als die große Konsolidierungswelle einsetzte und schließlich auch starke Mittelständler in der übermächtigen EADS aufgingen. Siemens AG Defense Electronics mit Sitz in Unterschleißheim, das zum Münchner Technologiedreieck gehört, wurde selbst zu EADS, und Dornier in Immenstaad am Bodensee zu Cassidian, einem integrierten Geschäftsbereich des EADS-Konzerns, der in wenigen Jahren eine Quasi-Monopolstellung für die Lieferung von Rüstungsgütern an die Bundesrepublik erlangte. Man kann sich leicht vorstellen, dass ein Monopolist nicht immer einen gerechten Preis oder eine Topleistung anbieten wird. Das liegt in der Natur der Sache: Als Monopolist erreicht man eine Machtstellung gegenüber seinen Kunden, die man nicht ungenutzt lassen wird. Und wenn politisch gewollt, dann umso besser.

Firmenkulturelle Unterschiede lassen sich nicht leicht überbrücken, und alte Feindschaften können eine lange Lebensdauer haben. Einige der vielsprechenden Nachwuchswissenschaftler, die intelligente Maschinen und ihre Algorithmen für die Rüstungsindustrie entworfen hatten, waren über die Aussicht, in Zukunft mit ihren vormaligen Erzfeinden kooperieren zu müssen, derart aufgebracht, dass sie dem neu gegründeten Konzern schlicht den Dienst quittierten. Was ein solcher *Brain Drain*, die Abwanderung von Experten, für die Wissensbilanz eines Unternehmens bedeutet, kann sich derjenige am besten vorstellen, dessen Geschäftsmodell auf Spezialisten angewiesen ist, die Spitzentechnologie entwickeln und damit zum unverzichtbaren und wertvollsten Teil eines Unternehmens gehören. Schon hier wird klar: In einem Unternehmen, das entscheidend auf Wissen und Können seiner Mitarbeiter angewiesen ist, gehört der Mensch zum Wertvollsten, was ein Unternehmen zu bieten hat. »Human Resource Management« ist deshalb ein Begriff, der am Wesentlichen vorbeigeht. Für ein Unternehmen, zu dessen Kern

Wissensmitarbeiter gehören, kann ein Mitarbeiter niemals nur eine Ressource sein. Vielmehr darf er als Mensch maximale Anerkennung seiner Arbeit erwarten, nicht nur in Form eines Entgelts. Genauso wenig wollen Wissensmitarbeiter *gemanagt* sein: Sie erwarten Führung und eine Unternehmenskultur, in der Vorgesetzte wie Dirigenten eines Orchesters sind, die viele einzelne Stimmen zu einem harmonischen Ganzen zusammenführen können.

Konzernkultur ist hierfür denkbar ungeeignet und dient wenig den innovativen Kräften von Technologen und Wissenschaftlern. Innovation findet nur in sehr kleinen Teams statt, kommt von Einzelnen oder winzigen Gruppen. Hohe Kommunikationskosten und zähe Selbstverwaltung in Konzernstrukturen fördern Innovation nicht. Und so verwundert es nicht, dass heute, rund fünfzehn Jahre nach der tiefgreifenden Veränderung der deutschen Rüstungsindustrie, aufgrund beider Faktoren – des *Brain Drain* und der inhärent innovationsfeindlichen Struktur der Branche – keine sensationell neuen technologischen Entwicklungen stattgefunden haben. Im Gegenteil: Mit all dem Fusionieren, Akquirieren und Konsolidieren hatte Deutschland inzwischen einen Großteil seiner Radartechnologie verloren und nach Großbritannien verkauft, und auch für dringend benötigte Aufklärungstechnologien wie die Datenfusion, das automatische Identifizieren von Emittersignalen oder das *Sensor Cueing*, die automatische »Sensorsteuerung«, war das Wissen darüber, wie viel mehr technologisch machbar war, einfach evaporiert. Was wir heute sehen, ist nicht sehr viel innovativer, als es schon vor fünfzehn Jahren war. Denn kreativ, wie einige helle Köpfe unter den betroffenen Wissenschaftlern waren, suchten sie nach einem neuen Betätigungsfeld, in dem sie ihre militanten Systeme genauso gut einsetzen konnten wie beim Militär selbst. Und sie wurden fündig. Der Mathematiker wurde zum Finanzmarktakteur und fasste als *Quant*, als »quantitativer Analyst«, der mit Zahlen spielt, in der Finanzindustrie erneut Fuß. Wie eine vertraute Spielwiese erschien den Mathematikern und Physikern die Börse, denn auch bei Spekulationen geht es nicht-kooperativ wie im Krieg zu. Expertenwissen, das Macht und Kontrolle verhieß, hatte das rein hoheitliche Umfeld verlassen und war unkontrolliert in eine Industrie ausgeströmt, die weder nett noch sonderlich intelligent war und sich, wie wir inzwischen gesichert wissen, durch Laster wie Gier, Rücksichtslosigkeit und hohe kriminelle Energie auszeichnete.

Auch für die Börse gilt das, was Generalmajor Stephen Schmidt seinerzeit über die AWACS-Modernisierung sagte:

»Eine Streitmacht ist dann erfolgreich, wenn sie über einen Informationsvorteil verfügt.« Mit den Worten eines Händlers könnte man das Zitat abwandeln und sagen, ein Händler macht dann profitable Deals, wenn er nicht nur über rohe Marktdaten in Echtzeit, sondern rechtzeitig über die *Privatinformation* eines Insiders verfügt. Insiderinformation, so hofften die Börsianer, würde man entweder mithilfe der Überwachung von Aktienkursen, Firmennachrichten, des »Sentiments« und der Datenfusion *rekonstruieren* und so quasi legal wie ein Insider handeln können. Oder man müsste *schneller* als andere Marktteilnehmer über handelsrelevante Informationen verfügen. In beiden Fällen könnte man mit dem Wertpapierhandel hohe Profite erzielen. Und das alles sollte sich bewahrheiten. Voraussetzung aber waren enorme Investments in Rechner- und Netzwerkinfrastruktur – und in das mathematisch-algorithmische Know-how von Data Scientists, die ihre Erfahrungen bereits bei ähnlichen kombattanten Aufgabenstellungen in der Rüstungsindustrie gemacht hatten.

Die Konzepte und die Erfahrung der Quants, die in der Finanzindustrie nichts anderes taten als das, was sie bisher in der Rüstungsindustrie unternommen hatten, waren den Wall-Street-Bankern deshalb nur allzu willkommen. Sogar in der Sprache, wie sie die Banker inzwischen benutzten, kam beredt zum Ausdruck, wie sehr man sich den militärischen Jargon aneignete.

»Es gilt, unsere Gegner zu zermalmen und alle Menschen zu besiegen, die uns im Weg stehen. Wir werden ihnen das Herz herausreißen und es aufessen, noch bevor sie sterben.«

Markige Sprüche nicht von einem Krieger, sondern von Richard »Dick« Fuld, genannt »Der Gorilla«, Börsenhändler, später langjähriger Chef der mächtigen Investmentbank Lehman Brothers und

Verursacher der bislang größten Pleite der Menschheitsgeschichte. Und an der Chicago Mercantile Exchange (CME) hatte man inzwischen zwar kein *Combat Information Center* oder ein *Combat and Reporting Center*, wohl aber ein *Global Command Center*, eine »globale Kommandozentrale«, eingerichtet.[5]

Der Siegeszug von Handelsalgorithmen, des sogenannten *Algorithmic Trading*, und der ihnen zugrunde liegenden mathematischen Modelle wurde besonders durch die technische Entwicklung der letzten zehn Jahre befeuert. Seitdem wird Geld häufiger von Maschinen verdient als von Menschen. Immer schnellere und leistungsfähigere Hochleistungsrechner, die Miniaturisierung von Speicherkapazitäten, die zunehmende Verfügbarkeit von Daten aller Finanzinstrumente und die Verlegung von Hochgeschwindigkeitskabeln zwischen Börsenplätzen ermöglichten die immer rasantere Entwicklung neuer finanzmathematischer Modelle mit steigender Komplexität und zunehmender Geschwindigkeit. Im selben Maß, wie die Anzahl der elektronischen »Goldenen Gänse«, der Finanzalgorithmen, zunahm, wuchs die Begeisterung für sie, aber auch die faktische Abhängigkeit von Händlern und institutionellen Investoren, die sich im Einzelfall bis zur Hörigkeit steigern konnte.

»Wir leben und sterben mit der Profitabilität unserer Algos«, sagte Richard Balarkas, Global Head of Advanced Execution Services bei der Credit Suisse First Boston, schon im Jahr 2005.

»Je besser die Technologie, desto mehr Geld verdienen unsere Kunden.«[6]

Die Folgen dieser Entwicklung bekommen wir heute zu spüren. Das Börsengeschehen hat sich zunehmend von der Realwirtschaft entkoppelt. Hatte man einst die Mathematik herangezogen, die Märkte zu *erklären*, ist man inzwischen dazu übergegangen, die Märkte mithilfe der Mathematik nach Wunsch zu *formen*. Nichtkooperative Investmentspielchen spielen, die Handelspartner absichtlich täuschen, indem man den Markt manipuliert, Signale im Preisgefüge von Angebot und Nachfrage aufspüren und Spielstrategien über die Zeit aufbauen, um zu siegen, also am Ende einer »Episode«, des Handelstages oder der Handelswoche, profitabel zu sein:

Das algorithmische Wettrüsten außerhalb des Militärs ist seit fünfzehn Jahren die Realität im Investmentgeschäft.

Globale Irrwege: Finanzialisierung und Wirtschaftsnobelpreise

Historisch betrachtet, haben technologische Fortschritte schon immer gesellschaftsübergreifend zu großer Euphorie, sozialen Veränderungen, neuen Geschäftsmodellen, aber auch zu spekulativen Blasen geführt; daran hat sich seit der Erfindung der Dampfmaschine nichts geändert. Seit ab den späten Achtzigerjahren Unternehmen wie Microsoft oder Apple ihren Siegeszug rund um den Globus antraten, in dessen Verlauf ihre Gründer und frühen Mitarbeiter, die Inhaber von Stock Options, zu Multimilliardären wurden, starrten alle wie gebannt auf jene amerikanischen Erfolgsgeschichten, die klischeehaft in einer Garage begonnen hatten und auf den Vorstandsetagen eines Milliardenunternehmens endeten. Man kam ins Grübeln: Statt zu arbeiten, um Geld zu verdienen, wäre es doch viel lukrativer und vor allem einfacher, Geld in ein Unternehmen zu investieren, ein wenig abzuwarten, bis der Unternehmenswert genug gestiegen war, um dann mit einem Vielfachen des ursprünglichen Investitionsbetrags, dem *Multiple*, Kasse zu machen. Geld würde also selbst mehr Geld produzieren – das war, das ist noch immer das große Versprechen des Finanzmarktkapitalismus. Während Banken im Realkapitalismus Kredite an Unternehmen ausgeben, damit diese das geliehene Geld in Produktionsgüter investieren und wachsen können, was dem wirtschaftlichen Wachstum insgesamt zugute kommt, beginnt mit der *Finanzialisierung* das Finanzsystem alles zu dominieren. Man setzt bevorzugt auf Finanzwetten statt auf die Realwirtschaft. Machten noch 1990 alle globalen Finanztransaktionen das Fünfzehnfache des realwirtschaftlichen Weltbruttoinlandsprodukts aus, stiegen sie bis 2007, als die amerikanische Immobilienkrise ihren Anfang nahm, auf das Siebzigfache an.[7] Allein der Derivatehandel, darunter Kreditausfallversicherungen für schlecht gesicherte Kredite, war vor dem Bankenbeben 2008 etwa so hoch wie das gesamte Weltbruttoinlandsprodukt – ein ungesundes, gefährliches Verhältnis, das anzeigte: Es war mehr Papier auf dem Markt als reale Forderungen. Angetrieben wird die Finanzialisierung durch viele Faktoren: durch die Deregulierung von Banken und Börsen unter Ronald Reagan und Margaret Thatcher, die Bankenspekulationen erstmals nach der Weltwirtschaftskrise 1929 wieder liberalisierten[8]; durch die globale Verbreitung des Internets; durch die unbegrenzte Menge Geld im Markt, seitdem Zentralbanken eine Politik der monetären Lockerung betreiben; und durch die Mathematiker und Physiker, die in den Neunzigerjahren begonnen hatten, der »Finanzalchemie« einen seriösen, wissenschaftlichen Anstrich zu verleihen. Aufgabe dieser Quants ist es, ständig neue und komplexere Finanzprodukte für die Finanzwirtschaft zu liefern. Investieren wird immer mathematischer, immer technischer, schneller und quantifizierbarer und, so glaubt man jedenfalls, vorhersagbar mit beherrschbarem Risiko. Mathematische Modelle und Algorithmen beginnen, die Spekulation zu dominieren. Manchmal gilt der Mathematik schrankenlose Bewunderung, doch häufig verstehen Banker und Manager weder die geistige Anstrengung, die mit der Implementierung eines finanzmathematischen Modells einhergeht, noch das Modell selbst, das daraus hervorgeht. Trotzdem gilt, dass man sich sicher fühlt, seit die Mathematik mit ihren Modellen das Zepter an den Finanzmärkten schwingt. Zum Gefühl der Sicherheit trugen auch Schwedische Reichsbank und Nobelpreiskomitee bei, als die Mathematiker und Wirtschaftswissenschaftler Robert Merton, Myron Scholes und Fischer Black im Jahr 1997 für ihr Modell zur Bewertung von Aktienoptionen nobiliert wurden. Die Wissenschaftler griffen sich eine beliebige Aktie heraus, bauten ein statistisches Modell zum Preisverhalten der Aktie auf und berechneten, basierend auf den Annahmen ihres Modells, wie hoch der faire Preis für eine Aktienoption wäre, die das Risiko der Wertentwicklung der Aktie ausgleichen würde. Die Methode setzte sich an der Chicagoer Börse schnell durch, wo Myron Scholes eine Position als Aufsichtsratsmitglied bekleidete, und es war nur konsequent, sich seitdem an den Handelsplätzen ganz und gar auf die Mathematik zu verlassen, wenn es um die Bewertung von Risiken ging.

Ein weiterer Wirtschaftsnobelpreis ging im Jahr 1994 an den schi-zophrenen Mathematiker John Forbes Nash (*1928) für seine Erwei-terungen der Spieltheorie. Schon unsere Schulklassen lehrt man das »Börsenspiel«, wenn Vertreter örtlicher Banken vor Kindern auftre-ten, um ihnen das Investieren zu erklären. Angesichts dessen, dass die technisch hochgerüsteten Börsen von heute längst nicht mehr das sind, was wir uns vorstellen, ist das »Börsenspiel« unseriös. Die Börse ist kein Spielplatz. Was der Privatinvestor für die Börse hält, ist längst ersetzt durch eine maschinelle Parallelwelt, in der nur noch Computer mit Computern handeln. Ihre Handelsaktivitäten haben nichts mehr mit der Realwirtschaft zu tun. Das Bild vom Börsen-händler, der Aktienkurse auf seinem Computerbildschirm überwacht und einen elektronischen Auftrag erteilt, ist nicht mehr zeitgemäß, auch wenn wir daran festhalten, um ein inzwischen sehr abstraktes Geschehen wenigstens ansatzweise zu begreifen. Richtiger wäre, an blinkende Leuchtdioden in riesigen Rechenzentren zu denken. Jedes Aufblitzen wäre eine Kaskade elektronischer Handelsaufträge, die eine Maschine einer anderen Maschine erteilt, in kürzerer Zeit, als Sie einen Wimpernschlag tun. Dass man dennoch bereits unsere Jüngsten zum Investieren erzieht, zeigt, wie weit die Idee der Finan-zialisierung bereits um sich gegriffen hat. Dabei profitiert nur der von der Finanzialisierung, der bereits über finanzielle Mittel verfügt. Nur wer Geld zum Investieren hat, kann aus Geld noch mehr Geld ma-chen. Wer jedoch darauf angewiesen ist, für seinen Lebensunterhalt zu arbeiten, ist der Verlierer der Finanzialisierung. Wer noch arbei-tet, ist der »neue Arme«.

Wer die Börse dennoch als Spiel begreift, übt mit hoher Wahr-scheinlichkeit den Beruf eines Data Scientist aus. Die Börse, so könnte man vermuten, böte sich als die Arena schlechthin für die nicht-kooperativen Spiele des John Nash an. Vorsätzliche Falschin-formationen auszusenden, die den »Gegner« über die eigenen Kauf- oder Verkaufsinteressen täuschen und ihn so zu einer gutgläubigen Handlung verleiten, sind gezielt lancierte elektronische »Lügen«, um sich im »Spiel«, so wie es die Data Scientists modellieren, ei-nen finanziellen Vorteil zu verschaffen. Hier setzten die Quants zuerst an, um Wertpapiere möglichst kreativ und deshalb profitabel zu handeln. Zuerst betrachten sie die Markttiefe des *Order Book*, des elektronischen »Auftragsbuchs«, das im Gegensatz zu den rohen Preisdaten eines Finanzinstruments mehr und zusätzliche Einsichten über Angebot und Nachfrage gewährt. Denn im Auftragsbuch stehen sich Angebot und Nachfrage in Echtzeit gegenüber. Zusätzlich zum aktuellen Preis eines Wertpapiers kann der Händler aus dem Auftragsbuch erkennen, bei welchem Preisniveau die höchsten Angebote für ein Finanzinstrument liegen und wie viele Angebote zu diesem Preis abgegeben werden. In Verbindung mit dem gerade gehandelten aktuellen Marktpreis kann der Händler prognostizieren, in welche Richtung sich der Preis des Finanzinstruments kurzfristig entwickeln wird, und sich entsprechend positionieren. So weit die Theorie – wenn die Schlussfolgerung, die der Händler aus dem Auftragsbuch zieht, nicht *falsch* ist. Denn genau hier ist Raum für Manipulation und Täuschung, eben für die nicht-kooperativen Spiele der Spieltheorie. Denn wer mit dem Auftragsbuch handelt, wird schnell auf den Gedanken kommen, es könne lukrativ sein, andere Marktteilnehmer über die eigene Investitionsstrategie zu täuschen. Wer eine Aktie *shorten*, »leer verkaufen« will, wird sich einen hohen Verkaufspreis wünschen. Um den Preis in die Höhe zu treiben, greifen findige Quants nach einem Trick, der nach Geschwindigkeit verlangt: Ein Algorithmus täuscht vor, das Wertpapier für einen hohen Preis erwerben zu wollen, und stellt ein entsprechendes Angebot in das Auftragsbuch ein. Der Markt freut sich über die Nachfrage, andere Investoren ziehen mit, doch gerade noch rechtzeitig, bevor das eigene überhöhte Angebot von einem anderen Marktteilnehmer angenommen wird, zieht der Algorithmus die Kauforder zurück. Wo gerade noch eine Kauforder auf dem Bildschirm zu sehen war, ist plötzlich Leere, und das Kaufangebot ist verschwunden. Stattdessen blinkt im Auftragsbuch ein algorithmisches Verkaufsangebot auf. Die Aktie hat man dann zu einem höheren Preis leer verkauft, wenn ein anderer Händler das neue Angebot annimmt. Auch diese und ähnliche Täuschungsstrategien haben ihren Ursprung beim Militär, für das Universitäten zum Thema *Intentional Lying of Counterpar-*

ties, »absichtliches Lügen des Gegners«, forschen. Lügen im Marktgeschehen – es gibt mathematische Modelle, die berechnen, wie viel Profit in einer Lüge steckt.[9]

Regulierungsbehörden fordern von Börsenplattformen Vorkehrungen, solche Marktmanipulationen zu identifizieren und zu melden, damit sie geahndet werden können.[10] Dabei ist die nicht-kooperative Spieltheorie des John Nash in ihrer Reinform an der Börse gar nicht anwendbar, weil sein Modell zwei Grundannahmen trifft, die die reale Börse nicht erfüllt: Sein Spielaufbau geht von wenigen, abzählbaren Spielern aus, die alle dasselbe Ziel verfolgen. Noch wichtiger: Nashs Spieler denken *rational und verfügen immer über vollständige Information.* Beide Annahmen treffen auf die modernen elektronischen Handelsplätze nicht zu, nicht einmal dort, wo es ein Investor mit einer einzigen *Counterparty*, der »Gegenpartei«, zu tun hat, wie es beim institutionellen Währungshandel zwischen Banken und ihren Kunden häufig der Fall ist. Den Preis der Währung bestimmt die Bank als »Primärhändler«, *Market Maker*, und die Bank ist auch der einzige Vertragspartner beim Abschluss des Geschäfts. Doch der Primärhändler hat immer mehr Information als der Kunde. Dazu gleich mehr, wenn es um die Rekonstruktion von »Privatinformation« mit Big-Data-Analysetechnologien geht.

Anders als im klassischen Spiel des John Nash treffen sich an modernen, zentralen Handelsplätzen Tausende Investoren, die viele unterschiedliche Strategien spielen. Ein Investor hat langfristige Anlageziele, der andere handelt ganz kurzfristig. Ein dritter Investor möchte Risiko abbauen und veräußert seine Wertpapiere. Ein vierter will genau das Gegenteil, kauft das Papier und übernimmt das Risiko bereitwillig; Kapital bewegt sich von dem, der es hat, zu dem, der es zu übernehmen bereit ist.[11] Letzteres mache die Rationalität der Märkte aus, behaupten manche Wissenschaftler. Doch die Rationalität der Märkte ist ein Mythos, der überholt ist.

»Aber wie können wir wissen, wann es irrationaler Überschwang ist, der zu einer übertriebenen Bewertung von Wertpapieren führt?«, ist eine Äußerung Alan Greenspans aus dem Jahr 1996, die es zu Berühmtheit gebracht hat, weil sie nochmals in Worte fasst, was John

Maynard Keynes schon in den 1930er-Jahren aussprach: dass die Märkte vornehmlich beherrscht seien von unseren Trieben, die das Geld und die Geldmacherei lieben.[12]

An der Theorie rationaler Märkte hatte man zu zweifeln begonnen, und tatsächlich bestätigte sich in der Realität das irrationale Verhalten der Kapitalmärkte, wie sich am Platzen der Internetblase zeigte.

Am 20. März 2000 erschien ein Artikel im Finanzjournal *Barron's*, der einundfünfzig Internetfirmen auflistete, denen in den kommenden zwölf Monaten das Geld ausgehen würde. Die Informationen für den Artikel hatte man aus dem Internet zusammengetragen, besonders aus den eigenen Geschäftsberichten der Unternehmen, die sie bei der US-Börsenaufsicht zur Veröffentlichung eingereicht hatten. Die Recherchearbeit der Journalisten war zwar keine maschinelle Datenfusion, lief aber im Ergebnis auf dasselbe hinaus: rohe, irgendwo verteilte Unternehmensdaten aufzufinden, zu aggregieren und eine für die Leser relevante Information zu erzeugen. Die Firmendaten waren auf diese Art noch nie präsentiert worden, und der Schock nach der Massenpsychose, in der man auf die Illusion ständig steigender Aktienkurse setzte[13], ließ nicht lange auf sich warten. Plötzlich war jeder, der in die neuen Märkte und die vielversprechenden Geschäftsmodelle des Internets investiert hatte, wie *besessen* vom Risiko. In kürzester Zeit platzte die Internetblase, in Deutschland wurde der Neue Markt, den die Deutsche Börse 1997 für vielversprechende Hochtechnologieunternehmen mit etwas Umsatz ohne Gewinne eingerichtet hatte, nach nur sechs Jahren Lebenszeit im Jahr 2003 aufgelöst. Viele Anleger, die auf Internetgeschäfte gewettet hatten, trugen Totalverluste davon.

Die Annahme des rationalen Marktes ist aber genau der Kunstgriff, den die Wissenschaftler unternehmen, wenn sie finanzmathematische Modelle entwickeln. Die Annahme des rationalen Marktes verfolgt hier einen ähnlichen Zweck wie die Annahme der Normalverteilung einer Variablen. Wenn man sich nicht weiterzuhelfen weiß, wenn man das Investorenverhalten nicht im Detail kennt und modellieren kann, dann nimmt man eben an, der Markt verhalte sich rational. Und schon ist man einen Schritt weiter mit seinem Modell. Modelle sind eben Krücken, nicht mehr als das – und so vorsichtig zu rauchen wie Marihuana. Modelle, wo immer sie zur Anwendung kommen, ob zur Risikoprognose oder zur Analyse und Prognose des Bürgers und Konsumenten, spiegeln immer nur einen Teil der Wirklichkeit wider und sind deshalb nie vollständig. Mehr Anspruch erheben sie nicht, sie sind und bleiben Modelle. Dabei ist die Welt der Physik leichter beobachtbar als die Welt der Gesellschaft. Was treibt gesellschaftliches Verhalten an? Die Frage zeigt, dass die Anzahl der latenten Variablen bei gesellschaftlichen Fragestellungen besonders groß ist. Selbst der beste Data Scientist kann nicht aus reiner Beobachtung auf ein bestimmtes gesellschaftliches Verhalten schließen. Das Wetter ist deshalb besser vorhersagbar als das Verhalten von Finanzmärkten, die nicht rational sind, sondern auch von sozialen Faktoren und der Psychologie bestimmt werden. Die *Behavioral Economy*, die »Verhaltensökonomie«, berücksichtigt genau jene psychologischen Faktoren. Doch »weiche« Faktoren, etwa wenn Investoren einer Herde folgen oder Investitionsentscheidungen aus dem Bauch heraus treffen, lassen sich weniger gut mathematisch modellieren als harte, quantitative Fakten, wie sie der Preis eines Investmentprodukts verkörpert.

Natürlich hat auch die nicht-kooperative Spieltheorie, ähnlich wie finanzmathematische Modelle zur Risikostreuung, zu tieferen Einsichten in das Marktgeschehen geführt und das Funktionieren der Märkte besser erklärt. Wenn wir nicht nur einen einzelnen Finanzplatz wie die Börse betrachten, sondern stärker abstrahieren, dann erkennen wir das nicht-kooperative Spiel Nashs als Kampf zweier Systeme. Eines davon hat fast gesiegt: der angloamerikanische Turbokapitalismus der deregulierten Finanzmärkte, der schon den Kommunismus aufgerieben hat. Seine Zielfunktion beruht auf den Erwartungen des egoistischen *Homo oeconomicus*, maximalen Gewinn zu erzielen, und zwar ohne jede Rücksicht auf Verluste. In den vergangenen Jahren hat sich der Turbokapitalismus gegen die soziale Marktwirtschaft gewendet. Jetzt ist sie es, die in Agonie liegt. Unser rheinischer Kapitalismus ist – in mathematischen Worten ausgedrückt – das *Paretooptimum*, ein Optimum, das auf Ausgleich aller an der Marktwirtschaft Beteiligten bedacht ist. Das Kapital darf sich nur so weit ausdehnen, bis es an die Rechte der Arbeit oder des Privateigentums stößt, und nicht darüber hinaus. Demgegenüber kennt der angloamerikanische Turbokapitalismus nur die eine Nutzenfunktion: Gewinn maximieren, bis Blut fließt. Im Kampf der Systeme ist die soziale Marktwirtschaft schon allein deshalb unterlegen, weil ihr Gewinnoptimum immer unterhalb des Gewinnmaximums des Turbokapitalismus liegt. Sie wird zum Opfer des Raubtiers werden, und das ist nicht mehr als logisch, denn das stärkere System gewinnt immer. Schließlich ist es optimal.

Wird die Mathematik zur schmutzigen Wissenschaft?

Die Physik gilt als »schmutzige« Wissenschaft, weil sie zerstörerische Kräfte freisetzt, etwa mit der Atombombe. Lange Zeit stand ihr die Mathematik als die »reinste« aller Wissenschaften gegenüber, aber ist das Attribut der Reinheit heute noch haltbar? Denn inzwischen sind die Quants dazu übergegangen, die Preisbewegungen an Börsen bewusst zu beeinflussen und nach ihrem Willen zu gestalten. Mit der Mathematik und ihren Algorithmen und intelligenten Maschinen hat ein modernes *Terra Forming* der globalen Finanzmärkte eingesetzt. Gleichzeitig bedeutet dies die bereits erwähnte Entkopplung der Finanzmärkte vom realen Wirtschaftsgeschehen. Damit geht die Expertokratie derer einher, die sowohl über das wissenschaftliche Know-how verfügen zu verstehen, was an den Märkten tatsächlich vor sich geht, als auch über die Maschinerie, die Märkte nach ihrem Gutdünken zu gestalten. Und damit hat der private Investor, der gehalten ist, für seine Pension zu sparen, auf jeden Fall das Nachsehen, denn im Zweifel ist er nur Spielball der Märkte und nicht mehr Mitspieler.

Als die britische Monarchin im November 2008 der London School of Economics einen Besuch abstattete, stellte Ihre Majestät die Frage, warum die Wissenschaftler das globale Bankenbeben nicht hatten kommen sehen.[14] Ein halbes Jahr später erhielt Ihre Majestät Antwort von zwei Wirtschaftswissenschaftlern, den Professoren Tim Besley und Peter Hennessy, die auf der letzten Seite ihres Antwortschreibens zusammenfassten:

»Das Unvermögen, den Zeitpunkt, das Ausmaß und die Schwere jener Krise vorherzusagen und ihr zuvorzukommen, hatte zahlreiche Ursachen, doch insbesondere haben viele intelligente Menschen, national und international, kollektiv versagt, als es darum ging, die systemischen Risiken für das gesamte Wirtschaftssystem zu begreifen.«[15]

Spätestens hier stellt sich die Frage, wie viel Anteil man den finanzmathematischen Modellen, wie sie bis dahin zur Bewertung von Investmentrisiken herangezogen wurden, an der globalen Finanzkrise zurechnen muss. Ist *Big Data@Wall Street* eine neue *Risikotechnologie*, die weltweite Finanzbeben verursacht oder wenigstens fördert?

Mit der Verbriefung riskanter Hypotheken, die in Anlehnung an die Neutronenbombe später auch als »Neutronendarlehen« bezeichnet wurden – der Investor Warren Buffet hatte bereits 2003 davor gewarnt, Derivate seien Massenvernichtungswaffen[16] –, glaubte man, Kreditausfallrisiken nachrangiger US-Hypotheken so weit »weggerechnet« zu haben, dass sie nicht mehr ins Gewicht fallen würden. Der amerikanische Versicherer American International Group, AIG, war ein Meister des Weiterverpackens und »Verdünnens« toxischer Hypothekarkredite. Die Versicherung hatte *Collateralized Debt Obligations* (CDOs), die mit Neutronendarlehn besichert waren, in Höhe vieler hundert Milliarden US-Dollars erworben und führte sie nun mit anderen, rentablen Finanzprodukten zusammen, mit denen sich durchaus Geld verdienen ließ, etwa Kreditkartendarlehen. Mit der Verbriefung entstand wiederum ein neues Wertpapier. Das Neutronendarlehen verschwand hinter all den anderen Krediten, das Risiko wäre ausreichend verwässert, glaubte man. Womit keines der Risikomodelle rechnete, war ebenjenes unerwartete Ereignis, dass der amerikanische Traum vom eigenen Haus mit ganz großem Knall zerplatzen würde. Als die US-Immobilienpreise zu stagnieren begannen, schnappte die Falle für die ärmsten Amerikaner unter den Hauseigentümern zu, die ab jetzt ihren finanziellen Rückzahlungsverpflichtungen nicht mehr nachkommen konnten. Das *Heavy Tail* einer Variablen war unterschätzt worden, als die Normalverteilung in den Modellen mit nicht mehr als vernachlässigbarer Wahrscheinlichkeit davon ausging, dass der amerikanische Immobilienmarkt insgesamt kollabieren würde. Und, das weiß man heute im Nachhinein, man verfügte nicht über ausreichende Erfahrung mit den neuen Wertpapieren. In die Sprache des Data Scientist übersetzt heißt das, man hatte nicht hinreichend historische Daten aus einem längeren Handelszeitraum zur Verfügung, mit denen man die Modelle beaufschlagen konnte, um zu wissen, wie sich jene Derivate statistisch verhalten würden. Denn auch für finanzmathematische Modelle gilt: Je mehr Daten, desto gesicherter die wissenschaftliche Erkenntnis. Wenige Daten, also das Problem der nicht vorhandenen *statistischen Relevanz*, führen zu völlig falschen Erwartungen und überhaupt zu keinerlei Einsichten. Auch deshalb ist es modernen Big-Data-Aposteln so wichtig, sich möglichst viele unserer Daten einzuverleiben. Mit sehr vielen und noch mehr Daten werden wir im wahrsten Sinne des Wortes besser berechenbar.

Mit der Schwäche in ihren Modellen zeigten sich sowohl die Achillesferse moderner Finanzprodukte als auch die Grenzen der Mathematik, wobei Wissenschaftler und Finanzindustrie weiter dabeibleiben, dass man den Weg, den man mit der Mathematik einmal eingeschlagen hat, nicht mehr verlassen wird. Man geht sogar noch weiter und behauptet: »Wir brauchen noch viel mehr Mathematik.« Doch Probleme werden bleiben. Data Scientists lernen zwar aus ihren Erfahrungen, und ihre Modelle sind viel besser, als sie je zuvor gewesen sind. Schwierigkeiten werden aber auch von anderer, nichtwissenschaftlicher Seite verursacht: von Bankmanagern und anderen Finanzmarktteilnehmern, die mathematische Modelle nicht verstehen und zwar gerne auf deren erwartete Profitabilität hoffen, doch Risiken verdrängen und selbst die deutlichsten Warnungen der Data Scientists überhören. Wenn ein Manager nicht versteht, wie Risiken gemessen und kalibriert werden, neigt er gerne dazu zu glauben, *es bestünden überhaupt keine Risiken*. Hinzu kommt die Weigerung der Banken, auch der Versicherer, transparent zu machen, welche Modelle und Algorithmen in welcher Form eingesetzt werden. Sicher, die »Goldenen Gänse«, die profitabel sind, werden immer gut gehütetes Betriebsgeheimnis bleiben, aber die Ungewissheit, wo ihre Risiken faktisch liegen, machen sie zur potenziellen Bombe für die globale Wirtschaft. Und auch die Regulierungsbehörden sind Teil des Problems, wo sie zwar nicht untätig, aber zu langsam, zögerlich und falsch regulieren, wenn sie finanzmathematische Modelle und Algorithmen nicht verstehen. Nur sorgfältigeres Testen von Modellen, bevor sie in das *Runtime Environment*, die »Laufzeitumgebung«, entlassen werden, oder Vorschriften über die Einhaltung von Geschäftsprozessen für die Qualitätssicherung lassen weder die Begrenzungen der Mathematik für die Finanzmärkte verschwinden, noch dämmen sie die uns a priori unbekannten Wechselwirkungen ein, die durch den massiven Einsatz von Modellen an den Finanzhandelsplätzen auftreten werden. Wir werden dies gleich näher untersuchen, wenn wir uns dem Hochfrequenzhandel zuwenden.

Nach der Krise ist vor der Krise: Big Data Finance 2.0

Als ob der Finanzindustrie die ohnehin schon hohe Leistungsfähigkeit ihrer Datenanalyse-Systeme, mit denen sie Geld aus unfair gewordenen Kapitalmärkten presst, nicht genügen würde, plant sie in einer zweiten Kommerzialisierungswelle von Big Data, auf unsere persönlichen Daten zuzugreifen. In persönlichen Daten, das weiß die Finanzindustrie, liegt Information verborgen, mit der sie ihren Profit weiter maximieren kann. Schon verzeichnen wir erste Aktivitäten, den einzelnen Konsumenten auszudrücken wie eine reife Zitrone und in seine Autonomie und Zukunft so einzugreifen, dass seine Entfaltungsmöglichkeiten massiv eingeschränkt werden. Auch hier setzt sich das *Terra Forming* fort, wobei es einen enormen Unterschied macht, ob man einen Aktienkurs oder einen Menschen überwacht, analysiert und manipuliert. Birgt das *Terra Forming* schon für die globalen Finanzmärkte ein hohes Risiko, ist es, auf den Menschen angewandt, ein unerträglicher Eingriff in seine Autonomie. Dabei sind nicht intelligente Maschinen oder die Technologie das Problem. Im Namen der Profitmaximierung fallen alle Schamgrenzen bei Banken und allen anderen Nutznießern der Big-Data-Analysen.

Um die Jahrtausendwende verfolgte ein süddeutsches Landeskriminalamt ein Modernisierungsprojekt, mit dem seine auf unterschiedliche Polizeiinspektionen verteilten, nicht vernetzten Datenbanken mithilfe eines modernen Datenanalyse-Systems ausgewertet werden sollten, um verschiedene Hypothesen zu verifizieren. Zum Beispiel: »Das Zentrum des Drogenhandels verschiebt sich von einer Stadt A in die Stadt B.« Eines der Verfahren für die Auswertung war die *Netzwerkanalyse*. Wiewohl in erster Linie strukturierte Daten für die Netzwerkanalyse herangezogen wurden, handelte es sich bei jenem polizeilichen System doch um einen Vorläufer der modernen Datenfusion. Neben quantitativen Daten wurden etwa auch freie Texte, häufig Telefaxe, in die Betrachtung einbezogen. Man griff also auf die verschiedenen Datenbanken der Polizeiinspektionen zu, in denen Namen von Straftätern und einschlägigen Delikten und Vorstrafen enthalten waren, und analysierte: Hat Herr X eine Haftstrafe verbüßt, wenn ja, mit wem? Wer sonst gehört zu Herrn X, mit wem ist er verwandt oder bekannt? Solche und ähnliche Fragen stellte man sich bei der Abteilung »Organisierte Kriminalität« und wertete die völlig unterschiedlichen, über das Bundesland verstreuten Daten aus. Dabei war die Feststellung, wer zu wem gehörte, nicht immer trivial, denn die Schreibweise von Namen konnte sehr unterschiedlich sein, besonders wenn es sich nicht um deutsche Namen handelte. Immerhin stellte das System fest, dass sich der Drogenhandel tatsächlich verschoben hatte, nicht räumlich, aber von einer ethnischen Gruppe hin zu einer anderen Volkszugehörigkeit, und darunter zu bestimmten, namentlich identifizierten Personen. Doch die Beamten hatten ein ganz anderes Problem: Was, so fragte man sich, würde passieren, wenn Rohdaten in ihren Datenbanken verjährten?

Dann musste man sie aus den Datenbanken der Polizeidienststellen löschen. Durfte man trotzdem die neu gewonnene Information des Analysesystems, dass Herr X zur Gruppe der Hintermänner des Drogenhandels gehörte, weiterhin speichern? Man entschied sich dagegen. Wenn personenbezogene Daten einer Person verjährten, etwa seine Vorstrafen gelöscht wurden, musste auch jede andere Information, die darauf basierte, gelöscht werden. Herr X tauchte künftig also nicht mehr in der Liste der Drogenhändler auf, wenn sich die Rohdatenbasis zu seinen Gunsten verändert hatte. Das »Datenlöschungssystem« wurde am Ende des Projekts die teuerste Komponente des Gesamtsystems.

Obwohl sich niemand gerne in einem polizeilichen System wiederfinden würde, verglichen mit der Netzwerkanalyse durch eine Bank wäre es das kleinere Übel. Bei staatlichen Behörden ist deren Zugriff auf die Privatsphäre einzelner Bürger gesetzlich geregelt; es bestehen Vorschriften für die Aufbewahrungsfristen von Daten oder Löschungsbestimmungen. Aber wie steht es bei einer privaten Bank? Deren Datenanalyse trifft auf rechtsfreien Raum. *Nichts* ist geregelt, und der Zugriff auf die Daten, mit wem wir uns über das Internet verbinden, welche Aktivitäten wir unternehmen oder welche Präferenzen wir haben, ist leicht und verführerisch, wenn Unternehmen wie Facebook zu ihrem Geschäftsmodell gemacht haben, die privaten Daten ihrer Nutzer an Dritte zu verkaufen, ganz entgegen den Beteuerungen des sozialen Netzwerks, bestimmte Nutzerdaten seien nicht-öffentlich. Einigen Facebook-Nutzern geht das nun doch zu weit, und so ist Anfang 2014 bekannt geworden, dass in den Vereinigten Staaten eine Sammelklage gegen das soziale Netzwerk anhängig ist, das ihm einen Verstoß gegen das Recht auf die Unversehrtheit privater elektronischer Kommunikation vorwirft.[17] »Facebook verletzt systematisch die Rechte der Konsumenten auf Privatsphäre, weil es persönliche, private Nutzernachrichten mitliest, ohne dass die Nutzer dem vorher zugestimmt hätten«, so lautet der Vorwurf. Die Werbebotschaft, die Privatsphäre bei Facebook sei beispiellos, sollte sie eine glatte Lüge sein? Erkenntnisse aus dem Abhören privater Nachrichten würden an Dritte veräußert, so die Kläger weiter.

Zum Kreis der interessierten Nutznießer privater Nutzerdaten gehören auch Banken, die mehr über Nutzeraktivitäten, Freundes- und Familienbande ihrer Kunden wissen wollen, etwa um Folgendes in Erfahrung zu bringen: Haben Sie Frau und Kinder? Ein Haus? Oder wollen Sie in Urlaub fahren? Wenn die Bank aus diesen Daten eine Prognose berechnet, wie der Finanzierungsbedarf Ihres Haushalts aussieht, wäre das noch das kleinere Übel für Sie, und vielleicht fänden Sie das vorausschauende Angebot Ihrer Bank für eine Kreditlinie sogar noch ganz praktisch. Was aber, wenn sich die Bank nach der maschinellen Auswertung Ihrer privaten Daten ganz sicher ist: Sie sind nicht kreditwürdig? Die Vorhersage Ihres Finanzbedarfs, Ihrer Investmentwünsche, das ist die eine Seite der Medaille. Die Prädiktion, wann man Sie als Kunden lieber verabschiedet, das ist die Kehrseite. Können Sie sich dann noch das Auto kaufen, das Sie für die Fahrt zur Arbeitsstelle benötigen, oder sich den Umzug leisten, um näher bei Ihrem Arbeitsplatz zu wohnen? Und wie sieht es aus mit Ihrem eigenen Betrieb, stehen Sie finanziell noch auf soliden Füßen? Was die Bank will, ist eine Antizipation dessen, was von Ihnen zu erwarten ist, zur Mehrung ihres eigenen Profits und Dämpfung ihres Kreditrisikos, das sie womöglich bereits mit Ihnen eingegangen ist.

Als wäre es nicht schon eine beunruhigende Vorstellung, dass künftig auch die *Vorhersagen* einer Bank über unsere persönlichen Entfaltungsmöglichkeiten entscheiden sollen, der Gedanke daran, was mit unserer Zukunft passiert, wenn die Prädiktion der Bank nicht zutrifft – denken Sie an fehlerhafte, schlecht programmierte Analysesoftware oder mindestens an deren Unschärfeproblem –, ist noch viel beängstigender. Und was ist mit der Löschung der Information, der Neuberechnung Ihres Lebens? Wird sie nicht stets aktualisiert, ist sie irgendwann *falsch*, denn Ihr Leben ändert sich kontinuierlich, und Information, die man heute mit Ihrem aktuellen Lebenszusammenhang in Verbindung bringt, kann morgen schon veraltet und damit unwahr sein. Welches Interesse aber sollte eine Bank an der dauerhaften Pflege Ihrer Rohdaten für die Big-Data-Analyse haben? Keines, denn dauernde Aktualisierung der Rohdatenbasis für die Big-

Data-Analyse ist mühsam und teuer. Und wer hat das Recht auf die Richtigstellung oder Löschung von Informationen, die unmittelbar mit Ihnen in Verbindung gebracht werden? Im Augenblick niemand, wenn Sie nicht einmal wissen, an wen Ihre Daten ohne Ihr Wissen und Ihre Einwilligung weitergegeben werden. Immerhin ist der Verkauf von Daten oder personenbezogenen Informationen ein lohnenswertes Geschäftsmodell, selbst wenn sie zuvor gestohlen wurden, was uns spätestens seit der Debatte um den Ankauf von Steuer-CDs durch deutsche Finanzbehörden klar sein muss. Sind Informationen über Ihr Leben bei Dritten überhaupt in sicheren Händen? Bestimmt nicht. Jüngere Fälle von Datenklau sind bei Vodafone bekannt geworden, und auch beim millionenfachen Einbruch in E-Mail-Konten geht es darum, sich Persönliches anzueignen. Er kann also überall im Netz herumschwirren, Ihr virtueller Doppelgänger. Wahrscheinlich ist er nicht einmal Ihr Doppelgänger, sondern vielmehr ein Zombie, ein »Mr. Hyde«. Weder haben Sie ihn unter Kontrolle, noch wissen Sie von den Rückschlüssen, die andere aus seinen vermeintlichen Charaktereigenschaften, seinen Vorlieben und Abneigungen und seinem Verhalten ziehen. Deren Folgen werden aber nicht ihn treffen, sondern höchstpersönlich Sie selbst. Sie bekommen eben keine Kreditlinie mehr, weil der virtuelle Untote *voraussichtlich* überschuldet sein wird; Ihre Krankenversicherungsbeiträge werden erhöht, weil der Doppelgänger darauf schließen lässt, dass bei Ihnen eine Erbkrankheit zu *vermuten* ist. Nicht mehr Sie selbst werden Ihr Leben, Ihre Gegenwart und Zukunft, in der Hand haben, Sie werden vielmehr determiniert durch Ihren virtuellen Doppelgänger, den intelligente Maschinen aus den über Sie gesammelten Daten, von denen Sie viele übrigens selbst freiwillig und gutgläubig geliefert haben, berechnen.

Momentan sieht es sogar noch so aus, als ob Unternehmen, die mit Ihrer Zukunft hantieren, besser geschützt werden als Ihre Daten. Das Urteil des Bundesgerichtshofs vom 28. Januar 2014, wonach das Scoringverfahren der Schufa schützenswerter sei als die Daten des analysierten Kreditnehmers, ist Wasser auf die Mühlen der Big-Data-Geschäftsmodelle. Doch von der Zukunftswarte aus betrachtet, ist das Urteil skandalös und wenig hilfreich im Umgang mit den Datenschutzproblemen, die in den nächsten Jahren auf uns zukommen werden.[18]

Big Data@Wall Street

Big Profit geht auch ohne die Verletzung von Persönlichkeitsrechten. Allerdings birgt die Auswertung großer *öffentlich* verfügbarer Datenmengen wie Kurse, Fundamentaldaten oder Nachrichten durch Big Data Finance systemische Gefahren ganz anderer Art; zwar nicht unmittelbar für den Einzelnen von uns, aber für die globalen Kapitalmärkte und die wirtschaftliche Stabilität unserer Staaten, besonders dort, wo sich Big Data mit *Big Speed* auf vernetzten Börsenplätzen verbündet. *Big Speed* an den Finanzmärkten ängstigt sogar institutionelle Händler, die mit Big-Data-Technologien schon seit Jahren täglich Umgang pflegen. Dabei wäre eine größere Vielfalt von Handelsalgorithmen nicht nur möglich, sondern würde sich stabilisierend auf das Finanzsystem auswirken. Monokulturen haben eben auch in anderen Industrien mehr Nachteile als Vorteile.

Eine institutionelle Investmentgesellschaft stellt einem Mathematiker die landläufige Aufgabe, die optimale Zusammenstellung eines Portfolios aus Wertpapieren für eine bestimmte Investmentperiode – das können drei Monate sein oder vielleicht ein Jahr – zu berechnen. Der Wissenschaftler zieht sich eine Weile zurück. Er bedenkt das Risiko-Profit-Profil seines Auftraggebers: »Nicht mehr als zehn Prozent des gesamten Investmentbetrags verlieren!«, erwägt die Erkenntnisse der modernen Portfoliotheorie: »Diversifizieren, um das Risiko des Portfolios zu minimieren!«, zieht die neoklassische Ökonomie, wonach alle Marktteilnehmer rational handeln, in Betracht und stellt dem Fondsmanager schließlich sein Modell vor.

»Nehmen wir an«, beginnt er seine Erläuterungen. »Nehmen wir an, wir hätten keinerlei Informationen darüber, wie sich der Preis eines einzelnen Wertpapiers in der Zukunft entwickelt.«

Der Mathematiker deutet auf die Wertpapiervariablen in seinem

Modell und deren Normalverteilung um ihren Preis heute. Er ist stolz. Sein Ansatz ist schön, sehr wissenschaftlich, in Übereinstimmung mit der modernen Portfoliotheorie und führt zu einer geschlossenen Lösung für ein optimales Portfolio. Er muss sich also nichts vorwerfen, besonders nicht, dass die Wertsteigerung seines Portfolios das Resultat eines *Informationsvorsprungs* sei, der sich in seinen Daten versteckt hielte. Er hat einen klassischen akademischen Ansatz gewählt – aber hat sein Modell auch in der Wirklichkeit Bestand? Oder springt er schlicht dort zu kurz, wo er viele Beobachtungen der Wirklichkeit überhaupt nicht erklären kann, und ist er genau deshalb »falsch«? Jenseits der klassischen finanzmathematischen Modelle ist es Big Data, das die Art und Weise, wie Investoren ihr Geld anlegen, verändern wird, und diese Zukunft hat schon begonnen.

»Nehmen wir einmal an«, ist die typische Ausgangslage für einen Data Scientist. Doch seine modellhaften Annahmen müssen nicht notwendigerweise die Realität widerspiegeln, eine Eigenschaft, die Modellen generell anhaftet, wie wir gesehen haben. Stattdessen ist Realität, dass in Finanzmärkten sehr wohl Informationsvorsprünge vorliegen, über die zu verfügen bedeutet, mit einem Finanzinstrument mehr Gewinn als andere Investoren oder überhaupt einen Gewinn zu machen. Die Behauptung, Märkte seien weder rational noch effizient, wird die Vertreter der Effizienzmarkthypothese, wie sie 1970 aufgestellt wurde, erzürnen. Gerade heute, im Zeitalter der Echtzeitinformation, so wird jene Anhängergemeinde argumentieren, sei es überhaupt nicht möglich, dass ein Finanzmarktakteur über einen Informationsvorsprung verfüge. Informationen über Finanzinstrumente verbreiteten sich in Windeseile rund um den Globus, wo sie fast zeitgleich allen Beteiligten zur Verfügung stünden und gleiche, faire Handelsbedingungen schaffen würden.

Nun, so ist es nicht.[19] Nur weil unser Data Scientist keine Annahme über einen Informationsvorsprung trifft, heißt das nicht, dass dieser nicht existiert. Einige Finanzmarktteilnehmer sind gleicher als andere, wenn sie etwas wissen, das ihnen erlaubt, den Kurs eines Wertpapiers zu antizipieren, ein Wissen, das gerne als »Privatinformation« bezeichnet wird und von intelligenten Maschinen aus Kursverläufen rekonstruiert werden kann. Intelligente Maschinen stehen aber nicht jedem Finanzmarktteilnehmer zur Verfügung; insbesondere nicht dem Privatinvestor und Kleinanleger. Systeme dieser Kategorie sind groß, teuer und gefährlich. Mehr und bessere Technologie bedeutet *immer* einen Vorsprung, sei es wegen ihrer Geschwindigkeit oder der höchst anspruchsvollen Analyseverfahren. Wer Privatinformation in Märkten aufdecken kann, verschafft sich einen sicheren Entscheidungsvorteil. Anders, als es unser Wissenschaftler annimmt, weiß *Big Data@Wall Street*, dass Privatinformation in den Märkten vorliegt und fragt sich: Wie kann man solche Information frühzeitig entdecken und als Quasi-Insider handeln, um damit einen Profit zu erzielen?

Privatinformation ist der Schlüssel zum Profit

Altmodisch und doch höchst effektiv gehen Rohstoffhändler vor, die sich persönlich kennen und unmittelbar Informationen miteinander austauschen, sozusagen im Gespräch von Seele zu Seele.[20] Baumwollhändler, die jährlich bei der International Cotton Association (ICA) zusammenkommen, können schon früh abschätzen, welchen Preis ihre Baumwolle wohl in der näheren Zukunft erzielen wird. Die möglichst treffsichere Vorhersage ist es, um die es beim Handel mit Rohstoffen genauso geht wie beim Handel mit anderen Finanzinstrumenten, mit Ausnahme des Hochfrequenzhandels, der sich erst positioniert und später die Fragen stellt. Beim Rohstoffhandel erfolgt die profitable Handelsentscheidung aufgrund eines Informationsvorsprungs, nicht dank Glück im Spiel oder infolge der irrigen Vorstellung, man könne den Markt schlagen. Händler, die nicht erklären können, wie sie einen Profit erzielen, sind dem Rohstoffgeschäft generell suspekt. Händler, die spekulieren, bleiben nicht lange im Geschäft.

Für die Lageanalyse vor einer Handelsentscheidung setzen Agrarrohstoffhändler für Reis, Weizen, Soja oder Zucker schon seit rund fünf Jahren auf Big-Data-Analysen und ziehen meteorologische Daten und eigene Wettermodelle heran. Je präziser das Wetter für ein bestimmtes Anbaugebiet vorhergesagt werden kann, desto besser die Einschätzung für Wachstum und Ertrag des Agrarrohstoffs und desto genauer die Projektion seines künftigen Preises. Dazu kommen Auswertungen von Satellitenbildern, mit denen Händler die Erdoberfläche so weit heranzoomen können, bis jeder Quadratmeter Anbaufläche auf seine Bodenbeschaffenheit hin untersucht und berechnet werden kann. Womit eine fundierte Vorhersage möglich wird, wie viel Ertrag davon zu erwarten ist. Einen schöneren Anwendungsfall für die Datenfusionstechnologien der Big-Data-Analyse kann man sich kaum vorstellen.

Woher handelsrelevante Informationen rühren, kann allerdings auch oft fragwürdig sein. Zweifelhaft ist das Vorgehen von Händlern dort, wo die Grenze zum Insiderhandel mindestens erreicht, wenn nicht gar überschritten ist. Beispiele aus der sonst sehr diskreten, verschwiegenen Welt des Rohstoffhandels sind auch hier an die Öffentlichkeit durchgesickert. Als 2010 in Russland eine Dürreperiode ausbrach, sprach die russische Regierung ein Exportverbot für Weizen aus und stellte dadurch sicher, dass zuerst die russische Bevölkerung mit Grundnahrungsmitteln versorgt werden konnte. Ein globaler Rohstoffhändler, Glencore International AG mit Hauptsitz in Baar, Schweiz, der über gute Verbindungen zu russischen Regierungsvertretern aus dem Umkreis Wladimir Putins verfügte, hatte vorzeitig Kenntnis vom Embargo, wettete auf eine Hausse beim Weizenpreis und stieg mit großem Gewinn aus seiner Position aus, als der Weizenpreis aufgrund des Exportstopps weltweit um dreißig Prozent anstieg. Anlässlich seines Börsengangs an der London Stock Exchange gab Glencore zu, seine russische Firmenniederlassung habe der russischen Regierung nahegelegt, das Embargo auszusprechen, eine »Empfehlung«, der die Regierung einige Tage später gefolgt sei.[21] Genau das ist Insiderhandel, vielleicht sogar, so darf man spekulieren, verbunden mit Korruption. Moralische Bedenken? Fehlanzeige – ein sicheres Anzeichen für den Turbokapitalismus.

Die Datenflut, die Händler nutzen, um die Preisentwicklung einzuschätzen, wächst von Tag zu Tag. Nicht nur aktuelle Preisstellungen, auch Fundamentaldaten oder die heißesten »Storys« aus

Wirtschaft und Politik beeinflussen Handels- und Investitionsentscheidungen. Große institutionelle Investoren wie BlackRock, Inc.
unterhalten weltweit Büros und beschäftigen Tausende von Analysten
vor Ort, die ihre Einschätzungen zu Investmentopportunitäten und
insbesondere deren Risiken abgeben. Bei BlackRock erfasst Supercomputer *Aladdin* die Analystenmeinungen. Mit harten Zahlen, den
quantitativen Daten von Finanzinstrumenten und Wirtschaftsindikatoren, kommen so ausreichend Daten für eine Datenfusion und
kurzfristige wie langfristige Wahrscheinlichkeiten zusammen. So
kann *Aladdin* in Sekundenschnelle berechnen, wie hoch das Risiko
für ein Investment ist, falls Ereignisse wie Erdbeben, Stürme, Ter-
roranschläge eintreten würden. Schadet das menschliche Element
den quantitativen Berechnungen der Supercomputer, und wird hier
aus quantitativer Analyse etwa ein Investment-Voodoo? Keineswegs,
wenn die Regeln Bayes'scher Statistik befolgt werden und die Maschine lernt, wie zuverlässig ein einzelner menschlicher Analyst ist,
wie sehr sie sich also auf seine Eingaben verlassen kann. Sind sie
inkonsistent oder sehr volatil, wird die intelligente maschinelle Ri-
siko- und Investmentanalyse nicht mehr auf den Analysten »hören«,
je weiter die Zeit voranschreitet. Was hier wie ein Wunder klingt,
ist Datenfusion auf allerhöchstem Niveau. Eine Art *Aladdin Light*
soll auch bald dem Privatinvestor zur Verfügung stehen. Sein Name:
Warren, in Anlehnung an den legendären Investor Warren Buffet.
Das System soll in Sekunden handelsrelevante Fragen beantworten,
etwa: »Welche Auswirkungen haben Aufstände in Afrika auf den
Anbau von Kaffee, wenn keine Dürreperiode herrscht?« Auch *Warren* verlässt sich für seine Antworten auf unstrukturierte Daten der
Big-Data-Ära, geopolitisch wie meteorologisch. Genau diese Innova-
tionen sind es, die das algorithmische Wettrüsten in Finanzmärkten
in Zukunft weiter bestimmen werden. Zehn Millionen US-Dollar
Startkapital hat das amerikanische Start-up-Unternehmen Kensho
Technologies, Inc. für *Warren* einwerben können.[22] Unmöglich in
Europa? Theoretisch nicht, praktisch schon. Diesseits des Atlantiks mangelt es weder an innovativen Technologien noch Know-how
oder Unternehmern. Woran es fehlt, sind Geld und die Risikofreu-

digkeit von Kapitalgebern. Eine Chance auf europäisches Risikoka-
pital hat ein Technologieunternehmen dann, wenn sein innovatives
Geschäftsmodell bereits die kritische Masse erreicht hat und es stolz
auf einen Kundenstamm mit Umsatz blickt. In Amerika hingegen
geht man anders vor. Innovative Ideen erhalten zuerst eine finanzielle
Ausstattung und dann zwei, drei Jahre Zeit, sich und ihr Geschäftsmodell zu finden. Es ist dieser viel leichtere Zugang zu Kapital für
Innovation, weshalb uns der transatlantische Westen technologisch
so weit voraus ist. Aufgrund einer viel größeren Innovationsliebe und
höheren Risikobereitschaft jenseits des Atlantiks klafft die technologische Lücke zwischen den Vereinigten Staaten und Europa heute
unüberbrückbar weit auseinander.

Mehr wissen: legaler Insiderhandel mit Biotechnologieaktien

Privatinformation einzelner Marktteilnehmer ist in den Märkten
zwar vorhanden, springt aber Marktteilnehmern nicht direkt ins Auge.
Vielmehr liegt diese Information tief verborgen in der enormen
Menge öffentlich verfügbarer Marktdaten. Nach Privatinformation
in Märkten muss man suchen wie nach der Nadel im Heuhaufen,
muss sie identifizieren, extrahieren und rekonstruieren – ein klassi-
scher Anwendungsfall für die Datenfusion mit einer pikanten Pointe.
Oft sind es Firmenangehörige, die früher etwas mehr über ein Unternehmen wissen als andere Marktteilnehmer. Denken Sie etwa an den
Forscher eines börsennotierten Unternehmens der »roten« Biotechnologie, der Aktien seines Arbeitgebers kauft, um von der Steigerung
des Unternehmenswerts zu profitieren, sobald er erfährt, dass ein re-
volutionäres Medikament seines Unternehmens von der Arzneimit-
telaufsicht zugelassen werden wird.[23] Erwirbt er deshalb Aktien seines Unternehmens, handelt es sich eben genau um den klassischen
Insiderhandel, wie ihn Glencore für seinen Weizendeal zugegeben
hat. Doch ausgerechnet Big Data kann einen illegalen Insiderhandel
zu einem legalen Geschäft machen.

Man ist sich einig, dass die Bewertung von Aktien eines Biotechnologieunternehmens, soll sie allein auf Fundmentaldaten beruhen, unmöglich ist. Viele der Firmen machen keinen Umsatz und unterscheiden sich schon dadurch von konventionellen Industriebetrieben. Besonders ihre Forschungsleistung ist ungeheuer hoch und treibt ihre Kosten in exorbitante Höhen. In den Vereinigten Staaten, wo an der Technologiebörse Nasdaq etwa achthundert Titel aus Biotechnologie und Gesundheitswesen notiert sind, betrug die Forschungsleistung zwischen 1982 und 2007 achtunddreißig Prozent, gemessen am Unternehmensvermögen, im Gegensatz zu durchschnittlich nur drei Prozent Forschungsintensität aller Industrien zusammengenommen.[24] Wegen der starken Innovationskraft eines Biotechnologieunternehmens folgt der Marktpreis anderen Kriterien als betriebswirtschaftlichen Daten; er bewertet zum Beispiel, wie viele Starforscher ein solches Unternehmen beschäftigt.[25] Amerikanische Bundesstaaten wie Kalifornien, Massachusetts oder Washington subventionieren Forschungsaktivitäten, um möglichst viele Starforscher anzuziehen, die als Garanten für hohe Innovationsfrequenz, erfolgreiche Produkte und wirtschaftliche Leistung von Biotechnologieunternehmen gelten.[26] Und auch die Frage, ob ein neues Medikament zugelassen wird, bestimmt den Preis einer Biotechnologieaktie. Auf dem Weg zur Zulassung kann der Preis einer Biotechnologieaktie in die Höhe schnellen oder ins Bodenlose stürzen.

»Aktien von Amarin, Vivus und Arena Pharmaceuticals haben beeindruckende Preissteigerungen verbucht, nachdem ihre neuen Medikamente von der amerikanischen Arzneimittelüberwachung zugelassen worden sind. Seitdem darf man mit einer Investition in diese Titel vorsichtiger sein«, schreibt ein Beobachter des Marktes mit »Insiderinteresse« über vier Biotechnologieaktien.[27] Für die Vertreter der Finanzialisierung wäre es demnach ein lohnendes Geschäft, wenn eine intelligente Maschine antizipieren könnte, in welche Richtung sich der Preis bewegen wird.

»Eine wirksame Methode, das Gewinnpotenzial einer Aktie zu bewerten, ist, das Investitionsverhalten institutioneller Anleger und Insider zu beobachten. Am effektivsten funktioniert das bei Biotechnologietiteln«, schreibt ein Investmentprofi.[28] Es geht also zunächst um Überwachung von Preisschwankungen, und wer könnte das Verhalten eines Aktienkurses lückenloser überwachen als eine Maschine? Nun reicht die Überwachung von Aktienkursen allein aber noch nicht aus, um eine profitable Investmentopportunität zu identifizieren. Vielmehr gilt es, eine Hypothese zu validieren, was uns wieder zum Data Scientist mit seinem Modell zurückbringt: *Große Preissprünge treten auf, nachdem institutionelle Investoren oder Insider eine Biotechnologieaktie gekauft haben, denn sie wissen mehr als andere Marktteilnehmer, und diese Privatinformation manifestiert sich im Aktienkurs vor einem Preissprung.*

Und schon haben wir es wieder mit einer latenten Variablen zu tun; denn direkt beobachten können wir solche Investmentaktivitäten nicht, wenn wir nur den Kurs einer Biotechnologieaktie observieren. Wir müssen also anders auf die Privatinformation schließen und wählen ein komplexes maschinelles Lernverfahren, das ebendiese latente Variable im Kursverlauf identifizieren kann. An dieser Stelle kommt eine interessante Methode der Maschinenintelligenz zum Einsatz: *Explaining Away*, das »Wegerklären«. Wenn sich eine Maschine sicher ist, dass eine erhöhte Preisvolatilität auf ein anderes Ereignis zurückzuführen ist als auf den Aktienkauf eines institutionellen Investors – etwa auf eine Unternehmensmitteilung oder eine makroökonomisch erhöhte Volatilität des gesamten Sektors –, dann wird sie das berücksichtigen. Am Ende wird sie eine Wahrscheinlichkeit ermitteln und als Lageanalyse ausgeben:

»Mit einer Wahrscheinlichkeit von dreiundachtzig Prozent habe ich zum Zeitpunkt *t* eine institutionelle Investmentaktivität beobachtet«, und: »Mit einer Wahrscheinlichkeit von siebenundsechzig Prozent wird der Preis der überwachten Aktie im Mittel *n* Punkte steigen.«

Auf diese Weise führen allein öffentliche, quantitative »Big Market Data« zu einer recht guten Validierung der Hypothese unseres Data Scientist.

Doch noch ein letzter Schritt bleibt zu tun: die Steuerung des Investments in die überwachte Biotechnologieaktie durch eine *Kon-*

trollstrategie. Die Kontrollstrategie kontrolliert oder manipuliert nicht den Aktienkurs, wie seine Bezeichnung nahelegen könnte. Was die Kontrollstrategie automatisch steuert und optimiert, ist die *Investmententscheidung* zugunsten der überwachten Aktie. Auch die Kontrollstrategie ist eine künstliche Intelligenz und berechnet auf Basis der Lageanalyse in Echtzeit, zu welchem Zeitpunkt wie viele Aktien des Unternehmens gekauft oder abgestoßen werden sollen. Mit der algorithmischen Investmententscheidung macht ihr Nutznießer ein goldenes Geschäft. Er quasi-legalisiert den Insiderhandel, hat es vollautomatisch bequem und ist hoch skalierbar, denn seine intelligente Maschine ist klonbar und kann leicht einen ganzen Sektor überwachen.

Besser verstehen: Mikrostrukturen in Währungsmärkten

Im globalen Währungsmarkt funktioniert die Rekonstruktion von Information etwas anders als bei Biotechnologietiteln, denn der Währungsmarkt hebt sich von anderen Märkten durch einige Spezialitäten ab. Da ist zum einen der Fall, dass er noch immer weitgehend verteilt ist. Währungsgeschäfte werden nicht wie Aktienkäufe an einem zentralen Börsenhandelsplatz, sondern direkt zwischen den Marktteilnehmern *Over-the-Counter*, als »Tafelgeschäfte«, getätigt. Jeder Primärhändler stellt daher seinen eigenen Preis etwa für den Eurodollar: So jedenfalls lautet der Grundsatz. Doch er hat Ausnahmen, und auch die Marktstrukturen ändern sich rasch, angetrieben sowohl durch den zunehmenden Grad der Automatisierung des Währungshandels als auch durch die wirtschaftlichen Gegebenheiten.[29] Da ist zum einen richtig, dass sich eine Handvoll internationaler Banken mehr als die Hälfte des globalen Transaktionsvolumens teilt. Zum anderen ist auch der Währungsmarkt quasi-zentralisiert, wenn einige Marktteilnehmer, die *Aggregatoren*, die Preise vieler Primärhändler zusammenführen und an ihre Endkunden weiterreichen. Im institutionellen Handel macht das Sinn: Ein Unternehmen, das seine Dollarumsätze in Euro umtauschen und nach dem »billigsten«

Europreis Ausschau halten muss, schon weil ihm das regulatorisch auferlegt wird[30], kann über eine aggregierende Plattform viele Preisangebote für den Euro vergleichen und in ein Tauschgeschäft mit dem besten Anbieter einschlagen. Das bringt uns schon zur zweiten Besonderheit des Währungsmarkts: Anders als bei vielen anderen Finanzinstrumenten geht es vielfach um reale Geldflüsse oder Risikoabsicherung und nicht nur um reine Spekulation. Sie haben in ein amerikanisches Unternehmen investiert, das guten Gewinn abwirft, weil es von der Erholung der amerikanischen Wirtschaft profitiert? Sie werden wenig bis nichts davon haben, wenn ein steigender Euro Ihren Gewinn neutralisiert oder im schlimmsten Fall sogar in einen Verlust umkehrt. Vielleicht werden Sie dann ein Währungsgeschäft zur Kurssicherung tätigen. Oder Sie verkaufen Erdgas, das Sie aus der Nordsee gefördert haben, gegen *US-Dollar* an die Vereinigten Staaten, müssen aber fünfhundert Millionen *Euro* Dividende zu einem bestimmten Stichtag an Ihre Gesellschafter ausschütten? Dann haben Sie ein Problem, wenn der Euro dem US-Dollar gegenüber weiter Stärke beweist. Aber Sie und Ihre Hausbank, mit der Sie bevorzugt den Tausch organisieren werden, verfügen über private Information. Der Jahrestag der Hauptversammlung rückt näher, das Datum ist lange im Voraus bekannt, und Sie können mit Ihrer Hausbank den Abverkauf Ihrer US-Dollar *planen*: günstige Umstände für ein Währungsgeschäft, hier geht es nicht um Spekulation, allenfalls um die Wahl des richtigen Zeitpunkts für den Tausch. Lieber heute zwanzig Millionen wechseln oder doch bis morgen warten und dann gleich dreißig Millionen tauschen?

Immer mehr global tätige Unternehmen gehen dazu über, für die Minimierung ihres Fremdwährungsrisikos zu intelligenten Algorithmen zu greifen, die ihnen den besten Zeitpunkt für einen Umtausch berechnen. Der Grund: Seit der globalen Finanzkrise vermelden immer mehr europäische Unternehmen, sie hätten große Probleme mit einem schwachen Dollarkurs.[31] Er führe zu operativen Verlusten und einem erhöhten Risiko für die Unternehmensbilanz. Doch Big Data Finance beim *Chief Financial Officer*, dem Finanzchef, ist noch nicht selbstverständlich, denn das Thema besitzt keine strategische Relevanz. Manch Unternehmensfinanzer definiert das Risiko gänzlich weg und behauptet: »Wir haben kein Währungsrisiko. Wir tauschen einfach dann um, wenn wir es brauchen.« Das Währungsrisiko – ein gottgegebenes Problem? Was heute als Verlust verbucht werde, würde sich in der Zukunft (wahrscheinlich oder hoffentlich) wieder in einen Gewinn umkehren. Denn mit der Zeit, so erwarten die Vertreter dieser Philosophie, würde sich das Währungsrisiko schon irgendwie ausmitteln.

Mit der Zeit? Etwa in zehn Jahren, zwanzig Jahren – oder gar nie mehr? Auf jeden Fall eine waghalsige Annahme, besonders dann, wenn die Berichtszeiträume der Unternehmen so viel kürzer sind als die Zyklen, mit denen die Wechselkurse schwanken. Quartalsabschlüsse stehen Schwankungsperioden von Jahren oder Jahrzehnten gegenüber. Zwölf Jahre ist der Euro nun in unseren Brieftaschen; mit einem Kurs von 0,89 US-Dollar je Euro wurde er am 1. Januar 2002 eingeführt, am 1. Januar 2014 beträgt sein Eröffnungskurs 1,38 US-Dollar. In all den Jahren zwischen heute und der großen Anfangs-»Europhorie« ist die Einheitswährung nie mehr in der Nähe ihres Einführungskurses gehandelt worden. Doch mancher Finanzchef hat es inzwischen satt, sich bei seiner Hauptversammlung zu Währungsverlusten zu äußern, anstatt über Umsatz und Gewinn seines Kerngeschäfts zu berichten, auch wenn er immer wieder richtig betont: Man darf mit Unternehmensfinanzen nicht spekulieren. Doch die Finanzvorstände, die sich passiv abwartend verhalten, spekulieren sie etwa nicht ganz ähnlich, wenn sie auf eine Saldierung von Währungsverlusten und -gewinnen »irgendwann in der Zukunft« hoffen?

Der Data Scientist, der die Beteiligten am Währungshandel versteht und ihre Motivation, Ziele und ihr Verhalten beschreiben kann, wird alles in ein Modell gießen, das diese Strukturen widerspiegelt, die *Mikrostrukturen*, wie ihre Bezeichung korrekt lautet. Die Kombination des Modells mit einem Multi-Agenten-System ist auch hier die erste Wahl. Ein Data Scientist wird das Verhalten der einzelnen Akteure, darunter Zentralbanken, Handelsunternehmen oder Spekulanten, zunächst beobachten und analysieren. Seine Beobachtungen wird er in synthetische Währungsmarktteilnehmer, die Agenten, hineinprogrammieren. Im nächsten Schritt klont er seine Akteure und erhält so eine ganze Gesellschaft sozialer Software-Agenten. Und die ganze künstliche Clique darf schließlich nichts weiter tun, als miteinander im virtuellen Markt eines Labors Währungen zu tauschen.

Wenn keiner der Agenten über mehr Information verfügt als den Preis einer Währung, um seine Handelsentscheidung zu treffen, spricht man von *Zero Intelligence*. Zero-Intelligence-Agenten werden oft für dumm erklärt, doch ganz so leicht darf man es sich nicht machen. Das Wort *Intelligence* dürfen Sie hier so interpretieren, wie es auch der amerikanische Nachrichtendienst CIA in seiner Behördenbezeichnung verstanden wissen will. Hier meint *Intelligence* weder Klugheit noch Verstand, sondern schlicht »Information«. Zero-Intelligence-Agenten haben keine andere Information über ein Finanzinstrument als seinen Preis, und ein Agent, der über Privatinformation verfügt, ist nicht mehr *Zero Intelligence*. Trotzdem können die Agenten einigermaßen komplex aufgebaut sein, auch wenn die Intelligenz der Gruppe letztlich auf der Kooperation ihrer Gruppenmitglieder und nicht auf der Raffinesse ihrer einzelnen Entitäten basiert.

Die Erkenntnisse einer agentenbasierten Währungsmarktretorte sind übrigens beachtlich, denn sie erklären verblüffend gut, wie Währungspreise zustande kommen und dass sie zu einem Gleichgewicht, dem fairen Marktpreis oder Equilibrium, tendieren.[32]

Sie erlaubt zudem, allerhand regulatorische Ideen zu simulieren, wenn man den virtuellen Handelsplatz der Agenten verschiedenen Rahmenbedingungen unterwirft, zum Beispiel einer Finanztransaktionssteuer, auch als *Tobin Tax* ein Begriff.[33]

Das Geschehen in der Währungsmarktretorte gestattet zudem, mit einer gewissen Wahrscheinlichkeit vorherzusagen, wie sich die Preise in den wenigen nächsten Stunden entwickeln werden. Findige Data Scientists werden deshalb den Markt *in vitro* mit dem realen Markt integrieren und den virtuellen Preis aus der Retorte als neu gewonnene Zusatzinformation, die man weder aus den realen Währungskursen noch aus den Verlautbarungen von Analysten und Zentralbanken direkt ableiten kann, für Handelsentscheidungen im realen Markt nutzen. Das ist es, was Big Data für Finanzmarktteilnehmer tun kann – doch das ist nicht alles. Immerhin geht man hier nicht so weit, persönliche Daten Dritter für das eigene Gewinnstreben heranzuziehen. Bis hierhin nutzen intelligente Maschinen noch immer öffentlich verfügbare Daten und die Kreativität der Data Scientists, publike Daten maximal auszunutzen. Bis hierher verursacht Big Data keine negativen Auswirkungen auf die Autonomie der Konsumenten. Fest steht nur eins: *Der Nutzer einer intelligenten Maschine selbst gerät in Abhängigkeit zur Maschine.* Auch das ist es, was Finanzmärkte meinen, wenn sie sagen, es gebe kein Zurück von der Mathematik. Was intelligente Maschinen allein mit öffentlichen Daten von Finanzinstrumenten leisten können, ist faszinierend und aufregend. Das haben auch kleinere Banken, Vermögensverwalter, Hedgefonds und Eigenhändler erkannt. *Nicht ohne meinen Algo*, sagen viele von ihnen, die ihren Hochstressjob mit hohem täglichem Adrenalin- und Testosteronausstoß nicht mehr ohne maschinelle Unterstützung leisten wollen. Sie sagen es auch, weil sie erkannt haben: Intelligente Handelsmaschinen sind auf die Dauer nicht zu schlagen.

Big Speed, das Einfallstor für Finanzterroristen

Auch an den Terminbörsen unterstützen die moderne Mathematik und ihre Algorithmen die Wertpapierhändler. Mehr oder weniger intelligente Maschinen verarbeiten Kurse, Fundamentaldaten und Twitternachrichten. Erwähnen Sie die Begriffe »Big Data« und »algorithmischer Handel« gegenüber einem *Forebroker*, einem »institutionellen Zwischenhändler«, er bringt es gleich auf den Punkt und wird Ihnen sagen: Big Data bedeutet für moderne elektronische Börsen eigentlich *Big Speed*. Für Börsenbetreiber und Händler wird Big Data durch den *Hochfrequenzhandel* repräsentiert. Im Jahr 2014, so schätzen Analysten, macht der Hochfrequenzhandel zwischen siebzig und achtzig Prozent des Handels an allen amerikanischen Börsen aus.[34] Schon im Krisenjahr 2008 betrug der Reingewinn US-amerikanischer Börsen aus dem Hochfrequenzhandel geschätzte acht bis zwanzig Milliarden US-Dollar. Die Handelsplätze der Vereinigten Staaten werden inzwischen völlig von *Very Big Data* beherrscht. Allein der hochvolatile amerikanische Optionsmarkt stellt schon sechseinhalb Millionen Preise pro Sekunde bereit, so die *Option Price Reporting Authority* (OPRA), das sind etwa sechs Milliarden Preise pro Handelstag. Unvorstellbar, dass ein menschlicher Händler eine solch enorme Anzahl von Preispunkten verarbeiten könnte, weshalb einleuchtet, dass man Maschinen mit ihrer Verarbeitung betraut. Maschinen handeln also mit Maschinen und erteilen Tausende Aufträge in Millisekunden oder schneller, ohne dass ein Mensch in diesen Prozess eingreift. Um diesen algorithmischen Handel noch weiter zu beschleunigen, verbindet man die Maschinen elektronisch mit »ihren« Börsen und installiert sie häufig in denselben Rechenzentren, in denen auch die elektronischen Handelsplätze ihre Rechner betreiben. Der Grund: Möglichst kurze Kommunikationswege zwischen allen beteiligten Computern, damit Aufträge so schnell wie möglich, ohne Latenzzeiten, verarbeitet werden können.[35] Diese *Colocation* und die Nutzung spezieller Hochgeschwindigkeitsnetze erlauben den Hochfrequenzhändlern, die Art und Weise, wie »ihre« Handelsplätze Aufträge verarbeiten, nicht nur auszunutzen, um sich einen Preisvorteil zu verschaffen, sondern auch, um die Kurse zu manipulieren. Denn immer häufiger werden neue Formen von Hochfrequenzalgorithmen beobachtet, die einem Virus ähneln und Wertpapierpreise in die gewünschte Richtung zwingen. Auch hier findet das *Terra Forming* statt, von dem schon früher die Rede war.

Noch in den Neunzigerjahren steckte der Computerhandel nicht einmal in den Kinderschuhen. Zuerst musste der elektronische Handel an den Börsen überhaupt seinen kometenhaften Aufstieg beginnen. Eine Regulierungsmaßnahme der amerikanischen Börsenaufsicht *Securities and Exchange Commission* (SEC) aus dem Jahr 2005 führte dazu, dass der Hochfrequenzhandel innerhalb weniger Jahre zur dominanten Strategie wurde, die kleinere Marktteilnehmer mehr und mehr von den Börsen verdrängte. Dabei hatte die neue Vorschrift der New Yorker Börsenaufsicht nicht unmittelbar mit dem elektronischen Handel zu tun, sondern beabsichtigte nur den besseren Schutz der Investoren. Die Regelung sah vor, dass ein Auftrag immer zum *bestmöglichen Preis* ausgeführt werden müsse, dem Auftraggeber ein Wertpapier also nicht unnötig teuer verkauft werden dürfe.[36] Was die Vorschrift dann auslöste, ist ein Paradebeispiel für die *Dynamik nichtlinearer Systeme*: Man setzt einen gutgemeinten Anreiz, aber in einer komplexen Welt ruft er nicht oder nur teilweise den gewünschten Effekt hervor. Die Welt heute ist nicht mehr linear. Man dreht an einer Stellschraube, doch an fünf anderen Stellen platzen unerwartet die Ventile. Denn was nun geschah, war verursacht durch die eingeschränkte Perspektive der Vorschrift: Sie hatte nichts weiter im Blick als den besten Preis für ein Wertpapier, nicht jedoch die Geschwindigkeit des Handels. Sie löste einen Wettlauf der Händler um ebenjenen besten Preis aus. Nur wer schnell genug war, konnte sich den besten Preis sichern, bevor ein anderer ihm zuvorkam. Dass die Vorschrift zu einer Beschleunigung der Märkte führen würde, hatten die Regulierungsbehörden nicht vorausgesehen.

Inzwischen haben Händler mit einer Geschwindigkeitsspirale zu tun, die außer Kontrolle geraten ist. Ganz offensichtlich kann bei einem Großaufgebot ultraschneller Maschinen auf der Jagd nach dem besten Preis einiges schiefgehen. Was viele Investoren verdrängen, die institutionellen Broker spüren es und sprechen es aus: Der sekundenschnelle Wertpapierhandel zwischen Maschinen ist eine gefährliche Zeitbombe für das gesamte System des global vernetzten Kapitalmarkts. Wo Hochfrequenzalgorithmen in Millisekunden und Mikrosekunden ohne jedes menschliche Zutun Wertpapiere kaufen und verkaufen, wird der Mensch zum bloßen Zuschauer des Auf und Ab der Kurse, zum unbedeutenden Beobachter weißen Rauschens und scheinbar grundloser Kursschwankungen. Nicht wenige Profis sprechen deshalb heute schon von einem »perversen System« und befürchten, dass Finanzterroristen genau an diesem Punkt angreifen und die Welt aus den Angeln heben könnten. Weil sich der Hochfrequenzhandel trotzdem weiter ungehindert ausbreitet, stets begleitet vom Mantra der Hochfrequenzlobbyisten, schnelle Algorithmen sicherten die Liquidität der Kapitalmärkte, muss man seine systemischen Risiken verstehen.

Blitzeinbrüche und ihre Verwandten

Was am Schwarzen Montag, dem 19. Oktober 1987, einen ganzen Tag lang dauerte, bis der Dow Jones Index um dreiundzwanzig Prozent eingebrochen war, kann auf unseren modernen, ultraschnellen Börsenplätzen in nur wenigen Minuten entsetzliche Realität werden. Eine Ahnung, dass es zu unerwarteten Kurseinbrüchen in Minuten- und Sekundenschnelle kommen kann, gewinnen wir, wenn wir uns an die *Flash Crashs*, die »Blitzeinbrüche«, an der Börse der jüngeren Geschichte erinnern. Der Vater aller Blitzeinbrüche war der taumelnde Börsenkurs vom 6. Mai 2010: Unvermittelt und in wenigen Minuten verlor der Dow Jones Index neun Prozent seines Werts. In einem fragilen, illiquiden Markt hatte ein institutioneller Investor, ein Fonds, eine ungewöhnlich hohe Anzahl an Wertpapieren verkauft und damit Hochfrequenzalgorithmen ausgelöst, die den Preisverfall des Index noch beschleunigten, als sie auf den vermeintlichen Abwärtstrend aufsprangen und ebenfalls anfingen, Wertpapiere zu verkaufen.[37] Wird ein solcher Trend in voller Absicht ausgelöst, spricht man von *Momentum Ignition*, einer vorsätzlichen Manipulation des Marktes.

Ein berühmt-berüchtigtes Beispiel für einen börslichen Software-Fehler, einen *Technology Breakdown*, war die Marktturbulenz, die der Primärhändler Knight Capital Group am 1. August 2012 an der New Yorker Börse verursachte. Eine falsche Programmzeile in der automatischen Auftragsverarbeitung für Wertpapierorders führte dazu, dass das System der Firma fünfundvierzig Minuten lang statt zweihundert kleiner Aufträge versehentlich Millionen von Aktien kaufte und verkaufte, etwa so, als hätte sich die Software in der Anzahl der Nullen geirrt, bis sich Knight Capital mit zwei ungewollten, unbeabsichtigt hohen Positionen konfrontiert sah: einer Long-Position über insgesamt dreieinhalb Milliarden US-Dollar und einer Short-Position von knapp über drei Milliarden US-Dollar. Einmal aufgeräumt und saldiert, betrug der Verlust wegen Software-Fehlers für den Primärhändler rund vierhundertsechzig Millionen US-Dollar.[38] Nur die Übernahme durch den Hochfrequenzhändler Getco LLC wenige Tage nach dem Computerdebakel rettete Knight Capital vor dem Konkurs.

Technisches Versagen an den Börsen ist kein Einzelfall mehr, sondern die Regel. Wöchentlich treffen Meldungen über elektronische Zwischenfälle an den Börsen weltweit ein. Am 19. August 2013 schnellt der Aktienmarkt in Shanghai wegen eines Computerfehlers in wenigen Sekunden um fünfeinhalb Prozent in die Höhe, als das Investmentunternehmen Everbright fälschlich zu hohe Aufträge über insgesamt fast vier Milliarden US-Dollar an der Börse Shanghai absetzt.[39] Drei Tage später, am 20. August 2013, tritt wieder eine Computerpanne auf, diesmal in New York. Fehlerbedingt versendet das Goldman-Sachs-Handelssystem Kaufaufträge für Aktienoptionen für Titel beginnend mit den Buchstaben H bis L, darunter viele *Blue Chips*, »Spitzenpapiere« der Börse. Während die betroffenen Börsen Nachtschichten einlegen, um festzustellen, welche der Aufträge verbindlich ausgeführt oder storniert werden, erklärt Goldman Sachs kurz angebunden, dem Unternehmen drohten nur leichte Verluste – in Höhe von mehr als hundert Millionen US-Dollar, wie sich nach Abrechnung herausstellte.[40] Und am 22. August 2013 führt ein Schnittstellenproblem eines Primärhändlers zur längsten Handelsunterbrechung, einem *Flash Freeze*, in der Geschichte der Nasdaq.[41]

Keinerlei technisches Versagen, sondern ein *Hash Crash* fand am 23. April 2013 statt. Genau dieser Fall ist das Schreckensszenario schlechthin für die Börsen. Der *Hash Crash* ist ein Musterbeispiel für die erhöhte Vulnerabilität, die wir uns mit Big-Data-Technologien einhandeln. Börsenhändler lesen Twitternachrichten, um die Stimmung, das Sentiment, an den Märkten besser zu taxieren. Was also liegt näher, als die Twitteranalyse zu automatisieren, alle Nachrichten elektronisch zu lesen und einen Handelsalgorithmus sofort darauf reagieren zu lassen?

»Breaking News: Zwei Explosionen im Weißen Haus. Barack Obama ist verwundet«, lautete ein Tweet vom 23. April 2013. Es war eine *Falschinformation*, der potenzielle Supergau, wenn es um *Big Data@Wall Street* geht. Hacker hatten das Twitterkonto der amerikanischen Presseagentur Associated Press (AP) kompromittiert und die Falschmeldung lanciert. Innerhalb weniger Minuten fiel der Dow Jones Index um rund zehn Prozent, zerstörte hundertsechsunddreißig Milliarden US-Dollar an Firmenwerten, erholte sich jedoch innerhalb kürzester Zeit wieder und erreichte glücklicherweise den Stand, den er vor der Falschmeldung hatte. Zur rettenden Richtigstellung der Lage beigetragen hatten die Menschen, die in Washington, D. C., erstaunt aus dem Fenster blickten – und *nichts* sahen. Man klemmte sich an den Telefonhörer und rief seine Freunde bei der Börse an. Direkte, unmittelbare Kommunikation von Seele zu Seele, selbst an den modernen Finanzmärkten hat sie noch ihre Berechtigung, wenn es um die Verifizierung von Informationen geht.

Eine Lageanalyse, die auf einer Falschmeldung aufbaut und einen Hochfrequenzalgorithmus zündet, der im Dominoeffekt einen globalen Börsencrash auslöst, ist das Angsttrauma vieler Händler. Hochfrequenzalgorithmen validieren die Lage nicht, bevor sie eine Kaskade von Deals entfesseln. »Erst schießen, dann fragen«, lautet die Devise der Hochfrequenzhändler. Eine einzige absichtlich lancierte Falschinformation, die die Kapitalmärkte der Welt in Minuten in den Abgrund reißt und eine Krise auslöst, schlimmer als das Bankenbeben 2008, genau das ist der Finanzterrorismus, den die Profis fürchten. Doch Broker, Börsenbetreiber, institutionelle Investoren sind aus demselben Stoff wie wir alle. Sie hoffen, der Ernstfall werde schon nicht eintreten, und handeln weiter in Höchstgeschwindigkeit.

Sechzehn Millionen deutsche E-Mail-Konten gehackt? Kein Problem, solange es mich nicht selbst betrifft. Virenscanner, Firewall? Wozu, solange mein Gehaltskonto noch nicht abgeräumt ist. Das sei heute so, ein Fakt, eine unumstößliche Realität des Informationszeitalters: Überwachung, Aushebelung von Bürgerrechten, erhöhte Vulnerabilität von Politik, Industrie und jedem einzelnen Konsumenten; mit all dem müsse man sich eben abfinden, hört man allenthalben und erschrickt ob der Naivität und Gleichgültigkeit der vernetzten Nation. Der Data Scientist aber zweifelt, ob Totalüberwachung wirklich mehr Sicherheit nach sich zieht. Trifft nicht vielmehr das Gegenteil zu, wie der *Hash Crash* des Jahres 2013 eindrücklich zeigte? Mehr Überwachung bedeutet, dass Maschinen das Objekt der Begierde in

Echtzeit überwachen, analysieren und in Sekundenbruchteilen agieren. Genau darin liegen ein erhöhtes Risiko und die zunehmende Verletzlichkeit unserer Zivilgesellschaft. Weil alles miteinander und mit uns selbst vernetzt ist, werden Dominoeffekte nicht ausbleiben, wenn der Schadensfall eintritt. Angesichts der Risiken, die maschinelle Parallelwelten verursachen, steckt die Zivilgesellschaft kollektiv den Kopf in den Sand, betreibt Vermeidungsstrategie und hofft, es werde schon alles gut gehen. Vielleicht ist die Bedrohung, die maschinelle Konflikte verursachen können, einfach noch zu neu und zu abstrakt. An der Börse hingegen hat man schon einige elektronische Tiefschläge einstecken müssen; genug, dass die Ratingagentur Standard & Poors inzwischen damit droht, die Bewertung der Börsenplätze herabzustufen, weil sie durch die fortgesetzten Störungen durch algorithmischen Handel einem erhöhten Reputationsschaden und strengeren Regulierungsvorschriften ausgesetzt seien.[42]

Dabei sind die sichtbaren Crashs noch das kleinere Übel. Schlimmer sind »ultraschnelle Extremereignisse«, also Kurseinbrüche und Überbewertungen, die so schnell auftreten, dass sie für den Menschen unsichtbar bleiben. Seit 2006 der kometenhafte Aufstieg des Hochfrequenzhandels einsetzte, so stellte ein Forscherteam fest, hätten Hochgeschwindigkeitsalgorithmen mehr als achtzehntausend solcher blitzartigen Kurseinbrüche oder -spitzen verursacht, die sich in Millisekundenschnelle ereigneten und nur für die maschinellen Handelsalgorithmen sichtbar waren.[43] Erst die Analyse historischer Börsenkurse seit 2006 machte Forscher auf diese ultraschnellen Extremereignisse aufmerksam. Ihr Fazit: An unseren modernen Börsen geschehen Dinge außerhalb unserer menschlichen Wahrnehmung, Zwischenfälle, von denen wir nichts ahnen oder wissen und erst dann erfahren, wenn sie sich unsichtbar aufschaukeln und wie aus heiterem Himmel an den weltweiten Kapitalmärkten zuschlagen. Wenn sie zu einem globalen Finanzcrash führen, können wir nichts mehr tun als zuzusehen und das sich anschließende Chaos aufzuräumen. Ein weiteres systemisches Risiko ultraschneller Algorithmen, das Profihändlern den Angstschweiß auf die Stirn treibt.

Häufig ist die Ursache eines ultraschnellen Zwischenfalls an den

Börsen ein Stau vieler Algorithmen, die um denselben besten Preis konkurrieren. Wie Raubtiere stürzen sie sich auf dieselbe Beute, ein Anzeichen für schlechtes algorithmisches – besser: systemisches – Design. Das aber ist nicht den Hochfrequenzhändlern vorzuwerfen. Hochfrequenzalgorithmen kommunizieren mit ihren Handelsplätzen nur laut Schnittstellenspezifikation; aber eine Konvention, wie sich Hochfrequenzalgorithmen verschiedener Händler *untereinander* verhalten sollen, wenn sie aufeinandertreffen, ist nicht vorgesehen. Dabei würden »Benimmregeln« für Algorithmen, bekannt als *Rules of Encounter*, zu größerer Verlangsamung und Stabilität an den Börsen beitragen. Die Idee: Technologie nicht verbieten, stattdessen *bessere* Technologie einsetzen, um das System insgesamt zu stabilisieren.

Den Hochfrequenzhandel nachweislich einschränken könnte auch die Modifizierung der fortlaufenden elektronischen Übertragung von Kursen, denn Hochfrequenzhandel funktioniert nur bei *Streaming Rates*, einem »kontinuierlichen Preisfluss«. Das Zerhacken des Preisstroms in diskrete Zeiteinheiten wie eine Millisekunde würde den Hochfrequenzhandel rasch unterbinden, wie eine Simulation mit einer Multi-Agenten-Retorte belegt. Nein, die Diskretisierung würde die Märkte nicht austrocknen, auch das belegt die Untersuchung.[44] Übrigens stellt die Simulation auch fest, dass Hochfrequenzalgorithmen insgesamt von geringem Nutzen sind.

Es sind die Börsenbetreiber selbst, die technische Maßnahmen zur Zähmung von Raubtier-Algorithmen einführen und die Teilnahmebedingungen am Börsenhandel ändern könnten. Doch die Börsen zeigen wenig Interesse an der Einschränkung des Hochfrequenzhandels. Viele Aufträge bedeuten hohe Einnahmen für die Börsenbetreiber, noch mehr Aufträge bedeuten noch mehr Einnahmen, denn Börsen verdienen an jeder Transaktion. Deshalb ist eine weitere Zunahme des Hochfrequenzhandels zu erwarten und keine Beschränkung. Wer bisher noch wenig attraktiv für Hochfrequenzhändler ist, arbeitet aktiv daran, Hochfrequenzhändler anzuwerben.[45] Was man immerhin als Sicherheitsmaßnahmen implementiert, sind *Circuit*

Breakers, automatische »Abschalter«, die den Handel unterbrechen sollen, sobald ein Kurssturz droht. Doch moderne Hochfrequenzalgorithmen sind auf dem Vormarsch. Sie kennen die Abschaltmechanik »ihres« Börsenplatzes sehr genau und manövrieren sie aus. Kommen wir also zu einer weiteren Problematik von Hochfrequenzalgorithmen: Ein Händler, der über ausreichende Budgets und clevere Algorithmiker verfügt, wird Hochfrequenzalgorithmen nach Art eines Computervirus implementieren, damit der virusartige Algorithmus Märkte *gezielt* manipuliert.

Es ist der 6. Januar 2014, 10:14 Uhr Ortszeit in New York. Ein virusartiger Handelsalgorithmus wirft an der Terminbörse in Chicago viertausendzweihundert Terminkontrakte im Wert von gut einer Million Feinunzen Gold auf den Markt – ein ungewöhnlich hoher Betrag, weshalb der Kurs für Goldfutures in weniger als einer Sekunde um fast zweieinhalb Prozent einbricht. Nur wenige Millisekunden später stürzen auch die Preise von Goldfonds an der New Yorker Comex ab, und erst die Handelsunterbrechung der Comex stoppte den Sturz für zehn Sekunden. Warum nicht schon in Chicago, lautete die berechtigte Frage. Die nachträgliche Analyse des Vorfalls brachte ein sehr verdächtiges Verhalten des Handelsalgorithmus ans Licht. Mit dem Ziel, einen Kurssturz bei Gold zu verursachen, war der Algorithmus demnach sorgfältig darauf bedacht, nicht den automatischen Abschalter der Chicagoer Terminbörse auszulösen. Dazu teilte er seine große Position in mehrere gleich große Auftragspakete ein, die bereits den Markt in die gewünschte Richtung bewegen konnten, und hielt nach jeder Auftragsausführung gerade so lange inne, dass die Volatilitätsunterbrechung der Börse nicht anschlug. Wer Gold billiger machen will, drückt eben rasch einmal den Preis und nutzt dazu Top-Technologie. Weil das Gesamtvolumen des Auftrags rund fünfhundert Millionen US-Dollar betrug, kamen nicht viele Marktakteure infrage, die den Algorithmus abgefeuert haben konnten – der Verdacht richtete sich schnell auf die amerikanische Notenbank und deren Dunstkreis. Marktmanipulation wäre ihr nicht neu. Ist die Aufrechterhaltung der technischen Möglichkeiten, die potenziell marktmanipulierende Eingriffe erlaubt, auch der Grund, weshalb die Europäische Zentralbank den Hoch-frequenzhandel befürwortet?[46]

Falls Sie auch jetzt noch denken, an der Börse sei jeder Investor gleichberechtigt, betrachten wir ein weiteres Unfairnessproblem, eine Melange aus Hochgeschwindigkeit und teuer erkauftem Vorteil.

Die schnellen Wege der Elite-Investoren: Hochgeschwindigkeitsdaten

Kein Börsenhändler auf der Welt, der nicht täglich wie gebannt auf die terminierte Bekanntgabe von Statistiken wartet, darunter ame-rikanische Arbeitslosenzahlen, Häuserverkäufe oder Produzenten-preise, allesamt Indikatoren für die Gesundheit einer Wirtschaft. Unmittelbar nach ihrer Veröffentlichung wirken diese statistischen Daten auf die Kapitalmärkte ein und bewegen Kurse nach oben oder unten. Mit Blick auf die Veröffentlichung der Statistiken hat man zwei Optionen: Entweder reduziert man sein Investmentrisiko, schließt vor dem Bekanntgabetermin alle Positionen und wartet ab, wie sich die Märkte gebärden, bis sie sich wieder beruhigt haben, oder man springt auf diesen kurzen »Trend«, das *Momentum*, auf, um von der Kursbewegung während der Verlautbarung der Statistik zu profitieren. Je früher man weiß, wie ein Wirtschaftsindikator aus-fällt, desto eher kann man sich positionieren und desto höhere Kurs-gewinne sind möglich, so lautet die Hypothese.

Es sind Eliteinvestoren, die *schneller* Bescheid wissen als andere Finanzmarktteilnehmer, weil sie sehr viel Geld dafür bezahlen, dass sie marktrelevante statistische Daten zuerst erhalten. *Low Latency Data* sind börsenrelevante Wirtschaftsdaten, die in Hochgeschwin-digkeit an die Investoren übermittelt werden. Zum Zeitpunkt der Pressekonferenzen, bei denen jene Statistiken bekannt gegeben wer-den, herrscht ein Informationsungleichgewicht in den Märkten, weil Anbieter von Hochgeschwindigkeitsinformationen, darunter Thom-son Reuters und die Deutsche Börse Group, dafür sorgen, dass ihre Premiumkunden auch einen Premiumservice erhalten. Dazu akkreditieren die Nachrichtenanbieter ihre Journalisten bei staatlichen oder privaten Stellen, die statistische Wirtschaftsdaten erheben. Am Tag der Bekanntgaben finden sie sich in einem *Lockup Room* zusammen, einem Raum mit Nachrichtensperre, wie es auch die Sixtinische Kapelle während einer Papstwahl ist, und warten auf das Ende des Nachrichtenembargos. Bis dahin haben sie dreißig Minuten Zeit, die ihnen bereits vorab zur Verfügung gestellten Statistiken für ihre Redaktionen zu bearbeiten. Erst wenn sich das Embargo hebt, und das geschieht für alle Akkreditierten gleichzeitig, gelangen die Statistiken an die Öffentlichkeit. Und hier ist es der Kommunikationsprozess im Detail, der zu einem Informationsvorsprung der Eliteinvestoren führt. Während einige Journalisten die Wirtschaftsindikatoren an ihre Redaktionen schicken, die dann für die weltweite Verbreitung sorgen, haben andere Journalisten vor der Veröffentlichung mit Premiumkunden Codes vereinbart, mit denen sie die Daten noch während der Nachrichtensperre vorab markiert haben. Die Wirtschaftsdaten werden dann nicht über den Umweg »Redaktion«, sondern in maschinenlesbarem Format direkt vom Laptop des Journalisten an den Handelsalgorithmus des Premiumkunden geschickt, der dann einen ganzen Wimpernschlag schneller als andere profitabel investieren kann. Hier ist sie wieder, die Zwei-Klassen-Gesellschaft der Investoren, die Elite, die sich superschnelle Datenströme leisten und sie mit ultraschnellen Rechnern verarbeiten kann – und der Rest der Welt. Wieder einmal ist wahr: Nur wer Geld hat, kann noch mehr Geld verdienen. Wer monatlich fünfstellige Dollarbeträge oder mehr für Hochgeschwindigkeitsdaten ausgibt, kann sich den Informationsvorsprung erkaufen. Faire Märkte? Ach, wo denken Sie hin. Das fand auch der New Yorker Generalstaatsanwalt, der Reuters im Sommer 2013 veranlasste, dieses Geschäftsmodell bis auf Weiteres zu suspendieren.[47] Die Jahre zuvor lief es gut, das ganz besondere Nischengeschäft mit den Hochgeschwindigkeitsdaten, und bisher arbeitet auch der Hochfrequenzhandel noch unbehelligt. Aber die Handlungsoptionen werden weniger. Langsam reagieren die Behörden. Bemerkenswerterweise weniger die Finanzaufsichtsbehörden, sondern vielmehr Staatsanwaltschaften und Gerichte. Es wird eine

Frage der Zeit sein, bis Geschwindigkeit und Einfallsreichtum der Programmierer an den Börsen gezügelt werden, damit die Stabilität der Finanzmärkte gewährleistet bleibt.

Ein System hilft sich selbst

Bitte glauben Sie nicht, Hochfrequenzhandel und Hochgeschwindigkeitsdaten gingen Sie nichts an. In Zeiten schmaler Erträge für Ersparnisse sind es die Hochfrequenzhändler, die zusätzlich zum Schwund unserer Altersrücklagen beitragen. Hier ein Cent, dort ein Cent, das mag Ihnen gleichgültig sein, schließlich denken Sie langfristig; aber über eine längere Frist kann auch so ein hübsches Sümmchen zusammenkommen. Viele der Versicherungen oder Fonds, denen Sie Ihre Altersrücklagen anvertrauen, sind Hochfrequenzhändlern ausgeliefert, wenn sie nicht selbst über ähnlich raffinierte Maschinen verfügen. Große Auftragsvolumina, die noch bis vor wenigen Jahren vollständig zum Wunschpreis ausgeführt wurden, werden in der Ära des Hochfrequenzhandels häufig als nicht erledigt zurückgegeben. Denn zwischen Auftrag und Ausführung, in diesen wenigen Millisekunden, haben die Hochfrequenzhändler den Preis für das nachgefragte Finanzinstrument in die Höhe getrieben. Die Folge: Ihre Versicherung muss es wieder versuchen und nun mehr zahlen. Genau diese Teuerung ist es, die die Sparer zusätzlich zu Nullzinspolitik und Inflation belasten, während die Kursdifferenz, die *Arbitrage*, den Konten der Hochfrequenzhändler als Profit gutgeschrieben wird.

Der Schaden für die Sparer ist nachvollziehbar, das potenzielle Risiko für die weltweiten Kapitalmärkte offensichtlich und der Nutzen des Hochfrequenzhandels für die Märkte fragwürdig. Immer mehr institutionelle Anleger und Broker äußern deshalb Bedenken. Sie fragen sich, was man dieser Form von Big Data entgegensetzen kann, um Risiken zu verringern und Schaden zu begrenzen. Rechtliche Regulierung allein muss nicht die wirksamste sein, immerhin gilt gerade die Regulierungsvorschrift des »besten Preises« als Beschleuniger des

Hochfrequenzhandels. Das hat Regulierungsbehörden nicht daran gehindert, Vorschriften zur Beschränkung des Hochfrequenzhandels zu erlassen. So hat der Bundestag am 28. Februar 2013 das Gesetz zur »Vermeidung von Gefahren und Missbräuchen im Hochfrequenzhandel« verabschiedet, das die aufsichtsrechtlichen und organisatorischen Anforderungen an Hochfrequenzhändler erhöht. Auch die European Securities and Market Authority (ESMA) formulierte im Jahr 2012 Leitlinien für Finanzmarktteilnehmer mit elektronischen Handelsplattformen und Algorithmen. Doch wer den Text genauer liest, erkennt: Die Regulierung greift zu kurz. Wenn Regulierer Big Data, Big Speed und Big Tech nur auf die Art zu kontrollieren glauben, dass Börsen und institutionelle Investoren besser geschultes Personal beschäftigen, Handelsplätze sorgfältiger überwachen und Handelsalgorithmen gewissenhafter testen sollen, haben sie weder Brisanz noch technologische Möglichkeiten von *Big Data@Wall Street* vollständig verstanden. Das soll nicht heißen, dass gesetzliche Regulierungsmaßnahmen völlig ungeeignete Mittel sind, Algorithmen Grenzen zu setzen. Aber die konventionelle Regulierung durch rechtliche Leitlinien oder Gesetze ist nicht die einzige Eingriffs- und Gestaltungsmöglichkeit, und vielleicht nicht einmal die effektivste. Sinnvoll sind – vorher simulierte! – politische, wirtschaftliche und technische Rahmenbedingungen anstelle gesetzlicher Verbote, deren Wirkung in nicht-linearen Systemen ohnehin oft zweifelhaft ist. Das zu verstehen ist wichtig, weil wir auch für die Big-Data-Algorithmen, die intelligenten Maschinen, die uns künftig persönlich schaden können, Rahmenbedingungen und Regeln schaffen müssen.

Manchmal, und damit wollen wir die Betrachtung von Big Data in der Finanzindustrie abschließen, hilft sich ein System selbst. Auch das macht Mut, denn es zeigt uns, dass wir als Gesellschaft etwas erreichen können, wo die Politik der Realität hinterherhinkt. Wir müssen uns aber einig sein, mindestens müssen sich einige von uns auf gemeinsame Werte verständigen, um Alternativen zu schaffen.

Einige Händler, denen die ultraschnellen Raubtier-Algorithmen schon lange ein Dorn im Auge waren, haben sich von den regulären Börsen verabschiedet und neue, alternative Plattformen gegründet. Neben dreizehn bekannten Börsen in den Vereinigten Staaten gibt es inzwischen vierundvierzig solcher alternativer Marktplätze, betrieben von Banken, Versicherungen und Fonds, die ihre Aufträge zuerst untereinander abwickeln. Nur das Restauftragsvolumen, für das innerhalb eines solchen *Dark Pool* keine Nachfrage besteht, geht an die öffentlichen Marktplätze. Der Pool ist *dark*, »privat«, nicht öffentlich – ein großes Thema in der aktuellen Diskussion um Überwachung und Steuerung. *Privatheit auf den Finanzmärkten hat einen klaren Nutzen und begrenzt systemische Risiken.* (Daran sollte jeder denken, der die totale Transparenz propagiert.) Technologisch sind die *Dark Pools* nicht weniger fortschrittlich als konventionelle Börsen, nur Hochgeschwindigkeit spielt bei ihnen keine Rolle und auch nicht die Vernetzung untereinander. Beides macht sie zu robusteren Alternativbörsen, als es die vernetzten und deshalb fragilen konventionellen Börsen sind. Denn *Dark Pools* veröffentlichen Preise häufig erst, nachdem ein Geschäft zustande gekommen ist. Kein Streaming-Verfahren also. Und wer Hochfrequenzhändler nicht ganz verbannen will, greift zu einem einfachen Mittel: Auch *Colocation* ist nicht möglich. Der Hochfrequenzhändler muss also seine Hochleistungscomputer im Rechenzentrum um die Ecke installieren und nicht in denselben Räumen, die der alternative Marktplatz nutzt. Bis ein algorithmisch erteilter Auftrag den längeren Weg zum *Dark Pool* gereist ist, können Millisekunden vergehen, und inzwischen ist der erhoffte Preisvorteil verflogen. In einem solchen Umfeld kann ein Algohändler nur überleben, wenn er nicht auf Schnelligkeit, sondern auf Intelligenz seiner Maschinen setzt. Intelligente Handelsalgorithmen und viele verschiedene Investmentstrategien, auch sie könnten heilsam auf die kranke Monokultur an den Finanzmärkten einwirken. Ein höherer Grad an Diversifizierung bei Handelsalgorithmen mindert das systemische Risiko. Eigentlich eine leichte Lektion für Finanzmarktakteure, möchte man meinen, denen das Konzept der Diversifizierung am besten vertraut ist. Doch ab hier haben sie den intelligenten Maschinen des Geschäftsmodells »Abhören und Steuern« nichts mehr voraus. Mit der wachsenden Intelligenz von Maschinen sind nun alle gleichermaßen konfrontiert, an Börsen, in Autos und

Schlafzimmern. Alles, was einmal Spaß gemacht hat, wird jetzt technisch aufgerüstet – und schlimmer: überwacht und vernetzt. Werfen wir nun einen Blick auf die Zukunft unseres Alltags. Dabei dürfen, müssen wir ein bisschen philosophisch werden und uns fragen: *Wer ist der Mensch?*

Vier. Diktatur

Schizophrenie ✦ Big-Data-Evolution ✦ Der Angriff
auf den Menschen ✦ Der Mensch und seine Daten,
das unbekannte Verhältnis ✦ Big-Data-Diktatur ✦
Der Konflikt des Jahrhunderts: persönliche Daten
gegen Kapital

Schizophrenie

Heute, morgen. Im ewigen Kreislauf der Erneuerung funkelt auf den Maiwiesen der Tau wie kleine Diamanten, als die Morgendämmerung den Nachtschlaf besiegelt.

»Mein ganzes Leben fühlt sich an wie eine einzige Reise«, überlegt Florian Mayhoff und steigt in seinen Wagen. Mobilität ein Menschenrecht? Dabei wäre die Stabilität dem Denken doch so viel zuträglicher.

Der Samstagmorgen ist noch sehr jung, als Mayhoff durch das Tertiärhügelland entlang der nördlichen Alpenkette fährt. Die Nebenstraßen durch das Holzland sind wie leergefegt, noch sind die Dörfer und ihre Menschen nicht erwacht. Die Natur ist voll einladender Farben, die im Licht der Morgensonne aufstrahlen. In sattem Gelb blüht der Raps, doch je länger die Fahrt dauert, verschwindet die Zitronenfarbe und wird vom Blaugrün zusammenhängender Waldgebiete abgelöst, das im Wechsel mit den hellen, frischen Tönen des jungen Mais in ein Bild bäuerlicher Landschaft zusammenfließt.

Ein Maler mag die Natur, wie sie jetzt vor Mayhoff liegt, so romantisch wahrnehmen, doch er fühlt sich seltsam entfremdet, wie entwurzelt von den Feldern seiner Kindertage. Rechts und links der Straße liegen Aussiedlerhöfe. Wie in Trance fährt Mayhoff an der einen, dann an der nächsten Hofstelle vorbei. Alles wirkt wie Kulisse, still, friedlich, unwirklich, als zögerte die Zeit zu verstreichen. Ganz anders als im Umgang mit seinen intelligenten Maschinen. Sie sind anspruchsvoll, seine Software-Agenten, Datenfusionssysteme und *Deep Belief Networks*. Sie fordern einen Strom von Aufmerksamkeit, unaufhörlich, volle Konzentration, Geschwindigkeit des Denkens und pausenlose Beaufsichtigung. Doch das Land hier draußen hatten sie noch nicht erobert.

Wie überleben Menschen in diesen ländlichen Gebieten?

Der Gedanke ist nicht naheliegend, denn die alpennahe Gegend ist nicht naturwild, nicht abweisend oder lebensfeindlich, sondern sanft, lieblich geschwungen, zersiedelt zwar, doch keineswegs einsam.

Womit beschäftigen sich Menschen in einer nicht-urbanen Wirklichkeit, was tun sie jeden Tag aufs Neue mit ihrer Zeit?

Mayhoff hat immer viel gearbeitet, will sagen, viel *gedacht*. Tage-, monate-, jahrzehntelang nachgedacht über mathematische Modelle als Abbild der Wirklichkeit – *welcher Wirklichkeit?* – und darüber, wie man ihre komplizierten Gleichungen lösen kann.

Was hat dieses Denken aus ihm gemacht?

Mayhoff bemerkt, wie er aus sich selbst und seiner Umgebung herausgefallen ist, wenn er heute zwischen Bäumen und Wiesen auf den Straßen seiner Heimat fährt. Ist der Bauernhof links mit seinen weitläufigen Feldern die Realität, oder ist es das Modell in seinem Kopf? Mayhoff kann die Diskrepanz fast körperlich spüren. Etwas passt nicht mehr – oder noch nicht – zusammen, er zerfällt wie in zwei Teile; das schmerzt Mayhoff und irritiert ihn gleichermaßen. Nach zwanzig Jahren täglicher Arbeit mit Modellen und Algorithmen, fühlt Mayhoff, haben sie sich einen Leib gesucht und seinen Kopf besetzt. Dort haben sie sich eingenistet, die quälenden Variablen und Funktionen seiner künstlichen Intelligenzen, die Namen von Haustieren tragen. Die virtuelle Realität mutet wahrer, mächtiger an als die alte Wirklichkeit; diese scheint bereits Vergangenheit zu sein. Da sind seine beiden Software-Agenten Einstein und Newton, die für zwei Londoner Währungshändler mit dem Dollar handeln. Einstein und Newton, so hießen auch zwei spionierende Wissenschaftler in Dürrenmatts Bühnenstück *Die Physiker*. Die Namensgleichheit war Mayhoff erst viele Jahre später aufgefallen.

Einstein, Newton und Möbius, drei Physiker, täuschen vor, irrsinnig zu sein, und lassen sich in eine psychiatrische Klinik einweisen, damit Möbius' tödliche Erfindung, die Weltformel, nicht an die Öffentlichkeit gelangt und die Menschheit vernichtet. Mit dieser Ethik hätte Dürrenmatts Bühnenstück enden können: Wissenschaftler räsonieren über die Folgen ihrer Erfindungen und verhalten sich daraufhin moralisch einwandfrei. Der Widerstand der Wissenschaftler geht Hand in Hand mit der Askese, mit dem Verzicht auf Ruhm, Macht und, in ihrem Fall, auch auf die Freiheit. Doch die Komödie Dürrenmatts schließt damit nicht ab. Die wahnsinnige Anstaltsleiterin reißt die Weltformel an sich und schlägt daraus größtmöglichen Profit, ohne Rücksicht auf den Schaden zu nehmen, den sie der Menschheit durch ihren Gebrauch zufügen wird.

Mayhoffs Leben – eine Existenz, die sich nach Dürrenmatts Dramentheorie entfalten sollte? Nicht wenige seiner Wissenschaftskollegen hatten schon den Kopf gewiegt und ihre Bedenken drastisch zum Ausdruck gebracht: »Wir haben die neue Atombombe erfunden.« Big-Data-Technologien, einst unter hoheitlicher Ägide und niemals zu dem Zweck entwickelt, den Menschen auszuhöhlen – bedrohen sie im aufbrechenden Informationskapitalismus die menschliche Existenz? Die Physik galt schon seit Langem als »schmutzige Wissenschaft«, weil ihre Entdeckungen zu Massenvernichtungswaffen geführt hatten. Der Mathematik indessen haftete der Ruf der »reinen Wissenschaft« an. Sie strebte danach, mit ihren Modellen die Welt zu erklären. Doch seit dem Zugriff auf enorme Datenmengen und der leicht verfügbaren Rechenleistung war sie nun in die Lage gekommen, die Welt aktiv umzuformen. Die Mathematik hatte nach der Zukunft gegriffen. Sie konnte in die natürliche Evolution der Schöpfung gestaltend eingreifen, Kollateralschäden nicht ausgeschlossen.

Erste Anzeichen für den Zugriff auf die bislang geltende Ordnung des Lebens und der Zivilgesellschaft gab es, als der NSA-Abhörskandal den Globus erschütterte. Ganz offensichtlich waren Grundrechte verletzt und die Menschenwürde missachtet worden.

»Gott sieht alles!«, listet Bertolt Brecht in seinem Reim *Was ein Kind gesagt bekommt* auf.[1] Gott sieht alles, selbst die Gedanken des Menschen, seine Wünsche und Gefühle, moralisch oder nicht; denn »wenn im Fall des Falles er sich im Dunkeln versteckt: Der liebe Gott sieht alles und hat dich längst entdeckt«, dichtet Chansonnière Hildegard Knef den Text weiter.[2] War das nicht die Drohung, die ganze Generationen traumatisiert hatte, manchen Menschen bis hin zur psychischen Erkrankung und zum Nervenzusammenbruch? Der

Überwacher hoch droben, der Gerechte, der ewig Unzufriedene, der verlängerte Arm der wahren Rechtschaffenheit, der stets Gehorsam erzwingt, der nicht nur verzeiht, sondern auch rächt, das war lange Zeit die Drohgebärde vieler Eltern, Erzieher und Prediger. Eine Zeit lang schien sie aus der Mode gekommen, diese Form der Tyrannei. Heute ist sie aktueller denn je. Nur Gott ist austauschbar geworden.

»Die NSA sieht alles!«

»Google weiß alles!«

»Apple hört alles mit!«

Aber wir haben ja nichts zu verbergen, denkt Mayhoff traurig. Doch haben wir nicht vielmehr – *nichts verstanden?* Wenn zwar nicht Gott, aber Staat und Privatunternehmen mit den Mitteln der Überwachung, gerechtfertigt unter Verweis auf immer größere Sicherheit als »Supergrundrecht«, im Menschen unaufhörlich Gefühle von Angst und Schuld erzeugen, ist der Mensch dann noch ein freier Mensch, der seine Position als Einzelner und in der Gesellschaft jenseits ständiger Pflichterfüllung bestimmen, sich also frei entfalten kann? Oder ist es nicht vielmehr so, dass sich der Mensch aus Furcht konform verhalten und so seiner Entfaltungsmöglichkeiten beraubt werden wird?

Wir leben doch nicht im Sudan, in Afghanistan oder im Irak, lehnt Mayhoff sich innerlich auf. Dort ist es unsicher, das Leben ständig in Gefahr, aber, seien wir ehrlich, doch nicht auf unseren Straßen. Es hatte ihn immer gestört, Risiko möglichst ganz aus dem Leben zu verdrängen. Lasst euch doch alle im Bett anschnallen und intensivstationär überwachen, grollt Mayhoff. Dann seid ihr alle ziemlich sicher.

Wir sind ein schizophrenes Volk, grübelt Mayhoff weiter, als er die Ortsdurchfahrt seines Ziels erreicht hat. Leisten uns jahrzehntelang eine Gauck-, dann Birthlerbehörde, um aufzuklären, wessen Stasi-Überwachungsakte in wie vielen Jahrzehnten um welche Informationen angewachsen ist, um heute leidenschafts- und bedenkenlos die Totalüberwachung hinzunehmen – und sie auch noch großartig zu finden. Etwa weil Google, Apple oder Facebook die *Rechtschaffenen* sind? Zwar haben sie die Menschheit global vernetzt, aber trotzdem den Begriff der Freundschaft zerstört. Sie haben uns mobil gemacht und gleichzeitig die Anonymität aufgehoben, wenn sie Smartphones direkt an Kreditkarteninformation koppeln und unsere Spuren überallhin verfolgen. Denkt denn niemand daran, dass die selbsternannten Philanthropen an den Unternehmensspitzen irgendwann von Männern und Frauen anderer Gesinnung abgelöst werden könnten? Oder dass ein Staat per Dekret alle persönlichen Daten und Informationen auf einen einzigen Streich einziehen könnte? Hier geht es nicht mehr um den Lieblingsschokoladenriegel, der an der Tankstelle bereitliegt, weil ein intelligentes Auto schon vorher weiß, wo es mit seinem Fahrgast auftanken wird. Es geht um die Krankenversicherung, die man noch abschließen darf oder eben nicht, den Arbeitsplatz, den man erhält oder nicht, die Operation, die sich lohnt oder nicht. Es geht um das Leben, nicht nur an seinen verletzlichen Enden, die Geburt oder den Tod. Es geht um das Leben *mittendrin*. Und keiner kann sagen, es ginge ihn nichts an.

Am vereinbarten Treffpunkt wird Mayhoff von einem Freund erwartet. Dieser wird ihn später besorgt mahnen:

»Wenn du nicht bald die Mathematik aufgibst und dir eine andere Beschäftigung suchst, kann ich dich in drei Jahren in der geschlossenen Anstalt besuchen.«

Das Leben ist eine einzige Dürrenmatt'sche Groteske.

Big-Data-Evolution

Die Geschichte über das »fliegende Auge« hat zu Beginn des Buches erzählt, dass der Krieg als Vater aller Dinge auch der Urheber von Big Data ist, *dem* Handwerkszeug für moderne militärische Aufklärung und Lageanalyse. Noch in den Neunzigerjahren konnte die Bundesrepublik mit großem Stolz auf ihre Mathematiker und Physiker blicken, die an Schlüsseltechnologien für Big Data für ihre Verteidigungsarmee forschten. Vor zwanzig Jahren standen sie ihren amerikanischen Kollegen, damals schon führend bei technologischen Neuentwicklungen, in nichts nach. Es waren deutsche Forscher, die ein Herzstück der elektronischen Lageanalyse entwickelt hatten, die intelligente Multi-Sensor-Datenfusion, die für die Militärs aus großen Mengen sehr heterogener Rohdaten unterschiedlichster Qualität und Herkunft, darunter Radarabstrahlungen oder Funksprüche, relevante Lageinformationen erzeugte, die man noch dazu über einen taktischen Datenlink mit anderen Streitkräften eines internationalen Verbands in Echtzeit austauschen konnte. Ergänzen konnte man die automatische Lageanalyse durch eine *Kontrollstrategie*, selbst eine lernende Maschine, die eine Situation und ihre Prognose betrachtete, bewertete, abwog – und dann eine Entscheidung traf, von der Leben oder Tod abhingen. Die Meisterleistung, eigene Big-Data-Schlüsseltechnologien mit ihrem schon damals hohen Reife- und Zuverlässigkeitsgrad in Händen zu halten, hätte den informationstechnologischen Vorsprung Deutschlands über viele Jahre sichern können, denn auch bei modernen, nicht-hoheitlichen Big-Data-Anwendungen geht es genau darum: erstens, große Datenmengen aus nicht kommensurablen Quellen sammeln, aggregieren und bewerten; zweitens, eine Lageanalyse und Prognose berechnen, und drittens, eine informierte Entscheidung treffen, um auf die Lage einzuwirken und sie zum eigenen Vorteil zu verändern.

Doch es sollte anders kommen. Politische Entscheidungen, die keineswegs die technologische Schlagkraft der Bundesrepublik, sondern das Zusammenwachsen Europas nach dem Fall des Warschauer Pakts im Blick hatten, zeitigten Auswirkungen an ganz anderer Stelle und lösten die Dynamik des nicht-linearen Systems aus: Der Zusammenlegung europäischer Rüstungsunternehmen im EADS-Konzern sollte der informationstechnologische Vorsprung Deutschlands nach und nach zum Opfer fallen. Deutschland, bei der informationstechnologischen Forschung heute vielleicht noch mit im Spiel, aber nicht mehr in der Lage, Informationstechnologie zur Marktreife zu bringen? Wer das nicht glauben will, muss nur einen Blick auf den deutschen Handelsbilanzüberschuss werfen. Er zeigt auch, wo die Deutschen investieren. Im Inland jedenfalls nicht – und genau das bekommen innovative deutsche Hochtechnologieunternehmer zu spüren. Viele verabschieden sich daher inzwischen noch in der Frühphase ihres unternehmerischen Daseins von Deutschland und entscheiden sich, ihre Firma gleich im Silicon Valley anzusiedeln, weil sie dort eine Kultur der Ideen, der Innovation, des Scheiterns und nicht zuletzt der Risikofreudigkeit vorfinden, die sie so nötig brauchen, um überhaupt eine Chance auf Erfolg zu haben.

Als die hoheitliche Forschung und Entwicklung ihrer Big-Data-Schlüsseltechnologien am politischen Handeln gescheitert war, suchten sich ernüchterte Mathematiker und Physiker ein neues Betätigungsfeld – und fanden es an den Finanzmärkten mit ihren elektronischen Börsen, die sich gerade zu entfalten begannen. In einer ersten Kommerzialisierungswelle traten die Big-Data-Technologien aus einem gut kontrollierten und hochregulierten staatlichen Umfeld heraus, hinein in den denkbar schlimmsten privaten Raubtierkäfig, in dem es beim Kampf ums große Geld nicht viel friedlicher zuging als an einer militärischen Front. An internationalen Finanzmärkten, gefördert von innovationsfreudigen US-amerikanischen Investmentfirmen, taten Wissenschaftler nun genau dasselbe wie zuvor in der Rüstungsindustrie: Als Quants bauten sie weiter an ihren automatischen Überwachungs-, Analyse-, Prognose- und Steuerungssystemen und setzten ein technologisches Wettrüsten in Gang, das als »algorithmischer Handel« zum Begriff wurde. Überwacht wurden jetzt Börsenkurse, Wirtschaftsstatistiken, Zinsdifferenzen, Äußerungen der EZB-Präsidenten bei Pressekonferenzen, elektronische Auftragsbücher und die eigenen offenen Positionen – alles mit der Geschwindigkeit superschneller Computer. Es wurde gesammelt, analysiert und manipuliert, indem man den Markt über seine Absichten bewusst täuschte, alles unter Nutzung technischer Tricks, Kniffe und mathematischer Modelle.

Weil sowohl die Quants als auch deren Arbeitgeber, die Nutzer elektronischer Handelsalgorithmen, zunächst auf ein regelfreies Umfeld stießen, das ihrer Kreativität und den technologischen Möglichkeiten kaum Beschränkungen auferlegte, musste es in der Finanzindustrie schon früh zu unvermeidlichen Exzessen kommen. Bis vor der Bankenkrise 2008 täuschten finanzmathematische Modelle vor, Verlustrisiken von Wertpapieren so atomisieren zu können, dass sie gänzlich verschwänden. Doch das taten sie nicht. Nach der

Bankenkrise stellte sich manch Quant insgeheim die Frage nach der »Richtigkeit« finanzmathematischer Modelle überhaupt. Aber eine Bekehrung war unnötig, denn die Politik stützte das System der Kapitalakkumulation, das *Too Big To Fail* geworden war, mit finanziellen Rettungsschirmen und schuf genau so den systemischen Anreiz weiterzumachen, als hätte es die Bankenkrise nie gegeben. Allerdings hat spätestens seit der Bankenrettung die Zivilgesellschaft makroökonomisch nichts mehr mitzubestimmen. »Die zentrale These der ›Postdemokratie‹ lautet: Formal leben wir noch in Demokratien, doch die Menschen spüren, dass an dieser Fassade etwas faul ist, dass die Entscheidungen hinter den Kulissen fallen. Sie werden nicht gefragt, sie werden vor vollendete Tatsachen gestellt und mit dem Verweis auf Naturgesetze und ›Sachzwänge‹ von der Mitbestimmung ausgeschlossen.«[3]

Seit der Bankenrettung beherrschen noch mehr Mathematik, noch schnellere Computer und *Even Bigger Data* die internationalen Finanzmarktplätze. Das Wettrüsten um mehr, bessere, schnellere Information und noch intelligentere Datenanalyse hat sich so beschleunigt, dass sich mit dem Hochfrequenzhandel – *Big Speed* – an elektronischen Börsen eine Parallelwelt aus Maschinenhändlern entwickelt hat, von denen diskretionäre Wertpapierhändler und professionelle Broker inzwischen sagen, sie sei außer Kontrolle geraten und deshalb eine potenzielle systemische Bedrohung für die vernetzten Finanzmärkte weltweit. Wissenschaftliche Analysen bestätigen dies und geben zu bedenken, dass der Hochfrequenzhandel keinerlei gesellschaftlichen Nutzen mit sich bringe. Regulierungsversuche, das maschinelle Vordringen in geordnete Bahnen zu leiten, sind halbherzig und können oder wollen die Risiken der algorithmisch gehandelten Finanzinstrumente nicht kontrollieren. Entweder wird die Dimension der algorithmischen Entwicklung, die nicht nur immer schneller, sondern auch immer intelligenter wird, von Aufsichtsbeamten der politischen Regulierungsbehörden verkannt, oder die algorithmische Lobby hat einen so machtvollen Arm, dass Regulierungsversuche von vornherein lässig ausfallen und nicht dazu geeignet sind, das Risiko global drohender technischer Probleme einzudämmen.

Geradezu logisch ist der Schritt, der jetzt folgt: Die Big-Data-Technologien der Analyse, Prognose und Manipulation erfassen in einer zweiten Kommerzialisierungswelle all diejenigen, die am Ende der Wertschöpfungskette stehen: die Verbraucher. Der Konsument, das nächste lohnenswerte Opfer von Big Data? Ganz sicher, jetzt, wo Big Data zum allgemeinen Trend wird und es Software-Werkzeuge vermeintlich jedermann erlauben, künstliche Intelligenz ohne eigene intellektuelle Leistung einzusetzen: »Learn Big Data Technologies in One Hour!«

Big Data konfrontiert den Einzelnen mit Geschäftsmodellen, die unseren demokratischen Gesellschaftsentwurf, unsere Grundrechte und die Natur des Menschen infrage stellen. Der Tausch ist unheilig: Nutzenoptimierung gegen umfassende Kontrolle, Sicherheit gegen Totalüberwachung. Das naive Schulterzucken der Zivilgesellschaft, Totalüberwachung »sei einfach eine Tatsache, mit der man sich heute abfinden müsse«, kann man nur mit Albert Einsteins Feststellung erwidern, dass »Diktaturen entstanden [sind] und geduldet [werden], weil das Gefühl für die Würde und das Recht der Persönlichkeit nicht mehr genügend lebendig ist«[4]. Sind wir nur politisch naiv, zu reich und zu satt für Freiheit und Demokratie, oder, das wäre ähnlich dramatisch, inzwischen viel zu egoistisch, als dass uns die Gesellschaft und das Gemeinwohl noch interessieren würden? Ist es die Frage der Millennials, der um das Jahr 1980 Geborenen: »Was ist für mich drin?«, die uns den Versprechungen der Big-Data-Industrie gegenüber so anfällig macht?

Ganz gleich, was zutrifft, es reicht beileibe nicht, den Zeigefinger auf Big-Data-Unternehmen zu richten und sich zu beklagen. Genauso wenig hilft allein der Ruf nach einem starken Staat. Mit der Freiheit geht die Verantwortung Hand in Hand, und die Verantwortung für unseren gesellschaftlichen Entwurf liegt zuerst bei uns selbst.

Makroökonomisch mögen wir schon lange nicht mehr in einer freiheitlich-demokratischen Gesellschaft leben, dafür haben Finanzindustrie und Konzernlobbyisten inzwischen hinreichend gesorgt. Freie Entscheidungen konnten wir noch mikroökonomisch treffen:

Kaufe ich einen Apfel oder eine Banane? Wenn wir in sehr naher Zukunft immer mehr von privaten Unternehmen belauscht, analysiert und prognostiziert werden, ist es aber auch mikroökonomisch schlecht um uns bestellt. Big Data will uns manipulieren, uns gezielt das Geld aus der Tasche ziehen. Nichts Neues, mag man einwenden, Werbung hatte gerade das von jeher zum Ziel. Doch Big Data erreicht einen neuen Grad an Gefährlichkeit und Perfidie. Big Data greift den Einzelnen an, wo es ihn nicht mehr »seiner Würde gemäß behandelt«.[5] Hier machen wiederum Geheimdienste vor, mit welcher Art der Manipulation bald auch der Privatmann rechnen muss. Die operative Zelle des britischen Geheimdienstes »Forschung am Menschen« arbeitet daran, Einzelne und Organisationen gezielt zu zerstören.[6] Sie will nicht Zauberkünstler, sondern »Cyberkünstler« ausbilden, die Internetaktivisten oder lästige Einrichtungen durch Fälschung und Manipulation ihrer Daten, durch gezielte Verbreitung betrügerischer Falschinformation und öffentliche Diskreditierung methodisch zerstören, und zwar »elegant, kreativ und professionell«. Es ist das Programm der fünf »Ds«: *deny, disrupt, degrade, deceive* und *destroy* – verleugnen, sabotieren, herabwürdigen, betrügen und zerstören. Dazu gehören das Versenden falscher E-Mails vom Konto des Betroffenen, die Unterbrechung seiner elektronischen Infrastruktur und die Diskreditierung einer Person in ihren sozialen Netzwerken. *Zersetzung* ist in einer transparenten, global vernetzten Welt nicht nur deshalb leicht möglich, weil sich Daten und Informationen ungehindert überall und in Echtzeit verbreiten können, sondern besonders wegen unserer absolut gesetzten Gläubigkeit an Technik und die Ordnungsmäßigkeit von Daten und Information. In Zukunft gilt es, hier sehr genau zu hinterfragen und hinzusehen. Dabei kann gezielte Falschinformation nicht nur von staatlicher, sondern auch terroristischer Seite gestreut werden. Sie ist dazu geeignet, einen dritten Weltkrieg auszulösen oder die größte Wirtschaftskrise des Planeten. Informationsterrorismus, ganz gleich von welcher Seite, ist kein aussichtslos erscheinender Plan, sondern im informationellen Krieg ein realistisches, durchführbares Szenario.

Doch so weit muss man gar nicht gehen. Big Data stellt unseren gesamtgesellschaftlichen Entwurf schon dort infrage, wo es das Solidaritätsprinzip außer Kraft setzt, den Kleber unserer Gesellschaft, denn Big Data spaltet uns in die Gruppe der Überwachungsapologeten und die der Verweigerer. Big Data zerstört den freien Menschen, die Grundlage unseres gegenwärtigen sozialen Entwurfs. Und in mathematischen Begrifflichkeiten attackiert die Nutzenmaximierung lernender Big-Data-Technologien das Paretooptimum unserer sozialen Marktwirtschaft. Big Data fordert ein neues gesellschaftliches Konzept deshalb geradezu heraus, denn die Art und Weise, in der Big Data in unser Leben eingreift, ist multidimensional, gefährlich – und bisher völlig ungeregelt.

Der Angriff auf den Menschen

»Können die Kontrollen noch viel raffinierter werden? Könnte beispielsweise ein Arbeitgeber seine Angestellten nach Art des Großen Bruders überwachen und sie ausbeuten? (...) Es wird zweifellos etliche Verstöße geben. Aber der Informationsmarkt wird als Produkt der wohlhabenden und demokratischen Industrienationen wie ein großes Schwungrad wirken, das Sitten und Gebräuche aneinander angleicht. (...) Die Chancen für einen Großen Bruder, sich in einem derartigen Gefüge zu etablieren, sind verschwindend gering«, hoffte Michael Dertouzos, Leiter des Informatikinstituts am MIT, noch im Jahr 1997.[7]

Fast zwanzig Jahre später scheint der Informationsmarkt eine andere Wendung zu nehmen. Der Informationskapitalismus ist so wenig in der Lage, sich selbst zu regulieren, wie der Finanzmarktkapitalismus, was uns die Wirtschaftskrisen dieses Jahrtausends noch einmal sehr eindrücklich vor Augen geführt haben. Erst die Liberalisierung der Finanzmärkte hat Exzesse ermöglicht, Krisen verursacht und die politische Idee von der Selbstregulierungskraft der Märkte *ad absurdum* geführt. Das Fazit: Märkte, wenn sie sich völlig selbst überlassen werden, sind nicht in der Lage, sich selbst zu regeln. Weder der Finanzmarkt noch der Informationsmarkt haben die Moral, sich im Wachstum zu beschränken und Rücksichten zu nehmen. Die Hoffnung Dertouzos' bleibt deshalb Utopie.

Der Rückblick in die jüngere Geschichte von Big Data ist deshalb auch gleichzeitig der Ausblick in die Zukunft. Die algorithmische Entwicklung in der Finanzindustrie zeigt uns, wie intelligente Maschinen modernes *Terra Forming* betreiben. Wenn Börsenkurse nur noch das Ergebnis maschineller Aktivitäten sind, haben sie sich bereits von der wirtschaftlichen Realität gelöst und erschaffen ihre ganz eigene Welt, in der der Mensch zum hilflosen Zuschauer des Weißen Rauschens ungezählter elektronischer Handelsaufträge degradiert wird. Und wenn Big Data heute den nächsten Schritt entlang der Wertschöpfungskette tut, aus dem industriellen Umfeld heraustritt und den Konsumenten erfasst, um dessen finanzielles Potenzial zu nutzen, ist das nur eine organische Entwicklung, wie wir sie häufig in der Wirtschaft antreffen. Um des unternehmerischen Profits willen werden Überwachung und Kontrolle privatisiert. Denn auch beim Verbraucher setzt Big Data mit seinem dreistufigen Prozess der Datenakquise, Analyse und Manipulation an. Seit dem Einsatz mathematischer Modelle und Algorithmen an den Börsen haben die Data Scientists aber nicht nur viel dazugelernt, es hat auch Fortschritt stattgefunden, und manch technischer Entwicklungsschritt wurde abgeschlossen. Das Sammeln und Speichern riesiger Datenmengen funktioniert dank neuer Datenbankarchitekturen prächtig. Auch die Verbraucher selbst sind zu den hilfreichsten Dienstleistern einer Vielzahl von »Sensoren«, *Multi-Sensors*, geworden, die man als Smartphones, Tablet-PCs, Spielekonsolen oder elektronische Kommunikationsmittel wie E-Mail und soziale Netzwerke an sie vermarktet. Deshalb konzentrieren sich die Datenfresser inzwischen verstärkt auf den zweiten Schritt der Datenfusion, auf Lageanalyse und Prognose. Dazu müssen sie ihre Fähigkeiten der künstlichen Intelligenz aufrüsten, und das tun sie in erschreckendem Ausmaß.

Im Sommer 2013 saugt der Onlinehändler Amazon.com, Inc. Experten für maschinelle Lernverfahren vom deutschen Markt. Sie erinnern sich: Intelligente Maschinen lernen aus dem historischen Verhalten der Verbraucher, ihren digitalen Fußspuren und ihrem

Schatten im Internet, wie sie sich in der Zukunft voraussichtlich verhalten werden, um ihnen stets einen Schritt voraus zu sein.

In Dezember 2013 gibt Facebook bekannt, es habe ein achtköpfiges Team für künstliche Intelligenz aufgebaut, das unter Professor Yann LeCun von der New York University das Ziel verfolgt, »bedeutende Fortschritte in den Bereichen Datenwissenschaften, maschinelles Lernen und künstliche Intelligenz« zu machen, um »aus all den Inhalten, die Facebook-Nutzer einstellen, klug zu werden.«[8] Nur acht Data Scientists sollen Facebooks künftige Richtung vorgeben? Doch, das genügt. Einige helle Köpfe, ein kleines Team, reichen aus, Tausende andere sind »Rationalisierungsreserve«.[9]

Derselbe Monat, dasselbe Jahr: Google kauft zum wiederholten Mal eine Robotikfirma ein.[10] Diesmal ist der Zukauf allerdings furchteinflößend, denn Boston Dynamics, Inc. forscht in Sachen Kampfroboter für das Pentagon. Wozu, an dieser Frage arbeiten sich die Analysten ab, benötigt eine Suchmaschine derart bedrohlich wirkende Roboter? Nun ist Google keine Suchmaschine, sondern ein globaler Hochtechnologiekonzern. Und Roboter sind der augenscheinlichste, greifbarste Ausdruck künstlicher Intelligenz. Für die Multi-Sensor-Datenfusion mag die von Boston Dynamics besonders weit entwickelte Sensorik ihrer Roboter für Google einen Kaufgrund abgegeben haben. Augenscheinlich haben sich aber ganz heimlich nicht nur Überwachung und Kontrolle aus dem hoheitlichen Umfeld verabschiedet, sondern auch die moderne Rüstung überhaupt. Auch die Google-Drohne passt hier nahtlos ins Bild. Den Unternehmen des Silicon Valley genügt wirtschaftlicher Erfolg allein nicht mehr, sie greifen nach der absoluten Macht und rüsten sich entsprechend auf. Was inzwischen offensichtlich ist, äußern die visionären Unternehmer wörtlich so: »Die Demokratie ist eine veraltete Technologie (…); sie hat Reichtum, Gesundheit und Glück für Milliarden Menschen auf der ganzen Welt gebracht. Aber jetzt wollen wir etwas Neues ausprobieren.«[11]

Da passt ins Bild, dass Google einen Suprastaat aufbaut, der die Anforderungen an moderne *Imperien*, wie sie Professor Herfried Münkler in seinem Standardwerk formuliert, erfüllt.[12] Geografische

Grenzen spielen keine Rolle mehr für das Imperium des 21. Jahrhunderts. Stattdessen wird globale Macht über andere Staaten und deren Bevölkerungen durch die Kontrolle von Informations- und Finanzflüssen ausgeübt.

Die Vereinigten Staaten agieren schon heute nach den Gesetzen eines solchen Imperiums. Aus Sicht der US-amerikanischen Regierung kann deshalb strategisch sinnvoll sein, nicht an Google und seiner zunehmenden Machtfülle zu rütteln. Dass Google in der Zukunft als verlängerter Arm der amerikanischen Regierung agieren könnte, ist nicht auszuschließen. Kooperation und Informationsaustausch zwischen beiden Einrichtungen bestehen bereits heute, das haben wir aus der NSA-Abhöraffäre gelernt. Kann Google in zwanzig Jahren womöglich selbst zum Teil der amerikanischen Regierung werden, so wie das *Federal Reserve System*, die Notenbank der Vereinigten Staaten? Auch die Fed geht auf eine private, nicht staatliche Eigentümerstruktur zurück.[13] Dass eine ähnliche Konstellation für Google möglich erscheint, vielleicht als eine Art *Super Intelligence Agency* der amerikanischen Regierung, klingt wie eine Geschichte des Grauens, liegt aber im Bereich des Vorstellbaren. Doch vorher gilt es, den Konsumenten fester in den informationellen Würgegriff zu nehmen.

Im Januar 2014 gibt Google bekannt, es habe den Thermostathersteller Nest Labs, Inc. akquiriert. Das gefällige Design von Heizkörperthermostaten, das Versprechen intelligenter Haustechnik, die Wohnklima und Energieverbrauch einzelner Wohnzonen für uns optimiert, selbst wenn wir nicht zuhause sind, wäre eine weitere bequeme Annehmlichkeit unseres Alltags. Dem würden sicher viele Hauseigentümer zustimmen.

Adaptive, lernende Algorithmen für die Heizungssteuerung lautete der Titel der Ausschreibung eines deutschen Energiekonzerns, die auf November 2013, also wenige Wochen bevor sich Google Rauchmelder einverleibte, datiert. Die technische Anforderung war unmissverständlich: »Das Angebot für die innovative Heizsteuerung soll maschinelles Lernen, Neuronalnetze und künstliche Intelligenz berücksichtigen.«[14]

»Das intelligente Heizungssystem erlernt die raumklimatischen Präferenzen des Hausbewohners«, lautete die Antwort auf die Ausschreibung. »Ein Netzwerk intelligenter Sensoren innerhalb und außerhalb eines Hauses erlaubt es, die persönliche Komfortzone seiner Bewohner zu ermitteln. Unabhängige Software-Agenten kommunizieren drahtlos miteinander und bilden ein Selbst-X-System – selbstoptimierend, selbstreparierend –, das durch kooperative Interaktion der Agenten eine optimale Klimakontrollstrategie berechnet und umsetzt, ohne dass der Nutzer manuell eingreifen muss.«[15] Das ist richtig schöne Haustechnik, denken Sie. Doch jedem Datenschützer läuft es eiskalt über den Rücken. Sensoren im Innen- und Außenbereich? Die Luftfeuchtigkeit der einzelnen Räume soll ebenfalls gemessen werden. Geringe Luftfeuchtigkeit bedeutet: Das Haus steht leer. Erhöhte Luftfeuchtigkeit hingegen heißt: Sie sind zuhause. Noch mehr Luftfeuchtigkeit im Schlafzimmer, und ein Innensensor »weiß«, dass sich die Aktivität im Raum erhöht hat – ein Eingriff in die Intimsphäre, der einen Datenschützer sprachlos macht. Was, so fragt man sich, geht es Google oder einen deutschen Energiekonzern an, was in unseren Schlafzimmern vor sich geht? Denn um eine solche Leistungsfähigkeit in der Haustechnik zu erreichen, muss man ein Haus komplett »verwanzen« – kein Raum ausgenommen.

In der Finanzindustrie waren die Modelle, Algorithmen und Maschinen der Data Scientists noch in *Carrier Hotels*, in geheim gehaltenen »Rechenzentren«, an die alle namhaften Telekommunikationsanbieter angebunden waren, eingesperrt. Heute aber hält Big Data Einzug in unser Leben, und die Ära des Informationskapitalismus, in dem unsere Daten eine Hauptrolle spielen, manifestiert sich zur neuen ökonomischen Wirklichkeit. Intelligente Maschinen analysieren uns nicht mehr in den fernen Bunkern Oregons oder Georgias, sondern werden flügge und bewegen sich auf uns zu. Sie haben ihren Maschinenpark verlassen und schlüpfen in neue Gewänder. Dazu machen sie die Gegenstände unseres Alltags zu ihren Leibern, Heizungsthermostate, Autos, Uhren, sogar schon Tiere, als das »Internet der Dinge«. Das ist er, der Angriff auf den Menschen: Die Totalüberwachung, die, wenn sie nicht mit unserer ausdrücklichen Einwilligung und Mitwirkung geschieht, auch *nicht-kooperativ* durch *passive Sensoren* in den Gegenständen unseres Alltags erfolgt. Die bewusste Zurückhaltung unserer persönlichen Daten – dessen, was wir mailen, hochladen, posten, bloggen – wird intelligente Maschinen nicht daran hindern, trotzdem alles über uns in Erfahrung zu bringen, indem sie aus unseren Ortswechseln, Bewegungsdaten oder dem Kaufverhalten unseren virtuellen Zombie berechnen. Es gibt kein Entrinnen, wenn Überwachungssysteme von unseren Häusern, Autos und Elektrogeräten Besitz ergreifen.

So werden wir *gezwungen*, an der digitalen Revolution teilzunehmen, auch wenn uns Politik und Wirtschaft anderes suggerieren. Die Teilnahme an der digitalen Revolution sei zwar freiwillig, doch die große Mehrheit wolle dorthin, wo heute schon Zukunft stattfinde, redet uns die Politik ein.[16] *Tatsächlich aber haben wir keine Wahl.* Big Data wird zum einzigen Schicksal einer »Welt, deren Schicksal es ist, kein Schicksal mehr zu haben, und die sich zu einem totalitären System zusammenschließt – ganz ohne Politik, allein durch Technik«[17].

Wer daher Datensparsamkeit im Umgang mit Computern und Mobilgeräten anmahnt, dem muss man leider erwidern: Wegen der zunehmenden Zahl passiver Sensoren wird informationelle Askese bald nicht mehr die gewünschte Wirkung zeigen. Als Lebensentwurf taugt die Enthaltsamkeit ohnehin nur für wenige, deswegen werden wir uns das Internet und die neuen Technologien kaum »abgewöhnen« können.[18] Asketisches Verhalten beim Gebrauch digitaler Möglichkeiten ist zum sicheren Karrierekiller geworden, zum Stolperstein auf dem Weg durch das Berufsleben im digitalen Zeitalter. Wer nicht mitmacht, fällt aus der Gesellschaft heraus. Was sich bei ihm stattdessen einstellt, sind dieselben Gefühle von Isolation und mangelndem Selbstwertgefühl, wie wir sie auch bei arbeitslosen Menschen beobachten.

Trotzdem ist es grundfalsch, Digitalabstinenz zu ironisieren – eine Erfahrung, die Hans Magnus Enzensberger (*1929) machen musste, als er 2014 postulierte: »Wer ein Mobiltelefon besitzt, werfe es weg.«[19] Der Spott und die ewig gleichen Vorwürfe des Kulturpessimismus, wie wir sie aus den Fünfzigerjahren des letzten Jahrhunderts kennen, ließen nicht lange auf sich warten, und schnell war klar: Zur Teilnahme am Informationskapitalismus gibt es scheinbar keine Alternative. Doch die, von Politikern zwecks Verbrämung eigener Handlungsunfähigkeit gern bemühte, *Alternativlosigkeit* ist höchst undemokratisch, und schon deshalb muss man Enzensbergers Thesen zur Digitalabstinenz ernst nehmen. Er bringt zum Ausdruck, dass eine freiheitlich-demokratische Gesellschaftsordnung auch in der digitalen Revolution die Wahl haben muss, ob und in welchem Ausmaß ihre Bürger daran teilnehmen oder nicht, und zwar ohne für die Forderung der Wahlfreiheit verhöhnt und finanziell, beruflich oder symbolisch diskriminiert zu werden. Tatsächlich üben diejenigen von uns, die täglich mit Daten hantieren – Data Scientists, IT-Anwälte –, äußerste Zurückhaltung bei ihren persönlichen Daten und beim Gebrauch datenfressender Endgeräte, weil sie wissen, was mit unseren Daten geschieht. Nur sehr maßvoll gestatten sie sich das eine oder andere Angebot aus der verführerischen Onlinewelt. Die sparsame Nutzung von Smartphones und Onlinebanking ist ein Luxus, den sie sich nur ganz bewusst gönnen. Und selbst am altbekannten Telefon benutzen sie Codeworte. Was für den Normalbürger nach Paranoia klingt, ist für Data Scientists die Realität, besonders derjenigen, die noch immer auf neue technologische Herausforderungen im militärischen Umfeld schielen und sich angewöhnt haben, ihren Mund verschlossen zu halten.

Es ist daher mehr als einleuchtend, dass es Technologen und Maschinenethiker sind, die sich fragen, wie Big Data gezügelt werden kann, denn noch ist alles Grauzone. Ihr Widerstand kommt von innen heraus. Das System selbst bringt Widerspruch hervor, so wie einst Albert Einstein zum leidenschaftlichen Gegner der Atombombe wurde, nachdem er viele Jahre ihre Entwicklung vorangetrieben hatte. Heute, so denken einige, treibt Big Data die Gesellschaft in eine Lebensform, die keinen von uns auf längere Frist glücklich machen wird. Um es mit Friedrich Georg Jünger (1898–1977) zu sagen: »Nicht der Anfang, das Ende trägt die Last.«[20]

Aktuell verfügen wir noch nicht über die gesellschaftlichen und politischen Konzepte oder ein Big-Data-Technikethos, das uns sagt, wie wir intelligente Maschinen einsetzen können, während wir sie intellektuell und emotional beherrschen. Auch das Recht hinkt hinterher. Schon mit der Vorstellung, was auf uns zukommen wird, hapert es.

»Ich befürchte, dass es tatsächlich noch schlimmer kommt, wahrscheinlich sogar viel schlimmer. Wann steigen wir aus? Wohin steigen wir aus?«, fragt Professor Gerhard Weiß vom Department Knowledge Engineering der Universität Maastricht.[21] Unsere Welt ist gerade dabei, einen unbegreiflichen Wandel zu vollziehen, weil mit Big Data der virtuelle Kosmos mit unserer menschlichen Realität zu verschmelzen beginnt. Mit Blick auf die maschinelle Parallelwelt in der Finanzindustrie – auf unsere industrielle Entwicklungsgeschichte überhaupt –, auf die Schäden und systemischen Risiken, die sie dort verursacht, müssen wir dennoch damit rechnen, dass gleich zu Beginn des Informationskapitalismus auch hier Exzesse und Krisen drohen. Greifen wir nicht rechtzeitig ein und entwickeln einen sozialen Entwurf, um das zukünftige Mensch-Maschine-Verhältnis positiv zu gestalten, kann es schnell zu spät sein. Wenn der Mensch zum ersten Mal in seiner Geschichte mit intelligenten Maschinen konfrontiert ist, die in sein Denken eindringen und ihn seiner Daten »berauben«, um sein Handeln zu verstehen und ihn neu zu berechnen, ist es die Frage aller Fragen, die sich neu stellt: *Wer ist der Mensch?*

Wer ist der Mensch?

Der Mensch ist frei, das ist das kulturgeschichtliche Erbe Europas und der Aufklärung, dem besonders Immanuel Kant (1724–1804) einen theoretischen Rahmen gegeben hat, wenn er fordert, den Menschen, »der nun mehr als Maschine ist, seiner Würde gemäß zu behandeln«[22]. Entweder besäße etwas eine Würde oder einen Preis, mit dem man Äquivalentes an seine Stelle setzen könne, so Kant im Jahr 1786.[23] Weil der Mensch aber eine Würde besitzt, hat er keinen Preis. Seine Menschenwürde ist grundsätzlich nicht gegen ein anderes Recht, nicht einmal gegen die Würde eines anderen Menschen, austauschbar. Wer diese philosophischen Wurzeln der Menschenwürde versteht, auf denen auch der erste Artikel des *Grundgesetzes für die Bundesrepublik Deutschland* ruht: »Die Würde des Menschen ist unantastbar«, wird leicht nachvollziehen können, dass selbst ein »Supergrundrecht« auf Sicherheit nicht gestatten würde, die Menschenwürde mit den ihr innewohnenden Freiheitsgarantien zu überschreiben.

Für die Vorstellung vom freien Menschen kann man jedoch noch weiter in der Menschheitsgeschichte zurückgehen. Es ist die okzidentale Idee vom Menschen als einer *Person*, in der unsere abendländische Geschichte bislang gründete – und sich bitte auch in Zukunft weiter entfalten soll. »Der Mensch ist vernünftig (…), geschaffen in Freiheit und Herr seines Tuns«, lautete schon die Überzeugung Irenäus' von Lyon (135?–202), des großen intellektuellen Bischofs des frühen Christentums.[24] Der Vernunft des Menschen entspricht die Freiheit; sie ist es, die dem Menschen explizit zugeschrieben wird – mit der Folge, dass die Freiheit des Menschen *Rechte* nach sich zieht. Unser Rechtssystem hat das so zum Ausdruck gebracht: Es leitet die Rechtsfähigkeit des Menschen von seinem Wesen als »Rechtssubjekt« ab, als Träger von Rechten und Rechtspflichten. Wenn Kant sagt, »der Mensch sei mehr als eine Maschine«, bringt er es wie Irenäus oder unsere Rechtswissenschaft auf den Punkt: Kein Objekt ist der Mensch, sondern *Subjekt*, dessen Vernunftbegabung die Erkenntnis des eigenen »Ich« zulässt. Denn nur der Mensch stellt sich die entscheidenden Fragen des Lebens: Wer bin ich? Woher komme ich? Wohin gehe ich? Mit seiner Vernunftbegabung erlangt der Mensch die Königskrone der Schöpfung. Sie verleiht ihm eine »Königs*würde*« als »die von Gott empfangenen und unveräußerlichen Rechte«, wie der 2014 heiliggesprochene Papst Johannes Paul II., dessen großes Lebensthema die Menschenwürde in modernen Zeiten war, nicht müde wurde zu bekräftigen.[25] Als Person und Vernunftwesen ist der Mensch auch »Herr seines Tuns«, er herrscht über die Objekte – die Erde und ihre Rohstoffe, selbst die Technik und ihre Maschinen, mögen sie noch so intelligent sein. Auch intelligente Maschinen sind erschaffene Objekte, entstanden durch den menschlichen Intellekt und seine Arbeitsleistung. Doch der Mensch beherrscht sie, und zwar unabhängig vom Grad ihrer Intelligenz. Genau dieser Dualismus von Subjekt und Objekt liegt dem deutschen Grundgesetz und damit unserer gesamten Rechtsordnung, die mit dem Grundgesetz in Einklang stehen muss, zugrunde. Das ist die Ausgangslage.

Das Subjekt vom Objekt zu unterscheiden und damit auch die Herrschaft des Menschen sicherzustellen, gelingt Big Data und seinen Apologeten *nicht*, und genau hier tritt sie auf, die große Gefahr, dass Big Data die Freiheit der Person ganz aufheben wird. Und wer Big Data als das begreift, was es dem Grunde nach ist, nämlich proaktive intelligente Maschinen, muss sich zudem die Frage stellen, ab wann künstliches Leben den Objektcharakter des Erschaffenen verliert und ebenfalls zum Subjekt wird, dem mehr Rechte, vielleicht dieselbe Freiheit zugesprochen werden muss wie jedem Menschen.

Der Gedanke, dass die Gesellschaft des Informationskapitalismus, der mit einer »zweiten« maschinellen Revolution Hand in Hand geht[26], bald einen neuen Freiheitsbegriff erforderlich macht, ist nicht so abwegig, wie man meinen könnte. Intelligente Maschinen, die Menschen überwachen und sie analysieren, können auch zur Verbesserung, zur Optimierung des im Menschen biologisch Verfügbaren eingesetzt werden. Dann träte der umgekehrte Fall ein: Nicht nur Maschinen werden immer humaner, auch Menschen werden immer häufiger maschinell aufgerüstet. Auf die Schönheitskorrektur folgt die Leistungskorrektur. »Transhumanismus« nennt sich die philosophische Denkströmung, die die biologischen Fähigkeiten des Menschen durch den Einsatz von Technologie im Körper so erweitern möchte, bis eine neue Gattung – der *Posthumane* – entsteht. Ihr Ziel: den natürlichen Verbesserungs- und Auslesemechanismus der Darwin'schen Evolution überwinden und den Menschen gezielt verbessern. Zum *Bio Enhancement* gehören künstliche Ohren aus dem 3-D-Drucker, mit dem man im Frequenzbereich von Radarstrahlung hören kann. Intelligente Rollstühle können die Gedanken eines gelähmten Menschen lesen und sich so nach rechts oder links steuern lassen, denken aber trotzdem selbstständig mit, damit sich der Behinderte nicht zu stark konzentrieren oder anstrengen muss. Menschliche Gedanken als Schnittstelle zur Technik: Die Grenzen zwischen künstlichem Leben und menschlicher Intelligenz beginnen zu verschwinden. Der Fortschritt der Anthropotechnik, die über die barrierefreie Kopplung von Mensch und Maschine nachsinnt, ist bereits enorm. Selbst im Alltag werden wir davon profitieren, wenn der Internetnutzer mit der »Google-Brille« nicht mehr seine Hände benutzen muss, um Informationen aus dem Netz über seine Umgebung zu beziehen.

Wenn wir davon ausgehen müssen, dass Menschen auf Maschinen zugehen und auch Maschinen aus ihren Rechenzentren hinaustreten in unseren Alltag hinein, damit beide miteinander verschmelzen können, geschieht dann nicht genau das, was der Philosoph Stefan Lorenz Sorgner in einem Interview mit der *Zeit* behauptet? »Was sich auflöst, ist erst einmal das christlich-kantische Menschenbild, das noch immer vorherrscht. Danach steht hier der Mensch mit seiner immateriellen Seele, die auf die Welt blickt, und alles andere sind Objekte. Diese ontologisch-kategorial herausgehobene Sonderstellung des Menschen impliziert, dass er allein die Krone der Schöpfung sei. (…) Die Evolution entwickelt sich weiter, und mit den biotechnologischen Möglichkeiten können wir jetzt auch aktiv eingreifen.«[27] In einem erschreckenden Halbsatz erwähnt der Philosoph, dass das Menschenbild der Aufklärung *noch immer vorherrsche*. Der Mensch, ausgestattet mit Menschenwürde und Freiheiten, er soll bereits ein Anachronismus sein? Demnach wären unsere europäischen Gesellschaften mit ihren Rechtsordnungen, die auf ebendieser Dichotomie, dem dualistischen System von Subjekt versus Objekt aufbauen, längst überholt – und damit folgerichtig auch unsere Grundrechte. Wenn man die groben Verletzungen der Menschenwürde durch Big Data näher betrachtet, könnte man meinen, das sei tatsächlich der Fall. Doch bräuchte es für die Aufhebung unseres noch bestehenden sozialen Entwurfs nicht mehr gesellschaftliches Bewusstsein und breiteren Konsens, nicht einen neuen Gesellschaftsvertrag, wissentlich und willentlich von allen Betroffenen gutgeheißen? Wieso nehmen einige begabte Naturwissenschaftler kurzerhand an, es liege in ihrem Ermessen, das Menschenbild der Aufklärung eigenmächtig aufzulösen und fortan die Geschicke jedes Einzelnen mithilfe eines technologischen Großeinsatzes zu determinieren? Dafür hat die Sprache einen Namen: *Hybris*, der Hochmut des technologisch Machbaren.

Die Vertreter dieser Auffassung seien auf unser Grundgesetz verwiesen: Der Mensch entscheidet über sich, seine Gegenwart und Zukunft selbst. Auch im Informationskapitalismus besteht noch immer der Primat des Menschen gegenüber allen intelligenten Maschinen, die ihn umgeben. Und es ist gerade das kantische Menschenbild der Aufklärung, das eine klare Position zu Big Data erlaubt.

Der Schutzgedanke des Grundgesetzes

Wenn die menschliche Freiheit eine schützenswerte Errungenschaft bleiben soll, müssen wir sie gegen Big Data verteidigen. Garantiert wird den Deutschen die Freiheit durch die Grundrechte. Dabei lohnt es sich, sich auf die Seite der Grundrechte zu schlagen, die in neunzehn Artikeln im *Grundgesetz für die Bundesrepublik Deutschland* allen anderen verfassungsmäßigen Regeln aus gutem Grund vorangestellt sind. Denn das Grundgesetz hat den Deutschen bisher gute Dienste geleistet und ist selbst zum Exportschlager geworden. Konkretisiert werden die grundgesetzlichen Freiheitsrechte der Person durch den Datenschutz, wo es um den Schutz der Privatsphäre, die Persönlichkeitsrechte und die Menschenwürde des Bürgers geht. Datenschutz, an dieser Stelle sei kurz darauf hingewiesen, meint nicht, dass Daten geschützt werden sollen. Das Wort selbst ist missverständlich, denn Datenschutz ist nichts weniger als *Grundrechtsschutz*. Äußerungen wie die eines Internetunternehmers: »Datenschutz ist einfach eine alte Idee. Die meisten Menschen verstehen noch nicht einmal, was das ist«[28], sind brandgefährlich, weil sie in die Irre führen. Übersetzt sagt uns die Big-Data-Industrie damit: »Die Grundrechte sind eine alte Idee. Das Menschenbild, auf dem eure Gesetze beruhen, hat ausgedient. Die Rechte des einzelnen Bürgers sind längst überholt.

Die Demokratie ist eine alte Technologie, jetzt wollen wir die Technik nutzen, um etwas Neues auszuprobieren. Warum beschwert ihr euch? Schließlich findet ihr es alle cool.«

Die Abwehrwirkung der Grundrechte richtet sich natürlich zuerst gegen den Staat, doch strahlt ihre Wirkung auch in den privaten Bereich aus. Dass Datenschutz zuerst gegenüber dem Staat bestehen müsse, dem folgte auch die ursprüngliche Fassung des deutschen Datenschutzgesetzes während der Achtzigerjahre. Inzwischen ist klar, dass das Recht jedes Einzelnen auf Privatsphäre, informationelle Selbstbestimmung und Menschenwürde genauso im Verhältnis zu nicht-staatlichen Lauschern geschützt werden muss. Um dem zu entgehen, so betonen Big-Data-Unternehmen, siedelten sie sich bevorzugt in den Vereinigten Staaten an. Der deutsche, der europäische Datenschutz stünde ihren Geschäften im Weg – was viel darüber aussagt, wie viel Big-Data-Unternehmen von der Abwehrwirkung der Grundrechte halten. Für das Gewinnstreben jedenfalls scheinen sie unbekömmlich zu sein.

Trotz allen Widerstands der Big-Data-Industrie lässt sich nicht mehr länger verheimlichen, dass Big Data ernste Fragen für die Gesellschaft und ihre Zukunft aufwirft. Nach der Causa Snowden, die der Welt einen Einblick in hoheitliche Big-Data-Systeme gegeben hat, sind merkliche Spannungen aufgetreten, nicht allein in Bezug auf die Länder, die nach unserem Gefühl die Grenzen der Ethik durch dreistes Abhören ihrer »Freunde« und Auswertung von Kommunikationsdaten in ganz großem Stil überschritten haben. Spannungen ethischer Natur sind stets eine Herausforderung für Staat und Gesellschaft.

Wer ethische Bedenken bei Big Data bagatellisiert, mag sich ein Investmentprodukt der Finanzindustrie näher ansehen. Gerade die Finanzindustrie kennt keine Grenzen, wenn es um die Verwertung von Daten zum Vorteil der eigenen Ertragslage geht. Kaum zu übertreffen an Perfidie ist das Produkt »Kompass Life 3« der Deutschen Bank AG – noch nicht ganz ein Big-Data-Produkt, aber eine Steilvorlage auf dem Weg dorthin.

2007 hatte die Bank einen Fonds aufgelegt, mit dem Kleinanleger auf den frühen Tod von fünfhundert ausgewählten US-Referenzpersonen im Alter zwischen zweiundsiebzig und fünfundachtzig Jahren wetten konnten. Die Referenzpersonen wurden regelmäßig von einer *Tracking Company*, einer Art Kontrollinstanz, kontaktiert und stellten ihre Gesundheitsdaten zur Verfügung. Auf Basis der Gesundheitsdaten und mathematischer Modelle konnte man so eine Sterbewahrscheinlichkeit der »Anlagegegenstände« berechnen. Starben sie früher als erwartet, machten die Investoren einen Gewinn. Das Risiko für die Anleger? Dass die Referenzpersonen länger lebten als prognostiziert, zudem Fortschritte in der Gesundheitsversorgung, neue Medikamente und Behandlungsmethoden. Wer das Risiko eines solchen Fonds verringern möchte, wird Interesse daran haben, dass medizinische Fortschritte langsamer vonstatten gehen – und dass Menschen »rechtzeitig« sterben.

Doch das gesundheitsdatenbasierte Finanzprodukt war wohl auch für das Empfinden der Bevölkerung eine Grenzverletzung. Nach einer öffentlichen Diskussion, in der laut moralische Bedenken geäußert wurden, erlaubte die Deutsche Bank ihren Anlegern, ihr Investment vorzeitig zu kündigen. Der Fonds selbst läuft im Jahr 2015 aus; erst dann werden die Anleger erfahren, ob sich ihre Todeswetten gelohnt haben.

Intuitiv spüren wir: Es macht einen Unterschied, ob man eine Flugzeugturbine überwacht oder einen Menschen. Persönliche Daten sind offensichtlich von anderer Qualität als Daten, die ein Objekt im wirtschaftlichen Prozess erzeugt. *Doch wie lässt sich dieser Unterschied begründen?*

Der Mensch und seine Daten, das unbekannte Verhältnis

Das ist die zentrale Frage, die es zu klären gilt. An ihrer Antwort entfalten sich die Probleme von Big Data für den Einzelnen und für die Gesellschaft, gleichzeitig lassen sich die Elemente herausarbeiten, die geeignet sind, Spannungen aufzulösen.

Das Verständnis der Eigenschaften »persönlicher Daten« eines Menschen erschließt sich leichter, wenn wir sie in Analogie zur menschlichen Arbeit betrachten. Dabei zahlt es sich aus, die Betrachtungen kluger Denker und Philosophen zur *menschlichen Arbeit* aufzugreifen und für persönliche Daten neu zu denken. Werfen wir daher zuerst einen kurzen Seitenblick auf die Qualität menschlicher Arbeit.

Seit Anbeginn der Menschheitsgeschichte ist die Arbeit die »fundamentale Dimension« der menschlichen Existenz.[29] Ohne Arbeit kann der Mensch nicht überleben, der »im Schweiße seines Angesichts sein Brot essen« muss. Das hat sich nicht schon deshalb geändert, weil es uns im 20. Jahrhundert gelungen ist, die Arbeitsbedingungen in den entwickelten Ländern zu humanisieren. Dort kann sich der Arbeitstätige im besten Fall in seiner Arbeit verwirklichen. Weil ihm Bildungschancen offenstehen, steht ihm grundsätzlich frei, diejenige Form der Arbeit zu wählen, die seiner Persönlichkeit am meisten entgegenkommt und seinen persönlichen Fähigkeiten und Charismen am besten entspricht. Der Mensch entwickelt sich an und mit seiner Arbeit. Diese existenzielle Eigenschaft der menschlichen Arbeit spiegelt sich daher nicht nur in der bloßen Notwendigkeit der Arbeit wider, sondern auch in der ganz persönlichen Verwirklichung dieses Lebensinhalts durch jeden einzelnen Menschen. Die Arbeit, die der Einzelne leistet, ist geprägt von den ihm eigenen Talenten und Erfahrungen, weshalb in seiner Arbeit sein ganzes Wesen zum Ausdruck kommt und enthalten ist.

Bis heute war die menschliche Arbeit das einzige persönliche Gut des Menschen, mit dem er am ökonomischen Prozess teilhaben konnte.

Mit der digitalen Revolution ist erstmals in der Menschheitsgeschichte ein weiteres Gut hinzugekommen: Es sind die persönlichen Daten des Menschen.

»Persönlich« sind alle Daten, in der die menschliche Existenz fundamental zum Ausdruck kommt. Dazu gehören soziale Beziehungen, der Inhalt täglicher Aktivitäten, die körperliche oder geistige Verfassung eines Menschen, sein Denken, Wünschen oder Tun. Im

Wortgebrauch ist statt »persönlicher Daten« auch häufig von »personenbezogenen Daten« die Rede, etwa in der Sprache von Recht und Gesetz. Lange haben wir den Begriff der »personenbezogenen Daten« im engeren Sinn so verstanden, dass eine Person ihrem Namen, Wohnort oder Geburtstag nach konkret bestimmt werden kann. Das gelingt natürlich auch mit Daten, die nicht unmittelbar den Namen, Wohnort oder Geburtstag eines Menschen enthalten. Die häufig beworbene »Anonymisierung« persönlicher Daten, die einige Big-Data-Unternehmen propagieren, weil man nur an der statistischen Auswertung von Daten interessiert sei, kann den personalen Charakter der Daten nicht aufheben, denn das Gegenteil der Anonymisierung, die Deanonymisierung, ist wegen »impliziter Identifikatoren«, wie es etwa die IP-Adresse ist, inzwischen jederzeit möglich.[30] Damit wird der Mensch auch mit anderen als seinen unmittelbar identifizierenden »personenbezogenen« Daten bestimmbar.

Bei Big Data geht es um mehr als personenbezogene Daten im engeren Wortsinn. Big Data interessiert sich für alles und jedes rund um eine Person. Das können *Primärdaten* sein, die eine Person kooperativ weitergibt, wenn sie sich im Internet präsentiert oder über das Netz kommuniziert, etwa mit Onlinefotoalben, Skype-Gesprächen, E-Mails, Bloginhalten oder der Teilnahme an sozialen Netzwerken. Häufig sprechen wir hier vom »digitalen Fußabdruck« eines Menschen. Ihre IP-Adressen, die von Automobilen neuester Generation aufgezeichneten Fahrspuren, das Smartphone einer Person, das sich mit der eindeutig identifizierbaren Hardwareadresse seiner Netzwerkadapter weltweit verfolgen lässt, die intelligente Haussteuerung, von magischen Brillen erfasste Bild- oder Tonaufzeichnungen oder auch die Äußerungen Dritter über eine Person im Internet – all das sind *Sekundärdaten*, die entstehen, ohne dass eine Person kooperiert. Es ist ihr »digitaler Schatten«.

Wenn Big Data persönliche Daten einer Person vernetzt und analysiert und daraus das Verhalten einer Person prognostiziert, tragen auch neu gewonnene Informationen und Schlussfolgerungen über eine Person, die *persönlichen Informationen*, denselben persönlichen Charakter der Rohdaten in sich, aus denen neue Informationen abgeleitet wurden. Wenn die Netzwerkanalyse eines Landeskriminalamts ergibt, dass eine Person X, die selbst noch nie strafrechtlich aufgefallen ist, aber immer wieder in einer irgendwie gearteten Verbindung zu Straftätern steht und voraussichtlich zu einer Gruppe von Hintermännern gehört, ist dies eine persönliche Information, die Person X betrifft. Wie persönlich sie ist, wird spätestens dann klar, wenn gegen Person X ein Ermittlungsverfahren eingeleitet wird. Die aus Schlussfolgerungen gewonnenen neuen Informationen über eine Person müssen deshalb ebenfalls den persönlichen Daten einer Person zugerechnet werden, sie »erben« den persönlichen Charakter der ihnen zugrunde liegenden Rohdaten.

Neben der menschlichen Arbeit sind es also persönliche Daten, die dem Menschen der entwickelten Welt im Zeitalter von Big Data die Teilhabe an einer neuen Form des Wirtschaftens ermöglichen. Dabei besitzen die persönlichen Daten des Menschen einen ganz ähnlichen Charakter wie die menschliche Arbeit. Für den Menschen haben sie einen schöpferischen Wert, schöpferisch in dem Sinne, dass sie die ganze Existenz des Menschen zum Ausdruck bringen. Wie die Arbeit gehören persönliche Daten grundlegend und existenziell zum Menschen. Die Quelle, der Urheber der persönlichen Daten ist der Mensch selbst. Ohne den Menschen gäbe es auch dessen persönliche Daten nicht. Und weil sich der Mensch sowohl durch seine Arbeit als auch durch seine persönlichen Daten verwirklicht sieht, »erben« beide Güter, sowohl die menschliche Arbeit als auch seine persönlichen Daten, etwas vom Subjektcharakter des Menschen. *Persönliche Daten tragen eine personale Würde in sich, die ihnen einen ethischen Wert verleiht.* Genau diese Subjektivität ist die Grundlage, auf der sich die Bewertung der persönlichen Daten und ihr Verhältnis sowohl zu ihrer Quelle – dem Subjekt persönlicher Daten, dem Menschen selbst – als auch zu ihren Nutzern vollziehen muss.

Wegen der Subjektivität persönlicher Daten ist die Diskussion darüber, in wessen *Eigentum* persönliche Daten stehen, übrigens auch fehlgeleitet. Eigentum erlangt der Mensch nur über *Objekte* der Welt. Persönliche Daten besitzen diese Objekteigenschaft aber gerade nicht, weil sie den Subjektcharakter des Menschen in sich tragen.

Niemand kann Eigentum an persönlichen Daten erlangen, weil ihnen die Objekteigenschaft fehlt. Sie sind viel mehr als Objekte. Das versteht man wiederum mit Blick auf die menschliche Arbeit. Wer die menschliche Arbeit rein als »Ware«, als Objekt des Wirtschaftens, betrachtet, wird der menschlichen Arbeit nicht gerecht. Es ist die Objektivierung der Arbeit, die zu Ausbeutung, Verarmung und generell zur Schmälerung der Rechte eines Menschen führt. Wer das versteht, kann leicht erkennen, warum sich Big Data in einer philosophischen und rechtlichen Schieflage befindet.

Im Fall von Big Data springen Subjektivität und Ethik der persönlichen Daten übrigens geradezu ins Auge: Würde man alle persönlichen Daten eines Menschen zusammensetzen, entstünde ein Abbild dieses Menschen, sein »digitaler Zwilling«. Für zahllose Menschen trifft bereits zu, dass ihre menschliche Existenz, die sich in Worten, Bildern, Tönen, Berechnungen und Ideen materialisiert, längst ihr Spiegelbild im World Wide Web erblickt. Ihr *Spiegelbild* – um bei der Metapher zu bleiben – ist im Spiegel dort links, wo in der Wirklichkeit rechts ist. Das rechte Sein und Handeln liegt in der Wirklichkeit; schon der digitale Zwilling und erst recht sein virtueller Zombie sind »spiegelverkehrt«. Welche Werte Big Data verkehrt, sehen wir uns genauer an.

Ende der Herrschaft? Das Recht auf Gegenleistung und Kontrolle

Persönliche Daten, so haben wir gesehen, gehören zur Verwirklichung des modernen Menschen; sie *dienen* dem Menschen, sich zu entfalten, und weil sie dienen, muss der Mensch über seine persönlichen Daten *herrschen*. Jenes Herrschaftsrecht des Menschen ist ein Freiheitsrecht, das unmittelbar in der Menschenwürde wurzelt.

Mit Blick auf das Herrschaftsrecht einer Person über ihre persönlichen Daten stellen die Erhebung, Speicherung und Analyse ihrer Daten durch Staat oder private Big-Data-Unternehmen deshalb zunächst einen unerlaubten Eingriff in diese Freiheit des Menschen und damit auch in seine Menschenwürde dar, denn der Eingriff führt zu einer Beeinträchtigung des Kontrollrechts über persönliche Daten. Ein Staat kann zu einem solchen Schritt nach Abwägung unter bestimmten Voraussetzungen in Grenzen ermächtigt sein, etwa wenn es um den Vorrang des Gemeinwohls geht. Die Juristen sprechen in diesem Zusammenhang von einem »Verbot mit Erlaubnisvorbehalt«: Der Eingriff in persönliche Daten ist generell verboten, wenn er nicht ausdrücklich erlaubt wird. Auch die europäische Datenschutzverordnung folgt diesem Prinzip.

Ein privates Big-Data-Unternehmen verfügt a priori über keinen solchen Rechtfertigungsgrund, besonders dort nicht, wo es einem Subjekt gegen dessen Willen persönliche Daten entreißt, sei es durch Täuschung oder nicht-kooperatives Abgreifen von Sekundärdaten mit Mitteln ähnlich der Google-Brille. Nur die *Einwilligung* des Betroffenen hilft ihnen, sich zu entlasten. Deshalb kann die Ausbeutung persönlicher Daten nach Zustimmung einer Person auf vertraglicher Basis erlaubt sein. Doch an dieser Stelle tritt ein bislang wenig beachtetes Problem auf: Die Ethik persönlicher Daten verlangt nach Konventionen, wie damit umzugehen sei. Dabei ist wie so oft eine Schlüsselfrage die der *Gerechtigkeit*. Konkret bedeutet dies: Die Ausbeutung persönlicher Daten eines Menschen verlangt nach einer *gerechten Gegenleistung*. Eine grobe Ungerechtigkeit trifft den Menschen dort, wo er keine oder nur eine unangemessene Gegenleistung für seine persönlichen Daten erhält, und ganz sicher, wenn ihm persönliche Sekundärdaten kurzerhand nicht-kooperativ entrissen werden. Der Gebrauch der Google-Brille in Deutschland verstößt gegen rund fünfzig lokale Rechtsvorschriften – auch gegen das Strafrecht. Wer sich daher fragt, warum die Nutzung dieses Geräts in Deutschland dann überhaupt zugelassen wird, muss allerdings zuerst mit sich selbst ins Gericht gehen. Denn wir alle lechzen geradezu nach den neuen, spielerisch wirkenden *Gadgets* und jagen ihnen nach. Doch auch die beste Überregulierung ist nicht in der Lage, uns vor uns selbst und unserer Marktmacht als Konsumenten zu schützen.

Kaum jemand, das ist inzwischen klar, scheint weiter davon entfernt zu sein, den ethischen Wert persönlicher Daten anzuerkennen, als die Big-Data-Industrie. Wenn die Industrie wörtlich propagiert, Daten seien der *Rohstoff* der Zukunft, hat sie die Konsequenzen ihrer Aussage entweder nicht zu Ende gedacht – oder sich bereits vom europäischen Menschenbild des freien Menschen verabschiedet. Denn um den Rohstoff »persönliche Daten« zu fördern, müssen Menschen um ihre Daten gebracht werden, mit oder ohne ihre Zustimmung oder mit einem im weitesten Sinne erschlichenen Einverständnis. Dies impliziert eine beispiellose Missachtung, weil Ausbeutung des Menschen. Es sind die materialistisch-ökonomischen Triebfedern der Big-Data-Industrie, die persönliche Daten zum bloßen Konsumgut degradieren, das, so erwartet man, vom Subjekt der Daten möglichst preiswert oder unentgeltlich an das Big-Data-Geschäftsmodell übertragen wird. Vielleicht lässt man sich noch auf eine zweifelhafte Gegenleistung für die Preisgabe persönlicher Daten ein; dazu gehören Spielerfolge, ein Gewinnversprechen, der Zugriff auf Information oder ein anderer kostenloser Service. Erst Big-Data-Geschäftsmodelle selbst »veredeln« persönliche Daten zu Geld, sei es durch die Weiterverarbeitung der Analyse und Prognose oder den bloßen Weiterverkauf von Rohdaten an interessierte Dritte. Wir, die das »Gold des 21. Jahrhunderts« liefern, gehen leer aus, sowohl was die Gegenleistung betrifft als auch das Recht auf Kontrolle unserer persönlichen Daten. Denn ob die kostenlose Nutzung eines Onlineangebots eine adäquate Gegenleistung für den digitalen Zwilling ist, sei dahingestellt. Dass der Mensch mit der Datenweitergabe an solche Angebote jedoch die Kontrolle über seine persönlichen Daten verliert, ist hingegen nicht mehr tolerierbar. Der digitale Zwilling muss kontrollierbar bleiben und ganz besonders auch sein virtueller Zombie, der berechnete und prognostizierte Abklatsch des Menschen, der häufig ohne Wissen und Willen einer Person das Licht der digitalen Welt erblickt und um die halbe Welt reist, so wie es unsere Kreditkartendaten schon lange tun, wenn wir online zahlen. Der digitale Zombie ist es, der »seinem« Menschen wie ein Schatten folgen wird, um dessen Zukunft zu bestimmen, um sein neues Schicksal zu werden. Er wird dafür haftbar sein, wenn ein Mensch keinen Kredit erhält oder keinen Arbeitsplatz mehr findet.

Doch statt Kontrolle herrscht Täuschung – wenig verwunderlich mit Blick auf ältere Big-Data-Anwendungen, wie sie die Finanzindustrie oder das Militär entwickelt haben. Täuschung gehört seit jeher zum Konzept ihrer Big-Data-Systeme, ist manchmal sogar deren letztes Ziel. In intransparenten Verträgen mit Big-Data-Unternehmen geben Personen Einverständniserklärungen ab, deren Tragweite sie nicht verstehen. Versprechen von Privatheit werden zwar gemacht, aber nicht eingehalten. Der »Blankoscheck Nutzervertrag« wird von Facebook, Google, Apple & Co. erst später ausgefüllt. Gekrönt wird alles mit der Rechtswahl der Big-Data-Nutznießer, die ihre Verträge bevorzugt dem Recht desjenigen Staates unterwerfen, der ihnen den geringstmöglichen Grundrechtsschutz abverlangt. Und weil die Rechtsverfolgungskosten im Ausland oft besonders hoch sind, wird dem Subjekt der Daten die Durchsetzung seiner ohnehin sehr theoretischen Kontrollrechte auch praktisch unmöglich gemacht. Das ist maximale Ausbeutung des »Rohstoffs persönliche Daten« bei gleichzeitig geringstem Risiko für die Big-Data-Unternehmen.

Exkurs: Intelligente Maschinen und menschliche Arbeit

Eine angemessene Gegenleistung für persönliche Daten kann insbesondere dort immer wichtiger werden, wo intelligente Maschinen menschliche Arbeit automatisieren – und zwar Arbeit, von der heute kaum jemand annimmt, dass sie in kurzer Frist jemals von einer Maschine getan werden könnte. Mit Big-Data-Technologien trifft die Menschheit zum ersten Mal in ihrer Geschichte auf proaktive intelligente Maschinen. Die bisherige Lebenswelt des Menschen, in der Technik als Werkzeug benutzt und beiseite gelegt wurde, um sie bis zum nächsten Gebrauch einfach zu vergessen, wird mit dem Anbrechen dieser zweiten maschinellen Revolution einmal mehr umgestaltet. Immer häufiger arbeiten Maschinen anstelle des Menschen. Der Mensch arbeitet nicht mehr *mit* der Maschine; stattdessen arbeiten intelligente Maschinen *für* den Menschen. Die ihnen überlassenen Entscheidungen treffen sie inzwischen nicht nur schneller, sondern auch besser als der Mensch, systematisch und reproduzierbar, immer und überall, autonom und asynchron, ohne auf eine Eingabe durch den Menschen zu warten.

Technologen definieren bereits, welche Arbeiten als »anspruchslos«, »langweilig« oder, im Gegenteil, zu komplex für den Menschen gelten und entwickeln fleißig künstliche Intelligenzen für die automatisierte Entscheidung, bevorzugt unter Unsicherheit. Während die Entwicklung in Lichtgeschwindigkeit voranschreitet, entspricht die Beurteilung der Arbeit durch die Technologen dabei nicht unbedingt der Lebenswirklichkeit. Die weitere Automatisierung der Arbeit durch intelligente Maschinen schafft eine neue Dimension der alten Rationalisierungsproblematik, wenn die zweite maschinelle Revolution bestimmte Arbeiten optimiert und damit ganze Gruppen von Arbeitnehmern ausgrenzen wird. Es sind weniger die handwerklichen Berufe, die sich für die Übernahme durch intelligente Maschinen eignen. Für einen Roboter ist es immer noch sehr schwierig, unstrukturierte Arbeiten wie die Reparatur eines Siphons auszuführen. Aber: Intelligente Maschinen werden kaufmännische und administrative Berufe der gebildeten Mittelschicht zerstören. Dabei wird gern verdrängt, dass viele Menschen auf einfachere, administrative Tätigkeiten angewiesen sind oder sie wirklich gerne ausüben. Und nicht jeder möchte zum Wartungstechniker intelligenter Maschinen werden.

»Das Wettrüsten zwischen Mensch und Maschine hat begonnen – und der Mensch muss es gewinnen. In diesem Kampf ist wichtig, dass wir nach den Fähigkeiten und Talenten suchen, in denen wir Menschen den Maschinen wirklich überlegen sind«, mahnte selbst Google-Chef Eric Schmid auf dem Weltwirtschaftsgipfel 2014 in Davos.[31] Die Mahnung hat einen schalen Beigeschmack. Er muss es genau wissen, denn mit dem Ausbau seines Arsenals künstlicher Intelligenzen macht er Google zum Vorreiter der intelligenten Automatisierung.

Trotzdem hat der Google-Chef recht: Wie zur Bestätigung genügt wieder der Blick auf die Finanzindustrie mit ihren elektronischen Online-Brokern, die die Vermittlung von Kauf- und Verkaufaufträgen optimieren. Elektronische Brokerplattformen hatten schon vor zehn Jahren das Berufsbild des *Voice Brokers*, der Aufträge telefonisch entgegennahm und vermittelte, quasi ausradiert. Von ihnen gibt es heute weltweit nur noch wenige. In der Wertschöpfungskette des Wertpapierhandels stehen eine Stufe über den Brokern die Händler, deren Kaufentscheidungen zuerst von Hochfrequenzalgorithmen übernommen wurden, nur um inzwischen von intelligenten Optimierern ganz automatisiert zu werden.[32] Die Algorithmen haben eindrucksvoll bewiesen, unter Unsicherheit bessere Handelsentscheidungen zu treffen, als es ein Mensch je könnte.

Mit dieser nächsten Stufe der Automatisierung werden weitere soziale Spannungen auftreten. Statt Löhnen und Gehältern für Arbeitsleistungen werden Abonnementgebühren, Nutzungsgebühren, Lizenzgebühren für intelligente Maschinen fällig, was eine weitere Verschiebung von Geldflüssen weg von der Arbeit des Menschen hin zum Kapital bedeuten wird. Was die zweite maschinelle Revolution in Zeiten demografischen Wandels mit den westlichen Sozialsystemen machen wird, möchte man sich nicht gerne ausmalen.

»Wir müssen darüber nachdenken, was wir in der Zukunft machen, damit Menschen gewinnbringend angestellt sind«, sagt Joe Schoendorf vom Investitionsunternehmen Accel Partners bei der Konferenz Digital Life Design im Januar 2014. Und er fügt hinzu, was schon angeklungen ist:

»Wir müssen die gesamte Menschheit restrukturieren.«[33]

Auch deshalb ist das Szenario plausibel, dass persönliche Daten künftig neben der Arbeitsleistung zum wichtigsten Gut des Menschen werden. Eine gerechte Gegenleistung, die Wirtschaftsunternehmen für persönliche Daten erbringen, könnte zum Arbeitssubstitut werden, von dem der Mensch einen Teil seines Lebensunterhalts bestreiten kann oder sogar muss.

Wenn die Gegenleistung für persönliche Daten ungerecht ist, es an Transparenz, was mit persönlichen Daten geschieht, mangelt und Kontrolle gar nicht mehr möglich ist, wird der Mensch um etwas von sich selbst verkürzt, wenn nicht gar beraubt. Diesen Mangel aufzuheben, verlangt nach Rahmenbedingungen; und so einfallslos es klingen mag, an dieser Stelle ist tatsächlich der Staat gefragt, regulierend einzugreifen. Das ist nicht der Ruf nach einem weiteren bürokratischen

Monster, nein, es geht um das Wesentliche, um Sein oder Nichtsein, es geht ums Ganze. Können wir angesichts der zweiten maschinellen Revolution unser Menschenbild und unseren sozialen Entwurf noch aufrechterhalten? Nichts weniger steht auf dem Spiel als der freiheitliche Mensch. Die Menschenwürde, der Kulminationspunkt aller menschlichen Freiheit, »zu achten und zu schützen ist Verpflichtung aller staatlichen Gewalt«, so fordert der erste Artikel des deutschen Grundgesetzes. Wenn die Subjekte persönlicher Daten diese Verpflichtung und die Erhaltung der Gerechtigkeit jetzt einfordern, ist das nichts weniger als die Ermahnung der staatlichen Gewalt, ihrer moralischen Verpflichtung zur Wahrung von Gerechtigkeit und Frieden nachzukommen. Politische Äußerungen, die millionenfache Grundrechtsverletzungen für beendet erklären oder lapidar feststellen, es gäbe Wichtigeres zu tun, sind hingegen mehr als unangebracht.

Mensch ohne Vergangenheit? Vom Recht auf Vergessen

Wird dem Menschen als Urheber und Subjekt seiner persönlichen Daten das Herrschaftsrecht über seine persönlichen Daten zugerechnet, korrespondiert mit seinem Kontrollrecht das Recht auf *Vergessen*, also die *Löschung* persönlicher Daten. In unserem Rechtssystem entspricht das Recht auf Vergessen dem Konzept der Verjährung, in moralischer Hinsicht der Vergebung. Beides ist sinnvoll, beides nimmt Rücksicht auf verschiedene Lebenssituationen eines Menschen, um ihm auch nach Fehltritten einen Neuanfang zu ermöglichen.

Wo der Mensch keine Kontrolle über seine persönlichen Daten ausüben kann, ist auch die Löschung persönlicher Daten, des digitalen Zwillings oder virtuellen Zombies unmöglich. Beide werden menschliche Lebenslinien, Lebenspläne oder Karriereziele durch systematische Entscheidungen intelligenter Maschinen, denen ein Datensatz aus persönlichen Daten zugrunde liegt, durchkreuzen – und das Wort »Schicksal« wird eine neue Bedeutung gewinnen. Big Data und seine unauslöschlichen Datensilos werden den Lebenslauf des

Menschen der Zukunft determinieren. Nur: Wo man dem Menschen als Subjekt seiner persönlichen Daten keine Kontrollrechte gewährt, wird er zum Ausgelieferten. Dabei ist der unbedingte Glaube an die Mathematik und die Urteile intelligenter Maschinen völlig irrational. Denn intelligente Maschinen können sich leicht irren, und zwar *per Design* – doch auch aus anderen Gründen.

Grundsätzlich gilt: Der Mensch ist berechenbar. Unser Alltag weist viele wiederkehrende Muster und – bewusste oder unbewusste – Verhaltensweisen auf. Intelligente Maschinen sind heute ohne Weiteres in der Lage, diese Muster zu entdecken und zu erlernen. Mehr noch: Sind sie als adaptive Maschinen konstruiert, folgen sie uns und passen sich an, auch wenn wir unser Verhalten mit der Zeit verändern.

So kommt immer öfter vor, dass Maschinen mit mehr oder weniger Intelligenz ein Urteil über eine Person fällen; oft weiß der Betroffene nicht einmal, dass seine Beurteilung oder Klassifikation stattgefunden hat. Erfährt er doch davon, kann er das Beurteilungsverfahren nicht nachvollziehen, solange Big-Data-Unternehmen nicht bereit sind, ihre Analyse- und Prognoseprozesse offenzulegen. Ein Hinweis auf die Mathematik und wissenschaftliche Vorgehensweise genügt bereits, um lästige Frager abzuwehren. Dabei sind mathematische Modelle auf ganz natürliche Weise unvollständig und können schon deshalb »falsche« Resultate liefern. Die Implementierung als künstliche Intelligenz ist zudem unscharf; sie steuert bei der Neuberechnung eines Menschen einen gehörigen Anteil Indeterminismus bei, was die erwarteten Berechnungsergebnisse betrifft. Noch schlimmer: Als Basis der maschinellen Beurteilung dienen oft veraltete, überholte Rohdaten oder Daten aus unzuverlässigen, fragwürdigen Quellen. Wer nimmt eine *Quellenbewertung* vor, wenn Daten von Datenverkäufern erworben werden? Wie viele veraltete Daten werden weiterverkauft, wie viele Karteileichen oder unerkannte Redundanzen sind in gekauften Datensätzen enthalten? Welches Big-Data-Unternehmen beschäftigt sich mit dem Problem des *Information Aging*, des natürlichen »Veraltens von Daten« durch gewöhnlichen Zeitablauf? Denn persönliche Daten, die zehn Jahre alt sind, sind weniger relevant für eine Zukunftsprognose als Daten, die erst vor zehn Tagen erhoben wurden. *Decay*, die »Dämpfung« alter Daten, nennt sich die technische Methode, die überholte Daten für die Berechnung des Menschen langsam ausblendet.

Diesen *Decay* fordert das Urteil des Europäischen Gerichtshofs vom Mai 2014 auch auf juristischem Wege von Google ein.[34] Sensible Daten müssten gelöscht werden, es bestünde ein »Recht auf Vergessen«.

Unmittelbar nach dem Urteilsspruch der europäischen Richter trat der große reale Konflikt ans Licht, angeheizt von Google selbst, das überrascht tat: Den Grundrechten der Bürger stünden die Rechte der Big-Data-Unternehmen entgegen, die in der juristischen Beschränkung ihrer geschäftlichen Aktivitäten in ihrer *Selbstentfaltung* gehindert seien. Das Recht auf Vergessen kollidiere mit dem Recht auf Information.

Denken wir einen Moment scharf nach: Ja, wir würden es alle ohne Einschränkung begrüßen, wenn wir das Recht hätten, die privaten Kreditkartendetails der Google-Chefs zu kennen. Diese Information hätten wir jetzt gern, und Google kann nichts dagegen haben, weil es dieses Recht ja selbst propagiert.

Das Beispiel ist absurd, aber der Konflikt ist ernst. Es ist der Konflikt zwischen unseren persönlichen Daten und dem Kapital. Aber mit Blick auf die ethische Bewertung persönlicher Daten, wie wir sie bisher begründet haben, ist der Konflikt klar lösbar – und zwar zugunsten der persönlichen Daten. Damit können wir auch dem Urteil des Europäischen Gerichtshofs zustimmen. Denn am Anfang aller Big-Data-Unternehmen stehen unsere persönlichen Daten – *am Anfang aller persönlichen Daten steht der Mensch*. Ohne unsere persönlichen Daten gibt es keine Big-Data-Unternehmen. Wir Bürger und Konsumenten selbst sind die Wirkursache aller Big-Data-Geschäftsmodelle; die Unternehmen selbst sind nichts weiter als Instrumente der Big-Data-Ökonomie. Für die Interessensabwägung heißt das: Das Recht auf Vergessen hat Vorrang vor dem Recht auf Information. Unsere persönlichen Daten haben Vorrang vor den Interessen der Big-Data-Industrie auf Selbstentfaltung. Warum das für die Entwicklung des Menschen wichtig ist, zeigen auch die folgenden Reflexionen.

Wer übrigens selbst persönliche Daten erhebt und verwertet, etwa im eigenen Unternehmen, kann selten sicherstellen, dass seine Datenbasis stets aktuell und auf dem neuesten Stand ist. Wenn Sie jetzt ungläubig sind, machen Sie die Probe aufs Exempel: Ziehen Sie um. Nutzen Sie die Online-Portale Ihrer Strom-, Telekommunikationsanbieter und Postzusteller, tragen Sie Ihre neue Anschrift ein, melden Sie Leistungen von Ihrer alten Anschrift ab und bei der neuen Adresse an. Sie müssen nicht lange warten, um zu sehen, was anno 2014, im Zeitalter von Big Data, geschieht: Unerwartet bricht heilloses Chaos über Sie herein. Nichts mehr wird richtig funktionieren. Ihre Post erhalten Sie trotz – oder gerade wegen – des elektronischen Nachsendeauftrags eine Zeit lang gar nicht mehr. Der Stromanbieter belastet Ihr Konto doppelt, für Energielieferung sowohl an die alte als auch an die neue Anschrift. Eigentlich hatte er Ihre Online-Abmeldung schriftlich bestätigt. Der Telekommunikationsanbieter bucht auch ohne eine Ermächtigung die Telefonkosten Ihres Arbeitgebers von Ihrem Privatkonto ab, nur weil Sie im Nachbarhaus wohnen. Daten sind von minderer Qualität, weil nicht aktuell und deshalb falsch, oder ihnen liegt schlechtes Datenbankdesign zugrunde. Stammdatenprobleme im Zeitalter von Big Data sind keine gute Ausgangslage, um sich ein Urteil zu bilden, selbst für sehr intelligente Maschinen.

Tragisch für den Betroffenen ist die moralische wie rechtliche Bestärkung von Big-Data-Geschäftsmodellen dort, wo Gerichte den Geschäftsprozess der Big-Data-Analyse und -Prognose als Betriebsgeheimnis höher bewerten als das Kontrollrecht einer Person über ihre persönlichen Daten. Urteile, wie sie der Bundesgerichtshof im Januar 2014 zugunsten der Schufa und ihres Scoringverfahrens, das über die Kreditwürdigkeit einer Person entscheidet, fällte[35], enthüllen die noch vorherrschende Rückständigkeit der Rechtspflege gegenüber Big Data genauso wie den irrationalen Glauben an die Technik. Ein Urteil, das einen Menschen mit einer Wahrscheinlichkeit von fünfundsechzig zu fünfunddreißig als Raucher und Nichtraucher beurteilt, hat, vom mathematischen Standpunkt aus betrachtet, nur eine höchst geringe Trefferrate. Alles, so sagen sich die Data Scientists, was keine höhere Wahrscheinlichkeit aufweisen kann als mindestens siebzig Prozent, kann man genauso gut mit einem Würfel entscheiden.

Was Wissenschaftlern längst klar ist, muss auch in das Bewusstsein der Gesellschaft vordringen, denn mit dem Urteil einer Maschine »gewinnt jene Vor- oder Nachform des Wissens um den Menschen – das *Vertrauen* zu ihm – (…) eine besondere Evolution. Vertrauen, als die Hypothese künftigen Verhaltens, die sicher genug ist, um praktisches Handeln darauf zu gründen, ist als Hypothese ein mittlerer Zustand zwischen Wissen und Nichtwissen«[36].

Das erklärte Ziel von Big Data ist, jenen »mittleren Zustand« der Unsicherheit in den Zustand sicheren Wissens zu überführen. Von Millionen Hypothesen, gebaut auf riesigen Datenmengen, folgt Big Data dem Pfad mit den meisten Häufungen, gibt seine Handlungsempfehlung ab oder entscheidet gleich selbst. Der Umgang mit dem Menschen wird ersetzt durch die Hypothesen einer Maschine. Noch im ausgehenden 20. Jahrhundert gaben die gesellschaftliche Stellung, das Verhalten oder die Reputation einer Person den Ausschlag für die Vertrauensbildung zwischen Menschen. Big Data ersetzt die Vertrauensbildung im gesellschaftlichen Umgang miteinander durch die Hypothese einer Maschine. Der virtuelle Zombie nimmt durch die Überzeugungskraft der Maschine einen performativen Charakter an. Der eigentliche Mensch zählt nichts mehr, wird ungültig gemacht und neu berechnet von – mehr oder weniger – wissenschaftlichen Verfahren. Hand in Hand geht damit einher eine Beweislastumkehr: Was zählt der Mensch noch mit seinen Beteuerungen? Was wird aus der grundsätzlichen Unschuldsvermutung? Am Ehrenwort des Menschen darf stets gezweifelt werden, am Urteil der Maschine nicht. Wo die Irrationalität des Glaubens an die Unfehlbarkeit der Technik herrscht, wird ein Betroffener nie beweisen können, dass oder warum eine intelligente Maschine eine fehlerhafte Einschätzung seiner Person getroffen hat. Wenn noch dazu das Urteil der Maschine mit einem kommerziellen Vorteil verbunden ist, muss der Betroffene mit einem zusätzlichen Gegner rechnen. Big Data wird aktiv opponieren und dem Menschen keine Chance auf Rehabilitation lassen.

Wenn persönliche Daten nicht nur die Existenz des Menschen reflektieren, sondern mittelbar und unkontrolliert durch ihn selbst seine Zukunft determinieren, kann das den Menschen nicht zuletzt in die Verzweiflung stürzen. Die unauslöschlichen persönlichen Daten, jede daraus berechnete Information, Klassifikation oder Prognose werden zum bleibenden Stigma, das der Mensch nie mehr ablegen kann. Big Data leugnet das Konzept der Verjährung und des Vergessens. Big Data hat ein Elefantengedächtnis, das persönliche Daten über Hunderte Jahre speichern will. Alles soll bleiben, nichts vergehen. Für genau jenes Konzept haben Data Scientists eine mathematische Beschreibung: den *Markov-Prozess*. Mit ihm können Data Scientists die Eintrittswahrscheinlichkeiten zukünftiger Ereignisse angeben. Die Parallele zum Menschen ohne Vergangenheit: Seine Zukunft hängt nur von der Gegenwart ab. In fast grausamer Weise verwirklicht sich so Jean-Paul Sartres Kernbotschaft: »Geschichte *ist*.«

Sartre, ein Vertreter des Existenzialismus, sieht jeden von uns mit der Geburt in eine sinnlose Leere geworfen. Erst unser Sein, Denken und Tun verleihen dieser Leere mit der Zeit ihren Sinn. Wäre das so, hätten persönliche Daten etwas Normatives, Konstituierendes für den Menschen und dienten nicht nur seiner Entfaltung. Der digitale Zwilling würde den Menschen entfalten, nicht umgekehrt – wäre das der Fall, dann hätten wir das Antibekenntnis zum Menschen als Subjekt seiner Daten. Doch genau dieser Idee hängt Big Data an, wenn der virtuelle Zombie seine performative Wirkung tut. Ganz entscheidend trifft der Big-Data-Existenzialismus den Menschen dort, wo er jeden Neuanfang unmöglich macht. Es sind die unauslöschlichen Daten der Big-Data-Industrie, die einen Neuanfang nicht zulassen. Der Mensch wird festgelegt auf alle persönlichen Daten, mit denen er seinem Leben einst Ausdruck verleihen wollte, in seinen ganz verschiedenen Lebensphasen und -situationen, dokumentiert und zementiert für die Ewigkeit in den modernen Datenbanken des Big-Data-Ökosystems. Der Ausweg? In Sartres Bühnenstück »Die Eingeschlossenen von Altona«[37] kann sich der Held des Stücks nicht anders von seiner nationalsozialistischen Vergangenheit befreien als durch Selbstmord. Am »Frei«-Tod des Protagonisten zeigt sich auch die vollkommene Illusion der Freiheit in der Welt von

Big Data. Die Entscheidung des Leutnants für den »Frei«-Tod war nicht frei, weil das Leben mit der Vergangenheit unmöglich geworden war und ein Ausweg der Vergebung und des Vergessens der Vergangenheit nicht bestand. Die Entscheidung war schon längst gefallen – mit dem vergangenen Handeln –, der Weg vorgeschrieben und unumkehrbar.

Einer ähnlichen Illusion verfällt der Mensch des Big-Data-Kosmos. Noch behauptet der Mensch, er könne frei wählen, entweder der Entscheidung einer intelligenten Maschine zu folgen oder sich gegen die maschinelle Entscheidung zu stellen. Doch wenn ein kleines, mobiles Gesundheitsarmband, wie es die Anhänger der Quantified-Self-Bewegung mit sich tragen, um ihre Körperfunktionen zu überwachen, anzeigt, sein Träger müsse heute noch siebenhundert Schritte für seine Gesundheit gehen, wird er sich gegen den »sanften Druck« seines Gesundheitsarmbands entscheiden? Er kann, aber es wird nicht ohne Folgen für ihn bleiben. Das Gesundheitsarmband hat ihn programmiert und determiniert sein Tun und Handeln. Ein schlechtes Gewissen, Schuldgefühle – hier treten sie wieder auf, die Folgen der Überwachung. Abgelegt hat der Anhänger der Quantified-Self-Bewegung seine Entscheidungsfreiheit bereits in jenem Augenblick, als er sich für die physische Überwachung durch die mobile Intensivstation entschieden hat. Der Glaube, nichts von seiner Freiheit eingebüßt zu haben, etwa weil man trotz Gesundheitsarmband noch immer denken könne, ist pure Gaukelei.

Big-Data-Diktatur

Das Big-Data-Ökosystem, seine künstlichen Intelligenzen und, weitergedacht, der Transhumanismus, in dem sich die Intelligenz von Person und Maschine bis zur Verschmelzung hin annähern, haben begonnen, die Wurzeln der europäischen Kultur anzugreifen, wie sie sich im deutschen Grundgesetz, darüber hinaus in ähnlicher Weise in der Charta der Grundrechte der Europäischen Union oder im Internationalen Pakt über bürgerliche und politische Rechte, dem UN-

Zivilpakt, manifestieren. Von der Unversehrtheit und Gewährleistung der Grundrechte hängt die faktische Freiheit der Person ab, sie sind der Gesellschaftsvertrag und die politischen Garantien, damit der Mensch frei über sich verfügen kann.

Dort, wo Grundrechte zur Disposition stehen und der Mensch einer Kontrolle unterworfen wird, die ihn zur Konformität zwingt, hört die Freiheit auf und beginnt die Diktatur.

Der Vorwurf der Diktatur sei polemisch, halten die Profiteure der Geschäftsmodelle »Abhören und steuern« allen warnenden Stimmen entgegen. Dabei sticht unmittelbar ins Auge, dass der Big-Data-Wildwuchs die Grundrechte des Menschen nicht nur verletzt, sondern auflöst und noch dazu ganz besonders auf Kontrolle setzt, eben auf – Kontrollstrategien. Die Aufhebung von Grundrechten und die Steuerung der Zivilgesellschaft durch Informations-, Verhaltens- und Gefühlskontrolle sind genau die Zutaten der Diktatur, besser: einer absolutistischen Herrschaftsform, in der mathematische Eliten die Zukunft des Menschen vorherbestimmen. In dieser Zukunft werden Eigeninitiative, Entscheidungsfähigkeit und Kreativität durch die massenhafte Überwachung durch aktive und passive Sensoren unterdrückt.

Es ist der NSA-Skandal, der erahnen lässt, welche Auswüchse die hoheitliche Überwachung bereits angenommen hat. Bei Privatunternehmen wie Google & Co. sieht es nicht viel besser aus. Wer mit seinem Google-Konto die Services Gmail, Google+, womöglich die intelligenten Heizungsthermostate von Google Nest Labs und sowieso die Google-Suche nutzt, überlässt dem Technologiegiganten genug Datenmaterial, den digitalen Zwilling seines Nutzers problemlos zusammenzupuzzlen und daraus den virtuellen Zombie neu zu berechnen. Deswegen ist wahr, dass Google über seine Nutzer genau so viel, wenn nicht gar mehr wissen kann als sie selbst.

Trotzdem kommt es nicht zum empörten Aufschrei der Gesellschaft, bleibt das Aufbäumen gegen die Totalüberwachung aus. Schlimmer noch, Nutzer schlagen sich auf die Seite der Big-Data-Profiteure und belächeln spöttisch die Stimme des Gewissens zu Freiheitsfragen oder auch nur die Bedenken Einzelner, die auf den

Schutz ihrer Persönlichkeitsrechte bedacht sind und sich deshalb »datensparsam« verhalten. Der eigentlich zu erwartende Konflikt zwischen dem Subjekt der Daten und seiner materialistisch-ökonomisch geprägten Nutznießer – er scheint zu unterbleiben. Warum ist das so?

Mehrere Antworten sind denkbar, die erste legt uns die Politik selbst nahe: Der Mensch müsse dorthin gehen, »wo schon heute die Zukunft stattfindet«[38]. Also dorthin, wo schon alle anderen sind. An der digitalen Revolution könne nur teilhaben, wer digitale Medien nutze und Programmiersprachen erlerne, um so das Know-how für die Bewältigung der digitalen Revolution zu erlangen.[39]

Hierauf kann es nur eine Antwort geben: Das ist ein großer Irrtum, und er ist noch nicht einmal neu, weil er bereits vor sechzig Jahren in der Debatte um die atomare Nutzung aufgetreten ist.

Die Politik fordert nichts anderes von uns, als uns der Technik zu unterwerfen. Dass viele bereits unterwürfig sind, darf nicht relevant sein, denn auch die Mehrheit kann sich irren. Die Unterwerfung aber ist eine Bankrotterklärung gegenüber der digitalen Revolution. Andere haben sie also bereits gemacht, diese Zukunft, ebenjene Data Scientists, die mit ihren Modellen und Algorithmen die digitale Revolution »herausfordern« und modernes *Terra Forming* betreiben. Wer Fließbandarbeiter ist, muss zum Fließband gehen – er hat keine andere Wahl. Aber wer nicht dorthin geht, wo Zukunft schon stattfindet – *der gestaltet womöglich die Zukunft bereits selbst.* Schon deshalb ist es unzulässig, jede kritische Überlegung zu Big Data kategorisch als Kassandraruf abzutun. Wer fordert, dass sich der Mensch der Technik unterwirft, muss sich gefallen lassen, dass andere im Gegenteil beanspruchen, die Technik dem Menschen zu unterwerfen – mit dem Ansinnen, dass der Mensch seine grundgesetzlich verbürgte Königswürde auch in Zukunft behält. Denn nicht jeder, der sich technikkritisch äußert, ist erklärter Feind der Technik. Die Diskussion über das Verhältnis Mensch–Technik ist zudem nicht neu, sie wurde bereits im 20. Jahrhundert etwa von Ernst Jünger (1895–1998) und seinem Bruder Friedrich Georg Jünger geführt und von Martin Heidegger (1889–1976) fortgesetzt. Heidegger will die »Kehre«, die Umkehr des Denkens im Verhältnis zur Technik. Statt die Freiheit an die Technik zu verlieren, sollen wir den Blick darauf richten, dass auch hinter der Technik etwas Höheres steht, das Technik erst ermöglicht. Es ist die »anfänglichere Wahrheit« des Martin Heidegger. Die Änderung der Blickrichtung erlaubt, dass der Mensch in seine Natur zurückfällt, aus dem Hamsterrad der Mehrheit heraustritt und der Zukunft einen anderen, besseren Verlauf geben kann. Denn mit den Bedrohungen der digitalen Revolution entwickeln sich gleichzeitig Lösungen. Sie sind ganz sicher auch gesetzlicher Natur. Aber als Zivilgesellschaft stehen wir vor der Herausforderung, für das digitale Zeitalter ein *Technikethos* zu entwickeln, eine Theorie, die es uns erlaubt, den gegenwärtigen technischen Umbruch zu verstehen und zu beherrschen. Wir sollten nicht einfach alle dorthin gehen, wo uns eine vermeintliche Wohlfühlzone erwartet und die Zukunft bereits verwirklicht zu sein scheint. Nicht nur konsumieren und reproduzieren, sondern *gestalten* und der digitalen Revolution eine menschenfreundliche Wendung geben, das erfordert Umkehr statt Rückkehr, dazu Wissen, Kapital und eine Risikokultur. *Dies* sind die Aufgaben, vor die wir gestellt sind, und sie erfordern etwas anderes, als nur dorthin zu gehen, wo schon alle anderen sind.

Dabei ist für das *Wissen*, wie wir die digitale Revolution beherrschen können, die massenweise Benutzung moderner Überwachungsgeräte wie Smartphones, magische Brillen oder intelligente Haustechnik eben gerade nicht imperativ. Eine *App* bedienen zu können, bedeutet nicht schon automatisch, dass wir zu Experten der digitalen Revolution werden. Durch das Fahren Ihres Autos werden Sie nicht unvermeidlich zum Mechatroniker. Ganz ähnlich verhält es sich mit der Nutzung digitaler Geräte; die Welt vor dem Bildschirm ist nicht dieselbe wie hinter dem Bildschirm, in der, wie wir hinreichend erörtert haben, in den kommenden Jahren ein Ökosystem intelligenter Maschinen entstehen wird, die niemand besser versteht als ein Mathematiker oder Physiker. Mathematik hingegen ist die »Sesam, öffne dich!«-Zauberformel, die uns die schöne neue Big-Data-Welt erschließt. Aber geben wir es doch ehrlich zu: Für die meisten von uns ist die Mathematik der Inbegriff des Schreckens, weswegen es uns letztlich doch in größerem Umfang am Handwerkszeug mangeln wird, die digitale Revolution in ihrer ganzen Komplexität zu begreifen. Das Erlernen von Programmiersprachen anstelle natürlicher Sprachen ist ebenfalls wenig hilfreich für das Verständnis mathematischer Modelle, die die eigentlichen Treiber der digitalen Revolution und der expertokratischen Umformung unserer entwickelten Welt sind. Aus Sicht des Praktikers sind die geplanten Programmiersprachen im Vergleich zu natürlichen Sprachen nicht mehr als stupide Fließbandarbeit und entbehren längst der Komplexität gewachsener Sprachen. Jeder Programmierer, der die Logik einer einzigen Programmiersprache verstanden hat, kann sich ganz leicht auch andere Programmiersprachen aneignen, ohne sie explizit studiert zu haben. Für Englisch, Französisch oder Griechisch gilt das kaum, aber deren Studium regt genau die synaptischen Verbindungen unseres allzeit lernenden Gehirns an, die verhindern, dass wir uns im Namen der Technik geistig zurückbilden. Unterwerfung unter die Technik, geistige Rückbildung in einer hochtechnisierten Welt, und das alles im Namen des Informationsmarktes, den es nach einer Marktarbeiterschaft dürstet – für viele wird das wohl kaum die Vision einer Zukunft sein, in der sie glücklich leben können.

Ein zweiter Grund, weshalb die Zivilgesellschaft die Zähmung der widerspenstigen Big-Data-Ökonomie nicht angeht, könnte sein, dass die Gesellschaft bereits kapituliert hat. Dem Menschen ist bewusst, was die Totalüberwachung mit seinem Leben macht. Deshalb verhält er sich konform und wagt es nicht, Widerstand zu leisten.

»Wir besuchen die Universität, um einen Job zu bekommen, mit dem wir gutes Geld verdienen können. Ich will nicht zur Schnecke gemacht werden, nur weil ich gegen die Überwachung protestiere.«[40]

»Denn irgendwann wird mein Protest öffentlich wie meine *Selfies* oder die Bilder auf Facebook davon, was ich jeden Tag esse.«[41]

Dem Studenten, der sich so äußert, genügt schon das *Gefühl*, er werde überwacht, weshalb er sich konform verhält, um später in der Zukunft keinen finanziellen Nachteil zu erleiden. Von der Auflehnung gegen die ärgerniserregende Überwachung nimmt er deshalb

Abstand. Ihn durch mehr Überwachung zur Konformität zu zwingen, ist unnötig. Er überwacht sich bereits selbst.

Sind die studentischen Überlegungen schon die Regel oder noch die Ausnahme? Wenn sie weiter um sich greifen, fällen sie das Todesurteil für den freiheitlichen Menschen kantischer Natur, noch dazu global, denn die Überwachung ist global und, so darf man annehmen, auch die Bedenken der Überwachten.

Die dritte mögliche Antwort auf die Frage nach der gesellschaftlichen Gleichgültigkeit: Die Zivilgesellschaft nimmt Big Data nicht als Problem wahr, weil die Ungerechtigkeiten, die den Menschen treffen, zu subtil und wohl noch nicht konkret genug fühlbar sind. Die Big-Data-Gefahr erscheint Bürgern und Konsumenten ähnlich abstrakt wie etwa Staatsschulden. Abgehört zu werden, verursacht keine Schmerzen oder Armut, höchstens ein vages Gefühl des Unbehagens, und Staatsschulden sieht man nicht auf dem eigenen Kontoauszug. Beide, Überwachung und Staatsschulden, fühlen sich *nach nichts* an.

Die Big-Data-Gefahr hingegen kleidet sich in die Gewänder des Lustgewinns und verspricht ein besseres Leben mit weiter gesteigerter Bequemlichkeit. Nicht die materielle Not nimmt zu, sondern Hedonismus und Subjektivismus werden bedient – und wir wissen alle, wie gründlich wir lieber unseren Lastern anhängen als Pflichten und Tugenden. Dahinter verbergen sich nicht mehr als die Beteuerungen eines geschickten Marketings, wie wir sie aus jeder Werbung kennen. Denn: Das Versprechen des optimierten Lebens ist nur eine Falle. Langfristig werden menschliche, seelische Kümmernisse durch allumfassende Kontrolle um sich greifen; und seelische Not ist selten durch größeren materiellen Wohlstand aufzuwiegen: »Nicht der Anfang, das Ende trägt die Last.«

Also kein Aufstand der Zivilgesellschaft, jedenfalls nicht jetzt. Und wenn schließlich nach einigen Jahren Schlaglöcher die Straßen überziehen, weil der Staat wegen seiner Schulden die öffentliche Infrastruktur nicht mehr erhalten kann, oder eine Person wegen ihres »verformten« digitalen Zwillings keinen Arbeitgeber, Versicherer oder Arzt mehr findet, ist es die zeitliche Verzögerung dieses negativen *Reward*, der späten »Quittung«, die die Erkenntnis verhindert, dass der Verfall öffentlicher Infrastruktur unmittelbar auf Staatsschulden und die beschädigte Lebenslinie direkt auf den eigenen digitalen Zombie zurückzuführen sind.

Auslaufmodell Privatsphäre? Vom Recht, Geheimnisse zu haben

Sicher bräuchte es für ein gesellschaftliches Aufbäumen mehr Wissen von der Komplexität des Big-Data-Ökosystems; einiges Verständnis seiner Technologien und größere Kenntnis des bereits weit fortgeschrittenen Entwicklungsstands, damit sich die Zivilgesellschaft die Frage nach der gefährdeten Freiheit des Menschen noch ernsthafter stellt. Dabei darf sich die Debatte nicht nur auf den Umgang mit persönlichen Daten beschränken, wie wir ihn gerade erörtert haben. Auch andere grundgesetzlich verbürgte Freiheitsrechte des Menschen sind von Big Data in Mitleidenschaft gezogen, darunter – ganz prominent – die *Privatsphäre*.

Was aber bedeutet »Privatsphäre«? Geht man in der Geschichte zurück, stößt man auf Samuel Johnson, einen Klassiker unter den englischsprachigen Wörterbüchern. Er beschreibt die Privatsphäre noch als »geheimen Zustand, eine Heimlichkeit«[42]. Die Privatsphäre als Synonym für das *Geheimnis*: Das allein macht die Privatsphäre nicht verdächtig, obwohl der Begriff des Geheimnisses auch Vorgänge des Verheimlichens, Totschweigens oder der Verschleierung von Straftaten assoziiert.

»Wer nichts zu verbergen hat, hat auch nichts zu befürchten«, lautete dennoch kurzerhand der Kommentar von achtundvierzig Prozent der deutschen Bundesbürger, mit dem sich Überwachungsgegner konfrontiert sahen, als sie sich wunderten, warum es im Sommer 2013 nach den Enthüllungen Edward Snowdens nicht zum bundesweiten Flächenbrand gegen staatliche Lauschangriffe gekommen war.[43] Die Zivilgesellschaft scheint der Privatsphäre und ihren Geheimnissen keinen Stellenwert mehr beizumessen. Sie zeigt sich willig, ihre Geheimnisse zu entbergen, sofern es nichts zu verheimlichen, totzuschweigen oder zu verschleiern gibt. Damit aber fasst die Zivilgesellschaft den Begriff des Geheimnisses zu eng und begreift das Geheimnis nicht in seiner ganzen Tragweite und seinem Nutzen für eine Gesellschaft.

Eigentlich hätten die Überwachungsgegner hierüber nicht allzu erstaunt sein dürfen. Zuzusehen, was der andere tut oder sein lässt und im übertragenen Sinne genüsslich durch das Nachtkästchen des Nachbarn zu stöbern, ist seit dem Aufstieg von Realityshows wie *Big Brother* oder sozialen Netzwerken, in denen wir alles über uns, selbst die größten Belanglosigkeiten, freiwillig preisgeben, nichts mehr, das uns hinter dem Ofen vor- beziehungsweise vom Bildschirm weglocken kann. Gegen Voyeurismus protestiert kaum mehr jemand mit flammendem Eifer, denn an seiner modernen Variante sind wir alle beteiligt – *wir alle* und nicht nur der einzelne Staatsdiener, der uns um unserer Sicherheit willen belauscht, wie er selbst sagt. Manchmal, so geben auch Staatsbedienstete zu, mache sie die pure Langeweile zu heimlichen Beobachtern. Wer auf einem Militärgelände acht Stunden lang vor den Bildschirmen einer Überwachungskamera mit einer optischen Reichweite von mehreren Kilometern sitze, käme schon einmal in Versuchung, in die Schlafzimmer seiner Mitbürger zu spähen. Davon erzählt man natürlich nicht öffentlich, sondern nur hinter vorgehaltener Hand neben dem Supermarktregal, in dem die Nüsse und gesalzenen Mandeln liegen.

Die »Aufklärung« ist für uns zum Alltag geworden. Als Zivilgesellschaft fordern wir nicht nur Transparenz von Politik und Wirtschaft, sondern sind gleichzeitig selbst bereit, freiwillig unser Leben für andere zum Glashaus zu machen. Dabei machen uns gerade Kinder vor, wie wichtig das Geheimnis für die Persönlichkeitsentwicklung ist, wenn sie sagen: »Mein bester Freund ist, wer mein Geheimnis nicht verrät.«

Was spielerisch von Kindern verborgen wird, sind die »unirdischen« Dinge, Dinge ihrer Phantasie und einer inneren Welt voller Zauber und Magie. Für Kinder ist das Geheimnis wichtig, sich von der Welt der Erwachsenen abzugrenzen und zu sich selbst zu finden.

So entwickeln sie den Pluralismus von Lebensformen, Subkulturen und Glaubensrichtungen, den der Philosoph Jürgen Habermas fordert, damit Gesellschaft und Einzelne überleben können.[44]

»Das Geheimnis – das durch positive oder negative Mittel getragene Verbergen von Wirklichkeiten – ist eine der größten geistigen Errungenschaften der Menschheit«, stellt der Philosoph und Soziologe Georg Simmel deshalb schon 1908 richtig fest.[45] Ohne Geheimnisse kann eine Gesellschaft nicht die Vielheit von Meinungen und Ansichten hervorbringen, aus der sie für einen gesellschaftlichen Konsens schöpfen kann. Das Geheimnis ist grundlegend für die Persönlichkeitsbildung des Einzelnen, seine Kreativität und Entscheidungsfreudigkeit, und im Anschluss daran für die ganze Zivilgesellschaft. Umgekehrt bedeutet die Preisgabe von Geheimnissen langfristig die Zerstörung der Gesellschaft. Dabei können wir bereits heute einen Verfall unserer Gesellschaftsordnung beobachten – eine Erstarrung, einen Mangel an Entscheidungsfähigkeit, hervorgerufen durch die vollständige Offenheit der Transparenzgesellschaft. Denn was wir faktisch beobachten, ist die wachsende Angst, eine Entscheidung zu treffen. Heute werden sowohl Entscheidungen als auch ihre Folgen schnell öffentlich. Wer in den Augen der Öffentlichkeit eine falsche Entscheidung getroffen hat, muss mit seiner unmittelbaren sozialen Hinrichtung rechnen. Vielen scheint deshalb opportun, zugunsten der Karriere oder des persönlichen Einvernehmens mit der Gesellschaft lieber keine als eine potenziell falsche Entscheidung zu treffen. Wenn man noch vor dem Zeitalter des von Big-Data-Apologeten geforderten »Rechts auf Wissen« manchen Fehler ausbügeln konnte, gelingt das heute nicht mehr leicht. Machen Sie das Experiment: Führen Sie einen Streit mit einem »Freund« auf der Facebook-Plattform in aller Öffentlichkeit, wird es Ihnen in Zukunft nur schwer bis gar nicht gelingen, Ihren Streit unter vier Augen beizulegen. Auch dazu taugt das Geheimnis: Es ist der Friedenswahrer der Gesellschaft.

Grundgesetzlich ist der Schutz des Geheimnisses in Artikel 10 Grundgesetz mit dem Brief-, Post- und Fernmeldegeheimnis verankert. Selbst im Inhaltsverzeichnis des deutschen Strafgesetzbuchs findet sich das »Geheimnis« nicht weniger als zehnmal: als Staatsgeheimnis, illegales Geheimnis, Wahlgeheimnis, Briefgeheimnis, Privatgeheimnis, fremdes Geheimnis, Postgeheimnis, Fernmeldegeheimnis, Dienstgeheimnis und Steuergeheimnis. Dem persönlichen Geheimbereich ist ein ganzer Abschnitt gewidmet.

In einer Affäre wegen Geheimnisverrats war ein deutscher Agrarminister 2014 von seinem Amt zurückgetreten. Von seinem früheren Staatssekretär hatte er ein Dienstgeheimnis erfahren: Gegen einen Bundestagsabgeordneten sollte ein strafrechtliches Ermittlungsverfahren eingeleitet werden. Das Dienstgeheimnis hatte er weitergegeben, der Abgeordnete wurde vorgewarnt und legte sein Bundestagsmandat noch vor dem Antrag auf Aufhebung seiner Immunität nieder. In der anschließenden Aufarbeitung der »Affäre Edathy« ging es vornehmlich um den Schutz von Kindern, aber es wurde auch deutlich, wie es in der Gesellschaft aktuell um das Geheimnis bestellt ist. Wieder war ein Tausch in der Diskussion: Jetzt sollte nicht Freiheit gegen Sicherheit, sondern *Geheimnis gegen Moral* abgewogen werden. Das gesetzlich geschützte Geheimnis, so hatte man den Eindruck, könne man preisgeben, wenn nur ausreichend moralische Gründe dagegenstünden, um sich über diesen gesetzlichen Schutz hinwegzusetzen.

»Pflegen wir nicht einen Kult des Moralischen, das mit dem Offenbaren gleichgesetzt ist, einen Kult der Kontrolle, dem alles Geheimnishafte als lichtscheu gilt? (…) Sind nicht alle unsere demokratischen Ideale dem Geheimnis entgegengesetzt? (…) Überantworten wir nicht einen wachsenden Teil unseres Ich dem Computer und dem Internet, um auch weltweit für klare Verhältnisse zu sorgen? Ist nicht die propagierte Globalisierung eine Strategie erdumspannender Information, die kein Geheimnis mehr duldet?«[46] Diese Fragen hat sich der Kulturwissenschaftler Hartmut Böhme schon 1997 gestellt. Sie sind alt und doch aktueller denn je, wenn es um Big Data geht. Das Geheimnis hat einen schlechten Ruf, vermeintlich edlere Werte wie Transparenz oder Kontrolle sind fest in der Gesellschaft verankert. Um die künftige Akzeptanz des Geheimnisses als gesellschaftlich wertvolles, sogar notwendiges Gut ist es auf dem Weg in die *Post Privacy*, in die »öffentliche Gesellschaft« ohne Privatheit, schlecht bestellt. Würde dann nicht auch in der Edathy-Affäre nur diese neue Beziehung der Gesellschaft zum Geheimnis reflektiert? Bedeutet die Diskrepanz zwischen geltender Rechtsordnung und gesellschaftlichem Verhalten etwa, dass Gesetze zum Schutz der Privatsphäre und des Geheimnisses obsolet geworden sind und einer Revision bedürfen, die dem offenen Umgang damit in der Gesellschaft gerecht wird? Haben der globale Zugang zu Daten und Information, haben Big Data und Informationskapitalismus das Geheimnis für immer zerstört?

Allerdings müssten schon längst die Unterschiede und Ungereimtheiten aufgefallen sein, mit der Big-Data-Apologeten die persönlichen Daten einer Person und ihr eigenes Big-Data-Ökosystem behandeln. Während sie die Subjekte persönlicher Daten ausforschen, analysieren und nicht nur vollkommen transparent, sondern auch vorhersagbar machen, hüten sie ihre Big-Data-Betriebsgeheimnisse wie ihren Augapfel. Die NSA lässt sich nicht darauf ein, Details ihrer Datenanalyse preiszugeben. Facebook hält seine Analysealgorithmen tief in den Kellergeschossen seiner Rechenzentren versteckt. Und »Google X« nennt sich die geheime Ideenschmiede des Technologiegiganten, in der man an Projekten arbeitet, die die Welt verändern sollen.[47] Dasselbe Unternehmen ist es auch, das den Kern seines Suchmaschinen-Algorithmus strikt geheim hält.[48] Vom Nutzer *vor* dem Bildschirm erwartet man indes, dass er sich durch Weitergabe seiner persönlichen Daten entblößt – »entbirgt« –, während sich Big-Data-Nutznießer *hinter* dem Bildschirm selbst strengster Verschwiegenheit verschrieben haben. Denn wer weiß, dass Daten die Produktionsmittel der Informationsökonomie sind, wird seine Datensammlungen und die Werkzeuge, wie man daraus neue, relevante Informationen gewinnt, hüten wie einen Goldschatz und darauf hoffen, dass sich die Erkenntnis über den Wert des Schatzes nur sehr langsam verbreitet. Mit Blick auf die gesetzlichen Garantien ist das legitim. Für Big-Data-Unternehmen sieht es jedenfalls nicht so aus, als wären ihre Privatsphäre und ihre Betriebsgeheimnisse ein Auslaufmodell, sonst würde die Vermutung des Anachronismus unseres noch geltenden sozialen und rechtlichen Gesellschaftsentwurfs tatsächlich zutreffen.

Wie also steht es um das Geheimnis? Ist es zu einem Gut geworden, das sich nur noch wenige Privilegierte leisten können, darunter gerade diejenigen, bei denen sich Daten, abgeleitete Information und Wissen ohnehin akkumulieren? Das wäre allerdings keineswegs neu. Das Geheimnishafte träte bei Herrschaftseliten auf, die über das Geheimnis »ihre Privilegien und Herrschaften erhielten«, so der Kulturwissenschaftler Hartmut Böhme weiter.[49]

Wer heute über Daten, Information, Wissen und Schlüsseltechnologien verfügt, besitzt Macht; Macht, die schon heute nicht mehr in den Händen unserer Staaten liegt. Big-Data-Unternehmen, die ihre Marktmacht, einen Technologievorsprung, vielleicht sogar ein Monopol, aufrechterhalten wollen, setzen auf ihre Privatsphäre und ihre Betriebsgeheimnisse. Die Wahrung ihrer Privatsphäre erlaubt ihnen, Macht zu erhalten. Doch im Umkehrschluss ist genauso richtig: Ein Mensch, der seine Privatsphäre aufrechterhält, behält ebenfalls Macht. Privatsphäre ist ein Teil der Kontrolle, die dem Subjekt persönlicher Daten zusteht. Privatsphäre ist das Instrument, Machtverhältnisse zu balancieren: *Balance of Power.*

Die vollkommene Transparenz, jene *Post Privacy*, die selbst Datenschützer fordern, wird Machtverhältnisse kaum zugunsten der Verbraucher verschieben. Derjenige, der nicht nur Zugang zu Daten hat, sondern auch in der Lage ist, sie auszuwerten – im Zweifel ist das nicht der Konsument –, verfügt über eine bleibende Überlegenheit, und *Post Privacy* spielt ihm nur weiter in die Hände. Denn wer sich preisgibt, schwächt sich. Wer Privatsphäre aufgibt, gibt Macht auf.

Was in der Tat verstört, ist die Unbekümmertheit der Machtübergabe.

Lasst uns in Ruhe! Vom Recht auf negative Freiheit

Zu den Freiheitsrechten des Menschen, wie sie in der Menschenwürde wurzeln, zählt auch die *negative Freiheit*. Eine Person hat das Recht, sich den Ansprüchen von Staat, Wirtschaft oder Gesellschaft auf seine persönlichen Daten gänzlich zu *entziehen*. Wenn der

Mensch es will, darf er »in Ruhe gelassen« werden, wie es der amerikanische Jurist Louis Brandeis im Jahr 1890 einprägsam formulierte. Ausdrücken wird sich ein solcher Entzug durch *aktive Distanznahme zur Kommunikation*: »Wer ein Mobiltelefon besitzt, werfe es weg.«

Wahrscheinlich ist ein so radikaler Schritt nicht nötig, wenn schon Ausschalten von Sensoren genügt. Denn nur wenige unter uns werden sich ihrer *Gadgets* entledigen, mit denen sie so begeistert ein noch junges Kommunikationsmittel nutzen: das *Internet*, die Technik mit den zwei Gesichtern. Denn auch das Internet unterliegt dem Dualismus von Gut und Böse und unterscheidet sich darin nicht von anderen technischen Errungenschaften. Technik ist dort der Freund des Menschen, wo sie verbindet, entlastet, automatisiert und das Leben besser, einfacher und schöner macht. Sie verkehrt sich in ihr Gegenteil, wo sie Solidarität und gesellschaftlichen Frieden zerstört, die Sicherheit gefährdet oder die Subjekteigenschaft des Menschen leugnet.

Nach seinem ursprünglichen Plan sollte das Internet militärische und akademische Computer miteinander vernetzen, um die Maschine-zu-Maschine-Kommunikation zu ermöglichen. Erst viel später, als die Browsertechnologie die Inhalte des Internets grafisch und für jedermann darstellen konnte, haben sich Menschen eingeschaltet und sich das Internet angeeignet, um schneller, mehr und anders zu kommunizieren. Die ganz neue Art der Kommunikation war sehr zu begrüßen, denn Kommunikation ist nicht nur ein Recht des Menschen, sondern auch seine Berufung. Die Gemeinschaft, die ihn trägt und in der er wirkt, entsteht erst durch Verständigung und das Mitteilen von sehr Persönlichem. Das Internet war deshalb eine Bereicherung der Kommunikation, in der das neue Medium und die Weitergabe persönlicher Daten eine logische Verbindung eingehen würden.

Dass sich die ursprüngliche Vision von der Vernetzung der Maschinen als »Internet der Dinge« mit all seinen Sensoren und Spionageapplikationen genauso rasant verwirklichen würde wie die kommerzielle Nutzung des Internets durch den Menschen, war lange Zeit aus dem Blickfeld geraten. Das Internet hat eine Welt *vor* dem Bildschirm, sie ist die naive Sicht der Nutzer auf ein System, von dem sie glauben, es sei nicht mehr als ein riesiger Datensilo für Produkte oder Medieninhalte, die sich mit günstiger, wenn nicht gar kostenloser Software, den *Apps*, erschließen lassen. Die Welt *hinter* dem Bildschirm ist die des Big-Data-Ökosystems mit seinen mathematischen Modellen, Netzwerkanalysen, Prognosen und Kontrollstrategien, von dem Edward Snowden im Jahr 2013 etwas enthüllt hat. Die PrismTemporaX-Keyscore-Systeme hinter dem »Schleier« und all ihre ungenannten, verheimlichten kommerziellen Artgenossen, die in den langen Gängen der Rechenzentren von GoogleFacebookAppleBlackstone, Inc. einen ähnlichen Dienst wie ihre staatlichen Kameraden tun, sind Abermillionen US-Dollar und ihr Zigfaches schwer.

»Das Internet ist nicht das, wofür ich es so lange gehalten habe. Ich glaubte, es sei das perfekte Medium der Demokratie und der Selbstbefreiung. Der Spähskandal und der Kontrollwahn der Konzerne haben alles geändert.«[50] Die Enttäuschung ist verständlich, ihr ging voran die ebenso begreifliche Begeisterung für das neue Medium. Was ihr zugrunde lag, ist die Irrationalität einer überschätzten Technik. Sie hat unseren Blick dafür getrübt, dass auch das Internet nur Objekt ist, das dem Menschen als Subjekt seines Umgangs mit dem Medium entspringt, aber aus sich selbst heraus nichts vorbringt. Denn mit der Nutzung des Internets geschieht nicht mehr, als dass der Mensch seine persönlichen Daten weitergibt. Er vollzieht eine »transitive Handlung«, *transitivus*, seine persönlichen Daten gehen vom Menschen als Subjekt aus und auf ein äußeres Objekt – eine intelligente Maschine im weitesten Sinne – über. Die intelligente Maschine und ihr häufigstes Kommunikationsmittel, das Internet, sind nichts weiter als Instrumente und Objekte der menschlichen transitiven Aktivität. Das ist schon alles, nüchtern betrachtet. Mehr ist das Internet nicht.

»Die sozialen Kommunikationsmittel begünstigen weder die Freiheit, noch globalisieren sie (…) die Demokratie für alle einfach deshalb, weil sie die Möglichkeiten der Verbindung und Zirkulation von Ideen vervielfachen.«[51] Die digitalen Medien sind nicht mehr als Kommunikationsstruktur, und als Struktur bringen sie noch keinen

Inhalt hervor. Sicher, mit dem Internet sind zahllose neue Rituale entstanden. Die Menschen können sich online verabreden und versammeln zu Bewegungen und Protesten für die Demokratie. Doch dieselben Technologieunternehmen, die solche Versammlungen erst möglich machten, stellen Software-Anwendungen für diktatorische Regimes her, die genau solche Menschenansammlungen prognostizieren und gleich dazu Andersdenkende identifizieren, damit man sie brutal verfolgen und ausschalten kann.[52] Auch deutsche Unternehmen waren daran beteiligt, dass Bürgerrechtler des arabischen Frühlings in syrischen oder bahrainischen Gefängnissen gefoltert und getötet wurden, weil sie ihre Überwachungssoftware für Smartphones an ausländische Regierungen ohne den Geist der Unterscheidung genauso veräußert haben wie an inländische Kriminalämter.[53] Fragwürdig ist das deshalb, weil alle moralischen Bedenken, selbst das Wissen über die Amoralität der Verwender, hinter das kommerzielle Interesse zurücktreten. Man ist versucht zu sagen: wie immer.

Mit dem Recht auf die negative Freiheit kommt implizit etwas zum Ausdruck: Es gibt zwei Erscheinungsformen jedes Menschen – und es ist jeweils die Kommunikation, die den Unterschied macht. Kommunikation im Verbund mit negativer Freiheit macht den Menschen entweder zur *öffentlichen* oder zur *privaten* Person. Verzichtet ein Mensch auf Kommunikation, will er private Person bleiben. Als solche weiß ein Mensch Dinge von und über sich selbst, die anderen nicht bekannt sind. Er hat sich davon enthalten, sie zu kommunizieren. Als öffentliche Person ist er anderen bekannt, während er selbst weiß, was andere über ihn wissen können. Er hat sich der Kommunikation gerade nicht entzogen und in der Öffentlichkeit Dinge über sich bekannt gemacht.

Mit der Kommunikation will der Mensch seine öffentliche Person formen, doch hier ist bereits etwas entglitten. Das Subjekt der persönlichen Daten formt seine öffentliche Person nicht mehr selbst, das erledigen andere für ihn, auch gegen sein Wissen und seinen Willen.

»Die Privatsphäre ist der Zustand, frei zu sein von der Beobachtung oder Störung durch Dritte.« So erklärt ein jüngeres Nachschlagewerk, das Oxford-Wörterbuch der englischen Sprache, die

Privatsphäre.[54] Doch bei aufkeimender Totalüberwachung und unterbrechungsfreier Erhebung persönlicher Sekundärdaten durch passive Big-Data-Sensoren ist selbst die bewusste Askese einer Person, die sich datensparsam zeigen will und sich digitaler Medien zu enthalten wünscht, ein vergeblicher Versuch, die Privatsphäre aufrechtzuerhalten. Wo ungewollte Beobachtung und passive Überwachung gegen den Willen des Menschen geschehen – sowohl durch hoheitliche Gewalt als auch durch Privatunternehmen, durch belauschte Glasfaserkabel oder dauerhaft eingeschaltete Mikrofone der neuesten Smartphone-Generation –, wird kontrollierte Kommunikation unmöglich. Statt eines kontrollierten öffentlichen Menschen entsteht ein unkontrollierbarer virtueller Zombie. Der öffentliche Mensch gerät aus den Fugen, wo Big Data das Recht des Menschen auf seine negative Freiheit *ad absurdum* führt, wo Big Data den Menschen verfolgt und ihn *stört*, wo intelligente Maschinen ihre Vermessungs- und Analyseansprüche gnadenlos und ohne Rücksicht auf die Person geltend machen.

Das führt dazu, dass Big Data eine private Person öffentlich macht oder die öffentliche Person gleich zum virtuellen Zombie zusammenrechnet. Das Resultat der Big-Data-Fusion: Für das Subjekt persönlicher Daten wird sein virtueller Zombie zum blinden Fleck. Der Mensch weiß nicht mehr, was andere über ihn wissen. *Seine Kommunikation ist kompromittiert*; obwohl er nicht aktiv kommuniziert, ist ungewollt eine öffentliche Person entstanden. Was ihr zugrunde liegt, woher sie stammt – voraussichtlich wird es immer ein *Geheimnis* bleiben. Da ist er wieder, der Spaltungsirrsinn: »Es ist eine der großen Selbsttäuschungen unserer Gesellschaft, dass sie, auf Information und Aufklärung, auf Kommunikationstechniken und Massenmedien setzend, Geheimnisse aufzulösen glaubt; sie erzeugt Geheimnisse im selben Maße, wie sie diese beseitigt.«[55]

Das Big-Data-Ökosystem scheint die private Person bereits vernichtet zu haben, und zwar mit einem Doppelschlag: Mit einer eigenen Interpretation der öffentlichen Person – dem virtuellen Zombie – bei gleichzeitig andauernder Belästigung des Menschen.

Mit der negativen Freiheit, so scheint es, liegt bereits etwas ganz schlimm im Argen. Selbst wenn er wollte, der Mensch kann sich Big Data nicht mehr entziehen, um auf diesem Weg seine elektronische Kommunikation und die Weitergabe seiner persönlichen Daten zu kontrollieren. Was er nicht willig weggibt, wird ihm entzogen. Was er nicht mehr selbst kommuniziert, sammeln intelligente Maschinen und ihre Sensoren nebenbei in seinem Alltag auf. Diese Arbeit erledigen sie gerne für ihn und vernichten beiläufig und lautlos die private Person. Was vom Menschen noch bleibt, ist eine öffentliche Person, wohlgemerkt: *eine*, nicht *seine*. Wie der virtuelle Zombie zustande kommt, entzieht sich dem Einfluss des Menschen, nicht nur deshalb, weil ihm nie wirklich die Kontrolle über seine persönlichen Daten eingeräumt war. Genauso wenig kann er nachvollziehen, woher der virtuelle Zombie stammt, wer ihn berechnet hat, welche Kreise er gezogen hat und ziehen wird. Bei genauem Hinsehen zeigt es sich: Das Recht auf negative Freiheit im Zeitalter von Big Data ist obsolet geworden. Das Recht auf negative Freiheit, es ist Geschichte. Und die Drohung vom Anachronismus unserer Gesellschaftsordnung, sie scheint sich tatsächlich zu bewahrheiten.

Big Data ohne Alternative? Vom Recht, nicht diskriminiert zu werden

Auch dort, wo Privatwirtschaft und gesellschaftliche Erwartungen den Menschen *zwingen*, sanft und implizit, persönliche Daten preiszugeben, weil ihm sonst ein Nachteil entstünde, wird die negative Freiheit des Menschen grob missachtet. Wer sich der allgegenwärtigen Überwachung und Analyse enthalten will, muss genauso respektiert werden wie derjenige, der sich besonders durch seine persönlichen Daten zu verwirklichen sucht. Deshalb sind auch die neuen Telematiktarife der Automobilversicherer kritisch einzuschätzen. Nach aktuellen Umfragen würden sich etwa zwei Drittel der deutschen Autofahrer überwachen lassen, um weniger Versicherungsprämien zahlen zu müssen. Im europäischen Vergleich liegt die Quote sogar noch höher.[56]

Bei der Big-Data-Versicherungsfrage werden Probleme nicht nur für den einzelnen Versicherungsnehmer, sondern wiederum für die ganze Gesellschaft deutlich. Bisher beruht das System der Versicherung auf dem Solidaritätsprinzip. Viele zahlen ein, wenige nehmen Zahlungen in Anspruch, so lautet die grundsätzliche Rechnung. Mit den neuen Telematiktarifen kann sich das schnell ändern, sie drohen, das Solidaritätsprinzip auszuhebeln. Versichert werden die Autofahrer, die sich bereitwillig überwachen lassen, um Versicherungsprämien einzusparen. Aus Sicht der Versicherungsunternehmen ist es Strategie, durch Überwachung die »profitablen« Fahrer zu identifizieren, bei denen die Wahrscheinlichkeit gering ist, dass sie einen Versicherungsfall verursachen. An den »unprofitablen« Versicherten hat man naturgemäß geringes oder gar kein Interesse.

Mindestens in der Anfangsphase werden die Versicherungsunternehmen mit ihrem neuen Versicherungsmodell der Profitgenerierung erfolgreich sein – bis es die Gesellschaft mit einer nicht mehr tragbaren Anzahl Nichtversicherter zu tun bekommt. Von der Profitabilität des Schemas profitieren Versicherer und die Gruppe risikoarmer Kunden, aber wenn das Schema bis an die Grenze des Erfolgs ausgedehnt sein wird und nur noch die nicht mehr Versicherungswürdigen übrig bleiben, ist erneut das Kollektiv gefragt, die Kosten für die unversicherte Gruppe zu tragen.

Das Szenario ist nicht an den Haaren herbeigezogen. Ein Seitenblick auf das amerikanische Gesundheitssystem bestätigt die Bedenken: Amerikanische Krankenversicherer entzogen sich mit groß angelegten statistischen Berechnungen der Pflicht, auch Kunden mit erhöhtem Gesundheitsrisiko zu versichern – bis man gesamtgesellschaftlich nicht mehr imstande war, den wirtschaftlichen Erfolg ihrer Statistiken zu absorbieren. Die Zahl der Nichtversicherten war so stark angewachsen, dass der Kollaps des gesamten amerikanischen Gesundheitssystems drohte. Bis heute schwebt er wie ein Damoklesschwert über dem amerikanischen Haushalt.

Und was widerfährt dem einzelnen Überwachungsverweigerer? Wer sich nicht mit Telematiktarifen einverstanden erklärt, gerät direkt unter Generalverdacht, der die Unschuldsvermutung selbst für einen unbescholtenen Menschen aufhebt. Die Versicherungswirtschaft wird argwöhnisch: Ist das Fahrverhalten des Verweigerers etwa rücksichtslos und unfallträchtig? Wenn sie daraufhin seine Prämie erhöht, ist das genau die Diskriminierung, die der Freiheitsbeschränkung folgt. Und es geschieht, was schon angeklungen ist: Vertrauen wird ersetzt durch das Urteil einer Maschine, und dreißig Jahre unfallfreies Fahren sind nicht mehr der Rede wert.

Der Konflikt des Jahrhunderts: persönliche Daten gegen Kapital

Gerade ist der Mensch von 1914 in aller Munde, weil wir des Ersten Weltkriegs gedenken. Heute erscheint uns der Schrecken dieses Krieges unwirklich und fern. Doch das gilt nicht für den wirtschaftlichen Hintergrund des Menschen der ersten industriellen Revolution. Sie ist es, die uns den Menschen um das Jahr 1900 ganz nahebringt. Denn auch seine Welt ist im Umbruch. Dampfgetriebene Lokomotiven fahren jetzt über hundert Stundenkilometer schnell. Überall rechts und links des Rheins dröhnen die Fabriken und rauchen die Schlote. Das elektrische Licht hält Einzug in die Städte, ebenso das Telefon, und dasselbe tut der Mensch: Er wird urban. Mit der Erfindung des Motors wird die Stadt beschleunigt. Man traut der Technik alles zu, das Alte scheint überwunden. Der Darwinismus ist zur neuen Religion geworden, der man begeistert diesseits und jenseits des Atlantiks anhängt: Die Naturwissenschaft, so scheint es, hat endlich den Glauben an die Schöpfung bezwungen. Doch die Gesellschaft wankt. Denn mit der ersten industriellen Revolution geht eine Ideologie Hand in Hand: Es ist die Idee des »ersten Kapitalismus«. Einer kleinen Gruppe, die über privates Eigentum an Produktionsmitteln und Geld verfügt, steht das große Heer zahlloser Arbeiter gegenüber, die nur ein einziges Gut zum neuartigen Produktionsprozess beisteuern können: *ihre menschliche Arbeit*. Es ist die bezahlte Lohnarbeit an den Fließbändern der Fabriken, an rauchenden, dröhnenden Maschinen, verbunden mit langen Arbeitszeiten und in oft lebensgefährlichen Aufgaben – und alles zum Wohle des unternehmerischen Profits. Dies ist das neue Gut, das die erste industrielle Revolution hervorbringt: die *arbeitsteilige Fertigung*, bei der ein Arbeiter nicht mehr das ganze Produkt herstellt, sondern nur noch einen kleinen, spezialisierten Teil des Ganzen. Doch schnell wird klar: Vom Reichtum und wirtschaftlichen Wachstum der ersten industriellen Revolution werden die Arbeiter *nicht* profitieren, obwohl die industriellen Erzeugnisse sämtlich das Siegel ihrer menschlichen Arbeit tragen. Die Arbeiter verelenden, sie verarmen, wo Industrielle und Gründer mit dem Ziel der Gewinnmaximierung die Löhne gering halten, sie erkranken und sterben, wo sie wegen langer Arbeitszeiten entkräftet sind oder in unsäglichen hygienischen Verhältnissen ihr Leben fristen. Sie werden ausgebeutet, und ihre Kümmernisse gründen eben darin, dass die privaten Eigentümer die personale Würde ihrer menschlichen Arbeit nicht achten. Der erste Kapitalismus behandelt Menschen wie Werkzeuge, die ihre »Ware Arbeit« gegen Geld verkaufen. Es kommt zu einer *Verwirrung* der Werte.[57] Werte werden in ihr Gegenteil verkehrt, weil der erste Kapitalismus das *Subjekt* des Wirtschaftens, den Menschen, zum *Objekt* der Industrie degradiert. Genau das ist der große Irrtum des Ökonomismus: Er glaubt, der Mensch habe sich dem Wirtschaften unterzuordnen, und alles, was vom Menschen ausgehe, nehme Objektcharakter an. Es ist gerade diese Umkehr der rechten Ordnung, die die Bezeichnung »Kapitalismus« verdient.[58] Hier ist es, das positive Zeichen der Hoffnung für die digitale Revolution: *Big Data, dein Name ist Kapitalismus.* Und weil wir dich endlich bei deinem Namen rufen, lösen wir deine dämonische Fixierung auf.

Wir alle kennen den Ausgang der Geschichte im letzten Jahrhundert. Wo zunächst nur die Ideologien von Liberalismus und Marxismus vorherrschen, kommt es bald zum Kampf mit politischen Mitteln. Es ist der Klassenkampf des Kommunismus, der die Verhältnisse am Privateigentum durch eine gewalttätige Revolte ändern will mit dem Ziel, das kommunistische System weltweit einzuführen. Dieser Plan ist gescheitert, aber kurzfristig erreichte die soziale Revolution der Arbeiter doch den Umsturz. In Deutschland geht die Monarchie unter, und es sind nur glückliche geschichtliche Umstände, dass Philipp Scheidemann (1865–1939) die Deutsche Republik ausruft, noch bevor Karl Liebknecht (1871–1919) Deutschland zur Sowjetrepublik erklären kann.

Rund hundert Jahre sind seitdem vergangen. Heute stehen unsere entwickelten Gesellschaften, denen es gelungen ist, die Arbeiterfrage human zu lösen, vor einer neuen und doch ganz ähnlichen Herausforderung wie vor hundert Jahren. Heute verändert die digitale Revolution unsere Gesellschaft so rasant wie radikal. Kaum jemand, der nicht spürt: Etwas Großes kommt auf uns zu. Genau beschreiben lässt sich dieses »Große« inhaltlich noch nicht, nur wenige Beobachter haben Visionen, erheben ihre warnende Stimme und sehen sich dabei nicht selten dem Schimpfwort des »Kulturpessimisten« ausgesetzt. Trotzdem kann es jeder fühlen, wie die geltenden gesellschaftlichen Strukturen unter der digitalen Revolution erbeben. Sie bringt eine Unsicherheit mit sich, die für die gesamte Zivilgesellschaft mit Händen greifbar zu sein scheint. Es ist das unbestimmte Gefühl, dass etwas aus den Fugen geraten ist, und die große Ungewissheit darüber, was die digitale Zukunft mit sich bringen wird.

Auch die digitale Revolution geht mit einer Ideologie einher. Der Begriff des »Informationskapitalismus« ist schon mehrfach gefallen. Doch Zweifel daran, dass wir wirklich die Geburt einer neuen Form des Kapitalismus erleben, sind berechtigt. Beim Kapitalismus geht es seit jeher um die Frage des Privateigentums an Produktionsmitteln. Internetgiganten akkumulieren zweifellos enorme Kapitalmengen und gehören so zur einflussreichen Gruppe der wenigen wirschaftlich Privilegierten, aber am Privateigentum ändert selbst die massenhafte Verfügbarkeit persönlicher Daten auf ihren Servern nichts. Warum niemand an persönlichen Daten Eigentumsrechte, wohl aber Herrschafts- oder Verfügungsgewalt ausüben kann, haben wir erörtert. Der Einfachheit halber halten wir trotzdem weiter am Begriff des Informationskapitalismus fest.

Tatsächlich hat die digitale Revolution bisher nichts zerstört, sondern – analog zur ersten industriellen Revolution – etwas Neues hervorgebracht. Jetzt sind die *Daten* das neue Gut, darunter zahllose persönliche Daten. Und seitdem wiederholt sich der große hundertjährige Konflikt, den unsere Eltern und Großeltern schon einmal in ähnlicher Weise erfahren haben. Hießen die Konfliktparteien einst Arbeit und Kapital, sind sie heute persönliche Daten und Kapital. Einer kleinen Gruppe einflussreicher Unternehmer, die über Schlüsseltechnologien zur Datenanalyse, eine enorme Kapitalakkumulation und damit Privateigentum verfügen, stehen Milliarden Datensubjekte gegenüber, deren Ausbeutung mehr Umsatz und Gewinn verspricht. Dieselbe Ausbeutung, die vor hundert Jahren die Arbeiterschaft erfasste, trifft heute alle, die ihre persönlichen Daten preisgeben. Die Ausbeutung hat Heidegger in dem ihm ganz eigenen Duktus so beschrieben: »Die Technik ist eine Weise des Entbergens«, sagt Heidegger über die moderne Technik, und in diesem Sinne »entbergen« persönliche Daten den Menschen.[59] Doch ganz im Sinne Heideggers wird das »Entbergen« zur Forderung, die »an die Natur das Ansinnen stellt«, also dem Menschen gebietet, Daten zu liefern, damit diese gefördert, gespeichert, verarbeitet werden können ganz im Sinne des Abbaus und der industriellen Nutzung persönlicher Daten. Daten sind der Rohstoff des 21. Jahrhunderts, sagt uns die Industrie – und mit ihrer Ausbeutung wiederholt sich die soziale Frage, die sich mit der ersten maschinellen Revolution um das Jahr 1900 stellte, auf neue Weise. Nur die »Ware Arbeit« wird von der »Ware persönliche Daten« abgelöst. Mit der Herabwürdigung persönlicher Daten zur Ware und der Verfolgung ausschließlich ökonomischer Ziele stellt auch Big Data die Welt auf den Kopf und kehrt die Werte um, ganz im Sinne des Kapitalismus. Die Subjektivität persönlicher Daten muss hinter die Produktionsvorgaben und das Ziel der Profitmaximierung von Big-Data-Unternehmen zurücktreten. Damit raubt Big Data dem Menschen die Würde, doch Big-Data-Unternehmen finden nichts an dieser Umwidmung – eben jener Ordnungsumkehr, wie sie dem Kapitalismus eigentümlich ist. Stattdessen stellen sie lapidar fest, irgendwie müsse man schließlich Geld verdienen.

Es ist nur konsequent im Sinne des Informationskapitalismus, dass er den Datensubjekten gegenwärtig nicht einmal gestattet, die

»Ware persönliche Daten« angemessen zu verkaufen; denn persönliche Daten werden nur selten oder gar nicht mit einer gerechten Gegenleistung aufgewogen. Erklärtes Ziel jeder kapitalistischen Erscheinungsform ist, wie erwähnt, die Gewinnmaximierung. Keine oder nur eine geringwertige Gegenleistung für persönliche Daten erhöhen den Gewinn genauso wie die besonders effektive Ausbeutung persönlicher Daten durch intelligente Maschinen.

Gleichzeitig steht das Subjekt persönlicher Daten oft mit leeren Händen da. Die besondere Ungerechtigkeit: Die Profite der Big-Data-Unternehmen beruhen auf der Verfügungsmacht und Verwertung persönlicher Daten, ihre Profite sind die Frucht der Datenweitergabe durch die Subjekte persönlicher Daten. Die persönlichen Daten tragen das Zeichen ihrer Subjekte, denen dennoch nichts vom Ertrag ihrer persönlichen Daten zukommt. Weitaus schlimmer: Durch die Weitergabe persönlicher Daten kann ihr Subjekt sogar in eine künftige Bedrohungslage geraten. Die Weitergabe persönlicher Daten kann zu einer existenziellen Gefahr für den Menschen werden, wenn sein virtueller Zombie in späteren Zeiten Arbeit, gesundheitserhaltende Maßnahmen oder den Zuspruch finanzieller Mittel verhindert, mit denen eine Person ihre künftige Existenz sichern muss.

Der Konflikt wird hart, je weiter das digitale Zeitalter voranschreitet. Das Bewusstsein der Betroffenen, dass die Rechte persönlicher Daten verletzt werden, wächst, wenn auch nur langsam, während Big-Data-Unternehmen mit ansteigender Daten- und Informationsmenge rasch an Macht über jeden Einzelnen und die Gesellschaft insgesamt gewinnen. Gleichzeitig verschleiern Big-Data-Unternehmen die Wahrheit. Ihre Behauptung: Der Informationskapitalismus sei nicht nur neu, sondern auch besser als jede frühere Form des Kapitalismus. Er mache die Welt sozialer, humaner und gerechter.

Allen wortreichen Beteuerungen zum Trotz, bisher sind auch die Big-Data-Apologeten dem althergebrachten kapitalistischen Irrtum verfallen. Deshalb ist auch die Anzahl ihrer Grundrechtsverstöße legendär. Und ob die absolutistischen Weltmachtsphantasien digitaler Unternehmen die Welt besser machen, daran darf man herzlich zweifeln. Während wir wohl ahnen, dass mit Big Data ein epochaler Wandel unserer Gesellschaft eingeläutet ist, können wir heute noch nicht mit Bestimmtheit sagen, wohin uns die Reise in die Zukunft führen wird. Vielleicht wird die digitale Revolution das freiheitliche Menschenbild der Aufklärung wirklich dauerhaft zerstören, die Aufhebung bestehender Autoritäten oder das Ende unserer freiheitlich-demokratischen Grundordnung nach sich ziehen. Anlässlich seiner Rede bei der Netzkonferenz South-by-Southwest im März 2014 zum Thema »Wie Technologieunternehmen den Kapitalismus verändern können«, sagte Ben Rattray, Gründer der Petitionsplattform Change.org: »Regierungen sind zwar weiterhin nötig, vor allem aber um ›Ausreißer‹ im Zaum zu halten«[60]. Die Aussage alarmiert. Technologieunternehmen – also kommerzielle Organisationen – wollen die politische Willensbildung der Gesellschaft beeinflussen, ohne dabei die Ziele des Wirtschaftens aus den Augen zu verlieren: Umsatzerlöse, Gewinne, Rentabilität, Effizienz. Gegen die europäische Datenschutzreform hat Google deshalb wenig überraschend argumentiert: »Unser legitimes Interesse ist es, am Ende Gewinn zu machen.«[61] *Das* sind die berechtigten Interessen einer kommerziellen Einrichtung, in der Tat. Mehr sollte und darf man ihr aber nicht zutrauen. Auch wenn Peter Ferdinand Drucker (1909–2005), der große Mann der Managementtheorie, immer wieder angemahnt hat, Unternehmen dürften nicht nur der Gewinnerzielung, sondern müssten gleichzeitig dem Gemeinwohl dienen, ist er auf taube Ohren gestoßen. Ein Grund: der *Shareholder Value* der Finanzialisierung. Weil er gesteigert werden soll, sind Big-Data-Unternehmen selten »frei«, sich für mehr als die unmittelbaren Interessen ihrer Aktionäre einzusetzen, denen es kaum um Forderungen nach Gerechtigkeit und sozialem Ausgleich, sondern vielmehr um die Maximierung des Gewinns ihrer Investitionen geht.

Was also auf den ersten Blick als verführerisch neue Alternative zu krustigen Politstrukturen und politischem Postengerangel klingt, ist nicht mehr als eine gewaltiger Fehlannahme – und dazu schon fast antikisch. Gerade in den Vereinigten Staaten hat eine zunehmende Politikverdrossenheit schon seit den Sechzigerjahren des 20. Jahrhunderts dazu geführt, soziale Verantwortung stärker auf Firmen abzuwälzen und kommerzielle Unternehmungen für Aufgaben in die Pflicht zu nehmen, die zwar der Staat lösen sollte, aber häufig in Ermangelung finanzieller Mittel nicht schultern konnte. Deshalb sei der multinationale Konzern, so der amerikanische Soziologe Frank Tannenbaum (1893–1969) noch kurz vor seinem Tod, »die letzte Hoffnung und die einzige Grundlage einer friedlichen Welt«[62].

Seitdem hat man experimentiert, doch die Hoffnung Tannenbaums hat sich nicht erfüllt. Einst als Retter gefeierte Konzerne haben sich oft in kürzester Frist zum Feindbild der Gesellschaft entwickelt. Mit mehr Arbeitsplätzen kam die Umweltverschmutzung, dem lauten Ruf innovativer Technologiekonzerne nach mehr Fachkräften folgte die Bildungsmisere. Im Hinblick auf Big-Data-Unternehmen darf man deshalb nicht viel mehr als eine ähnliche Metamorphose erwarten, und sie zeichnet sich tatsächlich bereits ab. Zunächst als Heilsbringer für mehr Demokratie, Transparenz und Freiheit gefeiert, haben sie das Potenzial, sich in wenigen Jahren zum Feindbild Nummer eins zu entwickeln, wenn sich die Gesellschaft zunehmend über Dauerbeobachtung und Einschränkungen ihrer Freiheiten beklagt.

Der Konflikt zwischen persönlichen Daten und dem Kapital wird sich verschärfen, je weiter die Interessen der beiden Lager auseinanderfallen. Augenblicklich führen wir ihn mit ideologischen und politischen Mitteln, wenn Legislative und Judikative versuchen, das Herrschaftsrecht über unsere persönlichen Daten von Big-Data-Unternehmen zurückzuerobern. Doch das ist nicht genug. Natürlich besteht heute wie vor hundert Jahren kein geschlossenes Regelwerk, das klärend oder dämpfend auf die Verhältnisse zwischen den Subjekten des Wirtschaftslebens und dem Kapital einwirken könnte. Exzesse und Kollateralschäden treten deshalb gleich zu Beginn des Konflikts auf, was an manch zweifelhaftem Big-Data-Geschäftsmodell bereits deutlich wird. Dies muss zu einer neuen – oder erneuerten – Gesellschaftsauffassung führen, weil Verstöße gegen die Menschenwürde gerade in dieser frühen Phase des Informationskapitalismus fühlbar hervortreten. Leider erscheinen uns Verstöße gegen die Menschenwürde sehr abstrakt, wenn sie informationeller Natur sind, statt sich als Folter, Tötung oder totalitäre Unterdrückung zu offenbaren. Doch gerade diese Subtilität macht sie so gefährlich, weshalb wir leicht auf diese und ähnliche Behauptungen hereinfallen:

»Datenschutz muss sich dem Prinzip Big Data anpassen.«[63]

»Deine Daten gehören dir? Das ist grober Unfug.«[64]

Es gibt kaum einen besseren Beweis der Werteverwirrung als die beiden Äußerungen industrienaher Befürworter von Big Data, einer davon Datenschützer eines deutschen Bundeslandes.

Nein, die zaghaften ersten Regulierungsversuche sind noch nicht genug. Zuerst sind wir selbst angehalten, die Abstraktheit der Gefahr *geistig* zu überwinden. Am Anfang des 20. Jahrhunderts war schnell klar, dass die Arbeiterschaft trotz harter Arbeit und schlechter Arbeitsbedingungen nicht automatisch am zunehmenden Wohlstand der Gesellschaft teilnehmen würde. Das hat sie zum Protest auf die Straße getrieben, zu Arbeiteraufständen und der Bildung solidarischer Interessenverbände, den Gewerkschaften, geführt. Heute sehen wir uns vor ähnliche Herausforderungen gestellt. Nur muss uns klar sein, dass wir uns zuerst vor uns selbst und unserer Eigenliebe schützen müssen, die uns zur unüberlegten Rezeption der neuesten Big-Data-Gadgets treibt. Und dann müssen wir uns wehren, auch wenn wir selbst von Big Data scheinbar profitieren, statt darunter zu leiden. Wir müssen uns wehren, damit unsere Zukunft und die unserer Kinder eine freie Zukunft bleibt. »Nicht der Anfang, das Ende trägt die Last.«

Die Big-Data-Waffe: Nutzenmaximierung ist vernünftig

Der Konflikt zwischen persönlichen Daten und Kapital wird dann seinen Höhepunkt erreichen, wenn Menschen die Optimierung ihres Alltags mit dem Preis der Freiheit bezahlt haben werden und Zwang wie konformes Verhalten nicht mehr zu leugnen sind, weil alle davon betroffen sein werden. Bevor wir eigene Entscheidungen fällen können, werden uns intelligente Maschinen bereits zuvorgekommen sein. Mit der maschinellen Entscheidungsfreudigkeit unter Unsicherheit büßen wir nicht nur die Fähigkeit ein, eigene Entscheidungen zu treffen, sondern auch die Freiheit überhaupt. Die Art des Zwangs ist dabei von anderer Natur als beim Gesundheitsarmband. Das Gesundheitsarmband determiniert das Verhalten seines Trägers und ist die Vorbedingung für sein gesundheitsbewusstes Verhalten. Die maschinelle Entscheidung hingegen führt zum freiwilligen Gehorsam gegenüber der neuen digitalen Autorität. Sie ist nicht nur Determinismus, sondern bereits Fremdherrschaft.

»(...) Es verschwindet die Person als autonomes Subjekt moralischer Entscheidung, das gerade dadurch die gesellschaftliche Ordnung aufbaut.«[65] Die intelligente Maschine, die den Menschen und seine Entscheidungen ersetzt, sie kündigt den Zusammenbruch der bestehenden gesellschaftlichen Ordnung an. Dabei muss sich jeder selbst fragen, inwieweit er der Bedrohung seiner Freiheit und der bestehenden Gesellschaftsordnung Vorschub leistet, weshalb der Fingerzeig auf Big-Data-Geschäftsmodelle allein nicht gerechtfertigt ist. Freiheit meint zwar in der Tat nicht, dass sich Big-Data-Unternehmen nach Belieben an persönlichen Daten bereichern dürfen; doch Freiheit wird auch dort missverstanden, wo sich jeder nur noch selbst genügt und Big-Data-Versprechungen begeistert nachjagt, weil sie der sofortigen Befriedigung seiner ureigenen Interessen dienen und Forderungen nach Ausgleich mit anderen Interessen völlig außer Acht lassen.

Doch, wird hier mancher einwenden, es sei vernünftig, dem Prinzip der Maximierung des eigenen Nutzens zu folgen und persönliche Daten freiwillig und in großen Mengen herauszugeben, wenn das der Verfolgung eigener Interessen und der Mehrung des Eigennutzes diene. Big Data befriedige Wünsche und das Belohnungszentrum unseres Gehirns *sofort*, der Schaden für die Zivilgesellschaft, selbst für die eigene Person, sei nachrangig, zumal er häufig erst viel *später* eintrete.

Dabei ist die Nutzenmaximierung nicht mehr als eine Erfindung der Data Scientists, darunter manch grenzdebiler Zeitgenosse mit eingeschränkten sozialen Fähigkeiten. Der Nutzen, der Gewinn, er ist nicht mehr als ein einzelner Optimierungsparameter in ihren Mo-

dellen der Welt. Was uns eingeredet wurde und sich gesamtgesellschaftlich in Jahrzehnten durchgesetzt hat, angefeuert durch die Finanzialisierung, ist ebenjenes Modell der Gewinnmaximierung. Ob
das Modell vernünftig ist, sei dahingestellt. Als Frage kann man es
auch so formulieren: Ist der Nutzenmaximierer ein vernünftiger
Mensch – oder nicht vielmehr ein rücksichtsloser Zeitgenosse? Für
rücksichtslose Nutzenmaximierer gibt es zahllose Beispiele, ihre Repräsentanten heißen Dick Fuld & Co., sie sind auf diesen Seiten bereits zu Wort gekommen.

Schon wegen des Wunsches, den Gewinn zu maximieren – sei er
materiell oder immateriell –, wird Utopie bleiben, was einige Big-
Data-Unternehmen nur allzu gerne kundtun: Dass sich der Informationskapitalismus aus sich selbst heraus regulieren könne, um so eine
sozialere und gerechtere Welt zu erschaffen. Nochmals, der Finanzmarktkapitalismus überzeugt vom genauen Gegenteil. Krisen und
Instabilitäten sind erst nach der Deregulierung der Finanzmärkte
eingetreten. Bis jetzt gibt es keine überzeugenden Anzeichen dafür,
dass ausgerechnet der Informationskapitalismus der »bessere« Kapitalismus sei, ganz im Gegenteil. Exzessive Verletzungen der Freiheitsrechte jedes Menschen lassen vermuten: Alle Formen des Kapitalismus sind ein und desselben Geistes Kind.

»Dort, wo sich die Gesellschaft so organisiert, dass der legitime
Raum der Freiheit willkürlich eingeschränkt oder gar zerstört wird,
löst sich das gesellschaftliche Leben nach und nach auf und verfällt
schließlich.«[66] Im Umkehrschluss bedeutet diese Aussage Karol Woj-
tylas, der drei Systeme, von denen Nationalsozialismus und Kommunismus zusammengebrochen sind, am eigenen Leib erlebt und
durchlitten hat: Nur dort, wo Einzelne und Institutionen die Freiheit des anderen Menschen achten und annehmen, wird gesellschaftliches Leben möglich.

Genau das Gegenteil davon sind ungezügelte Big-Data-Geschäftsmodelle. Ihre mathematischen Implementierungen von Optimie-
rungskriterien verabsolutieren die Nutzenmaximierung, mit ihren
Sensortechnologien machen sie sich zum Feind der Freiheit, durch
die Überwachung gewählter Volksvertreter greifen sie die freiheit-

lich-demokratische Grundordnung und ihre gewählten Autoritäten an und heben so bereits sichtbar das Prinzip der Gewaltenteilung auf.

Sieht man genauer hin, ist es der deregulierte Turbokapitalismus angloamerikanischer Provenienz, der der sozialen Marktwirtschaft entgegentritt, die den freien Markt mit der Idee des sozialen Ausgleichs und der Gerechtigkeit verbindet. Wiederum mit Rückgriff auf die Mathematik kann man den Vergleich wagen: Es stehen sich zwei Optimierungsparadigmen gegenüber. Die Gewinnmaximierung des angloamerikanischen Turbokapitalismus tritt gegen das Paretooptimum des rheinischen Kapitalismus an. Während der Turbokapitalismus über ein einziges Optimierungskriterium verfügt – den Gewinn – und dafür die massive Schädigung der Freiheitsrechte anderer in Kauf nimmt, ist die soziale Marktwirtschaft auf Interessenausgleich bedacht. Sie maximiert viele Parameter nur so weit, bis der Rechtskreis anderer Interessen, darunter die Freiheit, berührt wird.

Genau deshalb ist es schlecht bestellt um die soziale Marktwirtschaft: Die Maximierung des Profits als der einzigen Größe ist der ausgleichenden Optimierung mehrerer Parameter gegenüber faktisch die stärkere Waffe. Das Modell des Paretooptimums, das einen vielschichtigen Charakter besitzt und eben gerade deshalb nicht nur ein einziges Maximum kennt, wird dem Modell der Nutzenmaximierung stets unterlegen sein.

Mit dem Informationskapitalismus muss sich die Gesellschaft neu die Frage stellen, ob sie das Prinzip des größten Gewinns, das durch Big Data angetrieben wird, zulassen und die damit verbundenen Grundrechtsverletzungen und gesellschaftlichen Auflösungserscheinungen in Kauf nehmen will. Wer hier bejahend nickt, sei darauf verwiesen, dass auch das Paretooptimum ein Optimierungsparadigma ist. Das Paretooptimum liegt zwar zwangsläufig hinter der Nutzenmaximierung zurück und muss sich an der Gewinnmaximierung messen lassen, aber es sichert Freiheit, Gerechtigkeit und sozialen Frieden. Wie eine soziale Informationsökonomie aussehen kann, ist deshalb letztlich eine Frage der Definition ihrer Parameter und gesetzlichen Rahmenbedingungen.

»Ego«: Anreiz für die Kontrollgesellschaft

Wie also sieht die Gesellschaft der Zukunft aus? Nicht nur für den Finanzmarktkapitalismus birgt Big Data mit seinem *Big Speed* ein systemisches Risiko für die globale Wirtschaft. Für den Einzelnen und die Zivilgesellschaft ist die verfehlte Anschauung des Menschen durch Big Data die größte Gefahr für das System des freiheitlichen Menschen und seiner demokratischen Grundordnung. Der Mensch wird abhängig von der Bewertung seiner persönlichen Daten durch intelligente Maschinen, er unterliegt technischen Mechanismen und denen, die sie kontrollieren. Wo aber der Mensch nicht mehr seiner Würde gemäß behandelt wird, wird Gemeinschaft, so wie sie auch das deutsche Grundgesetz vorsieht, unmöglich: »Das deutsche Volk bekennt sich darum zu *unverletzlichen und unveräußerlichen Menschenrechten als Grundlage jeder menschlichen Gemeinschaft*, des Friedens und der Gerechtigkeit in der Welt.«[67]

Wie also sieht eine Gesellschaft aus, die den Informationskapitalismus nicht zügelt und die würdelose Objektivierung des Menschen gleichzeitig mit einer Akkumulation persönlicher Daten und Informationen zulässt? Was wird aus einer Welt, in der nicht mehr Natur und Evolution das Leben weiterentwickeln, sondern mathematische Modelle und ihre Algorithmen eine neue Wirklichkeit erschaffen und *Terra Forming* betreiben, so wie es an der Wall Street bereits sichtbar der Fall ist? Noch entwickelt sich die maschinelle Parallelwelt neben unserer greifbaren Realität, aber die Grenzen verwischen immer mehr. Was wird aus unserer Fähigkeit zur Autonomie, wenn intelligente Maschinen unseren eigenen Entscheidungen immer häufiger zuvorkommen? Was wird aus einer Gemeinschaft, deren neue Religion »Quantifizierung« heißt, in der alles, vom Fahrstil über das Gesundheitsverhalten bis hin zur Energieeffizienz des Einzelnen, gemessen und verrechnet wird?

Solange persönliche Daten nicht mehr als in unabhängigen Datensilos gespeichert werden, ergeben sie wenig Sinn für Dritte mit relativ geringem Gefahrenpotenzial für den Einzelnen. Erst die *Vernetzung* und Analyse persönlicher Daten durch die Datenfusion, ihre mathematischen Modelle und Algorithmen machen die Weitergabe persönlicher Daten zu einem unkalkulierbaren Risiko für den Menschen. Die Vernetzung können sich Multi-Agenten zunutze machen, die »ihre« jeweils eigene Datenbasis genau kennen, beobachten und an intelligente Datenfusionssysteme kommunizieren, unabhängig von menschlichem Zutun. Die Vereinigten Staaten haben bereits hoheitliche Wissenszentralen eingerichtet, die verteilte Daten und Informationen zusammenführen. Tatsächlich tragen sie die Bezeichnung *Fusion Center*.

Die Vernetzung ist es, die aus dem neuen Gut des Informationskapitalismus, den Daten, jenen virtuellen Zombie – *das Ganze* – hervorbringt, der mehr ist als nur die Summe seiner Einzelteile. Diese digitale Beobachtung und Berechnung des Menschen wird eine neue Gesellschaftsform hervorbringen: die *Kontrollgesellschaft*. Sie wird das Leben in seiner Gesamtheit erfassen, lässt keinen Lebensbereich aus, umfasst sowohl den Einzelnen als auch Institutionen, Personen und Dinge, eben alle Objekte des täglichen Gebrauchs – als das »Internet der Dinge«. Kontrolle wird zur Normalität. Doch Menschen werden unter der Kontrollgesellschaft leiden, weil die falsche Sicht, die Big Data auf die Person einnimmt, die personale Würde des Menschen nicht einfach auslöschen kann. Der Mensch ist sich noch immer seiner Würde bewusst, wird aber nicht entsprechend seiner Würde behandelt. Dem Menschen, so unser europäischer Gedanke, ist der Subjektcharakter in die Wiege gelegt, doch Big Data behandelt ihn nicht besser als ein Objekt, als Objekt persönlicher Daten, das man ausweiden, analysieren und regeln kann, gleichsam wie jedes andere Objekt der Welt.

Damit sowohl die Datenweitergabe durch das Subjekt persönlicher Daten als auch die daran gekoppelte Steuerung durch intelligente Kontrollstrategien möglichst ohne Widerstand vonstatten gehen, setzt Big Data einen *Anreiz*. Nachdem es den Denkvorgang einer Person durch Analyse ihrer Daten »verstanden« hat, bietet es die sofortige Belohnung durch die Optimierung eines Aspekts ihrer Lebenswirklichkeit. Es nutzt die Neigung des Menschen aus, selbst den Begriff der Freiheit zu verdrehen, wenn er sie mit Eigenliebe verwechselt und danach jagt, vor allem anderen seine individualistischen Interessen zu befriedigen. Um seine kommerziellen Ziele zu erreichen, macht sich der angloamerikanische Informationskapitalismus jene angeborene Selbstsucht des Menschen zunutze, die der Mensch gerade deshalb, weil er ein zur Vernunft begabtes Wesen ist, überwinden könnte und müsste, um zur Gemeinschaft in »Frieden und Gerechtigkeit« zu gelangen. Im Gegenteil, der Mensch hat sich infizieren lassen vom egomanischen Quantifizierungsgedanken, der die Nutzenmaximierung zur einzigen Ratio erklärt, und lässt sich widerstandslos vermessen und berechnen. Der Appell an das Ego lässt sich nicht auf die Natur, nicht auf die Vernunft zurückführen, er ist ein künstliches Konstrukt, nicht mehr als eine Idee, doch er wirkt. Er ist jene Vorbedingung, die den Menschen zur selbstoptimierenden Handlung veranlasst, rückgekoppelt an die Kontrollstrategie der intelligenten Maschine. Die Reaktion des Menschen auf die intelligente Maschine, die zur sofortigen Befriedigung seines Egos führt, wird zum Resultat eines Berechnungsvorgangs. Die freie Entscheidung ist Geschichte, und je nachdem, über welchen Grad an Autonomie die intelligente Maschine verfügt, ist der Mensch der nahen Zukunft determiniert oder bereits fremdbestimmt.

Die nur vermeintlich »vernünftige« Nutzenmaximierung wird dazu führen, dass sich Menschen freiwillig der Leitung und Kontrolle intelligenter Maschinen unterordnen werden. Komplex und teuer sowohl in Entwicklung als auch im Unterhalt, befinden sich die Systeme der Analyse, Prädiktion und Steuerung in den Händen weniger kommerzieller Organisationen. Sie werden zu den neuen Autoritäten der schönen neuen kontrollierten Welt, nicht durch die Handlung des Souveräns – dazu gehören sowohl die politische Willensbildung von unten als auch die Wahl von Repräsentanten mit mehr oder weniger Charakterfestigkeit und Integrität –, sondern schlicht durch Besitz und Verfügungsgewalt über die komplexen Systeme der proaktiven Steuerung, verbunden mit der kontinuierlichen Überwachung der Zivilgesellschaft. Wenn daher Googles Topmanager Eric Schmidt 2014 feststellt: »Was wir tun, ist gut für die Menschheit, Punkt«[68], ist nichts weniger demokratisch als dieser absolutistische

Top Down Approach, der Ansatz »von oben herab«, das genaue Gegenteil der Willensbildung durch den Souverän. Wer den Souverän steuert und regelt, sich selbst aber jeder Überprüfung entzieht, ist nicht die Autorität der Zukunft, wie sie sich ein Demokrat wünscht.

Die Einschätzung des Unternehmensgründers Ben Rattray, Staatsorgane würden künftig nicht mehr als die Rolle des »Aufpassers« einnehmen, sollte sich deshalb besser nicht bewahrheiten. Fraglos übersieht die Big-Data-Gemeinde, dass Staatswesen anderen Bedingungen unterliegen als kommerzielle Einrichtungen. Dazu gehört die Forderung der Zivilgesellschaft nach der besonderen *Rechtstreue* des Staates. Ähnliche strenge Ansprüche werden gegenüber wirtschaftlichen Einrichtungen selten erhoben; gleichzeitig verletzen Big-Data-Unternehmen die grundlegendsten Rechte des Menschen täglich millionenfach. Das ist nicht die erstrebenswerte Alternative zur Demokratie.

In der Kontrollgesellschaft wird die Zivilgesellschaft deshalb nicht weniger Staat brauchen und kaum einen Staat, der auf reine Verwaltungsfunktionen reduziert ist. Die Kontrollgesellschaft verlangt vielmehr nach einem starken Staat, einem kompetenten, qualifizierten Staat mit großer Expertenmacht und guter finanzieller Ausstattung, der nicht vor Firmen- und Verbandsinteressen einknickt. Flankiert werden kann ein starker Staat in der digitalen Revolution von Nichtregierungsorganisationen, die die Freiheiten des Souveräns immer wieder neu erstreiten und verteidigen. Die Gesetze der Big-Data-Industrie – sie müssen nicht gelten, noch sind sie nicht in Stein gemeißelt. Noch können wir selbst die Rahmenbedingungen festlegen, damit die Freiheit nicht verfällt und zu dem wird, was wir uns niemals hätten träumen lassen: zur *Unbekannten*. Das würde nur die Mathematiker beglücken.

Fünf. Aufbruch

Update der Gesellschaft ✦ Die Aufgaben des
Einzelnen ✦ Die Aufgaben des Staates ✦ Die
Aufgaben der Technologen ✦ Liebes Deutschland:
Florian Mayhoff korrespondiert

Update der Gesellschaft

Ist der freie Mensch noch zu retten? Kann die bevorstehende Kontrollgesellschaft humanisiert werden? Wird die soziale Marktwirtschaft den Turboinformationskapitalismus überleben?

Die digitale Revolution birgt Risiken und bietet gleichzeitig enorme Chancen für Wachstum und Wohlstand. Wer ihre Ideologie, den Informationskapitalismus, nüchtern betrachtet als das, was er ist, gewissermaßen nur die derzeit letzte Erscheinungsform des Kapitalismus mit seiner immer gleichen Werteumkehr, darf deshalb Hoffnung schöpfen. Denn mit Rückblick auf unsere Industriegeschichte wird deutlich: *Wir brauchen neue Regeln für eine neue Zeit*, eine Weiterentwicklung – ein *Update* – unserer Gesellschaft und ihres Rechtswesens, die die digitale Revolution zu kultivieren imstande ist, einen Kunstgriff, wie er schon einmal gelungen ist, als die soziale Marktwirtschaft das Industriezeitalter mäßigte. Das allerdings bedeutet: Wir halten weiter an unserem Menschenbild mit seiner Würde und Freiheit fest. Und wir wollen weiter in demokratischen Verhältnissen leben. Wer sich hierzu nicht länger berufen fühlt, sondern etwas Neues erproben will, begibt sich vollends auf *Terra Incognita*. Für ihn wird in der Zukunft alles zum Experiment: Menschenbild, Staatsform und Konventionen in einer möglicherweise posthumanen Gesellschaft.

Beschränken wir uns hier und jetzt auf das Vorstellbare, weil selbst eine gangbar scheinende Sozialordnung für ein positives Mensch-Maschine-Verhältnis der näheren Zukunft ihren experimentellen Charakter nicht verlieren und wegen der Besonderheit intelligenter, proaktiver Maschinen eine große Herausforderung für uns alle darstellen wird. Denn die Verantwortung für die Gestaltung der Mensch-Maschine-Zukunft liegt nicht allein beim Staat, der allenthalben seinem grundgesetzlichen Auftrag nachzukommen hat, die Menschenwürde zu verteidigen. Der Staat und seine Organe müssen eingreifen, um die Gerechtigkeit wiederherzustellen, und doch nicht mehr als das. Wir Bürger haben nicht das Recht, *nichts zu tun* und nur dem Staat die Alleinverantwortung für die Wahrung unserer Freiheit zu überlassen. Die Forderung nach dem Schutz der Freiheit ist eine Sache, der Umstand, dass unser Wunsch nach Komfort und Genuss Mitursache des Geschäftsmodells »Abhören und steuern« ist, eine andere, die unser Gewissen und unsere Mitverantwortung für die Freiheit herausfordert. Und nicht zuletzt sind Forscher, Entwickler und Industrieanbieter von Informations- und Telekommunikationstechnologien mit der immer gleichen Frage von Chancen und Grenzen, von Ethik und Verantwortung der Technik konfrontiert: Wo sind die theoretischen und moralischen Grenzen der Wissenschaft und ihrer praktischen Umsetzung? Muss man wirklich alles tun, was technisch möglich ist? In der Antwort auf diese Fragen schwingt auch die Idee von *Postwachstum* mit.

Formulieren wir *zehn Aufgaben*, die sich sowohl an Staat, Wirtschaft und Industrie als auch uns selbst richten, um den Weg zu einer »sozialen Informationsökonomie« zu ebnen. Dabei wäre die Analyse und Bewertung einiger der vorgeschlagenen Maßnahmen *ex ante* ein geradezu phantastischer Anwendungsfall von Big Data in der Politik, weil wir heute zum ersten Mal technisch in der Lage sind, systemische Forschung ganz großen Stils zu betreiben, gewaltige Modelle einer modernen Gesellschaft zu berechnen und Auswirkungen politischer oder rechtlicher Handlungen realistisch zu simulieren. Regulieren ohne vorheriges Simulieren wäre heute wenigstens teilweise nicht mehr nötig. Wir müssten seltener uninformierte Entscheidungen unter Unsicherheit treffen und experimentieren, ohne den wahrscheinlichsten Ausgang unseres politischen oder wirtschaftlichen Handelns zu kennen. Und jetzt halten Sie diesem Vorschlag bitte nicht entgegen, er sei kompletter Unfug. Wer Wall Street & Co. zugesteht, Vermögen – ganz konkret: unsere Altersvorsorge und Pensionen – algorithmisch zu managen, sollte auch der Zivilgesellschaft gestatten, dieselben Werkzeuge einzusetzen, übrigens ohne auf unsere persönlichen Daten zurückzugreifen. Allerdings doch mit einer Einschränkung: Lasst die Mathematiker ans Werk, nicht die Ökonomen.

Die Aufgaben des Einzelnen

1. Persönlichen Daten Vorrang einräumen

»Wollen wir, dass unser gesamtes Leben Effizienzkriterien untergeordnet wird? Das geht nur, wenn Sie überwachen. Ständige, sekundengenaue Analysen, die mir natürlich auch was bringen. Niemand, und das ist wichtig, würde das bestreiten. Sonst würde es ja gar nicht funktionieren, dass wir Vorteile haben. Aber die politische Debatte muss sein: Wie weit kann das gehen? Und wollen wir in so einer Gesellschaft leben?«

Frank Schirrmacher, der im Juni 2014 verstorbene Mitherausgeber der *Frankfurter Allgemeine Zeitung*, fasste in einem Beitrag der ARD in einer kurzen Erklärung alles zusammen, worum es geht.[1] Er fragte: Was hat Vorrang? Das Kapital, repräsentiert durch die Nutzenmaximierung, oder die negative Freiheit mit ihrem Recht, in Ruhe gelassen zu werden? Er forderte eine Debatte zur Bewusstseinsbildung: Wer auch in Zukunft Kreativität, Initiative, Würde – kurzum: die Freiheit des Menschen – garantieren will, muss umdenken. Er muss Grenzen ziehen. Dazu gehört auch die Anerkennung der Subjektivität persönlicher Daten. Wer sich tief »verstrickt« in Überwachung und Selbstoptimierung, bei der Effizienzkriterien überwiegen, und wer dem Kapital, verstanden als die Summe aller Big-Data-Produktionsmittel – den *Instrumenten* –, den Vorrang über seine persönlichen Daten einräumt, gibt nicht weniger als den freien Menschen preis. Wer aber die Freiheit auch im Informationskapitalismus erhalten will, muss darüber nachdenken, wie er persönliche Daten gegenüber dem Kapital stärkt, wie sie eine vorrangige Stellung gegenüber den Geschäftsmodellen »Abhören und steuern« einnehmen könnten. Worum es geht, ist die *Rückstufung des Kapitals* gegenüber persönlichen Daten. Dies könnte eine politische Lösung bewirken, etwa die Änderung des Steuerrechts, wie wir sie gleich im Detail erörtern werden.

Doch gehen wir noch einen Schritt weiter. Wir haben diskutiert, dass alle Big-Data-Produkte, sofern sie auf persönlichen Daten beruhen, das Zeichen ihres Datensubjekts tragen. Der Mensch ist Ursache und Treiber von Big Data. Wenn wir Daten und Kapital nicht länger als Antagonisten betrachten, sondern gedanklich zu einem Ganzen vereinigen, könnte man den Konflikt zwischen Daten und Kapital auflösen. Die Ganzheit von Daten und Kapital würde bedeuten, dass der Mensch dem kapitalistischen Wirtschaften von Big Data gerade *nicht* unterworfen wird, dass sich der Mensch eben nicht Effizienzkriterien unterordnet und endlich jenen *Homo oeconomicus* überwindet, der Frank Schirrmacher ganz zu Recht nicht zur Ruhe kommen ließ.

Welche Maßnahmen können wir ergreifen, um die Unterordnung des Menschen zu heilen und jenen Irrtum des Ökonomismus, der auch den Primat des Kapitals und seiner Instrumente propagiert, zu beseitigen? Der Primat des Kapitals ist nicht grundlegend, er ist ein Denkmodell, mehr noch, ein *Denkfehler*, weil er den Anfang und das Ende persönlicher Daten, den Menschen, aus den Augen verloren hat und ihn wie all seine anderen Instrumente als bloßes Objekt des Wirtschaftens betrachtet. Das Problem der Unterordnung des Menschen birgt also eine weitere Frage, es ist die Frage nach dem Eigentum an Big-Data-Instrumenten, besonders deren Schlüsseltechnologien. Eine Ganzheit von persönlichen Daten und Kapital hingegen bedeutet: Auch der Einzelne als Wirkursache von Big Data würde zum Nutznießer all jener Instrumente – und nicht ausschließlich das Kapital.

Das ist schwieriges, radikales Umdenken, das wir historisch schon einmal versucht haben. Es hat sich zur Ideologie manifestiert, zum marxistischen Kollektivismus, der sich dem ersten Kapitalismus entgegenstellte. Doch auch der Kollektivismus befand sich im Irrtum, als er den Menschen nur als Atom einer organisierten Gesellschaft wahrnahm, ihn genauso seines Subjektcharakters und seiner Autonomie beraubte, wie es schon vor ihm der Kapitalismus getan hatte.

Guter Rat ist also teuer. Welche Formen der Nutznießung am Informationskapitalismus können der Würde des Menschen entsprechen, in welcher aktualisierten Gesellschaftsform der digitalen Revolution würde sich der Mensch in seiner Einzigartigkeit wiedererkennen? Was entspräche den Formen der Mitbestimmung, Gewinnbeteiligung oder Arbeitnehmer-Unternehmensanteile an der Organisationsgesellschaft des 20. Jahrhunderts? Wie kann der Einzelne, das Datensubjekt, an Big Data partizipieren? Mit diesen Fragen sind wir konfrontiert, und es gilt, gemeinsam Antworten zu finden.

Wer die wechselseitige Gebundenheit von Daten und Kapital anerkennt, hat den Schlüssel dazu, den Informationskapitalismus vom heutigen Exzess zur sozialen Informationsökonomie der Zukunft zu wandeln. Wo eine gesellschaftliche und rechtliche Neuordnung die Trennung zwischen Mensch und Kapital überwindet, wird die Informationsökonomie sozialer und humaner, weil sie die Würde des Menschen nicht mehr länger ignoriert. In einer sozialen Informationsökonomie, die die Menschenwürde achtet, kann daher auch die Gewinnmaximierung nicht die einzige Optimierungsgröße sein. Dem Gewinn stehen gegenüber: das Recht des Menschen auf eine gerechte Gegenleistung für die Weitergabe seiner persönlichen Daten; die Sicherstellung seines Herrschaftsrechts über seine persönlichen Daten, das sich in Form eines Kontrollrechts über seine Daten ausdrückt und auch die Validierung von Analysen und Prognosen sowie die Löschung veralteter oder »falscher« persönlicher Daten und Informationen erlaubt; und das Recht auf den privaten Menschen, der sich digitalen Medien, Kommunikation, Überwachung und Kontrolle jederzeit entziehen darf, ohne dafür diskriminiert zu werden. Es ist Zeit für die Grundrechte des Datensubjekts, Zeit für einen Appell an die staatliche Autorität, gesetzgeberisch einzugreifen und die Rechte der Datensubjekte zu schützen.

2. Zivilen Widerstand leisten

Big Data fordert den Staat und die Technologen genauso heraus wie jeden Einzelnen von uns. So wenig, wie wir Staat und Technologen, und darin inbegriffen sind all die Wirtschaftsunternehmen, die von Big Data profitieren, aus der Verantwortung für die Achtung unserer Freiheit entlassen wollen, so sehr müssen wir uns selbst die Frage nach Ethik und Moral unseres eigenen Verhaltens in der digitalen Welt stellen. Wer frei ist, trägt Verantwortung, sonst wäre er nicht frei. Jeder Einzelne von uns hat Pflichten, auch dort, wo es um Big Data geht. Doch wie sehen unsere diesbezüglichen Pflichten aus? Die Frage korrespondiert mit den Überlegungen, wie sie Dürrenmatts Physiker für sich anstellen. Es ist die Frage nach den Grenzen der Technik aus einem anderen Blickwinkel. Sie stellt sich den Erfindern, Produzenten und Nutznießern der Datenfusion genauso wie uns selbst, wenn wir Überwachung und Entscheidungen intelligenter Maschinen ohne die Kraft der Unterscheidung hinnehmen und uns freiwillig der Kontrolle durch Dritte unterwerfen. *Die Würde des Menschen wahrt zuerst jeder in sich selbst,* und genau deshalb sollten wir uns auch bei Big Data persönliche Pflichten setzen.

Ethische Überlegungen anzustellen und über unsere Pflichten zu reflektieren, ist der Gipfel von Freiheit und Würde, wie Immanuel Kant sie versteht. Wir haben eine Wahl, die Entscheidung treffen wir selbst. Sowohl mit Blick auf Big Data als auch, allgemeiner gesagt, auf die Prinzipien der Nutzenmaximierung können wir uns deshalb fragen: Müssen wir allem nachgeben, das uns zu optimieren verspricht, obwohl wir uns damit der Kontrolle unterwerfen? Die Nutzung von Big-Data-Angeboten ist mit Einschränkungen legal, aber ist sie auch legitim?

Die Hingabe an Kontrolle ist natürlich bequem. Eine Entscheidung, die eine intelligente Maschine an unserer Stelle trifft, müssen wir nicht mehr selbst treffen. Aber: Mit den Mechanismen moderner Kontrolle lässt sich eben auch leichter herrschen.

Wenn wir die Wahl haben, auf Big-Data-Versprechen einzugehen oder eben nicht, soll das keineswegs bedeuten, dass wir auf die uns lieb gewordenen digitalen Medien, *Gadgets* und Angebote ganz verzichten sollen. Vielmehr geht es darum, dass wir das rechte Maß, die goldene Mitte für ihre Nutzung finden, und, ja, Datensparsamkeit üben, bis sich die Gesellschaft auf die Grundsätze geeinigt hat, die den Umgang mit unseren persönlichen Daten regeln und unsere Freiheitsrechte auch im Informationskapitalismus sichern.

Bis dahin müssen wir nicht leben wie die *Amischen*, eine amerikanisch-protestantische Glaubensgemeinschaft, die der Industrialisierung eine Absage erteilt hat und jedem technischen Fortschritt grundsätzlich ablehnend gegenübersteht. Trotzdem fordert die digitale Revolution unsere Charakterstärken heraus. Wer *abwarten* kann – eine Tugend, die uns mit der Beschleunigung der Kommunikation abhanden gekommen ist –, wer zuerst nachdenkt, bevor er Freude, Probleme, Sinn und Unsinn des Alltags ungeduldig mit-»teilt«, der schützt sich selbst, jedenfalls noch so lange, bis die allgegenwärtigen Sensoren des »Internets der Dinge« unsere Kommunikation völlig korrumpieren, sofern sie bis dahin keinen Regeln unterworfen sind. *Geduld* setzt den unmittelbaren Anreiz des Informationskapitalismus außer Kraft, der auf das Belohnungszentrum unseres Gehirns abzielt, damit wir ohne lange Überlegung persönliche Daten zu einem fragwürdigen Gegenwert preisgeben.

Dennoch, das sei zu unser aller Entlastung gesagt, liegt die Lösung der Big-Data-Problematik kaum im Moralisieren. Auch ständiges Moralisieren wird zur Dauerbeobachtung führen. Man wird ein Auge auf Sie haben und darüber urteilen, ob Sie sich auch ausreichend datensparsam verhalten. Dauerbeobachtung kann kaum der letzte Zweck unserer persönlichen Pflichten gegenüber Big Data sein. Deshalb gilt auch hier: Sie brauchen Privatsphäre. Als private Person können Sie sich dem Moralisieren entziehen und dürfen selbst entscheiden, wie nachhaltig, datensparsam oder ökologisch Sie sich in Ihrem ganz persönlichen Bereich verhalten wollen. Dort dürfen Sie durchatmen, während man Ihre öffentliche Person streng beurteilen wird. Wo aber bewegt man sich in Zeiten von Big Data noch privat? Genau diese Rahmenbedingungen zu gestalten, bleibt Aufgabe der Demokratie und des Staates. Die Demokratie ist der

»Trick«, der uns von persönlichen Pflichten entlastet. In der Demokratie bestimmen und standardisieren wir die Anforderungen an unsere persönlichen Verhaltensweisen in der digitalen Revolution. Wir erringen Standards für alle und entlasten damit jeden Einzelnen. Alle haben sich an die gesetzlichen Regelungen zu halten, der Einzelne muss sich keine Gedanken darüber machen, wie richtig oder falsch sein Verhalten im Umgang mit Big Data ist, weil die Rahmenbedingungen auch in seine Privatsphäre hineinwirken. Und genau deshalb müssen wir die Demokratie gegen Big Data verteidigen, sonst wird Big Data Tatsachen schaffen.

Wie kommen wir zu den »richtigen« Rahmenbedingungen? Kaum zu leugnen, unsere Gesellschaft fühlt sich von Big Data bedroht. Die Big-Data-Industrie provoziert uns, und deshalb verspüren wir Stress und Unsicherheit. Wir können uns entscheiden: Entweder verfallen wir in Paralyse und verfolgen gesamtgesellschaftlich eine Vermeidungsstrategie wie die Monarchien Anfang des 20. Jahrhunderts, die die Technikfolgen der Industrialisierung ignoriert haben, bis sie endlich darüber stürzten. Oder wir verwandeln unsere inneren Kräfte, sowohl die moralische Kraft als auch unseren Egoismus und Stolz, in eine Bewegung der Zivilgesellschaft, die dort Druck aufbaut, wo politische Eliten versagen oder unter dem Druck der Big-Data-Lobby zusammenbrechen. Die dritte Macht, die globale Zivilgesellschaft des 21. Jahrhunderts, kann sich wehren und durchsetzen. Mehr noch, sie *muss* aktiv werden, wenn selbst Verfassungsrichter, Bundespräsidenten a. D. und IT-Spezialisten die Passivität und den Kotau der gewählten Volksvertreter vor der Big-Data-Industrie voller Unverständnis und mit wachsendem Unbehagen kommentieren. Wo unsere Regierungen entscheidungsunfähig sind, muss die globale Zivilgesellschaft aktiv werden, um den Informationskapitalismus so mitzugestalten, dass unsere zukünftige Gesellschaft lebenswert, frei und zukunftsfähig bleibt. Wir sind aufgefordert, uns gegen die Provokationen von Big Data zu engagieren und für die Kultivierung von Big Data initiativ zu werden, immer vorausgesetzt, wir halten an unserer historischen Auffassung der menschlichen Person und ihrem einzigartigen Wert fest. Unsere Pflicht ist es, zu debattieren und uns zu engagieren: In den Nichtregierungsorganisationen von Kunst und Kultur genauso wie in Politik und Wirtschaft – und sogar in ganz neuen Formen gesellschaftlicher Zusammenschlüsse für die Menschenwürde, wie wir sie heute vielleicht noch gar nicht benennen können.

Die Aufgaben des Staates

Die Menschenwürde ist die Quelle der Rechte, wie wir sie für Datensubjekte fordern. Denn wie Big Data heute mit persönlichen Daten verfährt, ist mit der Menschenwürde nicht vereinbar; sie gesetzlich zu verteidigen, bleibt eine Aufgabe, die sich klar an den Staat richtet und für deren gesetzliche Regelung er keine Zeit verlieren darf. Andernfalls wird Big Data Fakten schaffen, die nur schwer umkehrbar sein werden.

Mit der Europäischen Datenschutzrichtlinie, wie sie das Parlament der Europäischen Union im März 2014 verabschiedete, würde man bereits einem Teil der Forderungen nachkommen. Auch das Urteil des EuGH zum »Recht auf Vergessen« vom Mai 2014 ist eine Aufforderung zu handeln. Doch was geschieht stattdessen? Die einzelnen Länderregierungen des Ministerrats der Europäischen Union müssen der EU-Datenschutzrichtlinie zustimmen, doch hier herrscht wie immer Uneinigkeit. Deutschland führt zudem die Blockade an. Das ist schwer verständlich, denn eine Vereinheitlichung des europäischen Datenschutzes wäre durchaus notwendig und sinnvoll. Solange die EU-Datenschutzrichtlinie nicht europaweit gilt, verfolgt jeder einzelne EU-Mitgliedsstaat seine eigenen lokalen Vorschriften. Für Unternehmen, die in Europa tätig werden wollen, bedeutet das, achtundzwanzig verschiedene Datenschutzgesetze zu befolgen. Das ist ein klarer Nachteil für europäische IT-Unternehmen, die gerne an einer europaweiten IT-Infrastruktur arbeiten würden. Sie ist ein Vorteil für Unternehmen aus Drittstaaten, die für ihre Big-Data-Angebote in Europa aus den EU-Mitgliedsstaaten heraus operieren, die ihnen die meisten Vorteile bieten.

Die Vereinheitlichung des europäischen Datenschutzes würde hier vieles vereinfachen. Sie würde zur Klärung der Rechtslage genauso beitragen sowie die noch geltende Überregulierung von achtundzwanzig verschiedenen Gesetzen beseitigen.

Doch wie, in groben Zügen, würden Ihre digitalen Grundrechte lauten? Fassen wir zusammen, wie Ihre Menschenwürde gewahrt und Ihre Freiheits- und Herrschaftsrechte garantiert werden könnten.

3. Grundrechte für Datensubjekte schaffen

Die Würde des Menschen erstreckt sich auf seine persönlichen Daten. Persönliche Daten sind unantastbar. Sie dürfen nur erhoben, gespeichert, verarbeitet, veröffentlicht werden, wenn ein Gesetz, richterlicher Beschluss oder Vertrag dazu ermächtigen. Nicht nur Ihre kooperativ erhobenen Primärdaten, auch von passiven Sensoren wie der »magischen Brille« oder der intelligenten Haussteuerung erfasste sekundäre Daten, Ihr Persönlichkeitsprofil und die Prognosen über Ihr künftiges Verhalten sind vom Schutzrecht erfasst.

Sie haben das Recht, Ihre persönlichen Daten jederzeit einzusehen. Das Recht gilt insbesondere gegenüber kommerziellen Einrichtungen. Von dem Recht darf nur durch Gesetz oder richterlichen Beschluss abgewichen werden, etwa wenn persönliche Daten im Rahmen einer hoheitlichen Aufgabe – polizeiliche Ermittlungsverfahren, militärische Aufklärung – erhoben und analysiert werden.

Sie haben das Recht, die Löschung persönlicher Daten zu verlangen. Wenn eine Einrichtung veraltete oder unzutreffende Daten oder Informationen über Ihre Person speichert, verarbeitet oder veröffentlicht, dürfen Sie die Löschung verlangen. Dasselbe gilt, wenn Sie mit dem Ergebnis einer Datenanalyse nicht einverstanden sind. Deshalb ist nicht nötig, dass die Einrichtung darlegt, mit welchen Verfahren sie zum Analyseergebnis gelangt ist. Wegen des ethischen Werts Ihrer persönlichen Daten geht das Herrschaftsrecht über Ihre persönlichen Daten den wirtschaftlichen Interessen einer kommerziellen Einrichtung immer vor.

Hier geht es um Ihr Recht auf Vergessen, das sicherstellen soll, dass Sie Ihr Schicksal selbst in Händen halten und Ihre Zukunft nicht zu Schaden kommt, weil die ferne Vergangenheit Sie einholt. Damit steht im Zusammenhang: das Verfallsdatum persönlicher Daten und maximale Speicherfristen in Unternehmen. Speicherfristen und Vorschriften zur Löschung, wie sie etwa von Polizeibehörden befolgt werden müssen, könnten als Vorbild für die Datenlöschung in Unternehmen dienen. Davon abgesehen: Die Löschung oder Dämpfung »alter« Daten ist ohnehin *best practice*, »bewährtes Vorgehen« der Data Scientists. Das Argument, man benötige achtzehn, zwanzig, fünfundzwanzig Jahre alte Daten für Big Data Analytics: Für einen Data Scientist, der Prognosen treffen möchte, ist das ohnehin nicht plausibel.

Die Veräußerung Ihrer persönlichen Daten an Dritte ist untersagt. Sie darf nur erfolgen, wenn Sie hierzu Ihre ausdrückliche Einwilligung erteilt haben. Aus der Einwilligungserklärung muss unmissverständlich hervorgehen, welche Daten veräußert werden sollen. Der Verkäufer Ihrer persönlichen Daten muss Ihnen mitteilen, wer der Käufer Ihrer Daten ist. Der Käufer muss darlegen, wozu er Ihre persönlichen Daten benötigt und verwendet.

Haben Sie einem Verkauf zugestimmt, steht Ihnen ein Widerrufsrecht zu. Nach Ihrem Widerruf muss der Käufer Ihre Daten löschen. Der Käufer muss die Löschung nachweisen.

Big-Data-Unternehmen realisieren enorme Gewinne mit unseren persönlichen Daten. Wenn etwa die Post, inländisch oder ausländisch, Ihre Daten weiterveräußert, was bereits seit Jahren voraussichtlich ohne Ihr Wissen oder Ihre bewusste Zustimmung geschieht, etwa wenn Sie umgezogen sind, muss die Post Ihnen mitteilen: Ihre Daten, darunter Geburtsdaten, Familienverhältnisse oder Kaufkraft, werden teuer weiterverkauft.[2]

Hier geht es um die Frage der Gerechtigkeit. Die Quelle Ihrer persönlichen Daten sind Sie selbst. Eine Forderung der Gerechtigkeit ist, dass der Kaufpreis für Ihre persönlichen Daten zuerst Ihnen selbst und nur an zweiter Stelle einem Big-Data-Geschäftsmodell zustünde.

Weil all dies nach großem persönlichem Aufwand klingt und die Verbraucher seit der Einführung von Selbstbedienungsrestaurants und Bausatzmöbeln zunehmend zu »arbeitenden Kunden« kommerzieller und staatlicher Einrichtungen gemacht worden sind, liegt nahe, für diesen Zweck eine *Treuhandstelle* einzurichten. Sie schalten die Treuhandstelle hinzu, wo Sie Ihre persönlichen Daten nicht unkontrolliert weitergeben möchten. Die Treuhandstelle verfolgt auf Ihren Wunsch die Weitergabe persönlicher Daten und aller Rechte, die sich hieraus ergeben. Die Treuhandstelle berichtet Ihnen regelmäßig über die Verwendung Ihrer persönlichen Daten – und erstellt regelmäßig eine Abrechnung der Gegenleistung für Ihre persönlichen Daten.

Sie haben das Recht auf eine gerechte Gegenleistung für die Weitergabe persönlicher Daten. Das Recht auf Gegenleistung ergibt sich unmittelbar aus der Subjektivität Ihrer persönlichen Daten. Durch ihren Subjektcharakter erhalten Ihre Daten einen Wert. Zuerst ist das ein *ethischer* Wert. Diesem Wert muss man gerecht werden, indem man Ihnen eine Gegenleistung für Ihre Daten anbietet. Diese sollte tatsächlich ein *Geldbetrag* sein. Der Grund: Auf eine Umwelt, die alles quantifiziert, kann man nur mit einer quantifizierbaren Größe steuernd einwirken.

Bis heute gehen Big-Data-Geschäftsmodelle davon aus, dass sie für den »Rohstoff des 21. Jahrhunderts«, das »Öl«, das »Gold« der digitalen Revolution, nichts oder wenig zahlen. Gleichzeitig ist aber wahr: Nicht jedes Big-Data-Unternehmen wird zum zweiten Google. Viele Geschäftsideen scheitern und verschwinden wieder vom Markt. Mit ihnen verflüchtigen sich auch die persönlichen Daten, die Sie ihnen einmal anvertraut haben, im Irgendwo. Einen Kaufpreis für persönliche Daten verlangen bedeutet: Zweifelhafte Big-Data-Geschäftsmodelle oder nicht nachhaltige Ideen für die Datenanalyse werden direkt unprofitabel, wenn sie für ihr wichtigstes Produktionsmittel, Ihre persönlichen Daten, Beschaffungskosten einrechnen müssen.

Die Forderung nach einer Gegenleistung für Ihre Daten ist auch deshalb gerechtfertigt, weil mit ihrer Erhebung, dem Weiterverkauf, der Analyse ein finanzieller Nutzen verbunden ist – derzeit nicht für Sie, sondern nur für Big-Data-Unternehmen. Sie verwandeln in Profit für sich selbst, was Ihr »Zeichen« trägt. Darum sollten Sie an der Nutznießung von Datenanalyse, Prognose und Datenverkauf teilhaben. Auch Ihnen muss ein Anteil an den Früchten von Big Data zustehen – denn wo Big-Data-Unternehmen das ausschließliche Recht auf Nutzung Ihrer persönlichen Daten für sich beanspruchen, verletzen sie Ihre Menschenwürde, weil die Ausschließlichkeit einer solchen Forderung Ihre Subjektstruktur missachtet.

Lassen Sie es deshalb nicht dabei bewenden, Rohstofflieferant zu sein, der sich wie Kaffeebauern oder Baumwollfarmer mit »Dumpingpreisen« zufriedengeben soll. Auch bei Big Data geht es um fairen Handel. Werden Sie vom Rohstofflieferanten zum Händler Ihrer persönlichen Daten. Gehen Sie *Downstream* und verlangen Sie finanzielle Teilhabe an allen Aktivitäten, die näher am Profiteur Ihrer persönlichen Daten sind. So können Sie eine ähnliche Entwicklung vollziehen, wie wir sie auch im realen Rohstoffmarkt beobachten: Produzenten schaffen sich neue Logistikstrukturen und werden zu Händlern – von der erweiterten Wertschöpfungskette erhoffen sie sich faire Preise und gerechte Behandlung.

Ihre Privatsphäre ist unantastbar. Ihre Privatsphäre, und sie kann sprichwörtlich bei Ihnen zuhause beginnen, muss – wenigstens zeitweise – »sensorfreie Zone« bleiben. Sobald Ihre Umgebung mit Sensorik ausgestattet ist, darf die Sensorik nur dann in Ihre Privatsphäre eingreifen, wenn Sie es ausdrücklich wollen. *Opt-in*, die »explizite Bestätigung«, nennt sich dieses Verfahren, ein Angebot zu nutzen.

Sensoren, besonders passive Sensoren, müssen über eine Abschaltfunktion verfügen. Die Abschaltfunktion darf nicht durch *Backdoors* korrumpiert sein. Die Funktion »Ausschalten« muss zuverlässig ausschalten und nicht in einen Stand-by-Modus umschalten, der auch dann noch, jetzt unbemerkt, Ihre Daten erfasst. Es sollte nicht so sein, dass Sie den Akku Ihres Smartphones entfernen müssen, um sicherzugehen, dass es tatsächlich abgeschaltet ist; dass Sie die Kameraaugen Ihres Laptops oder Flatscreen-TVs verkleben, damit Sie niemand heimlich filmt; oder dass Sie die Smartphones, Tablets und Google Glasses Ihrer Kunden einsammeln, bevor Sie ein vertrauliches Meeting beginnen.

Personen, die der Erhebung, Verarbeitung, Veröffentlichung persönlicher Daten *nicht zustimmen*, sind den Personen gleichberechtigt, die ihre Zustimmung erteilt haben.

Sie müssen immer die Wahl haben, ohne dafür diskriminiert zu werden. Wenn Sie sich Big Data entziehen möchten, muss Ihnen das erstens überhaupt möglich sein, weil der Staat verpflichtet ist, für den Schutz Ihrer Privatsphäre zu sorgen. Zweitens darf Ihnen aus der Weigerung, Ihre persönlichen Daten nicht weiterzugeben, kein Nachteil erwachsen. Sie haben genauso wie vor dem irrationalen Glauben an das Urteil von Maschinen ein Anrecht auf einen Arbeitsplatz, eine Krankenversicherung, eine Kfz-Versicherung oder eine ärztliche Behandlung.

4. Internationale Algorithmenabkommen schließen

In einer global digitalisierten Welt erreicht der nationale Schutz unserer Grundrechte nicht den gewünschten Zweck. Gerne mag man glauben, dass die Überlegungen, die wir zur Menschenwürde angestellt haben, allgemeingültig sind und nicht von einer bestimmten Staatsform oder politischen Ideologie abhängen, sodass auch der internationale Schutz von Grundrechten, etwa durch »internationale Algorithmenabkommen«, durchaus im Bereich des Möglichen läge. Doch die Sache gestaltet sich schwieriger als gedacht, nicht nur wegen des allgegenwärtigen Widerstands der Big-Data-Lobbyisten gegen jede Form der Einschränkung ihrer Geschäftsmodelle. Umfang und Inhalt der Freiheitsrechte, wie sie sich aus der Menschenwürde ergeben, sind offenbar sehr auslegungsfähig, wie die unterschiedliche Behandlung zeigt, die einzelne westliche Staaten ihren Bürgern mit ihren Überwachungspraktiken zumuten. Darüber hinaus wird die Freiheit durch die Realität verschiedener Ideologien eingeschränkt – wie wir gesehen haben, bestimmt das jeweilige kapitalistische System durchaus mit, wie weit Freiheitsrechte gehen dürfen. Ein drittes Problem stellt sich mit der Frage nach der Macht, dem Grad der Souveränität, die es einem Staat mehr oder weniger erlaubt, seine Interessen gegenüber anderen Staaten durchzusetzen.

»Deutschland befindet sich in einer Situation der Ohnmacht«, sagte der Staatstheoretiker Herfried Münkler (*1951) gegenüber der *taz*, als es um die Frage eines No-Spy-Abkommens mit den Vereinigten Staaten ging.[3] Einen Verzicht auf Spionage könne man von den Vereinigten Staaten ernsthaft nur dann verlangen, wenn man selbst technologisch dazu in der Lage sei, die Vereinigten Staaten zu belauschen.

Auch wenn Herfried Münkler mit seiner Meinung recht behalten sollte, wie sich früh im Jahr 2014 herausstellte, darf man trotzdem nicht gleich die Flinte ins Korn werfen. Der Atomwaffensperrvertrag von 1968 oder die Chemiewaffenkonvention aus dem Jahr 1993 sind Beispiele für multilaterale Verträge, die von einhundertneunzig Staaten unterzeichnet oder ratifiziert wurden. Was schon mehrfach gelang, kann wieder gelingen, vorausgesetzt, die Zivilgesellschaft fordert und unterstützt ihre staatlichen Autoritäten. Jene müssen aber davon absehen, die Verhandlungen im Geheimen zu führen. Der Souverän, die Bürger, müssen sicher sein, dass die Abwehrrechte der digitalen Grundrechte weit genug gehen. Die Geheimniskrämerei um Verträge wie bei *Public Private Partnerships*, den »öffentlich-privaten Partnerschaften« – Beispiele sind die deutsche Lkw-Maut oder die Hamburger Elbphilharmonie –, sind in einer Demokratie nicht zu rechtfertigen. Auch weil Bürger und Parlamente ihre demokratischen Gestaltungsrechte in *Public Private Partnerships* nicht wahrnehmen können, geht in diesen Projekten vieles schief.

Zum Inhalt internationaler Algorithmenabkommen gehören demnach die digitalen Grundrechte, wie wir sie gerade skizziert haben, und darüber hinaus weitere Vereinbarungen:

Ausländische Einrichtungen dürfen in persönliche Daten im Inland nur eingreifen, wenn es ein inländisches Gesetz, richterlicher Beschluss oder Vertrag erlaubt. Auch ausländische Einrichtungen, seien es Staaten oder Unternehmen, handeln rechtswidrig, wenn sie persönliche Daten erfassen, speichern, analysieren, weiterverkaufen. Die Rechtswidrigkeit kann dadurch aufgehoben werden, dass das Inland den Eingriff erlaubt oder ein Bürger per Vertrag seine persönlichen Daten an eine ausländische Einrichtung weitergibt. Gründe für den erlaubten Eingriff können sein: die öffentliche Sicherheit, die Vereitelung von Straftaten oder der Schutz von Rechten und Freiheiten anderer. *Wirtschaftliche Gründe reichen nicht aus.* Genau sie sind das Grundübel, das die Subjekteigenschaft des Menschen aushöhlt. Wenn sie zum Rechtfertigungsgrund werden sollen, hält der Teufel durch die Hintertür Einzug in die Burg der digitalen Abwehrrechte.

Für ausländische Einrichtungen, die im Inland in persönliche Daten eingreifen, gelten die nationalen Vorschriften, insbesondere die Regeln des nationalen Grundrechtsschutzes. Das bedeutet: Wenn die Vereinigten Staaten in persönliche Daten deutscher Datensubjekte eingreifen, müssen sie sich an das deutsche Grundgesetz und das deutsche Verständnis von Menschenwürde und Freiheitsrechten gebunden halten. Die Vereinigten Staaten dürfen hier nicht mit ihrem eigenen Maß messen. Bekanntlich sind digitale Grundrechte in den Vereinigten Staaten – also der Datenschutz – quasi nicht präsent, deshalb geht die Privatsphäre eines amerikanischen Bürgers viel weniger weit als die seines deutschen Mitbürgers.

Wenn eine ausländische Einrichtung gegen diese Verpflichtung verstößt, hat der betroffene Inländer das Recht, Beschwerde bei einem internationalen Gerichtshof zu führen.

Die Rechtswahl, die ausländische Einrichtungen in ihren Datenschutzerklärungen treffen, ist im Inland nichtig. Big-Data-Unternehmen wählen für rechtliche Auseinandersetzungen gerne das Recht des Staates, der ihnen die Durchsetzung ihres eigenen Rechtsstandpunkts erleichtert. Das benachteiligt das Datensubjekt. Der Betroffene wird seine Freiheitsrechte nur schwerlich im Ausland durchsetzen können; das größte Hindernis sind hohe Rechtsverfolgungskosten.

Der Export von Software, die geeignet ist, die Menschenwürde eines ausländischen Mitbürgers zu verletzen, ist verboten. Einige

Schlüsseltechnologien von Big Data dienen nicht nur zu unserer Überwachung, zu Analyse und Verhaltensprognose. Als Basistechnologien können sie genauso in modernen Waffensystemen verbaut werden. Für Schlüsseltechnologien oder Software, die geeignet sind, Menschen zu überwachen oder moderne Waffen zu ermöglichen, muss ein grundsätzliches Exportverbot mit Erlaubnisvorbehalt gelten. Ein konkretes Beispiel: Ein deutsches Unternehmen, das millionenfach Überwachungssoftware für Mobiltelefone an totalitäre Staaten veräußert, damit Regimegegner identifiziert und »neutralisiert« werden können, darf nicht ungeschoren davonkommen.

5. Machtkonzentration bekämpfen

Vom Anspruch kommerzieller Big-Data-Giganten, Staaten so zu schwächen, dass sie auf die Rolle des Aufpassers beschränkt werden, haben wir bereits gehört. Die Machtverschiebung ist direkte Folge der Auflösung unserer Privatsphäre und des Verzichts auf den Dualismus von privater und öffentlicher Person, verbunden mit mangelnder Kontrolle über persönliche Daten und deren wirtschaftliche Nutznießer. In den Rechenzentren der Big-Data-Giganten, in denen sich persönliche Daten akkumulieren und auf die unablässig surrenden Hochleistungsmaschinen der Datenfusion treffen, die den Menschen pausenlos standardisieren, konzentrieren sich zunehmend Macht und Kontrolle.

Schon ein technischer Laie kann das nachvollziehen, aber Experten sehen mehr. Der digitale Machtmonolith stärkt sich und wächst mit jedem Zukauf von *Schlüsseltechnologien*. Viele Firmenübernahmen sind spektakulär und zeitigen eine große mediale Außenwirkung, aber sie lösen noch mehr aus. Ihr Effekt ist, beabsichtigt oder nicht, zerstörerisch für den gesamten Big-Data-Technologiemarkt. In rasantem Tempo kommt es zur Monopolisierung von Big-Data-Technologien, eine Klumpenbildung, wie wir sie bei anderen, uns mehr vertrauten und scheinbar weniger komplexen Industrien kaum dulden würden. Dabei ist die gerade stattfindende Monopolisierung nur ein weiteres Indiz dafür, dass eine neue Epoche eines noch ungeregelten Kapitalismus angebrochen ist. Wo es in anderen Industrien längst zu regulierenden Maßnahmen der Wettbewerbsbehörden käme, bei der digitalen Revolution bleiben sie bislang aus. Natürlich, muss man sagen, denn bisher fehlen Regeln, wie die Agglomeration informationstechnologischen Wissens zu kontrollieren ist.

Werfen wir nochmals einen Blick auf Google als Paradebeispiel für die Klumpenbildung im System. Für die Multi-Sensor-Datenfusion benötigt der Internetgigant, das leuchtet ein, *Sensoren*. Sowohl die nötige Hardware als auch das zugehörige Expertenwissen kaufte sich der Technologiekonzern ein, als er den Rauchmelderproduzenten Nest Labs und verschiedene Robotikfirmen akquirierte. Aus der Unmenge an Daten, die Googles neue, vernetzte Heizungsthermostate liefern werden, muss eine intelligente Haussteuerung lernen, wie die Hausdynamik in Bezug auf das Heizverhalten ist. Dazu braucht es maschinelle Lernverfahren, und richtig, auf Googles Einkaufsliste stehen *Machine Learning* und *Deep Learning*. Deutsche Wissenschaftler wie Sepp Hochreiter und Jürgen Schmidhuber haben diese Lernverfahren vor Jahrzehnten mit erfunden und ihre Leistungsfähigkeit bis heute weit vorangetrieben; doch tatsächlich ist es ihr britisch-kanadischer Kollege und Miterfinder Geoffrey Hinton (*1947), der seit März 2013 zeitweise für Google arbeitet. Mit dem etwa fünfhundert Millionen US-Dollar teuren Kauf des britischen Start-ups DeepMind im Januar 2014, der sich mit *Reinforcement Learning* befasst, ist Google für die adaptive Haussteuerung – und selbstverständlich jede andere Art der Kontrollstrategie – bestens gerüstet.

Wo Internetgiganten auf Einkaufstour gehen, kaufen sie Big-Data-Schlüsseltechnologien zu exorbitanten Preisen ein. Selten stehen die Kaufpreise in einem realistischen Verhältnis zum Wert der erworbenen Technologie. Ein Präsident der Fraunhofer-Institute hat einen Vergleich zwischen der Robotik von Boston Dynamics und der eigenen Entwicklungsfähigkeit angestellt und kurz überschlagen: Stünden entsprechende Budgets zur Verfügung, könnte man die militanten Roboter à la Boston Dynamics in sechs Monaten zu einem Fünftel des Kaufpreises, den Google dafür ausgegeben hat, produzieren. *Stünden entsprechende Budgets zur Verfügung* – hier wird ausgesprochen, was die eigentliche Crux ist. Europa verfügt über keine eigene, autonome Informationsinfrastruktur, schlicht weil es am Geld fehlt. Aus demselben Grund existiert keine ernst zu nehmende europäische Industrie für Informationstechnologie oder Computerelektronik, keine Risikokultur und damit auch keine Kultur des Risikokapitals für Investitionen in informationelle Schlüsseltechnologien. So rückt die digitale Autonomie Europas wohl in weite Ferne, wiewohl europäische Politiker mit Nachdruck die Forderung nach informationeller Autarkie stellen. Dazu im Gegensatz verfügen globale Hochtechnologiekonzerne über fast unlimitierte finanzielle Mittel und zahlen Kaufpreise für Technologieunternehmen, mit denen sie nicht nur eine einzelne Firma, sondern gleich ganze Industriesegmente für sich erwerben könnten. Warum aber Einkaufspreise, die jeder Maßhaltung entbehren?

Die Antwort ist vielleicht unerwartet. Unbegrenzte Finanzmittel erlauben den globalen Technologiegiganten, ihren Markt zu dominieren. Aus einer Anzahl von Firmen, die über Schlüsseltechnologien verfügen, wählen sie jene mit Signalwirkung aus und zahlen einen gewaltigen Kaufpreis dafür. Der Effekt: Mitbewerber, die an denselben Schlüsseltechnologien arbeiten, werden künftig kaum noch eine Finanzierung oder Investoren finden, weil der *Exit*, der »Ausstieg« aus einer solchen Finanzierung, zur echten Herausforderung wird. Wer einen *Trade Sale*, die Veräußerung des Unternehmens an einen strategischen Investor, erwägt, hat keine Chance auf einen realistischen Verkauf, wenn der transaktionsgedeckte Marktpreis, den ein Internetgigant aufgebracht hat, bei vielen hundert Millionen US-Dollar liegt oder sogar in die Milliarden geht. Kein anderer industrieller Investor wird in der Lage sein, einen ähnlich hohen Kaufpreis aufzubringen. Bleibt neben dem strategischen Unternehmensverkauf also nur noch der Gang an die Börse – doch wer wird ernsthaft erwägen, Aktien eines Technologieunternehmens zu erwerben, dessen größter Mitbewerber ein Technologiekonzern wie Google ist?

Firmenzukäufe, wie wir sie in der jüngsten Vergangenheit beobachtet haben, riegeln den Informationsmarkt der Zukunft ab. Internetgiganten absorbieren Schlüsseltechnologien und unterbinden den Wettbewerb. Gleichzeitig präsentieren sie sich als ultimative Arbeitgeber für junge Talente. Das Fazit: Monopolistische informationelle Strukturen müssen kartellrechtlich überprüft und zerschlagen werden. Dazu wird es einer vorherigen Revision des Kartellrechts bedürfen. Klumpenbildung im digitalen Zeitalter funktioniert anders als in traditionellen Industrien.

Was Google & Co. betrifft, ist kaum anzunehmen, dass die Vereinigten Staaten kartellrechtlich aktiv werden. Wer aber die Forderung nach europäischer informationeller Autonomie ernst nimmt und dafür die nötigen finanziellen Mittel bereitstellt, sollte von Anbeginn auf den Aufbau einer verteilten Infrastruktur achten. Verteiltheit ist einem zentralistischen System an Robustheit stets überlegen. Hier geht es nicht um die Kopie des angloamerikanischen Vorgehens, sondern um eine echte, moderne Alternative informationeller Infrastruktur, um den nächsten Schritt in die digitale Zukunft, Wachstumspotenzial inbegriffen – für Europa, aber auch für all jene, die sich nach einer echten Alternative zur angloamerikanischen Marktdominanz sehnen.

6. Besteuerung revidieren

Der Rückgriff auf das Steuerrecht als Regulativ ist scheinbar ein ungewöhnlicher Vorschlag, aber nicht abwegig als systemische Lösung. Er ist protektionistisch, wo es um den Schutz der sozialen Marktwirtschaft geht. Tatsächlich sollen wirtschaftliche Rahmenbedingungen so definiert werden, dass das Paretooptimum der sozialen Marktwirtschaft gestärkt wird.

Der Informationskapitalismus mit seinen technischen Möglichkeiten befeuert, wie wir schon gesehen haben, die Finanzialisierung. Anders als beim Informationskapitalismus, so kann man argumentieren, handelt es sich bei der Finanzialisierung tatsächlich um eine eigenständige Ausprägung des Kapitalismus, den Finanzmarktkapitalismus: Bei der Finanzialisierung häufen sich immer größere Vermögen an.

Von der Finanzialisierung profitiert, wer über hinreichend Privateigentum für Investionen verfügt. Wem hingegen Investmentkapital fehlt, muss seine Existenz durch Arbeit sichern. Vom Standpunkt des Investors aus gesehen, »arbeitet das Geld«. Auch hier tritt wieder die klassische Werteumkehr des Kapitalismus zutage. In Wahrheit handelt es sich auch bei Kapitalanlagen um Verbindlichkeiten, die nur durch menschliche Arbeit und Arbeitseinkommen bedient werden können, selbstverständlich nicht durch die Arbeit des Geldes, sondern durch die Arbeit von Menschen, von Subjekten der Arbeit, den Arbeitnehmern und Unternehmern, die bereit sind, sich zu verschulden, weil Kapitalanleger in ihre Geschäftsideen investieren.

Das aktuelle (deutsche) Steuerrecht sitzt diesem Irrtum auf und inzentiviert den Kapitalismus gegenüber der menschlichen Arbeit. Derzeit ist es so gestaltet, dass die Arbeitsleistung einer hohen Steuerlast unterliegt – eine Erschwernis für den, der Verbindlichkeiten zurückführen und dabei gleichzeitig seine Existenz sichern muss. Arbeitsentgelte werden progressiv besteuert, während Kapitalerträge einer vergleichsweise niedrigen Pauschalbesteuerung unterliegen. Wer arbeitet, muss nicht nur die preiswert zu versteuernden Erträge seiner Investoren erwirtschaften, sondern wird bei zunehmender Einkommenshöhe mit einer wachsenden Steuerlast belegt, kalte Progression inklusive.

Verschärfen wird sich die Situation für die arbeitende Bevölkerung weiter, wenn intelligente Maschinen immer häufiger menschliche Arbeiten automatisieren. Entgelte fließen dann nicht mehr als Gegenleistung für Arbeit an ihre Leistungsträger und damit anteilig in die Sozialsysteme, sondern stattdessen als Erträge in Form von Lizenz-, Abonnements- und Nutzungsgebühren an die Anbieter intelligenter Maschinen und später als Dividende an deren Investoren: Wieder sind es die Überwacher, die Gewinne machen.

Eine Entlastung würde eine Umkehr der Besteuerung bringen. *Kapitalerträge sollten progressiv besteuert werden, Arbeitsentgelte hingegen einer Pauschalbesteuerung unterliegen.* Um die möglichen Effekte eines solchen Besteuerungswechsels zu verstehen, bietet sich genau hierfür eine groß anlegte Simulation an. Eine Modellierung müsste dabei berücksichtigen, dass das Gewinnoptimum unterhalb des Pareto-optimums gelegen ist, damit die soziale Marktwirtschaft auch dem Profitmaximierer überlegen bleibt. Auf diese Weise kann auch der Profitmaximierer sein Ziel erreichen, allerdings nur legal und unter Rücksicht auf die Belange anderer.

Kritiker werden einwenden, dass die progressive Besteuerung von Kapitalerträgen Investoren aus einem Land vertreiben wird. Dem ist entgegenzuhalten, dass allein in Deutschland bereits heute – unter ebenjenem kritisierten Besteuerungssystem – eine riesige Investitionslücke von jährlich fünfundsiebzig Milliarden Euro klafft. Informationstechnologische Neugründungen europäischer Unternehmer weichen ohnehin bereits in die Vereinigten Staaten aus, weil Europa keine Standortoption für sie ist. Wird Kapital also dorthin abfließen, wo allein die Profitmaximierung zählt? Anders gefragt: Wollen wir wirklich Kapitalinvestitionen von Profitmaximieren inzentivieren, die die Gewinnerzielung den Bedürfnissen der Menschen nach menschenwürdigen Lebensbedingungen, Arbeitsplätzen und einer erschwinglichen Existenz stets vorziehen werden?

Leider kann man tendenziell Letzteres in Europa beobachten. Hofiert wird, wer Geld *hat*, nicht wer Geld – das heißt: Steuern – *zahlt*. Mit der deutschen, der europäischen Konzernpolitik kommt das gut zum Ausdruck. Man scheint den amerikanischen Weg einzuschlagen: weg von der Demokratie, hin zur Plutokratie, der Herrschaft der Reichen. Deshalb muss man zur Abschätzung der Wahrscheinlichkeit, dass sich das Besteuerungssystem ändert, kein Mathematiker sein: Sie hat nur geringe Chancen, realisiert zu werden.

7. Den Staat professionalisieren

Unter den »Top 25«-Berufen des Deutschen Bundestags sind die Techniker erschreckend unterrepräsentiert. Man könnte ebenso behaupten, sie seien gar nicht präsent. Von sechshunderteinunddreißig Volksvertretern der 18. Wahlperiode 2013–2017 sind hundertzwölf als Beamte tätig, hinzu kommen achtzig Verwaltungsangestellte; weitere fünfundneunzig Parlamentarier sind in rechts-, wirtschafts- und steuerberatenden Berufen tätig. Dem stehen nur drei Abgeordnete mit einem freien technischen und naturwissenschaftlichen Beruf gegenüber.[4]

Weil die parlamentarische Karriere ihrem Wesen nach kurz und vorübergehend angelegt ist, müssen die Abgeordneten nach Beendigung ihres Mandats wieder in ihren erlernten Berufen arbeiten. Eine vorübergehende Freistellung von ihrer Berufstätigkeit für die parlamentarische Tätigkeit können sich heute aber nicht alle Berufsgruppen gleichermaßen leisten. Für einen Naturwissenschaftler aus der Forschung würde ein Abgeordnetenmandat das todsichere Ende seiner akademischen Karriere bedeuten; durch die mehrjährige berufliche Freistellung hätte er schnell den Anschluss an den neuesten Stand der Forschung verloren. Hinzu kommen hausgemachte Probleme wie Publikationsdruck und die Unterkapitalisierung, die sich darin ausdrückt, dass ein Forscher jahrelang auf eine Professur warten muss und sich bis dahin im Forschungsbetrieb häufig nur mit befristeten Verträgen zufriedengeben muss.

Vor ähnliche Herausforderungen sind Ingenieure und Wissenschaftler gestellt, die kommerziell tätig sind. Sie können sich ganz praktisch nicht leisten, die Qantensprünge, wie sie die technische Entwicklung heute in kürzester Zeit vollzieht, auszulassen. Das erklärt auch, warum sich kaum Frauen dort tummeln, wo es um informationelle Hochtechnologie geht: Die Technomathematik und ihre naturwissenschaftlichen Brüder in Forschung und Entwicklung lassen es zeitlich fast nicht zu, Mutter zu werden. Noch mehr als in anderen Berufen würde eine Elternzeit hier zu einem deutlichen Karriereknick führen.

Es waren naturwissenschaftliche Entdeckungen, die zur industriellen Revolution führten, weshalb die Soziologie bis heute davon spricht, dass wir in einer *technischen Gesellschaft* leben. Dabei erfährt die Quantifizierung unserer Welt gerade einen weiteren kräftigen Schub. Haben wir es also auch hier wieder mit einer dieser modernen Diskrepanzen zu tun? Wir leben in einer hochtechnisierten Gesellschaft, aber unsere politische Führung ist technisch ahnungslos?

Man muss – leider – die Frage aus den genannten Gründen be-
jahen. Wer darüber klagt, ein deutscher »Internetminister« sei für
die Position ungeeignet, weil er sich nicht regelmäßig und in kurzen
Abständen auf Facebook äußere, hat die digitale Revolution nicht
verstanden. Der aktuelle technische Umsturz findet nicht *vor* dem
Bildschirm, sondern *hinter* dem Bildschirm statt. Die Kontrollgesellschaft steht bevor, und sie wird eine Expertokratie derer sein, die ihre
mathematischen Modelle und intelligenten Algorithmen verstehen
und sie in den Katakomben ihrer Rechenzentren hüten wie ihren
Augapfel, um ihre Macht durch nichts zu beschränken.

Nur wer versteht, wie schnell und wie weit – und mit welchen Begrenzungen – die Quantifizierung des Lebens, die synthetische Evolution, der Bau am Posthumanen vonstatten gehen kann, kann gezielt
lenkende Maßnahmen ergreifen. Dazu wird die Professionalisierung
des Staates nötig sein. Er muss sich technologisch schnell organisieren und von praktischem Expertenwissen durchdringen lassen.
Wenn sich Forschungsministerien zu diesem Zweck nur auf die Förderung der universitären Forschung konzentrieren, reicht das nicht
aus. Wo der Staat den Staat fördert, mögen wir im Ergebnis zwar
einen exzellenten Stand der Forschung erreichen, aber das bedeutet
noch lange nicht, dass es auch gelingt, wissenschaftliche Erkenntnisse
in kommerzielle Produkte umzumünzen. Intelligente Maschinen
gibt es schon lange in den *Test Beds* von Universitäten und For-
schungsinstituten, aber erst die groß angelegten Probleme, wie sie in
der industriellen Praxis auftreten, machen aus den »Spielzeugen« der
Grundlagenforschung mächtige und hochleistungsfähige Maschinen
für den realen Operativbetrieb. Was Europa braucht, sind handfeste
Systeme, die nicht nur jene der Technologievorreiter kopieren – im
Fachjargon: *Me Too!*, »Ich auch!« –, sondern einen Schritt weitergehen. Dazu können Forschungsergebnisse Input geben, aber Zweck
der Forschung ist grundsätzlich nicht, marktreife Produkte zu liefern. Forschung sollte ergebnisoffen sein.

Für den Wissenstransfer aus der Praxis in die Politik könnte man
etwa an die Einrichtung naturwissenschaftlicher Sozietäten denken,
in denen sich Technologen partner- oder genossenschaftlich zusam-

menschließen. Ihr Ziel: an neuen Technologien forschen und entwickeln, sie kommerziell verwerten, um sich zu finanzieren, dabei aber
gleichzeitig die ethischen Aspekte der Technik aktiv umsetzen. Forscher und Entwickler, die sich parlamentarisch betätigen möchten,
werden von ihrer Sozietät aktiv unterstützt. Sie bindet ihre Abgeordneten in das Tagesgeschäft ein, indem sie regelmäßig über den Stand
ihrer Entwicklungsprojekte informiert. Der technologisch gebildete
Abgeordnete kann sein so aktualisiertes Wissen in Politik und Gesellschaft transferieren. Umgekehrt zeigt er sich an seine Sozietät gebunden, wenn er einen Teil seiner Abgeordnetenentschädigung in die
Partnerschaft einbringt. Nach Ablauf des Mandats kehrt der Parlamentarier in seine Sozietät zurück, um seinem Beruf nachzugehen –
denkbar wäre noch, dass die künftige Berufsausübung in etwas anderer Form geschieht als vor seiner Abgeordnetentätigkeit, durch die er
neue Fähigkeiten erworben haben wird. Dem wird man Rechnung
tragen wollen.

8. Die Finanzierung für Europas IT-Projekt sicherstellen

Zur staatlichen Organisation der Zukunft gehört auch eine informationelle Infrastruktur. Doch Vorreiter wie die Vereinigten
Staaten und China haben sich – trotz großartiger informationeller Forschungsleistungen Europas – einen inzwischen unaufholbar
scheinenden Vorsprung bei Informationstechnologie und Elektronik
verschafft. Ein Hauptgrund: Europa mangelt es sowohl an Risikokultur als auch an Geld. Wo europäische Investoren Innovations-
fonds von fünfundzwanzig Millionen Euro auflegen, um in Gründer
und Start-ups zu investieren und so die europäischen Googles auszu-
brüten, beläuft sich eine durchschnittliche Erstrundenfinanzierung
in den Vereinigten Staaten auf ein Volumen, das leicht das gesamte
Vermögen eines europäischen Fonds ausmacht. Zwanzig Millionen
US-Dollar sind keine Seltenheit für eine US-amerikanische Start-
up-Finanzierung. Doch hierzulande präsentieren sich europäische
Investoren aus Banken- und Versicherungskreisen in Gründerkreisen

etwa so: »Wir beteiligen uns mit fünf bis zwanzig Prozent an einem Start-up. Dafür stellen wir eine Finanzierung von zwanzig- bis dreißigtausend Euro zur Verfügung.« Das ist keine Finanzierung, sondern Chuzpe, besonders dann, wenn sich Jungunternehmer im Verlauf ihrer Geschäftstätigkeit von ihren Investoren vorwerfen lassen müssen, sie seien unfähige Unternehmer, weil sie es nicht schafften, einen europäischen Google aufzubauen. Dazu kann Google selbst eigentlich nur ein Statement abgeben: »Nur mit vollen Hosen lässt sich gut stinken.«

Bevor Mark Zuckerberg sein Facebook an die Börse brachte, war das Unternehmen bereits mit Eigenkapital in Höhe von rund neunhundert Millionen US-Dollar ausgestattet.[5]

Dass es Europa in Einzelfällen möglich ist, im globalen Wettbewerb zu bestehen, zeigt das Beispiel des zivilen Flugzeugbauers Airbus, dem Topkonkurrenten zur amerikanischen Boeing. Damit gehen die Vorbilder jedoch schon aus. Das *Global Navigation System* Europas, das Satellitenprojekt Galileo, liegt hoffnungslos hinter dem *Global Positioning System* der Vereinigten Staaten, dem russischen Glonass und dem chinesischen Beidou zurück. Während jene drei Staaten sechzig, neunundzwanzig und vierzehn Satelliten operativ nutzen, hat Galileo aktuell nur vier von geplanten sechsunddreißig Navigationssatelliten in der Erdumlaufbahn.[6] Nur einer davon sendet zwei bis drei Stunden täglich Funksignale zur Erde; die anderen melden sich nicht. Mit solchen Unterbrechungen bei den Funksignalen ist keine Navigation möglich. Dass Europa auch hier weit abgeschlagen hinter der Konkurrenz zurückliegt – auch das eine Frage der Finanzierung. Die europäische Raumfahrtorganisation ESA ist an Galileo beteiligt, ihre Projekte finanzieren sich, indem die beteiligten EU-Länder hier und dort etwas spendieren. So kann es dauern, bis ein Sümmchen zusammenkommt. Und mit, sagen wir, hundert Millionen Euro sind ehrgeizige Raumfahrtprojekte ähnlich der bemannten Raumfahrt, wie sie China und die Vereinigten Staaten vorantreiben, kaum möglich.

Ähnlich unterkapitalisiert sind europäische IT-Vorhaben. Die Forderung nach einer unabhängigen europäischen IT-Infrastruktur ist berechtigt, aber wer den Turmbau in Angriff nehmen soll, muss zuerst für ein gutes finanzielles Fundament sorgen, sonst, das zeigt die Erfahrung, sind gut gemeinte Ausgaben nach dem Gießkannen-prinzip auch nicht mehr als reine Geldverschwendung.

Eine letzte Überlegung: Eine eigene IT-Infrastruktur – eigene Rechnernetzwerke, Verschlüsselungstechniken, europäische Clouds – ist systemrelevant für die Zukunft. In der Vergangenheit hat sich die Privatisierung systemrelevanter Infrastruktur nicht immer als vorteil-haft erwiesen. Ähnliches gilt für öffentlich-private Partnerschaften. Wo privatisiert wird, überwiegen kommerzielle Interessen. Schienen-netze oder Stromnetze verleiten zur Kannibalisierung, Gewinne für private *Shareholder* werden aus vormals staatlichen Investitionen von Steuergeldern gezogen oder massive Einsparungen vorgenommen – zum Leidwesen der Nutzer. Managerismus und Ökonomismus in den Konzernen der Privatwirtschaft kann zum Risiko für systemrelevante Infrastruktur werden. Deshalb gilt es, sich zu entscheiden: systemrele-vante Netze unter staatliche Kontrolle nehmen oder dergestalt auf den Mittelstand zu verteilen, dass die Infrastruktur robust gegen Ausfälle wird. Wer verteilten Systemen oder Konzepten verteilter künstlicher Intelligenz anhängt – auch mit Blick auf Google und seiner Konzen-tration von Macht durch Kontrolle über Daten und intelligente Ma-schinen –, wird diese Frage leicht für sich entscheiden können.

9. Klare Grenzen zwischen Mensch und Maschine ziehen

Wie weit soll der Mensch mechanisiert werden? Wie viel intelligente Maschine soll den Menschen verbessern? Vom optimierten Ohr aus Zellgewebe, das aus dem 3-D-Drucker kommt, haben wir schon ge-hört. Hier geht es um die Frage, die Transhumanisten für sich schon klar beantwortet haben: Es entsteht der *Posthumane*, der Hybrid aus Mensch und Maschine, der *Cyborg*, der den *Homo sapiens* und seine natürlichen Fähigkeiten weit überflügeln wird.

Die Visionen klingen so abenteuerlich, dass wir spöttisch abwin-ken, weil ein solcher technologischer Fortschritt jenseits unserer Vor-stellungskraft liegt. Wir wollen nicht darüber debattieren, welche

Spezies am Ende dieses Jahrhunderts herrschen wird: Der Mensch oder eine neue Mensch-Maschine-Gattung. Die Natur habe natürliche Grenzen eingebaut, denken, hoffen wir, denn bislang ist es uns weder gelungen, die Lichtgeschwindigkeit im Vakuum zu überwinden – bislang gibt es keinen Beweis dafür, dass sich Teilchen im Vakuum schneller bewegen als das Licht –, noch einen Menschen zu klonen. Bei den embryonalen Zellhaufen, die erst vor Kurzem in US-amerikanischen Labors entwickelt wurden, ist noch unklar, ob sie sich zum vollen menschlichen Klon austragen ließen.[7, 8]

Tatsächlich aber sehen die intellektuellen Eliten den drohenden Posthumanen als die größte Herausforderung für die Gesellschaft des 21. Jahrhunderts. Einer der prominentesten Vertreter des Transhumanismus, Ray Kurzweil (*1948), ist technischer Direktor des immer mächtiger werdenden Technologiekonzerns Google. Allein dieser Umstand, verbunden mit den zunehmenden Aktivitäten Googles auf dem Gebiet der künstlichen Intelligenz in seinen Geheimlabors, darf uns gehörig Sorgen machen. Milliarden fließen in die Forschung des Posthumanen – in jene *Cyborgs*, die die natürliche Evolution Geschichte werden lassen sollen. Dazu setzt der Transhumanismus dort an, wo wir in unserer Eigenliebe in einen undifferenzierten Selbstoptimierungswahn verfallen. Unsere irrationale Technikgläubigkeit hilft freiwillig mit, dazu kommen ungeheure Fortschritte auf dem Gebiet der Medizin – die Prothese eines Oscar Pistorius, der Rollstuhl, der Gedanken liest, der Hirnschrittmacher für Schlaganfallpatienten. Der Transhumanismus ist eine sehr reale Bedrohung für den *Homo sapiens*. Mag sein, dass wir heute noch zu früh diskutieren, eventuell schläft die Debatte wieder ein, doch die technische Entwicklung nimmt dennoch ihren Lauf. In einem abgeflauten Rummel taucht er dann doch eines Tages auf, der Posthumane, der zur Nummer eins auf dem Planeten werden will, etwa so, wie der kürzlich produzierte embryonale Zellhaufen nun doch zum ersten geklonten Menschen heranwachsen könnte.

Wir brauchen einen klaren Standpunkt – sowohl eine gesetzliche Regelung als auch ein gesellschaftsweites Technikethos –, wie weit die informationelle Aufrüstung des Menschen gehen darf. Im Bereich

der Medizin sind wir gerne bereit, kranken Menschen jede erdenk-
liche technische Hilfe zuteil werden zu lassen, damit sie ein möglichst barrierefreies Leben führen können. Mit jeder weiteren Form
der technischen Aufrüstung zur Leistungssteigerung sollten wir hingegen sehr restriktiv umgehen. Wer heute zu den Armen zählt, hat
ohnehin geringere Chancen auf Bildung oder Gesundheit. Die sowieso gähnende Kluft zwischen Arm und Reich würde sich nur noch
weiter spreizen, weil sich nur finanzielle Eliten die eigene technische
Aufrüstung leisten können.

Und umgekehrt? Sicher scheint, dass intelligente Maschinen auch
langfristig menschliche Emotionen, Kreativität und Instinkt nur
werden nachahmen können. Was uns auf lange Sicht als Unterschei-
dungsmerkmal bleibt, sind eben jene kantischen Eigenschaften von
Gewissen, Verantwortungsbewusstsein und der Fähigkeit zu morali-
schem Handeln. Gerade sie sind Ursache und Ziel des Menschen als
»Krone der Schöpfung«. Auf lange Frist ist nicht einzusehen, weshalb Maschinen, so intelligent und menschlich sie sich auch geben
mögen, je etwas anderes als erschaffene Objekte sein sollen, nicht
mehr als ein neues Repertoire von Instrumenten, vervollkommnet
und weiter fortgeschritten zwar, aber ein Instrumentarium, das dem
Menschen dient und das er weiter beherrscht. Nur klarstellen muss
man es.

Die Aufgaben der Technologen

10. Maschinen sozialisieren: Conventions by Design

Mit dem Internet der Dinge sollen alle Gegenstände unseres Alltags mit einem Netzwerkzugang ausgestattet werden: das Auto, das
Haus, der Wecker, der Motorradhelm, die Zahnbürste. Die Gegenstände unseres Alltags und ihre Sensoren beobachten, zeichnen auf
und vermessen uns, um uns mehr oder weniger gute Ratschläge für
ein bequemeres Leben zu erteilen. Doch die Vision geht weiter –
selbst einzelne Sensoren, nicht nur die auf sie bauenden Mechanis-

men der Schlussfolgerung, sind intelligent, miteinander vernetzt und sollen kommunizieren. Manche optimale Aufgabenlösung sollen sie direkt untereinander aushandeln, wobei wir bei realen Anwendungsfällen echter Multi-Agenten-Konzepte angelangt wären.

Nicht alle Funktionen des Internets der Dinge müssen sich dabei notwendigerweise »vor Ort«, das heißt im Auto oder in der Haussteuerung selbst, befinden. Man denkt vielmehr daran, sie in der globalen Rechnerwolke anzusiedeln. Sicherheit bei der kabellosen Kommunikation ist deshalb essenziell. Wenn Ihr neues, vernetztes Auto bei einer Panne auf der Autobahn zulässt, dass Ihre Werkstatt per Fernwartung auf Ihren Wagen zugreift, bedeutet das gleichzeitig, dass jeder Onlinekriminelle potenziell dasselbe tun kann – etwa um Sie fernzusteuern. Keine erquickliche Vorstellung: Sie fahren auf der Autobahn, und plötzlich gibt ein Unbekannter Gas. Das Szenario ist nicht so abwegig, wie Sie denken; freundliche Zeitgenossen wie Geheimdienste haben sich solchen Gedankenspielen längst hingegeben. Möglich wird die potenziell tödliche Fernsteuerung, weil die Gegenstände des Alltags aus Kostengründen für die Vernetzung *Standardtechnologien* nutzen, die Sicherheitslücken schon deshalb aufweisen, weil sie vorsätzlich offen gelassen werden, wie wir es von Betriebssystemen der Firma Microsoft wissen.

Manchmal berücksichtigen auch Systemarchitekturen nicht alle Eventualitäten. Die Argumentation von Mercedes-Chef Zetsche ist deshalb nicht ganz zutreffend, wenn er über seine autonomen Autos sagt, sie bergen keine Sicherheitsrisiken, weil unsere Flugzeuge schließlich auch vom Autopiloten gesteuert würden. Der Vergleich hinkt deshalb, weil Flugzeuge bisher kaum mit dem Internet integriert sind. Als geschlossenes System sind sie viel sicherer und unangreifbarer, als es derzeit ein mit dem Internet vernetztes Gerät jemals sein könnte.

Hieraus formuliert sich die Aufgabe der Technologen: Da selbst Datenschutzprobleme oder Angriffe auf die Privatsphäre die technische Entwicklung nicht aufhalten werden, brauchen wir *nicht weniger*, sondern *bessere* Technologie. Denn, so die Argumentation der Autobauer, die Autofahrer wünschten das vernetzte Auto, also müsse man den Kundenwunsch erfüllen. Sind die neuesten Wagen vernetzt, ist es deshalb sinnvoll und sicherer, die Vernetzung nicht direkt mit der Motorsteuerung zu koppeln. Etwa dergestalt dürfen Sie sich die Aufgaben der Technologen ausmalen. Sie sollen mehr Sicherheit und Privatsphäre schon in frühen Entwicklungsphasen, etwa beim Design der Systeme, berücksichtigen. Man kann den Ansatz weit fassen und ihn als *Conventions by Design* bezeichnen. Bei *Security by Design* geht es um erhöhte Sicherheit des Internets der Dinge, bei *Privacy by Design* um den Erhalt der Privatsphäre. Auch in diesen Belangen sind die Fraunhofer-Institute Vorreiter.[9] Hier verlangt man explizit, »Technik [dürfe] den Menschen nicht überfordern«[10]. Das Fraunhofer-Institut für sichere Informationstechnologie in Darmstadt forscht deshalb unter anderem an Assistenzsystemen, die dafür sorgen sollen, den Nutzer in Fragen der Sicherheit und Privatsphäre praktisch zu entlasten.[11]

Doch bei diesen klassischen Problemen bleibt es nicht. Ein instruktives Beispiel: die Hochfrequenzalgorithmen der Börsenhändler und ihre Abertausende *Micro Flashes*, die sie seit 2006 allein am US-amerikanischen Markt verursacht haben. Hier »benehmen« sich die algorithmischen Marktteilnehmer nicht manierlich genug und verursachen Instabilitäten und Risiken, weil sie sich stauen, drängeln und verhaken. Der Grund: Sie interagieren mit ihrer elektronischen Handelsplattform nur gemäß Schnittstellenspezifikation. Der Handelsalgorithmus A tauscht mit der Börse B so und so Daten aus. Doch dieses einfache Schema trägt den in der Interaktion entstehenden Wechselwirkungen zwischen Maschinen nicht Rechnung. Derzeit sind keine Regeln vorgesehen, wie jene Maschinen *miteinander* umgehen sollen, wo sie aufeinanderprallen, ohne dass ihr Zusammentreffen explizit programmiert worden wäre. Das Problem wird umso dringlicher, als Big-Data-Apologeten schon heute davon schwärmen, welche phantastischen Dinge denkbar wären, wenn die meisten Funktionen des Internets der Dinge Daten und Informationen in der globalen Cloud austauschten. Die unbekannten Wechselwirkungen zwischen vielen Maschinen werden zum Problem, es wird immer wieder zu unerklärlichen Datenlagen kommen. Eine falsche Datenlage oder »-spitzen«, das weiß der erfahrene Data Scientist, lösen die Dynamik des nicht-linearen Systems aus. Es kommt zu falschen Schlussfolgerungen der Maschine genauso wie zu falschen Kontrollentscheidungen. Wie ein Domino können so globale Effekte auftreten, die niemand gewollt, implementiert oder je getestet hat.

Damit die Forderung nach maschinellen Benimmregeln nicht abstrakt bleibt, betrachten wir das Beispiel des Piloten, der im Anflug auf seinen Zielflughafen an den Tower funkt, man möge ihn bitte für die Landung priorisieren, sein Treibstoff sei sehr knapp.

Jeder kann nachvollziehen, wie sinnvoll die Regel ist, Flugzeuge mit nur noch geringem Treibstoffvorrat schnellstens landen zu lassen. Doch bald beginnen einige Piloten, die Regel zu missbrauchen. Sie täuschen den Tower: Ihnen gehe das Kerosin aus. Eigentlich stimmt das aber nicht, doch sie hoffen, so ihre Verspätung aufzuholen.

Gegen solche Schummeleien helfen *Rules of Encounter*, »Verhaltensregeln«. Sie können auch Maschinen sozialisieren. Dabei handelt es sich um Regeln im »Leben« der Maschinen, an die sich alle zu halten haben und deren Nichtbeachtung zu einem wirtschaftlichen Nachteil für diejenige Maschine führt, die die Konvention verletzt. Gut konstruierte Interaktionsregeln für Maschinen gehen über den reinen Datenaustausch hinaus und führen zur Selbstregulierung der Maschinengesellschaft in Echtzeit.

Der Tower wird den Piloten, der Treibstoffknappheit funkt, immer priorisieren, aber für jeden Platz, den er weiter vorrückt, muss er einen Betrag *n* zahlen. Die Kosten für die kleine Lüge werden endlich so hoch, dass es sich nicht mehr lohnt, sich nach vorne zu drängeln.

Konventionen für gutes Benehmen können auch bei den unvermeidlichen Wechselwirkungen des Internets der Dinge Abhilfe schaffen. *Rules of Encounter* vermeiden Extremereignisse durch unbekannte Wechselwirkungen, weil sie über eine intrinsisch dämpfende Dynamik verfügen. Wenn Technologen jene Konventionen schon früh berücksichtigen und in das Internet der Dinge einbauen, können wir sicher sein, dass systemische Risiken intelligenter Maschinen gemanagt werden, auch ohne dass wir den Blick ständig auf unsere maschinellen Paralleluniversen richten müssen. Intelligente Maschinen mögend schnurrend ihre vielfältigen Aufgaben ausführen, aber die Spielregeln bestimmt immer noch der Mensch.

Liebes Deutschland: Florian Mayhoff korrespondiert

Erst gestern hast du mir streng und entrüstet geschrieben, ich solle meinen Mathematikern und Physikern und Data Scientists sofort Einhalt gebieten: Wenn ihre intelligenten Maschinen den freien Menschen bedrohten, müssten wir die Entwicklung an Big Data augenblicklich abbrechen.

Ich muss dir erwidern, dass meine Wissenschaftler enttäuscht auf deine Forderung reagiert haben. Sie sind niedergeschlagen, weil du einmal mehr ihren großen intellektuellen Anteil an der technischen Entwicklung nicht anerkennst. Sie fühlen sich zu Unrecht von dir bedrängt, denn sie sind die Ersten, bei denen sich die Verantwortung regt, wenn sie an die Folgen ihrer Entwicklungsleistung denken – lange bevor du selbst es tust. Deswegen haben viele von ihnen schon vor Jahren dein Land verlassen und sich mehr Wertschätzung im Ausland erworben.

Liebes Deutschland, deine *German Techno Angst* ist kein guter Ratgeber. Sie hat dein Land ergriffen, seit Stricknadeln und Wollsocken in dein Parlament Einzug hielten. Wir glauben, sie ist Folge dessen, dass deine Parlamente von Juristen und Beamten dominiert sind.[12] Ja, ich gebe zu, meine Data Scientists sind wie scheue Rehe, *Nerds*, *Geeks*, *Introverts*, und häufig verweigern sie sich Öffentlichkeit und Politik. Aber blickst du manchmal nicht – ganz unangebracht – mit Neid auf jene, die echte, »harte« Wissenschaft betreiben und genau deshalb viele Details industrieller und wirtschaftlicher Vorgänge, der Produktion, des Managements von Wertschöpfungsketten, Cash Flows und Information, eben die deutsche Lebenswirklichkeit in ihrer ganzen Breite und Tiefe, verstehen? Sie verfügen über ein Wissen, das deinen Volksvertretungen seit Jahrzehnten fehlt, und das macht dir jetzt Angst. Zu lange hast du dich mit Dienstleistung, Beratung und geringer Produktionstiefe zufriedengegeben, jetzt wird dir bange vor deinen Ingenieuren und Technologen, und es fällt dir nichts ein in deinem Erschrecken, als sie aufhalten zu wollen.

Wir verstehen deinen Naturromantizismus, aber unsere gesellschaftliche Zukunft kann so wenig von Technikfeindlichkeit wie von der überschwänglichen Begeisterung für digitale Technologien abhängen. Umsichtiger wäre es, würdest du eine agnostische Haltung gegenüber der aktuellen technischen Entwicklung einnehmen. Und bilde dich informationstechnologisch weiter, liebes Deutschland, damit du verstehst, dass dieselbe Technik, über die du heute so angstvoll den Stab brechen willst, ebenso dazu dient, deine Infrastruktur der Zukunft zu verbessern – deine Städte vom überbordenden Lieferverkehr zu entlasten, deine grüne Energie optimal über deine schönen Landschaften zu verteilen, deine Wasserressourcen sinnvoll einzusetzen. Dein künftiger Wohlstand könnte auf den neu aufkeimenden digitalen Technologien aufbauen, und solange du dich nicht zu *Postwachstum* bekennst, wäre es höchst unklug, die aktuelle Entwicklung in deinem Land einfach abzubrechen. Ich rate dir, nicht angsterfüllt auf intelligente Maschinen zu starren, einmal mehr »die Reißleine« zu ziehen und unverständliche technologiestrategische Entscheidungen zu treffen.

Ich weiß, du willst am liebsten in deiner Komfortzone verharren und gar kein Risiko eingehen. Risiko! Am Risiko stirbt man, glaubst du. Du hast keine Risikokultur, deshalb auch keine Risikokapitalkultur und keine eigene, schlagkräftige informationelle Industrie. Wenn du die noch verbliebene Initiative, deine Mensch-Maschine-Zukunft aktiv zu gestalten, im Keim erstickst, hast du verloren. Wenn du weiter wie blockiert in deiner Paralyse verharrst, liebes Deutschland, wirst du sehen, dass du in wenigen Jahren an informationeller Infrastruktur nichts Attraktives in der Auslage hast. Denn die von Westen und Osten kommen, werden keine Rücksicht auf dich nehmen und dich überrollen, auch und erst recht, wenn du ihnen nichts entgegensetzen kannst. Denn auch der schlafende Drache im Osten ist erwacht und hat dich informationstechnologisch längst überholt.

Nein, was ich mir von dir wünsche, sind neue Helden der Tugend. Du hasst das Wort »Held«. Deine Helden sind von zwei Weltkriegen hinweggerafft, und Tugenden sind der Ideologie des Relativismus und der Nutzenmaximierung zum Opfer gefallen. Trotzdem möchte ich dich kämpfen sehen: für das Paretooptimum und gegen die Profitmaximierung, für den freien Menschen und die Demokratie – gegen Überwachung, Kontrolle, Zensur und Manipulation durch staatliche und private Einrichtungen. »Wenn du einen Fuchs fangen willst, brauchst du einen Fuchs«, soll J. Edgar Hoover einmal gesagt haben. Wenn du jetzt deine technologische Entwicklung abbrichst, wird das nur mehr die nächste technologische Tragödie für dein Land. Deine Freiheit braucht Füchse, Helden, Jeannes d'Arc der Freiheit. Sie sind Einzelne ohne geradlinige Vita, ohne die geplante Karriere von der Universität über das Bundesamt für Statistik bis hin zur Frühverrentung. Die Besten sind die, die eine Rechnung offen haben mit jenem, den sie jagen. Deutschland, ich will Jäger sein. Ich will sehen, wie sich deine Technologieelite erhebt, die Rüstung des Lichts anlegt und das Erbe eines David Hilbert antritt, denn noch trägt sie dessen Gene in sich. Deshalb bringe ich meinen Data Scienstists meine vollste Wertschätzung entgegen, damit sie angespornt und inspiriert bleiben, dir die beste, intelligenteste Technologie zu liefern, derer sie fähig sind, ohne den freiheitlichen Menschen zu verwunden. Eine humanisierte digitale Welt wird Faszination auf andere ausüben, und genau darin liegen Reiz, Wachstumspotenzial und eine neue Attraktivität Europas. Nimm deine Verantwortung für die Zukunft und für Europa wahr. Sei Zugpferd und nicht gegen, sondern mit uns. Dazu musst du mehr in die Waagschale werfen. Mehr Mut, schnelles Handeln, größere Entschlossenheit und, ganz banal, mehr Geld. Aber damit kann man sie bauen, die lebenswerte Mensch-Maschine-Zukunft. Das hast du im letzten Jahrhundert schon einmal bewiesen. Wenn du willst, kann es dir ein zweites Mal gelingen.

Nachwort

»Sie müssen ein Buch schreiben«, ermunterte mich Frank Schirrmacher († 12. Juni 2014).

Das war im Sommer 2013. Wir liefen über den Gang seines Büros bei der Frankfurter Allgemeine Zeitung zum Aufzug.

»Sie wissen, wie die Systeme funktionieren«, fuhr er fort. »Ihnen glaubt man – ich hingegen bin nur Beobachter.«

Wäre dieses Buch eine Doktorarbeit, Frank Schirrmacher wäre mein Doktorvater. Dass er diese Seiten mit ihren Geschichten, die ihm so wichtig waren, dass er sie selbst lektorieren wollte, nie in Händen halten würde, hätte ich mir niemals träumen lassen. An jeder einzelnen Seite, entstanden im gemeinsamen guten Kampf für die Idee vom freien Menschen in einer algorithmisch kontrollierten Expertokratie, wie sie derzeit am Horizont heraufdämmert, hat er seinen Verdienst. Seine Leistung liegt darin, mich angefeuert zu haben, meine Kenntnisse und Erfahrungen so aufzuschreiben, dass ihm das Lesen Freude gemacht hätte. Allein seine Ermunterung wirkte wie eine Art Mäzenatentum. Einerseits hat er eine Gabe zum Schreiben aus mir hervorgelockt, andererseits begleitete er die Entstehung dieses Buchs im Hintergrund, indem er die Debatte um Big Data und seine Technikfolgen intensiv befeuerte. Das Besondere an ihm: Er förderte, ohne eine Gegenleistung dafür zu verlangen. Solche Menschen sind höchst selten. *Leadership* nennen dies die Managementtheoretiker – »Menschenführung durch Inspiration«, durch Begeisterung. Dieser Spirit, der Frank Schirrmacher selbst umgab und den er in anderen entzünden konnte, wird mir persönlich unendlich fehlen. Ich kann kaum fassen, dass ich nur ein Jahr mit ihm auf dem Weg sein durfte. Und bin tief betroffen, dass aus einem Nachwort ein Nachruf geworden ist.

Als im Vorfrühling des Jahres 2013 ein eisiges arktisches Wintertief Europa noch für zwei weitere Monate in seinem frostklirrenden Griff halten würde, erschien ein Buch über die zunehmende Eiseskälte in unserer Gesellschaft. Informationsökonomie, Nutzenmaximierung, The-winner-takes-it-all-Mentalität, Optimierung, alle ihre Namen sind Ausdruck desselben Phänomens. Was Frank Schirrmacher in seinem Buch *Ego – Das Spiel des Lebens* in der schönen, kultivierten Sprache des Hochfeuilletons beschrieb, war ein gesellschaftlicher Umbruch – ungewollt entfacht von einer mathematischen Wissenselite militärischer Provenienz, deren Modelle der nicht-kooperativen Spiele, der Spieltheorie, nach dem Ende des Kalten Krieges auf die Wirtschaft übergegriffen hatte, angefeuert durch die globale Verbreitung hoch leistungsfähiger Computer und schließlich entfesselt von den Leaders, Chairmans und Founders unserer modernen Wirtschaft, allen voran jenen aus Finanzwirtschaft und Internetökonomie. Sie hatten sie losgetreten, diese neuen Geschäftsmodelle, die uns den amerikanischen Traum verhießen: Alles ist Markt, und ich kann alles für mich gewinnen. Dazu spiele ich unkooperativ, denn das ist vernünftig, wenn ich mein Ziel erreichen will. Der Gewinner, das will ich selbst sein. Und dafür musst du zum Verlierer werden.

Frank Schirrmachers *Ego* fokussierte auf den Aspekt der Spieltheorie für die Optimierung, in für einen Nichttechnologen erstaunenswert vollständiger Beschreibung eines mathematischen Modells und seiner bisherigen technischen Umsetzungen, die Egoismus und Maximierung des eigenen Nutzens zum ersten Lebensziel erklärten und, das betonte er stets besonders, dies als vernünftig deklarierten. Dabei sei weder an (sozialer) Marktwirtschaft noch Technologie per se etwas auszusetzen, wie Frank Schirrmacher immer wieder unmissverständlich aussprach. Was ihn umtrieb, waren vielmehr die Folgen für unsere Gesellschaft. Der zunehmende Gebrauch von Optimierern, denen wir künftig in Form intelligenter Maschinen überall begegnen würden, sollte Spuren in unseren Seelen hinterlassen. Sie würden unseren Verstand, unseren Willen und unsere Gefühle verändern, wenn wir ständig der Idee ausgesetzt wären: Es ist vernünftig, wenn ich mich egoistisch verhalte.

Frank Schirrmachers Anliegen war es aufzuklären, sein Wunsch, dass wir aus unserer Naivität und Ungläubigkeit heraustreten, die uns zur leichten Beute jenes »Monsters«, wie er es nannte, machen würden. Ihm war daran gelegen, jenem »Nummer 2«, dem stark verkürzten egoistischen *Homo oeconomicus*, das Handwerk zu legen, indem wir uns darauf zurückbesinnen sollten, was unsere spezifischen europäischen Werte wären. Die Vernunft des Egoismus ist es nicht – obwohl seit Adam Smith (1723–1790) der Egoismus als ordnendes Prinzip des Kapitalismus, in dem alle Völker zu Reichtum gelangen können, solange sie ihr eigenes Wohl verfolgen, propagiert wird. Die Ordnung hat sich nicht eingestellt, und Exzesse wie zu Beginn des Industriezeitalters haben unsere Vorfahren schmerzens- und entbehrungsreich erleben müssen. Eigentlich dachten wir, sie überwunden zu haben.

Wenn Frank Schirrmacher als scharfsinniger Beobachter des Informationskapitalismus auftrat, dann erzählt das Buch, das Sie jetzt in Ihren Händen halten, die Geschichte von *Ego* aus der Sicht seiner technischen Baumeister. Es stellt keine großartigen, neuen Theorien auf, sondern erzählt anekdotisch die Biografien von Wissenschaftlern, die zu Recht von sich sagen können: »Wir sind Ego.« Denn *Ego* ist Realität und hat eine Geschichte. Heute hat sie uns als »Big Data« eingeholt und seine Architekten und Erbauer nachdenklich gemacht wie Dürrenmatts Physiker. Die modernen Sacharows und Einsteins mahnen heute vor der Mächtigkeit ihrer eigenen Technologien. Eine aktuelle Wendung hat diesem Buch auch die »Causa Snowden« verliehen, und sein Fokus liegt, anders als bei *Ego*, auf der Warnung vor dem Totalverlust unserer Freiheiten in einer von intelligenten Maschinen vollständig überwachten und kontrollierten Welt, in der wir keine Privatsphäre mehr kennen werden. Es mahnt mehr als *Ego* vor neuerlichen Exzessen eines Marktes, der noch keine Regeln für die Schöne Neue Welt gefunden hat. Und das zugunsten eines noch höheren *Shareholder Value*, denn um des Geldes und der Macht willen macht der Kapitalismus vor nichts Halt – nicht vor unserer Selbstbestimmung, nicht vor unserem Verstand, nicht vor dem, was uns zum Menschen und unsere Gesellschaft zu einer freiheitlichen macht.

Ohne *Ego* gäbe es dieses Buch nicht. Ohne die Inspiration Frank Schirrmachers wäre keine einzige Seite beschrieben. Mit Frank Schirrmacher haben der freie Mensch und seine Königswürde einen visionären Fürsprecher verloren, der nicht nur das intellektuelle Format hatte, seiner journalistischen Profession fremde Zusammenhänge tief zu erfassen und geistreich einzuschätzen. Was die Technikfolgenbewertung der digitalen Revolution angeht, ruft sein früher Tod diejenigen von uns, die er zu schreiben beseelt und zu gesellschaftlichem Engagement aufgerufen hat, künftig noch stärker in die Pflicht. Denn auch das gehört zu seinem Vermächtnis: dass wir die Verantwortung übernehmen, eine gesellschaftliche Debatte zu einem guten Ende zu führen, damit die Menschenwürde auch im Informationskapitalismus garantiert bleibt. Dafür hat er seinen Mitstreitern, darunter Shoshana Zuboff, Evgeny Morozov, Jaron Lanier, Sascha Lobo, Constanze Kurz, Juli Zeh und vielen anderen sein Feuilleton als Debattenplattform geöffnet. Doch die Macht seines eigenen Wortes wird unersetzlich bleiben.

Mit seinem Engagement für die Menschenwürde hat er viel Gutes in die Waagschale seines Lebens geworfen. In der Ewigkeit möge es ihm in dem Maße angerechnet werden, wie er auf Erden für den freien Menschen gekämpft hat.

Danke, Frank Schirrmacher. Mögen Sie in Frieden ruhen.

Yvonne Hofstetter, 15. Juni 2014

Anmerkungen

Vorwort

1 Cisco. 2013. Cisco Visual Networking Index: Forecast and Methodology, 2012–2017. S. 6. San Jose, CA: Cisco.
2 Huber, Johann. 2013. *HR Management Entscheide dank Echtzeitdaten über das Wohlbefinden und den Stressstatus Ihrer Mitarbeiter*. Präsentation vom 4.12.2013 anlässlich der Konferenz: Algorithmus – Wie nutzen wir die Datenflut? London: Soma Analytics.

Eins. Genesis

1 Barry, John. 1992. *Sea of Lies. The inside story of how an America naval vessel blundered into an attack on Iran Air 655 at the height of tensions during the Iran-Iraq War, and how the Pentagon tried to cover its tracks after 290 innocent civilians died.* New York, NY: Newsweek LLC
   http://www.newsweek.com/sea-lies-200118 (abgerufen am 13.04.2013)
2 Zur Geschichte von Iran Air 655 vergleiche:
   Evans, David. 2002. *Vincennes. A CasesStudy. In:* Naval Science 304: Navigation and Naval Operations II. Albuquerque: University of New Mexico.
   http://www.unm.edu/~nrotc/ns304/lesson20.htm (abgefragt am 13.04.2014)
3 Inman, Matthew. 2012. *Why Nikola Tesla was the greatest geek who ever lived.* Seattle, WA: theoatmeal.com.
   http://theoatmeal.com/comics/tesla (abgerufen am 30.12.2013)
4 The Fort Wayne Journal-Gazette. 1917. *New Yankee tricks to circumvent the U-Boat.* Fort Wayne, IN: The Fort Wayne Journal-Gazette.
   http://teslaresearch.jimdo.com/articles-interviews/new-yankee-tricks-to-circumvent-the-u-boat-the-fort-wayne-journal-gazette-fort-wayne-indiana-sunday-morning-august-19-1917/ (abgerufen am 30.12.2013)
5 Knapp, Alex. 2012. *Nikola Tesla wasn't god and Thomas Edison wasn't the devil.* New York, NY: Forbes.com.
6 Fogarty, William. 1988/1993. *Formal investigation into the circumstances surrounding the downing of Iran Air Flight 655 on 3 July 1988.* Washington, D. C.: Department of Defense.
   http://homepage.ntlworld.com/jksonc/docs/ir655-dod-report.html (abgerufen am 20.08.2013)

7 Swartz, Luke. 2001. *Overwhelmed by technology: How did user interface failures on board the USS Vincennes lead to 290 dead*. Stanford, MA: Stanford University. http://xenon.stanford.edu/~lswartz/vincennes.pdf (abgerufen am 07.08.2013)

8 Nelson, Nigel. 2013. *Syrian warplanes flee after testing defences at British air base in Cyprus*. London: Trinity Mirror plc. http://www.mirror.co.uk/news/uk-news/syrian-warplanes-flee-after-testing-2259425#ixzz2nMKcQRg0 (abgerufen am 18.12.2013)

9 Defense Industry Daily. 2013. *The wonders of Link 16 for less: MIDS-LVTs*. Thetford, VT: Watershed Publishing, defenseindustrydaily.com. http://www.defenseindustrydaily.com/the-wonders-of-link-16-for-less-mids-lvts-updated-02471/ (abgerufen am 16.12.2013)

10 Nelson, Nigel. 2013. *Syrian warplanes flee after testing defences at British air base in Cyprus*. London: Trinity Mirror plc. http://www.mirror.co.uk/news/uk-news/syrian-warplanes-flee-after-testing-2259425 (abgerufen am 15.12.2013)

11 Cenciotti, David. 2013. *Assad launched two Syrian Air Force Su-24 attack planes towards Cyprus to probe British airbase's air defenses*. Rome: The Aviationist. http://theaviationist.com/2013/09/08/fencer-probe/ (abgerufen am 15.12.2013)

12 Die Entscheidungsvorlage über die Stornierung der Beschaffung ist online einsehbar unter: http://www.documentcloud.org/documents/781958-2012-verteidigungsministerium-beschaffung-serie.html (abgerufen am 17.12.2013)

13 Eine gut recherchierte Rekonstruktion des »Euro Hawk Debakels« hat Philip Faigle von der *Zeit* erstellt. Seinen Onlineartikel hat er mit Links zu Verschlusssachen des Bundesverteidigungsministeriums unterlegt. Faigle, Philip. 2013. *Der Absturz des Euro Hawk*. Hamburg: Zeit Online. http://www.zeit.de/politik/deutschland/2013-08/drohnen-dokumente-euro-hawk-skandal-rettung/seite-2 (abgerufen am 16.12.2013)

14 Northrop Grumman. 2013. *Capabilities: Global Hawk*. Falls Church, VA: Northrop Grumman. http://www.northropgrumman.com/capabilities/globalhawk/Pages/default.aspx (abgerufen am 16.12.2013)

15 Rosenberg, Zach. 2012. *Loose wire caused Afghanistan Global Hawk crash*. Washington, D.C.: Reed Business Information, FlightGlobal.com. http://www.flightglobal.com/news/articles/loose-wire-caused-afghanistan-global-hawk-crash-369238/ (abgerufen am 17.12.2013)

16 Fast zeitgleich zum Absturz einer Hawk kollidierte eine amerikanische RQ-7 Shadow mit einem Transportflugzeug: Hodge, Nathan. 2011. *U.S. says drone, cargo plane collide over Afghanistan*. New York, NY: The Wall Street Journal. http://online.wsj.com/news/articles/SB10001424053111903480904576512081215848332 (abgerufen am 17.12.2013)

17 »Eine Nutzung in zeitweilig gesperrten/reservierten Lufträumen (Temporary Restricted Airspace – TRA) ist unkritisch und gängige Praxis. Die freie Wahl des Flugweges deutlich oberhalb des zivil genutzten Luftraumes ist auch heute bereits weitestgehend möglich. Der operative Einsatz eines HALE-Systems lässt

sich durch die Nutzung von zeitweise zu sperrenden Lufträumen für den Steig- und Sinkflug sowie der Missionsdurchführung oberhalb des zivilen Luftverkehrs bereits heute grundsätzlich sicherstellen.«

Bundesministerium der Verteidigung. 2013. *Bericht der Ad-hoc-Arbeitsgruppe EURO HAWK.* S. 9. Berlin: Bundesministerium der Verteidigung.

18 Leithäuser, Johannes. 2014. *Global Hawk fliegt über Deutschland.* Frankfurt: Frankfurter Allgemeine Zeitung.
http://www.faz.net/aktuell/politik/aufklaerungsdrohne-global-hawk-fliegt-ueber-deutschland-12928475.html (abgerufen am 09.05.2014)

19 Sweetman, Bill. 2013. *Global Hawk variants face airspace showstoppers.* Washington, D.C.: Aviation Week & Space Technology.
http://www.aviationweek.com/Article.aspx?id=/article-xml/asd_08_21_2013_p01-01-608655.xml (abgerufen am 16.12.2013)

20 ECAC Member States. 1995. *ACAS policy.* Brüssel: Eurocontrol.
http://www.eurocontrol.int/articles/acas-policy (abgerufen am 17.12.2013)
https://www.eurocontrol.int/articles/history-future-airborne-collision-avoidance (abgerufen am 30.12.2013)

21 EU Kommission. 2011. *Verordnung (EU) Nr. 1332/2011 der Kommission zur Festlegung gemeinsamer Anforderungen für die Nutzung des Luftraums und gemeinsamer Betriebsverfahren für bordseitige Kollisionswarnsysteme. Artikel 2, Ziffer 2.* Brüssel: EU Kommission.

22 Bundesstelle für Flugunfalluntersuchung. 2004. *Untersuchungsbericht.* S. 104. Braunschweig: Bundesstelle für Flugunfalluntersuchung.
http://www.bfu-web.de/DE/Publikationen/Untersuchungsberichte/2002/Bericht_02_AX001-1-2.pdf?__blob=publicationFile (abgerufen am 17.12.2013)

23 Bundesministerium der Verteidigung. *Bericht der Ad-hoc-Arbeitsgruppe EURO HAWK.* S. 9.

24 Northrop Grumman. *Capabilities: Global Hawk.*
http://www.northropgrumman.com/capabilities/globalhawk/Pages/default.aspx (abgerufen am 23.12.2013)

25 Faigle, Philip. *Der Absturz des Euro Hawk.*

26 »It's been said that behind every great fighting force there's the power of information. NATO Mid-Term gives us phenomenal new tools to process and disseminate critical information in seconds across the entire battlespace.«
»NMT will also enable us to transition to the net-centric environments of the future, where we will continue to leverage this critical information platform to its maximum potential. NMT is the digital bridge that takes us beyond airborne command and control and into the new age of Information and true Battlespace Management.«
Public Affairs Office. *The NATO Mid-Term Programme 1997–2008.* Geilenkirchen: NATO Airborne Early Warning and Control Force E-3A Component http://www.e3a.nato.int/eng/html/organizations/nmt.htm (abgerufen am 18.12.2013)

27 BBC. 2013. *Google buys military robot-maker Boston Dynamics.* London: British

Broadcasting Company.
http://www.bbc.co.uk/news/technology-25395989 (abgerufen am 15.01.2014)

28 Public Affairs Office. 2013. *Fact sheet*. Geilenkirchen: NATO Airborne Early Warning and Control Force E-3A Component.
http://www.e3a.nato.int/common/files/en_factsheet_apr2013.pdf (abgerufen am 30.12.2013)

29 Skillman, William. 2013. *The AWACS story*. Catonsville, MD: skillmansofamerica.com
http://skillmansofamerica.com/the%20AWACS%20story.pdf (abgerufen am 19.12. 2013)

30 Office of the Inspector General. 2004. *Acquisition. The NATO AWACS Mid-Term Modernization Program »Global Solution« (D-2004-069)*. S. 2. Washington, D.C.: Department of Defense.
http://www.dodig.mil/audit/reports/fy04/04-069.pdf (zuletzt abgerufen am 19.12. 2013)

31 Ibid.

32 Leiter des Presse- und Informationsstabes. 2012. *Überblick: Fliegende Radarstationen – das System AWACS*. Berlin: Bundesministerium der Verteidigung.
http://www.bundeswehr.de/portal/a/bwde/!ut/p/c4/04_SB8K8xLLM9MS-SzPy8xBz9CP3I5EyrpHK9pPKUVL1ivczcgqLU4uLSXP2CbEdFAPx63fY!/ (abgerufen am 19.12.2013)

33 Fuchs, Christian. 2013. *Geheimer Krieg. Verhängnisvolle Urlaubsreise*. Hamburg: Norddeutscher Rundfunk.
http://www.geheimerkrieg.de/#entry-20-6042-verhaengnisvolle-urlaubsreise (abgerufen am 19.12.2013)

34 Genau: NATO Airborne Early Warning and Control (AEW&C) Program Management Organization.

35 Bergmann, Christian; Weller Marcus. 2013. ARD Fakt. *NSA PRISM – Deutsche Forschung für US-Geheimdienste*. Video, veröffentlicht am 03.09.2013. Leipzig: Mitteldeutscher Rundfunk.
https://www.mdr.de/fakt/usa_bezahlt_deutsche_forschung102.html (abgerufen am 29.05.2014)

36 Heute gehört die Bunkeranlage Fridolin zu den *Lost Places* und sucht neue Mieter.

37 Das bemerkenswerteste Buch zu »Schwarzen Schwänen« hat ein Mathematiker und Quant libanesischer Herkunft geschrieben:
Taleb, Nassim Nicholas. 2007. *The Black Swan. The Impact of the Highly Improbable*. New York, NY: Random House. Deutsch im Carl Hanser Verlag, München.

Zwei. Die intellektuelle Emanzipation der Maschinen

1 Luck, Michael; McBurney, Peter; Shehory, Onn; Willmott, Steve and the Agent-Link Community. 2005. *Agent technology: Computing as interaction. A roadmap for agent based computing*. S. 76. Southampton: University of Southampton.

2 Mattheis, Martin. 2008. *Aphorismen und Sprüche zur Mathematik*, S. 1b. Mainz: Frauenlob Gymnasium.
http://www.mathematik.uni-mainz.de/Members/mattheis/listen/mathphorismen (abgerufen am 30.05.2014)

3 Kuneva, Meglena. 2009. *Grundsatzrede anlässlich der Roundtable on online data collection, targeting and profiling.* Brüssel: Europäische Kommission.
http://europa.eu/rapid/press-release_SPEECH-09-156_en.htm (abgerufen am 17.11.2013)

4 Bei diesen handelt es sich um: Vereinigte Staaten, Großbritannien, Kanada, Frankreich, Deutschland, Italien, Spanien, die Tschechische Republik, Australien und Neuseeland.

5 Research Now. 2010. *A look at how technology affects us from birth onwards.* Amsterdam: AVG Technologies NV.
http://www.avg.com/digitaldiaries/homepage (abgerufen am 17.11.2013)

6 Gantz, John; Reinsel, David. 2011. *Extracting value from chaos.* S. 4. Framingham, MA: International Data Corporation.

7 Der Hochleistungsrechner Tesla K10-GPU der Firma NVidia verfügt über 3072 Grafikprozessorkerne.

8 Bayer, Martin. 2013. *Hadoop – der kleine Elefant für die großen Daten.* München: Computerwoche.
http://www.computerwoche.de/a/hadoop-der-kleine-elefant-fuer-die-grossen-daten,2507037 (abgerufen am 17.11.2013)

9 Nanex LLC, das Quotes aller amerikanischen Handelsplattformen aufzeichnet, gibt diese Zahl für den amerikanischen Optionshandel an:
http://www.nanex.net/ (abgerufen am 13.01.2014)

10 Das englischsprachige Beispiel findet sich auf der IBM-Website zum Thema Data Analytics: *What is Big Data?*
http://www-01.ibm.com/software/data/infosphere/hadoop/mapreduce/ (abgerufen am 17.11.2013)

11 Das Wort Algorithmus ist eine Abwandlung des Namens des choresmischen Universalgelehrten Muhammed al-Chwarizmi, dessen arabisches Lehrbuch *Über das Rechnen mit indischen Ziffern* (um 825) in der mittelalterlichen lateinischen Übersetzung mit den Worten *Dixit Algorismi*, »Algorismi hat gesagt«, beginnt.

12 Manyika, James; Chui, Michael; Brown, Brad; Bughin, Jacques; Dobbs, Richard; Roxburgh, Charles; Hung Byers, Angela. 2011. *Big data: The next frontier for innovation, competition, and productivity*, S. 11. New York, NY: McKinsey Global Institute of McKinsey & Company.

13 Isaac, Mike. 2013. *Facebook steps up artificial-intelligence efforts with new research lab.* New York, N. Y.: Dow Jones Company, AllThingsD.com.
http://mashable.com/2013/12/09/facebook-artificial-intelligence-lab/ (abgerufen am 13.01.2014)

14 Oreskovic, Alexei. 2013. *Google acquires developer of military robots.* San Francisco, CA: Reuters.

15 Wiegold, Thomas. 2013. *Der Euro Hawk ist Geschichte*. Berlin: augengeradeaus. net.
http://augengeradeaus.net/2013/08/der-eurohawk-ist-geschichte/comment-page-1/ (abgerufen am 18.11.2013)

16 Beispiel: Die Funktionsgleichung sei $f(x)=x2$. Von dieser Funktionsgleichung werden zwei Ableitungen gebildet. Die »erste Ableitung« der Funktionsgleichung, die die Steigung berechnet, ist $f'(x)=2x$. Sie wird auf den Wert null gesetzt: $f'(x)=2x=0$, einfacher: $2x=0$. Aufgelöst nach x ergibt dies $0/2=x$ oder $x=0$. Auf analytischem Weg haben wir so einen Extremwert bei null gefunden. Diesen x-Wert setzen wir in eine »zweite Ableitung« ein, die lautet: $f''(x)=2$. Wenn $f''(x)>0$ ist, und das ist hier der Fall, da $2>0$, hat man auf analytischem Weg das Minimum der Parabel gefunden.

17 Lossau, Norbert. 2013. *Im Netz der Algorithmen*. Berlin: DIE WELT, Axel Springer AG.
http://hd.welt.de/wams-hd/wams-hd_wissen/article120619050/Im-Netz-der-Algorithmen.html (abgerufen am 29.01.2014)

18 Ibid.

19 Süddeutsche Zeitung. 2010. *Der Senator auf der Terroristen-Liste*. München: Süddeutscher Verlag.
http://www.sueddeutsche.de/politik/flughafenkontrolle-der-senator-auf-der-terroristen-liste-1.644168 (abgerufen am 06.12.2013)

20 Zu den Eintrittswahrscheinlichkeiten eines Flugzeugabsturzes auf den Forschungsreaktor des Helmholtz-Zentrums am Wannsee: Fröhlich, Alexander; Metzner, Thorsten; Reichelt, Tobias. 2013. *Wannseeroute könnte neu abgewogen werden*. Potsdam: Potsdamer Zeitungsverlagsgesellschaft mbH & Co.
http://www.pnn.de/brandenburg-berlin/716822/ (abgerufen am 18.11.2013)

21 Taleb, Nassim. 2012. *How we tend to overestimate powerlaw tail exponents*. New York, NY: New York University.
http://www.fooledbyrandomness.com/minexponents.pdf (abgerufen am 18.11.2013)

22 Bellhouse, David 2004. *The reverend Thomas Bayes, FRS: A Biography to celebrate the tercentenary of his birth*. S. 5. London, ON: University of Western Ontario.

23 Ibid., S. 7

24 Unwin, Stephen. 2005. *Die Wahrscheinlichkeit der Existenz Gottes*. Hamburg: discorsi.

25 Rekonstruiert von: Löffler, Winfried. 2007. *Gott als die beste Erklärung der Welt. In: Die Gottesfrage in der europäischen Philosophie und Literatur des 20. Jahrhunderts*. Wien, Köln, Weimar: Böhlau.
http://www.uibk.ac.at/philtheol/loeffler/publ/loeffler_probalistischer_gottesbeweis.pdf (abgerufen am 18.11.2013)

26 Michalski, Peter. 2004. *Mathematik-Formel als Gottesbeweis*. Hamburg: Hamburger Abendblatt, Axel Springer AG.

27 Thomas, Drew. 2005. *The probability of god*, in: *Social Science Statistics Blog*. Boston, CT: The institute of quantitative social science at Harvard University. http://blogs.iq.harvard.edu/sss/archives/2005/10/book_review_the_1.shtml (abgerufen am 12.11. 2013)

28 Mattheis, Martin. 2008. *Aphorismen und Sprüche zur Mathematik*. UNI Mainz. S. 4a.

29 Taleb, Nassim. 2007. *The pseudo-science hurting markets*. New York, NY: Financial Times. http://www.fooledbyrandomness.com/FT-Nobel.pdf (abgerufen am 12.11.2013)

30 Eine ähnliche Meinung vertritt Emanuel Derman: »Ich fürchte, viele Ökonomen wissen nicht sonderlich viel über echte Wissenschaft und deren Effizienz. Ich habe den Verdacht, dass einige von ihnen zu viel Zeit auf das inzestuöse Spiel mit ökonomischen Modellen verwenden, die sämtlich von zweifelhafter Zuverlässigkeit sind. Ich fürchte, wenn ihre Modelle überhaupt funktionieren, dann nur an einem bestimmten Ort, in einer bestimmten Gemeinschaft und zu einer bestimmten Zeit. Viele Ökonomen haben gar keinen Sinn für die Effizienz von Modellen, weil sie nie ein wirklich erfolgreiches Modell gesehen haben. Ich fände es gut, wenn alle Ökonomen verpflichtet würden, einen Kurs in Newton'scher Mechanik zu belegen, damit sie wissen, was ein wirklich gutes Modell zu leisten vermag, und sich danach Modellen menschlichen Verhaltens mit größter Demut nähern.«
Derman, Emanuel. 2013. *Sie wollen alles vorhersagen*. Frankfurt: Frankfurter Allgemeine Zeitung. http://www.faz.net/aktuell/feuilleton/modelle-die-sich-schlecht-benehmen/kolumne-von-emanuel-derman-sie-wollen-alles-vorhersagen-12647653.html (abgerufen am 19.11.2013)

31 Stocker, Thomas; Qin, Dahe; et al. 2013. *Climate change 2013. The physical science basis. Working group I. Contribution to the fifth assessment report of the intergovernmental panel on climate change summary for policymakers*. Bern: Intergovernmental Panel on Climate Change IPCC. http://www.ipcc.unibe.ch/AR5/chapteroutline.html (abgerufen am 19.06.2014)

32 »The computer's techniques for unraveling Jeopardy! clues sounded just like mine«. In: Jennings, Ken. 2011. *My puny human brain*. Washington, D.C.: Graham Holdings Company, The Slate Group. http://www.slate.com/articles/arts/culturebox/2011/02/my_puny_human_brain.html (abgerufen am 13.11.2013)

33 Goethe, Johann Wolfgang von. *Maximen und Reflexionen*. Berliner Ausgabe 2013. Herausgeber: Michael Holzinger, S. 141. Berlin: Holzinger. http://www.zeno.org/Literatur/M/Goethe,+Johann+Wolfgang/Aphorismen+und+Aufzeichnungen/Maximen+und+Reflexionen/Aus+dem+Nachlaß/Über+Natur+und+Naturwissenschaft (abgerufen am 13.11.2013)

34 Übersicht über die Signalanalyse: http://www.airpower.at/news07/0811_kriegima ether/kiae_13.htm (abgerufen am 14.11.2013)

35 Kaiser, Tina. 2013. *Yahoo-Chefin Mayer jagt die Minderleister.* Berlin: DIE WELT, Axel Springer AG.
http://www.welt.de/wirtschaft/article121827512/Yahoo-Chefin-Mayer-jagt-die-Minderleister.html (abgerufen am 06.12.2013)

36 Mallien, Lara. 2008. *Intelligenz in der Natur: Ein Interview mitJeremy Narby.* In: Hagia Chora 30-2008. Klein Jasedow: Human Touch Medienproduktion GmbH.
http://www.geomantie.net/article/read/5820.html (abgerufen am 29.05.2014)

37 http://www.cleverbot.com/

38 Aron, Jacob. 2011. *Software tricks people into thinking it is human.* Surrey: Rees Business Information Ltd.

39 Sommer, Sarah. 2013. *Schatzsucher im Datenmüll.* Frankfurt: Frankfurter Allgemeine Zeitung.
http://www.faz.net/aktuell/beruf-chance/data-scientists-schatzsucher-im-datenmuell-12653635.html (abgerufen am 01.12.2013)

40 Dieter, Miriam; Brugger, Pia; Schnelle, Dietmar; Törner, Günter. 2006. *Zahlen rund um das Mathematikstudium – Teil 2.* Mitteilungen der deutschen Mathematikervereinigung MDMV. S. 106–110. Berlin: Deutsche Mathematikervereinigung.
https://www.uni-due.de/imperia/md/content/mathematik/ag_toerner/mdmv-16-2-106-dieter-etal.pdf (abgerufen am 01.12.2013)

41 Reynolds, Craig. 2001. *Boids. Background and update.*
http://www.red3d.com/cwr/boids/ (abgerufen am 30.11.2013)

42 Lauer, Roman. 2013. *»Einfacher, mit Menschen zu experimentieren als mit Fischen».* Interview mit Jens Krause. Zürich: Schweizer Radio und Fernsehen.
http://www.srf.ch/wissen/mensch/einfacher-mit-menschen-zu-experimentieren-als-mit-fischen (abgerufen am 30.11.2013)

43 Quarks&Co. 2007. *Making of: Der schlaue Schwarm.* Video, veröffentlicht am 10.04. 2007. Köln: Westdeutscher Rundfunk.
http://www.wdr.de/tv/quarks/sendungsbeitraege/2007/0410/002_schwarm.jsp (abgerufen am 02.12.2013)

44 Begos, Kevin. 2013. *Computer sollen bald selbst entscheiden.* Berlin: DIE WELT, Axel Springer AG.
http://hd.welt.de/ausgabe-b/wissen-b/article122239535/Computer-sollen-bald-selbst-entscheiden.html (abgerufen am 02.12.2013)

45 Autonome Hunter-Killer-Verbände werden von Boeing entwickelt. Ein früher Hunter war die autonome Drohne X-45A (2002–2006), die heute unter der Bezeichnung Boeing Phantom Ray weiterentwickelt wird.

Drei. Big Data, Big Money

1 Heuser, Hans. 2007. *Wir alle haben dazugelernt.* Interview mit Robert Merton. S. 78. Wien: Institutional Money
http://www.people.hbs.edu/rmerton/InstitutionalMoneyinterview2007.pdf (abgerufen am 29.05.2014)

2 Name geändert

3 Taleb, Nasim. *The Black Swan*. A.a.O, S. 253

4 Allein am 17. Dezember 2008 steigt der Euro um vierhundert Pips von 1.3721 US-Dollar auf 1.4137 US-Dollar, einer der höchsten Tagesveränderungen zum US-Dollar seit Bestehen der Einheitswährung überhaupt.

5 CME. 2013. *The global command center*. Chicago, IL: Chicago Mercantile Exchange.
http://www.cmegroup.com/stories/#!1-global-command-center (zuletzt abgerufen am 28.12.2013)

6 The Economist. 2005. *The march of the robo-traders*. London: The Economist Newspaper Limited.

7 Betghe, Iris. 2010. *Auswirkungen einer möglichen Finanztransaktionssteuer*. In: De facto 07. S. 4. Berlin: Bundesverband deutscher Banken.
http://bankenverband.de/themen/politik-gesellschaft/defacto/defacto-nr.-7/defacto-7.pdf/view (abgerufen am 06.01.2014)

8 Bis zur Deregulierung war es Aufgabe der Banken, Kredite für Investitionen zur Verfügung zu stellen und Zahlungsdienstleistungen zu erbringen. Nach der Deregulierung kam das Investmentgeschäft hinzu. Erste negative Auswirkungen zeigten sich, als Banken gegenüber ihren Kunden, denen sie zu Investments raten sollten, in einen Interessenskonflikt gerieten, da sie gleichzeitig Investmentprodukte verkauften.
Als *Big Bang* der Deregulierung wurde die Privatisierung der Londoner Börse unter Margaret Thatcher bezeichnet, die am 27. Oktober 1986 zu einer privaten Kapitalgesellschaft wurde:
Der Spiegel. 1986. *Wie unter Goldgräbern*. Hamburg: SPIEGEL-Verlag Rudolf Augstein GmbH & Co. KG.
http://www.spiegel.de/spiegel/print/d-13521818.html (abgerufen am 12.01.2014)

9 Hu, Yingyao; Lewbel, Arthur. 2009. *Returns to lying? Identifying the effects of misreporting when the truth is unobserved*. Baltimore, MD: Johns Hopkins University.
https://www2.bc.edu/~lewbel/lie19.pdf (abgerufen am 12.01.2014)

10 ESMA. 2012. *Leitlinien. Systeme und Kontrollen für Handelsplattformen, Wertpapierfirmen und zuständige Behörden in einem automatisierten Handelsumfeld*. Leitlinie 5, S. 20. Paris: European Security and Markets Authority.

11 »The reason that growth has continued despite adversity, or perhaps because of it, is that these new financial instruments are an increasingly important vehicle for unbundling risks. These instruments enhance the ability to differentiate risk and allocate it to those investors most able and willing to take it.«
Greenspan, Alan. 1999. *Speech by the chairman of the board of governors of the federal reserve system, Alan Greenspan, before the Futures Industry Association*. Boca Raton, FL: Bank for International Settlements.
http://www.bis.org/review/r990324a.pdf (abgerufen am 29.01.2014)

12 »… what seems to me to be the essential characteristic of capitalism, namely the dependence upon an intense appeal to the money-making and money-loving instincts of individuals as the main motive force of the economic machine.«
Keynes, John Maynard. 1926. *Das Ende des Laissez-Faire. Ideen zur Verbindung*

von Privat- und Gemeinwirtschaft. Zweite, unveränderte Auflage 2011. Berlin: Duncker&Humblot.

http://www.panarchy.org/keynes/laissezfaire.1926.html (abgerufen am 29.01. 2014)

13   Schmidt, Helmut. 2003. Das *Gesetz des Dschungels.* Hamburg: zeitonline.
http://www.zeit.de/2003/50/Kapitalismus

14   Earl, Peter. 2010. *Economics fit for the Queen: a pessimistic assessment of its prospects.* Prometheus, 28(3) S. 209–225. London: Taylor and Francis Group.
http://shredecon.files.wordpress.com/2010/11/earl-ecoomics-fit-for-the-queens-preprint.pdf (abgerufen am 06.01.2014)

15   »So in summary, … the failure to foresee the timing, extent and severity of the crisis and to head it off, while it had many causes, was principally a failure of the collective imagination of many bright people, both in this country and internationally, to understand the risks to the system as a whole.«
Besley, Tim; Hennessy, Peter. 2009. *Carta Reina.* S. 3. London: British Academy.
http://www.euroresidentes.com/empresa_empresas/carta-reina.pdf (abgerufen am 05.01.2014)

16   »In our view, however, derivatives are financial weapons of mass destruction, carrying dangers that, while now latent, are potentially lethal.«
Buffet, Warren. 2003. *2002 Annual Report.* S. 15. Omaha, NE: Berkshire Hathaway, Inc.
http://www.berkshirehathaway.com/2002ar/2002ar.pdf (abgerufen am 05.01. 2014)

17   »Defendant Facebook, Inc. has systematically violated consumers' privacy by reading its users' personal, private Facebook messages without their consent.«
Matthew Campbell and Michael Hurley v. Facebook, Inc. 2013. Class Action Complaint vom 30.12.2013, S. 2. Aktenzeichen: Case5:13-cv-05996-PJH.

18   dpa. 2014. *Kreditunwürdig – und die Schufa darf schweigen.* Frankfurt: Frankfurter Allgemeine Zeitung.
http://www.faz.net/aktuell/finanzen/meine-finanzen/finanzieren/nachrichten/bgh-urteil-kreditunwuerdig-und-die-schufa-darf-schweigen-12773625.html (abgerufen am 29.01.2014)

19   Ogg, Jon. 2013. *Did HFTs and Algos kill efficient market theory again on the unemployment report?* New York, NY: 24/7 Wall Street LLC.
http://247wallst.com/economy/2013/10/22/did-hfts-and-algos-kill-efficient-market-theory-again-on-the-unemployment-report/ (abgerufen am 29.01.2014)

20   Crépu, Jean. 2014. *ARTE Dokumentation: Die geheimen Deals der Rohstoffhändler.* Video, veröffentlicht am 14.01.2014. Kehl: ARTE G.E.I.E.
http://www.arte.tv/guide/de/047556-000/die-geheimen-deals-der-rohstoff-haendler (abgerufen am 29.01.2014)

21   Blas, Javier; Farchy, Jack. 2011. *Glencore reveals bet on grain price rise.* London: Financial Times.
http://www.ft.com/intl/cms/s/0/aea76c56-6ea5-11e0-a13b-00144feabdc0.html ?siteedition=intl#axzz2rDWC7dU5 (abgerufen am 23.01.2014)

22 Massoudi, Arash. 2014. *Investors turn to virtual 'Warren' tool for complex answers*. New York, NY: Financial Times.
http://www.ft.com/intl/cms/s/0/ffe9f7e6-836f-11e3-86c9-00144feab7de.
html?ftcamp=crm/email/2014123/nbe/TradingRoom/product&siteedition=in
tl#axzz2rDWC7dU5 (abgerufen am 23.01.2014)

23 Schmid, Valentin. 2013. *Algorithmic trading close to insider trading but legal*. New York, N. Y.: The Epoch Times.
http://www.theepochtimes.com/n3/108981-program-trading-close-to-insider-
trading-but-legal/ (abgerufen am 08.01.2014)

24 Golec, Joseph; Vernon, John. 2007. *Financial risk in the biotechnology industry*. Cambridge, MA: National Bureau of Economic Research.
http://www.nber.org/papers/w13604.pdf (abgerufen am 08.01.2013)

25 Historisch, aber noch immer zutreffend die Untersuchung von:
Zucker, Lynne; Darby, Michael. 1996. *Star scientists, institutions, and the entry of japanese biotechnology enterprises*. Cambridge, MA: National Bureau of Economic Research
http://www.nber.org/papers/w5795.pdf (abgerufen am 08.01.2014)

26 Moretti, Enrico; Wilson, Daniel. 2013. *State incentives for innovation, star scientists and jobs. Evidence from biotech*. San Francisco, CA: Federal Reserve Bank of San Francisco.

27 »Stocks such as Amarin, Vivus, and Arena Pharmaceuticals saw impressive runs after their respective drugs received FDA approval, but have since then become circumspect investments.«
Saeed, Mohsin. 2013. *4 biotech stocks with insider interest*. Alexandria, VA: The Motley Fool, The Motley Fool Blog Network.
http://beta.fool.com/smartequity/2013/01/09/4-biotech-stocks-insiderinstituti-
onal-interest/20889/?source=TheMotleyFool (abgerufen am 08.01.2014)

28 Ders. »A very good method of judging the potential in any stock is to monitor insider and institutional trades. This method is even more effective for the Biotechnology industry because with most Biotechnology companies, especially startups, fundamental information is utterly useless in determining the value of the stock, because the value of stocks is usually linked to results of drug trials; and once the results are released, the market quickly adjusts to reflect new valuations. Institutional investors have more knowledge and resources in general, which makes their trades a good indicator of a stock's true value. Thus, one of the best ways to judge potential of any biopharmaceutical stock is to monitor insider and institutional trades.«

29 Monetary and Economic Department. 2013. *Triennial Central Bank Survey Foreign exchange turnover in April 2013: preliminary global results*. Basel: Bank for International Settlements.
http://www.bis.org/publ/rpfx13fx.pdf (abgerufen am 06.01.2014)

30 »Um zu gewährleisten, dass Kundenaufträge zu den für den Kunden günstigsten Konditionen ausgeführt werden, müssen die Wertpapierfirmen wirksam zur ›bestmöglichen Ausführung‹ verpflichtet werden. Diese Verpflichtung sollte für

Wertpapierfirmen gelten, die dem Kunden gegenüber vertraglich oder im Rahmen eines Vermittlungsgeschäfts verpflichtet sind.«

Europäisches Parlament und Rat. 2004. *Markets in Financial Instruments Directive (MiFID) 2004/39/EG*. Amtsblatt der Europäischen Union L 145/5 (33). Brüssel: Das Europäische Parlament und der Rat der Europäischen Union.

http://eur-lex.europa.eu/LexUriServ/LexUriServ.do?uri=OJ:L:2004:145:0001:0044:DE:PDF (abgerufen am 06.01.2014)

31 Zum Beispiel: Paul, Holger. 2013. *Der starke Euro schwächt die Dax-Konzerne*. Frankfurt: Frankfurter Allgemeine Zeitung.

http://www.faz.net/aktuell/wirtschaft/unternehmen/umsatzrueckgang-der-starke-euro-schwaecht-die-dax-konzerne-12665688.html (zuletzt abgerufen am 08.01.2013)

32 Delage, Vivien, et al. 2011. *Multi-Agent based simulation of FOREX exchange market*. S. 5. Maastricht: Maastricht University.

33 Eine aufschlussreiche wissenschaftliche Untersuchung zu der Frage nach einer Transaktionssteuer auf Währungsgeschäfte wurde bereits 1995 durchgeführt. Angesichts der extremen strukturellen Veränderungen des Währungsmarkts seit 1995 ist sie von historischem Interesse:

Frankel, Jeffrey A. 1995. *How well do foreign exchange markets function: Might a Tobin Tax help?* Cambridge, MA: National Bureau of Economic Research.

www.hks.havard.edu/fs/jfrankel/TOBINTAXappendectomy.PA3.PDF (abgerufen am 16.06.2014)

34 Powell, Stuart. 2011. *High Frequency Trading. How the market developed and where it is headed*. London: The Hedgefund Journal.

http://www.thehedgefundjournal.com/node/6402 (abgerufen am 29.01.2014)

35 Wah, Elaine; Wellman, Michael P. 2013. *Latency arbitrage, market fragmentation, and efficiency: A Two-Market Model*. Proceedings of the fourteenth ACM conference on Electronic commerce, S. 855–872. New York, NY: Association for Computing Machinery.

36 »Rule 611, also known as the Order Protection Rule.«

Smith, Reginald. 2010. *Is high-frequency trading inducing changes in market microstructure and dynamics?* S. 2–3. Rochester, NY: Bouchet-Franklin Institute.

http://arxiv.org/pdf/1006.5490v3.pdf (abgerufen am 29.01.2014)

37 U.S. CFTC und U.S. SEC. 2010. *Findings regarding the market events of May 6, 2010. Report of the staffs of the CFTC and SEC to the joint advisory committee on emerging regulatory issues*. S. 12. New York, NY: U.S. Commodity Futures Trading Commission and the U.S. Securities and Exchange Commission.

38 U.S. SEC. 2013. *File No. 3-15570*. S. 2. New York, NY: Securities Exchange Commission.

http://www.sec.gov/litigation/admin/2013/34-70694.pdf (abgerufen am 23.01.2014)

39 Noble, Josh. 2013. *Computer error blamed in Everbright trading mishap*. New York, NY: Financial Times.

http://www.ft.com/intl/cms/s/0/9885f876-0880-11e3-badc-00144feabdc0. html#axzz2furmkHZg (abgerufen am 25.09.2013)

40 Reuters. 2013. *Panne bei Goldman Sachs löst Flut von US-Optionsgeschäften aus.* New York: Reuters.
http://de.reuters.com/article/topNews/idDEBEE97K00S20130821 (abgerufen am 25.09.2013)

41 Stafford, Philip. 2013. *Nasdaq blames software flaw for trading outage.* London: Financial Times.
http://www.ft.com/intl/cms/s/0/138ccd6c-10c7-11e3-b5e4-00144feabdc0. html#axzz2furmkHZg (abgerufen am 25.09.2013)

42 Massoudi, Arash. 2013. *S&P warns exchange glitches could trigger downgrade.* New York: Financial Times.
http://www.ft.com/intl/cms/s/0/fob3eefe-215d-11e3-8aff-00144feab7de. html#axzz2furmkHZg (abgerufen am 19.09.2013)

43 Johnson, Neil; Zhao, Guannan; Hunsader, Eric; Qi, Hong; Johnson, Nicholas; Meng, Jing; Tivnan, Brian. 2013. *Abrupt rise of new machine ecology beyond human response time.* Nature. Sci. Rep. 3, 2627. London: Macmillan Publishers Ltd.

44 Wah, Elaine. 2013. A.a.O.

45 Grant, Jeremy. 2013. *SGX launches drive to attract more electronic trade.* Singapore: Financial Times.
http://www.ft.com/intl/cms/S/O/22825dec-4069-11e3-8875-00144feabdcO. html?siteedition:intl

46 EZB. 2013. *High frequency trading and price discovery.* Frankfurt: Europäische Zentralbank.

47 Lattman, Peter. 2013. *Thomson Reuters to suspend early peeks at Key Index.* New York, NY: New York Times.
http://dealbook.nytimes.com/2013/07/07/thomson-reuters-to-suspend-early-peeks-at-key-index/?_php=true&_type=blogs&_r=0 (abgerufen am 24.01.2014)

Vier. Diktatur

1 Brecht, Bertolt. 1937. *Was ein Kind gesagt bekommt.* In: Wenn die weißen Riesenhasen abends übern Rasen rasen. Die schönsten Kindergedichte. Neuausgabe 2007, S. 230. Herausgeber: Ursula Zakis. München: Sanssouci im Carl Hanser Verlag.

2 Knef, Hildegard. 2007. *Eins und eins, das macht zwei.* Aus dem Album: Hilde – Das Beste von Hildegard Knef. Album veröffentlicht am 13.03.2009. New York: Warner Music Group.

3 Felber, Christian. 2008. *Neue Werte für die Wirtschaft. Eine Alternative zu Kommunismus und Kapitalismus.* S. 161, Wien: Deuticke.

4 Einstein, Albert. 1934. *Gemeinschaft und Persönlichkeit.* Die Sammlung. Erster Band 1934. Herausgeber: Klaus Mann, S. 338. Amsterdam: Querido Verlag. Nachdruck der Ausgabe Amsterdam. 1986. München: Rogner und Bernhard bei Zweitausendeins.

http://www.gutenberg.ca/ebooks/einstein-gemeinschaft/einstein-gemein-schaft-00-h.html (abgerufen am 15.03.2014)

5 Kant, Immanuel. 1784. *Beantwortung der Frage: Was ist Aufklärung?* In: Berlini-sche Monatsschrift 1784, H. 12, S. 481–494.

6 GCHQ. 2010. *Presentation: Full-spectrum cyber effects. SIGINT Development as an enabler for GCHQ's »Effects« mission.* Cheltenham: GCHQ.
http://msnbcmedia.msn.com/i/msnbc/sections/news/snowden_cyber_offen-sive2_nbc_document.pdf (abgerufen am 15.03.2014)

7 Dertouzos, Michael. 1999. *What will be. Die Zukunft des Informationszeitalters.* S. 429–430. Wien: Springer-Verlag.

8 Isaac, Mike. 2013. *Facebook steps up artificial-intelligence efforts with new research lab.* New York, NY: Dow Jones & Company, Inc, AllThingsD.
http://allthingsd.com/20131209/facebook-steps-up-artificial-intelligence-ef-forts-with-new-research-lab/ (abgerufen am 03.03.2014)

9 Der Begriff geht angeblich auf John Gage, C-Level-Manager der Computer-firma Sun Microsystems, zurück. Auf die Frage, wie viele Mitarbeiter seine Firma benötige, habe er geantwortet: »Sechs, vielleicht acht. Ohne sie wären wir aufgeschmissen.« Von damals sechzehntausend Mitarbeitern, die für Sun Mi-crosystems tätig waren, seien alle bis auf eine kleine Minderheit »Rationalisie-rungsreserve«.

10 Markoff, John. 2013. *Google adds to its menagerie of robots.* New York, NY: The New York Times.
http://www.nytimes.com/2013/12/14/technology/google-adds-to-its-menage-rie-of-robots.html (abgerufen am 14.12.2013)

11 Hencken, Randolph, zitiert von: Gaertner, Joachim. 2014. *Capriccio: Mikroge-sellschaften. Hat die Demokratie ausgedient?* Video, veröffentlicht am 15.5.2014. München: Bayerischer Rundfunk.
http://www.br.de/mediathek/video/sendungen/capriccio/silicon-valley-mikro-gesellschaften-102.html (abgerufen am 22.05.2014)

12 Münkler, Herfried. 2005. *Die Logik der Weltherrschaft – vom Alten Rom bis zu den Vereinigten Staaten.* Berlin: Rowohlt.

13 Das Federal Reserve System setzt sich aus 12 regionalen Notenbanken zusam-men. Ihre Anteile gehören kommerziellen Banken des jeweiligen Distrikts, zum Beispiel den kommerziellen Banken des 2. Distrikts für die Federal Reserve Bank in New York.
http://www.newyorkfed.org/aboutthefed/governance.html (abgerufen am 02.03. 2014)

14 NineSigma. 2013. *Request #67974. Adaptive learning algorithm for heating control systems.* Cleveland, OH: NineSigma, Inc.

15 Brandlhuber, Christian. 2013. *Response #67974. Adaptive learning algorithm for heating control systems.* Hallbergmoos: Teramark Technologies GmbH.

16 Gabriel, Sigmar. 2014. *Unsere politischen Konsequenzen aus der Google-Debatte.* Frankfurt: Frankfurter Allgemeine Zeitung.
http://www.faz.net/aktuell/feuilleton/debatten/die-digital-debatte/sig-

mar-gabriel-konsequenzen-der-google-debatte-12941865.html (abgerufen am 22.05.2014)

17 Safranski, Rüdiger. 2001. *Ein Meister aus Deutschland. Heidegger und seine Zeit.* 8. Auflage 2013, S. 437. Frankfurt: S. Fischer Verlag.

18 Lobo, Sascha. 2014. *Die digitale Kränkung des Menschen.* Frankfurt: Frankfurter Allgemeine Zeitung.
    http://www.faz.net/aktuell/feuilleton/debatten/abschied-von-der-utopie-die-digitale-kraenkung-des-menschen-12747258.html (abgerufen 02.06.2014)

19 Enzensberger, Hans Magnus. 2014. *Wehrt Euch!* Frankfurt: Frankfurter Allgemeine Zeitung.
    http://www.faz.net/aktuell/enzensbergers-regeln-fuer-die-digitale-welt-wehrt-euch-12826195.html (abgerufen am 05.03.2014)

20 Safranski, Rüdiger. 2001. A.a.O., S. 439.

21 Aus einem E-Mail-Verkehr der Autorin mit Professor Gerhard Weiß am 13.05.2013.

22 Kant, Immanuel. 1784. *Was ist Aufklärung?* S. 481-494.

23 Kant, Immanuel. 1785. *Grundlegung zur Metaphysik der Sitten.*
    http://www.zeno.org/Philosophie/M/Kant,+Immanuel/Grundlegung+zur+Metaphysik+der+Sitten/Zweiter+Abschnitt%3A+Übergang+von+der+populären+sittlichen+Weltweisheit+zur+Metaphysik+der+Sitten (abgerufen am 27.02.2014)

24 »But man, being endowed with reason, and in this respect like to God, having been made free in his will, and with power over himself, is himself the cause to himself, that sometimes he becomes wheat, and sometimes chaff.«
    Irenäus von Lyon. 2. Jahrhundert n. Chr. *Adversus Haereses.* Band 4, Kapitel 4, Ziffer 3.
    http://www.ccel.org/ccel/schaff/anf01.ix.vi.v.html (abgerufen am 15.03.2014)

25 Feldmann, Christian. 2014. *Er kämpfte wie ein Löwe gegen den Krieg.* Frankfurt: Frankfurter Allgemeine Zeitung.
    http://www.faz.net/aktuell/politik/vor-heiligsprechung-papst-johannes-paul-ii-im-portraet-12902864.html (abgerufen am 22.05.2014)

26 Im allgemeinen Sprachgebrauch etabliert sich der Begriff der »4. industriellen Revolution« (Industrie 4.0). Der ersten industriellen Revolution um das Jahr 1900 folgte die Massenproduktion (zweite industrielle Revolution), angeführt von der US-amerikanischen Automobilindustrie und Henry Ford. Mit der dritten industriellen Revolution wurden Produktionsstraßen mit Industrierobotern automatisiert.
    Die Autorin bevorzugt den Begriff »zweite maschinelle Revolution« für die intelligenten Maschinen der Big-Data-Ökologie, weil zum Produktionsprozess des Informationskapitalismus ein neues Produktionsmittel hinzutritt: die persönlichen Daten. Das ist keine selbstverständlich organische Entwicklung, wie wir sie im 20. Jahrhundert mit der steten Verbesserung industrieller Produktionsstraßen beobachtet haben.

27 Innerhofer, Judith. 2013. *Hirnschrittmacher für alle! Interview mit Stefan Lorenz Sorgner*. Hamburg: Zeit Online.
http://www.zeit.de/2013/20/transhumanismus-philosoph-stefan-lorenz-sorgner (abgerufen am 17.02.2014)

28 Evsan, Ibrahim. 2014. In: ARD Kontraste. *Mit der Hightech-Brille zum Straftäter? Google Glass in der Kritik*. Video, veröffentlicht am 24.04.2014. Berlin: Rundfunk Berlin-Brandenburg.
http://www.ardmediathek.de/tv/Kontraste/Kontraste-vom-24-04-2014/Das-Erste/Video?documentId=20975244&bcastId=431796 (abgerufen am 25.04.2014)

29 Johannes Paul II. 1981. *Enzyklika Laborem Exercens. Über die menschliche Arbeit*. S. 8. Stein am Rhein: Christiana-Verlag.

30 Günther, Oliver; Hornung, Gerrit; Rannenberg, Kai; Roßnagel, Alexander; Spiekermann, Sarah; Waidner Michael. 2013. *Auch anonyme Daten brauchen Schutz*. Hamburg: Zeit Online.
http://www.zeit.de/digital/datenschutz/2013-02/stellungnahme-datenschutz-professoren (abgerufen am 27.02.2014)

31 »The race is between computers and people and the people need to win«, he said. »I am clearly on that side. In this fight, it is very important that we find the things that humans are really good at.«
Gapper, John; Waters, Richard. 2014. *Google chief warns of IT threat*. San Francisco, CA: Financial Times.
http://www.ft.com/cms/s/0/206bb2e2-847f-11e3-b72e-00144feab7de.html#axzz2rJRSsRVz (abgerufen am 18.02.2014)

32 Choudhury, Ambereen; Verlaine, Julia. 2014. *FX Traders Facing Extinction as Computers Replace Humans*. New York, NY: Bloomberg.
http://www.bloomberg.com/news/2014-02-18/fx-traders-facing-extinction-as-computers-replace-humans.html (abgerufen am 18.02.2014)

33 Joe Schoendorf von Accel Partners auf der DLD14 Konferenz. 2014. Live Blogeintrag unter:
http://live.faz.net/Event/DLD14?Page=0 (abgerufen am 18.02.2014)

34 Gerichtshof der Europäischen Union. 2014. *Pressemitteilung Nr. 70/14 vom 13.05.2014: Der Betreiber einer Internetsuchmaschine ist bei personenbezogenen Daten, die auf von Dritten veröffentlichten Internetseiten erscheinen, für die von ihm vorgenommene Verarbeitung verantwortlich*. Luxemburg: Gerichtshof der Europäischen Union.
http://curia.europa.eu/jcms/upload/docs/application/pdf/2014-05/cp140070de.pdf (abgerufen am 26.05.2014)

35 Pressestelle des Bundesgerichtshofs. 2014. *Mitteilung der Pressestelle Nr. 16/2014 vom 28.01.2014: Bundesgerichtshof entscheidet über Umfang einer von der SCHUFA zu erteilenden Auskunft*. Karlsruhe: Bundesgerichtshof.
http://juris.bundesgerichtshof.de/cgi-bin/rechtsprechung/document.py?Gericht=bgh&Art=en&Datum=Aktuell&Sort=8195&Seite=5&nr=66583&linked=pm&Blank=1 (abgerufen am 15.03.2014)

36 Simmel, Georg. 1908. *Soziologie. Untersuchung über die Formen der Vergesellschaf-tung.* Berlin: Duncker&Humblot.
http://ww.archive.org/stream/soziologieuntersoosimmrich/soziologieuntersoo-simmrich_djvu.txt (abgerufen am 19.06.2014)

37 Sartre, Jean-Paul. 1959. *Die Eingeschlossenen von Altona.* Reinbek: Rowohlt.

38 Gabriel, Sigmar, *Unsere politischen Konsequenzen aus der Google-Debatte.* A.a.O.

39 Ibid.

40 »We go to university to get a job to make money. Don't want to stuff out up by protesting.«
Obey Noıkinobe. 2014. Blogeintrag. New York, NY: TED Conferences, LLC.
http://www.ted.com/conversations/22664/what_is_the_future_of_privacy.html (abgerufen am 19.02.2014)

41 Ibid.

42 »State of being secret; secrecy«.
Johnson, Samuel. 1755. *A Dictionary of the English Language.* Digitale Ausgabe.
http://johnsonsdictionaryonline.com/?p=6446 (abgerufen am 27.02.2014)

43 Statista. 2011. *Überwachung des Internets durch den Staat.* Hamburg: Statista GmbH.
http://de.statista.com/statistik/daten/studie/192874/umfrage/meinungen-zur-ueberwachung-des-internets-durch-den-staat/ (abgerufen am 15.03.2014)

44 Böhme, Hartmut. 1997. *Das Geheimnis.* In: NZZ, 20./21.12.1997, S. 65–66. Zü-rich: Neue Zürcher Zeitung.
http://www.culture.hu-berlin.de/hb/static/archiv/volltexte/texte/geheimnis.html (abgerufen am 09.03.2014)

45 Simmel, Georg. 1907. A.a.O.

46 Böhme, Hartmut. 1997. A.a.O.

47 Kowalski, Marc. 2014. *Das Hirn der Welt.* Zürich: BILANZ, Axel Springer Schweiz AG.
http://www.bilanz.ch/unternehmen/das-hirn-der-welt-334463 (abgerufen am 15.03. 2014)

48 Lossau, Norbert. 2013. *Im Netz der Algorithmen.* Berlin: DIE WELT, Axel Springer AG.
http://hd.welt.de/wams-hd/wams-hd_wissen/article120619050/Im-Netz-der-Algorithmen.html (abgerufen am 29.01.2014)

49 Böhme, Hartmut. 1997. A.a.O.

50 Lobo, Sascha. 2014. *Die digitale Kränkung des Menschen.* Frankfurt: Frankfurter Allgemeine Zeitung.
http://www.faz.net/aktuell/feuilleton/debatten/abschied-von-der-utopie-die-digitale-kraenkung-des-menschen-12747258.html (abgerufen 02.06.2014)

51 Benedikt XVI. 2009. *Caritas in veritate.* S. 131. Vatikanstadt: Libreria Editrice Vaticana.

52 Scheer, Ursula. 2014. *Die App für Diktatoren.* Frankfurt: Frankfurter Allgemeine Zeitung.
http://www.faz.net/aktuell/feuilleton/medien/google-plant-mobile-video-ue-berwachung-die-app-fuer-diktatoren-12778888.html (abgerufen am 02.06.2014)

53 Faris, Stephan. 2012. *The Hackers of Damascus*. New York, NY: Businessweek: Bloomberg.
http://www.businessweek.com/articles/2012-11-15/the-hackers-of-damascus (abgerufen am 15.03.2014).

54 »The state or condition of being free from being observed or disturbed by other people«.
Oxforddictionaries.com. 2014. *Privacy*. Oxford: Oxford University Press.
http://www.oxforddictionaries.com/definition/english/privacy (abgerufen am 07.03.2014)

55 Ibid.

56 Die Welt. 2013. *Deutsche Autofahrer würden sich überwachen lassen*. Berlin: DIE WELT, Axel Springer AG.
http://www.welt.de/wirtschaft/article120416477/Deutsche-Autofahrer-wuer-den-sich-ueberwachen-lassen.html (abgerufen am 18.02.2014)

57 Johannes Paul II. *Enzyklika Laborem Exercens.*, S. 15.

58 Ibid.

59 Heidegger, Martin. 1954. *Die Technik und die Kehre*. In: Vorträge und Aufsätze, 5. Auflage 1982, S. 12/13. Pfullingen: Verlag Günther Neske.

60 Stöcker, Christian. 2014. *Google-Manager bei Tech-Konferenz SXSW: Die Welt des Eric Schmidt*. Hamburg: Spiegel Online.
http://www.spiegel.de/netzwelt/netzpolitik/eric-schmidt-und-jared-cohen-bei-sxsw-2014-in-austin-a-957656.html (abgerufen am 15.03.2014)

61 Uwe Ebbinghaus. 2014. *Interview mit Jan Philipp Albrecht: Europa steht vor der großen Daten-Pleite*. Frankfurt: Frankfurter Allgemeine Zeitung.
http://www.faz.net/aktuell/feuilleton/debatten/europas-it-projekt/inter-view-mit-jan-philipp-albrecht-das-wichtigste-ueber-die-datenschutzreform-der-eu-12841473.html?printPagedArticle=true (abgerufen am 12.03.2014)

62 Drucker, Peter. 1977. *People and Performance*. Neuauflage 2011. S. 291. Abingdon: Routledge, Taylor and Francis Group.

63 Schulz, Stefan. 2014. *Die Informationsfreiheit und das Prinzip Big Data*. Frankfurt: Frankfurter Allgemeine Zeitung.
http://www.faz.net/aktuell/feuilleton/medien/ueberfluessig-ist-die-daten-schutzreform-noch-nicht-12955004.html (abgerufen am 26.05.2014)

64 Ibid.

65 Johannes Paul II. 1991. *Enzyklika Centesimus Annus. 100 Jahre Rerum Novarum.* S. 17. Stein am Rhein: Christiana-Verlag.

66 Ibid., S. 29.

67 Vergleiche Grundgesetz für die Bundesrepublik Deutschland, Art. 1, Abs. 2.

68 Stöcker, Christian. 2014. A.a.O.

Fünf. Aufbruch

1 Wittrock, Carola 2014. *Titel, Thesen, Temperamente*. 2014. *Das Internet der Dinge*. Video, veröffentlicht am 30.3.2014. Frankfurt am Main: ARD, Hessischer Rundfunk.

http://www.daserste.de/information/wissen-kultur/ttt/sendung/hr/2014/sen dung_vom_30032014-102.html (abgerufen am 01.04.2014)

2   Noelke, Wolfgang. 2013. *Von Adressjägern und Klo-Spionen*. Köln: Deutschland-radio.
http://www.deutschlandfunk.de/von-adressjaegern-und-klo-spionen.684.de.
html?dram:article_id=243412 (abgerufen am 04.04.2014)

3   Münkler, Herfried. 2013. *Mit Jammern ist es nicht getan*. Berlin: taz.
http://www.taz.de/Herfried-Muenkler-ueber-die-NSA-Affaere/!127698/ (ab-gerufen am 02.04.2014)

4   Vergleiche die Webseite des Deutschen Bundestages:
http://www.bundestag.de/bundestag/abgeordnete18/mdb_zahlen/be-rufe/260132

5   Unternehmenskennzahlen für Facebook ab 2008:
http://www.boersennews.de/markt/aktien/facebook-inca-dl-000006-us30303
m1027/50838870/fundamental

6   Zwei von ursprünglich sechs Galileo-Satelliten sind in ESA-Gebrauch:
https://de.wikipedia.org/wiki/Liste_der_Navigationssatelliten

7   Tachibana, Masahito, et. al. 2013. *Human Embryonic Stem Cells Derived by Soma-tic Cell Nuclear Transfer*. In: Cell, Volume 153, Issue 6, 6 Juni 2013, S. 1228–1238.
Cambridge, MA: Elsevier Inc.
http://www.sciencedirect.com/science/article/pii/S0092867413005710 (abgeru-fen am 04.04.2014)

8   Sentker, Andreas. 2013. *Frankensteins Traum wird wahr*. Hamburg: ZeitOnline.
http://www.zeit.de/2013/21/wissenschaft-klonen-mensch (abgerufen am 04.04.
2014)

9   Fraunhofer-Verbünde IUK-Technologie, Verteidigungs- und Sicherheitsfor-schung. 2014. *Strategie- und Positionspapier Cyber-Sicherheit 2020: Herausforderun-gen für die IT Sicherheitsforschung*. Herausgeber: Reimund Neugebauer, Matthias Jarke, Klaus Thoma. München: Fraunhofer-Institut.
http://www.fraunhofer.de/content/dam/zv/de/ueber-fraunhofer/wissen-schaftspolitik/Fraunhofer-Strategie-%20und%20Positionspapier%20Cyber-Si-cherheit%202020.pdf (abgerufen am 02.04.2014)

10 Ibid.

11 Welchering, Peter. 2013. *Ein Assistent für mehr Privatsphäre*. Köln: Deutschland-funk.
http://www.deutschlandfunk.de/ein-assistent-fuer-mehr-privatsphaere.684.de.
html?dram:article_id=258227# (abgerufen am 04.04.2014)

12 In der Legislaturperiode 2009–2013 des Deutschen Bundestags standen 438 Geisteswissenschaftlern und Beamten nur 47 Mathematiker, Physiker, Chemi-ker und Ingenieure gegenüber.
http://www.bundestag.de/dokumente/datenhandbuch/03/03_11/03_11_01.
html (abgerufen am 01.04.2014)

Register